江淮思想家研究

王国良 等著

图书在版编目(CIP)数据

江淮思想家研究/王国良等著.—合肥：安徽大学出版社，2015.9

(博学文库)

ISBN 978-7-81110-873-6

Ⅰ.①江… Ⅱ.①王… Ⅲ.①思想家－思想评论－安徽省 Ⅳ.①B2

中国版本图书馆CIP数据核字(2013)第278069号

安徽省哲学社会科学规划办项目"江淮思想家研究"最终成果(项目批准号：AHSK03－04D03)

江淮思想家研究

王国良 等著

Jianghuai Sixiangjia Yanjiu

出版发行：	北京师范大学出版集团	
	安徽大学出版社	
	(安徽省合肥市肥西路3号 邮编230039)	
	www.bnupg.com.cn	
	www.ahupress.com.cn	
印　　刷：	安徽省人民印刷有限公司	
经　　销：	全国新华书店	
开　　本：	152mm×228mm	
印　　张：	25.75	
字　　数：	303千字	
版　　次：	2015年9月第1版	
印　　次：	2015年9月第1次印刷	
定　　价：	49.00元	
ISBN 978-7-81110-873-6		

策划编辑：朱丽琴　马晓波	装帧设计：张同龙　李军
责任编辑：程中业　马晓波	美术编辑：李军
责任校对：程中业	责任印制：陈如

版权所有　侵权必究

反盗版、侵权举报电话：0551－65106311
外埠邮购电话：0551－65107716
本书如有印装质量问题，请与印制管理部联系调换。
印制管理部电话：0551－65106311

目 录
CONTENTS

1　前　言

1　一、老子的哲学思想

27　二、存在与超越：老子的生命论

40　三、庄子的哲学思想

58　四、老庄道家自然主义思想及其价值

74　五、刘安的身世与道学

101　六、从清静无为到奋发进取——《淮南子》

109　七、嵇康的生平与玄学

129　八、陈抟的道教活动

151　九、朱熹与新安理学的现代价值

169　十、朱熹的理学体系

189　十一、朱熹对艮卦的阐释

200　十二、程大昌的易学思想

212　十三、郑玉的理学思想

226　十四、胡炳文对朱熹《周易本义》的推明与发挥

240　十五、程若庸的理学思想

267　十六、朱升的理学思想及其价值

280　十七、慧可与僧璨：早期禅宗思想家

285　十八、大慧宗杲的"看话禅"与"忠义之心"说

290　十九、憨山德清的"一心"与"三教"关系论

295　二十、杨文会与近代佛教的复兴

301　二十一、戴震的学术成就与治学方法

318　二十二、戴震对理学的解构与中国哲学的近代转向

332　二十三、陈独秀与中国传统文化

360　二十四、胡适与中国传统文化

403　后　记

前　言

本书在素有"江淮"之称的安徽省地域内选取十余位有代表性的著名思想家为研究对象，对其思想及其与安徽区域人文社会的内在关联进行深度研究，展现江淮思想家博大精深的思想体系与丰富多彩的内容，昭示江淮思想文化在整个中国哲学文化体系中的不可取代的独特地位，以及各位思想家的特色与他们的共同特点，以继承和发扬乡邦先哲精神为己任，致力复兴江淮人文文化，形成有地方特色的哲学思想史研究，为中国以至世界哲学文化之发展做出贡献。

本书各位作者主要集中研究有代表性的十余位安徽思想家的思想内容。1.老子思想研究。老子是中国哲学之父，是道家哲学的创始人，也是中国哲学的创始人。2.庄子思想研究。庄子思想博大精深，对中国哲学文化影响既深且广。3.刘安与《淮南子》研究。4.嵇康与魏晋思潮研究。5.陈抟与道教研究。6.朱熹生平思想研究。朱熹是儒家理学的集大成者,对徽州文化影响很大,对中国哲学文化影响一直延续到近代。7.新安理学家研究。8.安徽佛教与佛教思想家研究。9.戴震思想研究。10.陈独秀思想研究。11.胡适思想研究。

本书主要观点:

一、安徽思想家哲学思想的发展是中国哲学发展的缩影。江淮思想家的地域背景主要是现在的安徽地区。安徽省地处南北交界处,是中国古代四大文化区——三晋文化区、齐鲁文化区、荆楚文化区、吴越文化区的结合部,安徽思想家得天独厚,兼收并蓄各方思想文化,形成儒道释长期并进又交融渗透的特点。两淮地区是道家的发祥地,新安(徽州)地区是儒家理学重镇,皖江地区是佛教禅宗的兴盛区域。中国哲学文化的主要特点就是儒道释长期共存共荣,安徽思想文化资源的特点集中表现了整个中国哲学文化的特点。从某种意义上说,安徽思想家哲学思想的发展是中国哲学发展的缩影。

二、安徽思想家的思想具有典型性。安徽思想家儒道释分布的格局就是中国思想文化的格局,集中表现了中国思想文化的典型特征。

三、安徽思想家具有开放性、兼容性。不同思想家并存共进,交融渗透,长期相摩相荡。

四、安徽思想家具有创新性。安徽思想家往往开风气之先,勇于开拓。老子堪称中国哲学之父,是道家哲学的创始人,主张自然无为,但人们对老子重视生命的思想以前探索不够,在本书中对老子生命论思想的探索具有创新意义。庄子继承老子,突出个人生命与自由,对后期道家思想影响较大,尤其是对魏晋玄学有直接影响。而魏晋玄学的主要代表人物嵇康就是安徽淮北人,表现出道家思想在安徽地域源远流长的发展。朱熹是北宋以后中国最重要的思想家,集理学之大成,第一个把儒道释真正统一起来,对徽州新安理学的发展产生重要影响,遂使新安理学成为宋元明清时期重要的儒学流派。禅宗二祖、三祖对佛教中国化有推动之功。戴震是皖派经学的重要代表,他的气化生生的哲学思想开辟了中国哲学的近代方向,其"实事求是"的研究方法后来被转化为认识论的普遍原则。陈独秀、胡适掀起了新文化运动。

五、安徽思想家具有批判性:老子、庄子批判衰败的周礼,毫不留情,具有强烈的现实批判精神;朱熹对佛教、道教的批判鞭辟入里;陈独秀、胡适对传统思想展开总批判,对中国近现代新文化的发展做出重要贡献。以上安徽思想家的诸特点充分证明他们在中国哲学思想史上具有不可取代的地位与作用。

学术界对江淮地区思想文化的介绍已有不少论著文章,对本书研究的诸多思想家如老子、庄子、朱熹、戴震等,也都有大量研究。但这些研究都是分散的、个案的研究,缺乏系统性、整体性,未能展示江淮思想家的整体特征与风貌。本书的特色与创新在于,不是局限于对一般思想家作泛泛的介绍,而是把素称"江淮"的安徽省地域内思想家放在一个整体中集中深入研究,在探讨江淮思想家丰富而精彩的思想的同时,更寻求江淮思想家群体精神内在的关联性,以及与中国哲学文化的互动影响关系,这在学术界属于首创性研究,具有开拓性、创新性。同时,本书的许多专题研究都把思想家的思想与现代社会文化发展联系起来,对如何继承其合理价值提出独特见解,对其局限性进行分析,破解思想文化难题,为当代安徽社会文化的发展提供思想观念的支撑。

江淮地区人文荟萃,有极丰富的思想文化资源,但未得到系统开发、整理与研究。前人虽然对个别思想家有零星的研究,但未对江淮思想家作自成体系的研究。本书是首次作这样的探索研究,这对于整理开发乡邦文献、推进地方思想史研究、弘扬江淮人文有极大意义,对推进整个中国哲学文化的研究也有无可替代的作用。本书的研究也有较大的应用价值。江淮思想家的地域分布与安徽省的旅游区基本一致,本书的研究将有助于思想家故里的建设,推动我省文化旅游的发展。如朱熹、戴震故里建设就可拓展皖南旅游事业,扩大参观内容。本书的研究还可引发海内外学界人士对江淮思想家的研究兴趣,扩大安徽的知名度,让世界走向安徽,安徽走向世界。

老子的哲学思想

老子,春秋末期宋国相人,姓老名聃,又名李耳,曾任周王朝守藏史,①后辞官归隐,隐居相邑;再后,离开故里,西出关入秦,隐居于扶风。老子是道家学派创始人,著有《道德经》一书,主要弟子有文子、环渊、杨朱、庚桑楚等。据《史记》、《庄子》、《礼记》等书记载,儒家学派创始人孔子曾问学于老子,主要是问礼、问天道,并同老子就"仁义之治"与"无为而治"展开辩论。

《道德经》八十一章,凡五千言,分《道经》与《德经》两部分,又名《老子》。1973年,湖南长沙马王堆汉墓中出土帛书本《老子》,是目前所见最早的完整的《老子》版本。1993年,湖北荆门郭店战国墓中出土竹简本《老子》,是目前所见最早的《老子》版本。竹简本《老子》是《老子》的残本或者说节选本。

老子哲学思想十分丰富,主要集中在道论、知论、玄同论等方面。

---

① 详参孙以楷《老子通论》,合肥:安徽大学出版社,2004年。

(一)道　论

"道"是老子哲学的最高范畴,是最基本也是最核心的概念。《老子》五千言,前人概括为《道经》与《德经》,"道"与"德"自是其基本范畴,但比较起来,"道"才是最基本的,"德"是"道"在具体事物中的体现,是各类事物的质的规定性,是客观事物得自于道的,故称"德"。正因为如此,所以老子说:"孔德之容,唯道是从。"① 至于五千言中其他范畴,如"无"、"有"、"无为"、"不争"、"虚静",都是对道的本质、特性、功能的表述。"夫唯道,善始且善成",② 可以把老子哲学称为"唯道主义"。

1. 道的含义

"道"在汉语中,在老子之前已普遍使用。在《易》中已有四个"道"字。《尚书》、《诗经》以及《左传》中所追述前人的话语中,"道"已是常用词。《易·履卦九二》说:"履道坦坦",意为行走大路平坦坦。"道"字在此处即指道路。在甲骨文和金文中"道"字都是"行"之中夹一"首",指人行走于道中,这是最初的含义。这个最初的"道"字固然是指道路,但既然是人行于道中为道,那也就有一定的规律、规则之意。在《易》中,其他三处使用"道"字,也都有规律含义。如"复自道,何其咎",③ "有孚在道以明,何咎"。④ 按照道回复,就无咎;有诚信,道就清楚,可见

---

① 《老子》第二十一章。
② 《老子》第四十一章。
③ 《易·小畜·初九》。
④ 《易·随·九四》。

这两个"道"字都具有规律含义。春秋时期称天体运行的轨道为天道,人行事遵循的法则为人道。如郑国执政大夫子产说:"天道远,人道迩,非所及也,何以知之!"①意谓行星运行的轨道和人事变动的法则一远一近,互不相干,天道并无干预人事的神意。

老子吸取了《易》与春秋时期关于道的思想,把作为规律、法则意义的道发展成为万物本原之道、本体之道,即把道的控制支配功能提升为化生功能和本体性质。在五千言中,道的含义是多重的。有的地方,道是指形而上的本体;有的地方,道是指万物生成的本质;有的地方,道是指规律;有的地方,道是指一种普遍的功能;有的地方,道是指人们所认识到的道理;有的地方,道是指人生的标准。

2. 道的本质——无与有的统一

老子认为道是真实存在的:

> 视之不见名曰夷,听之不闻名曰希,搏之不得名曰微。此三者,不可致诘,故混而为一。其上不皦,其下不昧,绳绳不可名,复归于无物。是谓无状之状,无物之象,是谓惚恍。迎之不见其首,随之不见其后。②

> 道之为物,惟恍惟惚。惚兮恍兮,其中有象;恍兮惚兮,其中有物。窈兮冥兮,其中有精,其精甚真,其中有信。③

> 有物混成,先天地生。寂兮寥兮,独立而不改,周行而

---

① 《左传·昭公十八年》。
② 《老子》第十四章。
③ 《老子》第二十一章。

不殆,可以为天地母。吾不知其名,强字之曰"道"。①

从上述三段引文,我们看出老子的"道"有如下本性:

(1)道是物,是浑然一体之物。它是真实存在的,"其中有物"、"其中有精"。尽管它的存在是恍惚的,但却是很真实的,是可信的。

(2)道又不同于某一具体存在物,它不是某一物,而是恍恍惚惚的存在。因此,人们不可能凭借感官去感知它,"视之不见"、"听之不闻"、"搏之不得",它是很精细微小的,又是最广大的,不可能用一种形体界限去认识它。它没有具体物象("无物之象"),但它确是物。它太广大无边,所以"迎之不见其首,随之不见其后"。这段文字所讲的中心意思是:道是最广大最精微最普遍的存在,不可能用感觉经验认识它。总之,道是无形的。因为无形,不可见,不可听,不可触,因此也不可名。从无形而又不可名的意义上可以说道是无。

(3)有人说老子的道是无,是与有相对立的。实际上老子的道并不能片面地等同于无,因为道是真实存在的,是有物。试看《老子》第一章:"无,名天地之始;有,名万物之母。故常无,欲以观其妙;常有,欲以观其徼。此两者同出而异名,同谓之玄,玄之又玄,众妙之门。"无,用以称谓天地形成前及初始阶段;有,用以称谓一切有形物之宗祖。把握永恒的无,以观察万物的内在的奥妙;把握永恒的有,以观察一切存在的形态。无与有这两方面同出一源而称谓不同,两者都是形而上的(无不是虚无,是一般;有不是某一实有,而是普遍存在),它们玄妙又玄妙,是造物奥妙的总根源。可以看出,所谓无,是指天地形成之初的无形状态,所谓有是指无形之有,万物同出于它。有与

---

① 《老子》第二十五章。

无是统一的("同出")。提出无,是防止把最初的存在理解为有形之有;提出有,是为了防止把无形理解为空虚。始,女之初,少女尚未生育,喻"无";母,成熟女性,生儿育女,喻"有"。少女尚未生育,但内在有生育能力。母从少女而来,有从无而来,有存在于无中,无孕育着有。天下万物,当其未生时,似乎是无,实际是无中之有,即所谓"天下万物生于有,有生于无"。① 总之,道是有与无的统一,这就是道的本质。

道无形而实有,是形而上的本质存在。无与有的统一是客观世界本来的初始的存在状态,这就是自然。道在本质上是自然的,老子称之为"道法自然"。

老子把道与万物的关系比喻为母子关系:"既得其母,以知其子,既知其子,复守其母。"②道与万物的母子之喻,主要表达了道作为万物本原的思想。但是老子在强化道的本原作用的同时,也表现了一些道作为天地万物本体的思想。作为万物的本体,道是普遍的:"大道泛兮。"③道是万物共同的、一般的本质:"天得一以清,地得一以宁,神得一以灵,谷得一以盈,万物得一以生,侯王得一以为天下贞。"④作为本质的存在,"道隐无名"。⑤ 作为万物的本体,道是永恒的存在,老子称之为恒(常)。他说:"知和曰常。"和即"冲气以为和",是阴阳的对立统一,实即道,亦即常。常道是"先天地"而存在的,亦即无始的存在。天地不能久,唯道能久:"天乃道,道乃久。"⑥道是"独立而不改,周行而不殆"的永恒存在。任何具体物或现象都不具永恒性,

---

① 《老子》第四十一章。
② 《老子》第五十二章。
③ 《老子》第三十四章。
④ 《老子》第三十九章。
⑤ 《老子》第四章。
⑥ 《老子》第十六章。

只有本体是永恒的。道在时间上永恒、空间上无限,使人难以用准确无误的词表述它,就其本质说,道就是大。老子说:"天下皆谓我道大,似不肖。"

3. 道的功能——道之生

生,是道的功能,它化生天地万物,它是天地万物之母:"天下有始,以为天下母。"①

道化生天地万物的过程是:"道生一,一生二,二生三,三生万物。""一"指道的本然状态,即阴阳未分的混沌一体,即《淮南子》所说的"道始于一"。"二"指从混沌一体中化生出来的阴阳二气;"三"指阴阳二气的冲和。"三"与"一"的不同在于,"一"并未分阴阳二气,也不是阴阳二气的统一,只有"三"才是阴阳二气的统一。"二"是对"一"的否定,"三"又否定了"二"。所以从"一"到"三"是否定之否定的过程。这一过程完成,道便具有了衍生万物的现实功能。

老子在描述道的"有物混成"时,指出道"可以为天下母"。这里的"可以",是说道具有衍生万物的潜能,这种潜能转化为现实的功能,是在"道生一,一生二,二生三"完成之后。直接的万物之母是天地:"有,名万物之母。"天地生物犹如风箱生风:"天地之间其犹橐籥乎,虚而不屈,动而愈出。"②

老子对道生万物作了许多描述。如:"谷神不死,是谓玄牝。玄牝之门,是谓天地根。"③谷神、玄牝是指道,这是为了突出道的生的功能。玄牝之门,从静止的存在或道与天地的共时性上讲,是道与天地的衔接;从动态的生的过程上讲,它是天地

---

① 《老子》第五十二章。
② 《老子》第五章。
③ 《老子》第六章。

产生所在，也是道经由天地创生万物的出口处。

在化生万物过程中，道起决定性作用。"大道泛兮，其可左右，万物恃之以生而不辞"。① 道通天地间，万物恃之生成。"道者，万物之奥"，②道是万物的深藏处。道是万物的本原。

"二"，就其存在形态说是天地；就其内质说，是阴阳二气，"三"之所以能生万物，因为"三"是（天地）阴阳之气的和谐统一。所以老子在"三生万物"之后紧接着说："万物负阴而抱阳，冲气以为和。"万物之作为阴阳和谐的统一体，源自于"三"。

道自一而三，把生的潜能转化为阴阳和合的现实的创生功能，所以阴阳之和是道生万物的根据。老子这一论点似乎源于春秋史官"和实生物"。和，指阴阳异性之和。异性和合，生命形成；阴阳和合愈完善，愈少外界的渗入，则生命力愈旺。如婴儿"未知牝牡之合而朘作，精之至也。终日号而不嗄，和之至也"。③这都因为婴儿"含德"之厚，亦即阴阳和合之美厚。异性和合，构成生命生长发展的和谐生态环境：道生之，德畜之，物形之，势成之。"德畜之"，即阴阳合德而养育万物。对"势成之"，蒋锡昌《老子校诂》曰："势，指各物所处的环境"，或曰自然之势。"德畜"与"势成"都为阴阳和谐所构成。道不仅以阴阳和合创生万物，而且给予万物以"长之育之，亭之毒之，养之覆之"④的环境。和不仅是道生万物的根据，而且是万物成长的动力。

道生天地，天地生万物不是一次性的，而是周行不殆的不竭不灭的过程："夫物芸芸，各复归其根，归根曰静，静曰复命，复命曰常，知常曰明。"⑤万物生长，经衰老而死亡，死亡亦即归

---

① 《老子》第三十四章。
② 《老子》第六十二章。
③ 《老子》第五十五章。
④ 《老子》第五十一章。
⑤ 《老子》第十六章。

根。然后又开始新的生长过程,道在万物生死相续中"绵绵若存,用之不勤"。①"道冲而用之或不盈",道具有无穷的生命力,万物不断地生长而又复归于道,然后又开始新的生成、生长、衰亡,整个宇宙是无尽的生成过程。

老子认为万物的生长过程,完全是自然的,道没有任何主观任意的作为加于其上。他说:"道常无为。"虽然是"道生之,德畜之,物形之,势成之",但却是"莫之命而常自然"。② 一句话,"道法自然"。道之生是自然而然地生。道之养成万物也是自然而然地养,并非有目的抚育万物。正因如此,道生万物而不视为己有,道作用于万物而不居功自恃,道作为万物之长而并非主宰它们,道对于万物生长衰亡只能是"辅万物之自然"。

4. 道之动

老子"道"的第三层含义,是万物运动的规律。

万物既生,其生长并作,皆由道支配。道作为万物运动的规律而存在于万物的化生发展过程中。道作为规律并不是有意识有目的的主宰,但万物的存在与发展又莫不遵循一定的规律,这就是"道常无为而无不为"。③ 万物遵道而动完全是自然而然的运动,并非受到什么命令或指使:"夫莫之命而常自然。"④道作为规律固然是无意识无目的的,但是它是万物运作的必然性,是任何存在或力量都不能违反的。

道之动遵循周行的路线:"独立而不改,周行而不殆。""大曰逝,逝曰远,远曰反"。⑤ 万物的运动也是周行,道生万物,"夫

---

① 《老子》第六章。
② 《老子》第五十一章。
③ 《老子》第三十七章。
④ 《老子》第五十一章。
⑤ 《老子》第二十五章。

物芸芸,各复归其根",归根即复归道。这个过程就是道—万物—道,即道与万物转换的无限循环过程。

道之动是永恒的:"独立而不改,周行而不殆。"道与万物之间循环往复不已的转换关系是一种规律:"复命曰常。"①

老子说:"反者道之动。"②这是一个极其光辉的命题。它包含三层意思:

(1)反(否定)是运动的动力;

(2)反归于常道是运动的方向;

(3)向对立面转化是运动的形式。

反(否定)是运动的动力。一切事物或现象的存在都仰赖于对立双方的统一,没有对立面,就没有事物。"天下万物生于有,有生于无","无"即"有"的否定,是"有"之反。因为有了这种否定,才有万物的产生,才有万物的运动。老子以具体的事例说明"反"的作用:"三十辐共一毂,当其无,有车之用。埏埴以为器,当其无,有器之用。凿户牖以为室,当其无,有室之用。故有之以为利,无之以为用。"有是实际存在物,是实体,是死的东西,有无对立统一,才有实体之用,实体才是有生命的活物。这种用即对立统一的运动。车、器、室都是通过反(否定)的作用才形成的。不仅车、器、室是如此,一切事物都是肯定与否定的统一,失去否定一方,事物即不存在。他在《道德经》中提出了一系列对立统一的概念,如"有无相生,难易相成,长短相形,高下相倾,音声相和,前后相随"。③

对立双方向否定的一方转化,是事物的生成发展运动的形式。如"曲则全,枉则直,洼则盈,敝则新,少则得,多则惑"。正

---

① 《老子》第十六章。
② 《老子》第四十章。
③ 《老子》第二章。

因为事物向相反方向转化,所以人们应当自觉运用这一"反者道之动"原理,"将欲弱之,必固强之","将欲废之,必固兴之;将欲取之,必固与之"。①

万物遵循道而运动,其运动的方向是返归于本原,即返归于常道。一方面,万物之性来自于道,体现道,万物也以此互通,这是万物之共性;另一方面,物之性毕竟还只是道之一偏。物性体现道,其运动自然循道而行,最后复归于常道。体现于物性中的道是运动的,常道是不是运动的?老子说:"归根曰静。"他又说:"致虚极,守静笃。"②似乎常道是静止不动的。实际上常道之静并非绝对静止,相对于芸芸万物之具体的有形之动而言它是静。常道之静是无与有的静态统一,蕴含着道生一,一生二,二生三,三生万物的生化机制,如果道之静是绝对静止,那么就必须由第一推动力推动天地万物的产生与运动,而第一推动力在老子学说中是不存在的,运动的动力源泉、根据都在道本身。

"大道泛兮,其可左右"。③ 大道无所不在,无初无始,无边无涯,自由运动,上下左右,无所不适,到处都是道的运动的作用。

(二)知 论

1. 为学日益

老子对知识、智慧的态度从现象上看似乎是矛盾的。他一

---

① 《老子》第三十六章。
② 《老子》第十六章。
③ 《老子》第三十四章。

方面说"知人者智,自知者明"、①"知者不言,言者不知"、②"使我介然有知,行于大道",③表现出对知识、智慧的重视与肯定。另一方面,他又说"绝圣弃智,民利百倍","民之难治以其智多,故以智治国,国之贼;不以智治国,国之福",④似乎对知识、智慧持批判否定的态度。实际上,前一种知,是合于大道之知,人也只有具有这种合乎大道的智慧、知识,才能"行于大道"。后一种智,是世俗的经验之智,是一种聪明巧伪之智,对于大道之知来说,只是一种小聪明。

正因为只有"使我介然有知",才能"行于大道",所以知识、智慧是很重要的。知识是人们得道的前提和手段,没有知识、智慧,就不可能行于大道。

知识从哪里来?老子认为人的知识并不是天生的,他反对所谓先验的知识:"前识者,道之华而愚之始。"⑤前识是不行的,那么就只有去经历去学习。老子说:"为学日益,为道日损。"为学日益,表明老子充分肯定学习是获得日益丰富的知识的手段。

2. 为道日损

应当承认,老子是很重视知的。从五千言,我们就可以看到他为知"道"而做的巨大努力。"吾不知谁之子,象帝之先","吾不知其名,字之曰道",⑥但老子这种"吾不知",恰恰是努力认知的结果。道是无限的本原,当然不会是"谁之子",当然也

---

① 《老子》第三十三章。
② 《老子》第五十六章。
③ 《老子》第五十三章。
④ 《老子》第十九章、六十五章。
⑤ 《老子》第三十八章。
⑥ 《老子》第四章、二十五章。

不会有什么名,这种"吾不知"恰恰是真知。但即使是真知,已经"明白四达",也依然要承认自己"无知"。

老子说:"明白四达,能无知乎?"①明白四达,是知,但已知对于未知来说,永远是知之有限;现象之知对于本体之知来说,总是肤浅的。一个人虽已明白四达,但仍是知之甚少、知之甚浅,从大道的高度说,依然是无知。一个"知其白"的人,并不自以为白,而以黑的形态出现;一个"知其雄"的人,并不自以为雄,而以雌的形态出现;一个大知的人,总是以愚人的形象出现。看似不知白,其实最知白;看似不知雄,其实最知雄;看似愚昧,其实智慧。老子说:"希言自然。"老子是主张法自然的,对自然有深刻了解。"希言自然"并非不要认识自然,而是要求人们从根本上把握自然。如果没有从根本上把握自然之道,那么,说得越多,错误也会越多。

老子是重视从师学知的,他说:"善人者,不善人之师,不善人者,善人之资。"如果"不贵其师,不爱其资,虽智大迷,是谓要妙"。② 五千言的一个重要内容就是告诉人们知识的重要性以及如何获取真知。但是老子认识论的终极目标乃在于知道。"道可道,非常道",道既然可道,自是可知。但是认识对象与认识手段并非完全一致,用言语这一手段表述的通过各种经验和学习获取的道与客观的永恒大道之间仍有距离。造成这种距离的原因就在于经验的局限性。能实行,这是好的,但真正的行是无辙迹的;会说话,也是好的,但真正的会说话是无瑕谪的;善数是好的,但真正的善数无需筹策;善闭是好的,但真正的善闭无需关键而不可开;善结是好的,但真正的善结无需绳约而不可解。要做到真正的善行、善言、善数、善闭、善结,就需

---

① 《老子》第十章。
② 《老子》第二十七章。

要去掉通常的经验之行、言、筹策、关键和绳约,即减损杂乱的经验知识,这就叫"为道日损"。"损之又损,以至于无为。无为而无不为",对于人的主观作为、偏执之为、经验之为,减损又减损,直到再也没有人的主观妄为,只有顺道之为(即无为),这是没有任何片面性、主观性的为,因而也就可以无所不为。

由为学到达为道,即实现"绝圣弃智"。既是弃智,首先是有智,无智即无弃智可言。绝圣,是达到与道合一的因而无为无不为境界的圣。人必须首先为学求知,但不能满足于经验之知,必须实现对知识的超越,即"弃智"。因为"知者不博,博者不知",①为学可使知识日益增多,似乎很博学,但并不能通。只有把握杂多广博知识之中一以贯之之道,才能通。多中之一,一即通,即道。所以,由为学而博知,还必须将知识重新整合、升华。"执古之道,以御今之有,能知古始,是谓道纪"。② 了解从古到今的知识,重要的是要把这些知识提炼为对道的把握。道是超验的形而上的本原本体,所有的物象都是局部的,学道之人必须超越这些局部现象,在并作的万物中观复,去体验常道。认识达到进于道的阶段,即可"不出户知天下,不窥牖见天道"。③ 把握常道,自可超越直接经验。

在中国文化史和科学史上,道家和道教人物所取得的科学成就最为丰硕。这和老子的知识论的指导是分不开的。道教人物从不鄙视具体的经验科学知识,他们在天文、化学、生物学、医学等方面进行了广泛的研究,究其原因,他们认为只有为学日益,在广博的知识基础上,才能体悟自然之道,才能把握人的命运,从而达到天人合一的绝圣的境界。

---

① 《老子》第八十一章。
② 《老子》第十四章。
③ 《老子》第四十七章。

3. 无知无欲

在老子的知识论中确实存在着消极的成分,这就是他的无知无欲说。老子说:"是以圣人之治,虚其心,实其腹,弱其志,强其骨,常使民无知无欲,使夫智者不敢为也。"① 仔细分析一下,我们发现《老子》这一段文字,主要不是知识论,而是政治哲学,是探讨如何治国治民。老子认为欲望会使人丧失自然本性:"五色令人目盲,五音令人耳聋,五味令人口爽,驰骋田猎,令人心发狂,难得之货,令人行妨。"② 而欲望又与知识紧密联系,知识愈多,欲望也愈大:"人多技巧,奇物滋起。"技巧是知识,奇物是技巧的产品,这都会大大刺激人的欲望。为了满足各种欲望,就需要有充足的财物,财物不足,产生纷争,乃至战争,战争又带来荒年,社会贫穷,国家混乱:"人多利器,国家滋昏。"为防止争斗,制定各种法令,但"法令滋彰,盗贼多有"。③ 在老子看来,要使天下安全无争,就必须使人无欲。而要做到无欲,又必须使人无知。当然这种无知并不是对道的无知,而是对世俗物欲的无知。对于物欲的追求,老子主张"非以明民,将以愚之"。他认为,"民之难治,以其智多。故以智治国,国之贼,不以智治国,国之福"。④ 不以智治国,以道治国,这是老子政治哲学的原则。按照这一原则,不仅民众不能有智,统治者也不能有智。任何世俗的知识都是有局限性的,统治者以有局限性的片面知识治国,必有缺失,民众便能以更多的知识去反抗:"民之难治,以其上之有为,是以难治。"⑤ 人的知识多了,又

---

① 《老子》第三章。
② 《老子》第十二章。
③ 《老子》第五十七章。
④ 《老子》第六十五章。
⑤ 《老子》第七十五章。

会使物欲膨胀。不仅如此,智慧也可以制造虚伪:"智慧出,有大伪。"①

老子的无知无欲主张,或称之为反智主张,主要是道德哲学和政治哲学问题,其次才是认识论问题。就认识论而言,弃智是知识由量变到质变的飞跃。知识"日益"到一定阶段就转化为"日损","日损"到一定程度就会超越经验而悟道,这就是对智的扬弃。在道德哲学中,老子所遇到的是知与欲的矛盾。知识进步,给人带来幸福欢乐,同时也带来了灾难痛苦,这似乎是善亦进化恶亦进化,也似乎是技术知识进化而道德文明退化。老子所遇到的难题,有些已经解决,有些仍然困扰着我们。在政治哲学中,老子确实反对知识。在老子看来,以知识治国,就是有为治国,其结果是越治越乱。

(三)玄同论

老子是中国历史上最早意识到并关注异化现象的人。五千言的主要内容可分为两部分。一部分是道论,论述宇宙万物之本原本体及其规律;另一部分则是论述人类社会在演化过程中的异化,寻求如何清除价值差别,超越争斗纷乱的现实以达到从整体上回归于道的精神境界。这就是玄同论。

老子说:"失道而后德,失德而后仁,失仁而后义,失义而后礼。礼者,忠信之薄而乱之首也。"②这是道生万物之后宇宙与人类进化过程的事实陈述。道是有与无的混沌统一,是天地万

---

① 《老子》第十八章。
② 《老子》第三十八章。

物产生前的本原状态。道生万物,万物从道那里获得了本质,即"失道而后德";人从万物中进化而来,人具有了人的特殊本质——仁,此即"失德而后仁";统一的人类分成许多等级,有某种理论为这种人间的等级差别作论证,而且人们或自觉或被迫地尊奉这种等级理论,此即"失仁而后义";当这种等级主义受到挑战时,统治者又制定了礼,用以约束人的行为并强制执行,此即"失义而后礼";礼的出现标志着已经不可能用人的忠信本性来调谐人际关系了,守礼并不是人的本性的需要,在礼的掩饰下,你争我夺,尔虞我诈,此即"礼者忠信之薄而乱之首也"。

人在创造物质与精神财富的过程中固然丰富了人的内质,但同时也出现了异己的力量。现实的创造与异化是无法取消的,但人可以在精神上超越它。玄同,就是超越现实的精神境界。这种超越是对现实中差异纷争的超越,不是取消差异,是一种对现实差别的居高临下的俯视。道是有与无统一的整体,是无差别的统一体,道生万物是从无差别统一体演化为千差万别的现实存在。对万殊的现实存在认识越多,固然知识越丰富,但离开整体的本然存在之道也就愈远,陷入是非差别之争也愈深。老子认为道不可分,要体道,就必须从整体上体道。为此,就要"为道日损",即日渐减少对是非差别的陷入,超越差别,最后玄同一切。

玄同境界即道的境界,或者说是与道合一的境界。"常无欲以观其妙,常有欲以观其徼。此两者同出而异名,同谓之玄"。常无与常有的统一即"同"。这种"同"不是等同而是"玄同"。有人用婴儿、朴来比喻玄同境界,这是有一定道理的形象比喻。玄同境界亦即常德境界,"常德乃足,复归于朴"。[①] 朴即未凿之材,喻尚未化生万物的道之整体:"道常无名朴。"玄同境

---

① 《老子》第二十八章。

界就是精神上"返朴"。婴儿保持了人的本真之性,无是非利害善恶之辨,婴儿眼中的世界是一个无差别的和谐的整体世界。在这个意义上,可以说玄同境界是无差别境界。但准确地说,玄同境界是和谐境界,因为它并非取消差别,而是寻求缓和和化解对立,在精神上超越对立差别。

老子说:"挫其锐,解其纷,和其光,同其尘,是谓玄同。故不可得而亲,不可得而疏;不可得而利,不可得而害;不可得而贵,不可得而贱。故为天下贵。"[①]这是老子关于如何达到玄同境界的最集中的论述。细玩其义,我们可以说它包含了三个方面的超越和寻求三个方面的和谐。

1. 超越现实的社会政治制度,寻求人与人之间的和谐

老子的时代,社会政治制度是礼制。礼制是一种别贵贱亲疏以维系宗法血缘关系的统治制度,其作用在于"经国家,定社稷,序民人"。在老子看来,所有的人共具一个共同的源于道的内质,一旦区分亲疏贵贱,则人与人即行分裂对立,背离道愈远。老子指出,"天之道,损有余而补不足",即天道弥合人与人之间的差别对立;礼制却偏偏强化贵贵贱贱,强调亲疏有别、贵贱有序,贵之所以贵,全在于"损不足以奉有余"。[②]这是不合天道的,但这一切又恰恰是合乎仁义礼的。

有贵贱之别,人们就趋贵避贱;有贫富之别,人们就求富嫌贫;有贤不肖之别,人们就尚贤鄙不肖。争斗纷起,作伪日盛。六亲为争夺名利而不和,这才提倡孝慈,让父子之间各按其义行事;国家为争夺名利而纷乱,这才需要忠臣。忠孝只能治表,不能治本。治本就要体道,亦即以天下为一体众人为一家。其

---

① 《老子》第五十六章。
② 《老子》第七十七章。

方法就是"不可得而亲,不可得而疏;不可得而利,不可得而害;不可得而贵,不可得而贱"。因为"天道无亲",当然亦无利害、无贵贱。这一主张对于礼制无疑是釜底抽薪之举,是对贵贵亲亲礼制的否定与超越。这也就是老子主张的"绝仁弃义,民复孝慈"。① 孝慈原是仁义之本,因为孝慈是自然人性的内容。但是在周朝礼制下,仁义已经异化为复礼和守礼的工具。"仁义"成了"孝慈"的对立物。老子认为回归人性之本真,必须超越仁义。"民复孝慈",即人回复自然本性(父母与子女之间的无利害关系的纯自然感情),如此,则人与人之间才会复归和谐。

老子说:"其政闷闷,其民淳淳;其政察察,其民缺缺。"王弼注曰:"言善治政者,无形、无名、无事、无政可举。闷闷然,卒至于大治。故曰'其政闷闷'也。其民无所争竞,宽大淳淳,故曰'其民淳淳'也。"注又说:"立刑名,明赏罚,以检奸伪,故曰'其政察察'也。殊类分析,民怀争竞,故曰'其民缺缺'。"②"其政察察",导致"其民缺缺",即殊类分析愈精,则人民巧伪愈生,争名夺利,变性狡黠。这是老子所反对的通行的治国方法。老子主张超越"其政察察"而实现"其政闷闷",治政无形可见,无名可标,无事扰民,似乎无政可举,但实得大治。这种"闷闷"就是政治上的和光同尘、挫锐解纷。和光,指不显耀,善于和合;同并非等同,而是玄同。玄同闷闷之政,并不是什么也不做,而是不显山不露水(无形无名无事),不突出炫耀,善于以无为达到无不为。这种玄同闷闷之政的执政者,"方而不割,廉而不刿,直而不肆,光而不耀"。③ 这种老子理想中的圣人,本质方正但并不割人,本性有棱角但并不伤人,本性是正直的但并不放肆,才

---

① 《老子》第十九章。
② 王弼:《老子道德经注·五十八章》,见楼宇烈《王弼集校释》,北京:中华书局,1980 年。
③ 《老子》第五十八章。

性光明但从不炫耀人。而执礼以制人的统治者总是以礼伤人刺人。把上述各方面关系处理得恰到好处,就是和光同尘,亦即玄同。

2. 超越世俗价值观,寻求人自身的和谐

道一经散为器,即形成千差万别的客体,同时也随之形成了主体对客体的认识与价值判断的千差万别。世俗的价值观念总是执着于一面而忽视另一面,只看到正价值而很少注意负价值,往往导致正负价值的恶性转化,世俗之人也就陷于价值转化的旋涡之中而不能把握自己。社会统治者总是强制全社会遵循自己的价值标准,社会上绝大多数人都受到非己的价值观的支配。人们创造了价值,但被统治者所占有,这种价值(物质的和精神的)反而成了奴役自己的力量,价值的异化导致人性的异化。面对世俗的价值观和价值异化现象,老子主张玄同以超越之。超越价值差别并不是取消价值差别,而是从道的高度对价值差别持守中的态度。守中即玄同。

超越世俗价值观,最重要的是解决好对人的评价。善恶,是人的价值观中的基本范畴。善,指一切好的人性、心灵和言行,恶则相反。但是不同时代不同地位的人有着很不相同的善恶标准,这是人事纷争不已的一个重要因素。不以世俗之善恶标准去对待人,而是从"同于道"的高度容人和关怀人,这是玄同的境界。老子说:"善者,吾善之;不善者,吾亦善之,德善。"[①]这不是无原则地纵容恶人,而是因为善与不善不仅是相对的,而且是可以转化的,如果一味地指责不善,则无助于把不善转化为善。只有以道的包容万物的胸怀去善待不善者,以德报怨,才有可能使不善者向善;这不是世俗之善,而是常善。"圣

---

① 《老子》第四十九章。

人常善救人,故无弃人;常善救物,故无弃物"。① 常善即体道之善。道是冲虚而无所不容的,道常处下而能忍辱含垢不以为羞。人体道,应当"上德若谷",胸怀宽广坦荡,身心永远和谐;人体道,应当无计较之心,不执着于世俗的善恶恩怨之分:"混兮其若浊。""混兮其若浊"也就是"和光同尘"。

人生而有欲。生产愈发展,造物愈繁富,人的欲望也就愈滋生。世俗之人认为只有欲望满足才是活得有价值。有些人追逐声色犬马,殊不知"五色令人目盲,五音令人耳聋,五味令人口爽,驰骋田猎令人心发狂"。② 这些生理感官刺激的满足,对于个体,不是有益于生命,反而因其过分的追求而害生;对于社会群体,则会因为少数统治者的"求生之厚"而导致"民之轻死"。③ 针对这种追逐物欲的价值取向,老子主张"少私寡欲"、"不见可欲使民心不乱"。④ "少私寡欲"不是禁欲。老子说过常使民无知无欲,细读全文,无欲是无私欲,是超越私欲,是一种玄同于道的自然欲求。

声色犬马之欲是浅层的欲求,功名权位之争才是深层的欲求,它往往会以堂而皇之的形式表现出来。对于无论是公开的欲望还是隐蔽的欲求,老子都坚持一条原则,即"知足"。贪得无厌之人可以积累巨额财富,但"金玉满堂,莫之能守"。财富也许能满足一时之欲,但并不能长相守,更不具永恒价值,处理不当,就会"自遗其咎"。⑤ 他指出"祸莫大于不知足,咎莫大于欲得"。⑥ 一个不知足的人,总是自以为是,自我表现,以此图谋

---

① 《老子》第二十七章。
② 《老子》第十二章。
③ 《老子》第七十五章。
④ 《老子》第三章。
⑤ 《老子》第九章。
⑥ 《老子》第四十六章。

获得更高的权位。老子认为这种自我炫耀的行为实际只是不可食的剩饭,或无用的肉瘤,徒遭人厌恶而已。老子主张"和光",不要显露,永远不自满(不欲盈)。懂得不自满的道理,才会生而不有,为而不恃,功成不居。这正是天之道,正是道一样的"湛兮,似或存",[①]也就是"和光同尘"。一个人的所作所为有益于天地与社会,当然是真实的存在,但他无欲求、无索取、无显耀,人们感觉不到他的存在所带来的丝毫负担,又似乎不存在一样。他是那样深沉,又是那样平凡,他只是"似或存",他只是与众"同尘"。

世俗之人视名利为价值,争名于朝,争利于市。无数有才干的人为名利所钓,终身劳役,至死不悟。老子批评这种价值观,他请人们思考:"名与身孰亲?身与货孰多?"[②]身(生命)固然比财货重要,但对于身(生命)也不应刻意追求,同样应以超越态度对待生死问题。如果偏执生命,就会遭祸。要知道"吾所以有大患者,为吾有身,及吾无身,吾有何患",老子不是说不要身(生命),而是说要超越自私的求生价值观,"贵以身为天下",把个人融于天下人之中,人我和谐,身心和谐。以身心和谐求得天下大同:"爱以身为天下,若可托天下。"[③]

老子主张"不尚贤,使民不争;不贵难得之货,使民不为盗"。[④]他还主张绝仁弃义。其目的只有一个,就是不尚名争利。一旦尚贤、尊仁、贵义,那么势必会涌现假仁假义假贤,势必纷争不已。一旦贵难得之货,人们势必争利,争而不得,就会沦为盗贼。解决这些现象的办法就是采取"不可得而利,不可得而害"的超越态度,使身心自然安泰。如此,人们才能像道那

[①] 《老子》第四章。
[②] 《老子》第四十四章。
[③] 《老子》第十三章。
[④] 《老子》第三章。

样不露锋芒——"挫其锐",像道那样没有价值差异的纷扰——"解其纷"。但是老子并不是取消利害,而是主张以超越的态度对待利害,玄同于道,把握整体,廓然大公,从而"利万物"、"民利百倍"。①

世俗既以名利为价值取向,那么一旦得上级赏识——上司之宠,或得社会赞誉——社会之宠,就会惊喜不已。而一旦失去来自上司或社会的宠信,或者受到上级的责备以及他人的污辱,就会惊慌失措。忽惊喜,忽忧愁,这种人总是处于心绪纷乱和情感的折磨之中,心身不得和谐宁静。老子则主张人们应该宠辱不惊,泰然处之,如同道那样无私无我,不以小我之得失为意,把小我玄同于大我之中。

3. 超越世俗的有为,寻求人与自然的和谐

实现人自身的和谐,实现人与人的和谐,都只是天人合一的局部体现。从根本上说,必须实现人与自然的和谐。

无与有的统一,无与有的玄同,是道的本质。以此为基础,道的功能即"无为而无不为"。老子说:"道常无为而无不为。"②无为,并非无所作为,而是顺自然而为。顺自然,即一切都是顺自然规律而为,看似无主体作为,实际是无主观强作妄为。因为是顺自然而为,所以才能有"无不为"。王弼把"无为"解为"顺自然也"。无为而无不为也就是道法自然。自然是客观事物的本质,万物自然而然地生,自然而然地长,自然而然地衰亡,没有任何意志主宰,没有任何外力推动。日本学者福永光司说:"老子的无为乃是不恣意行事,不孜孜营私,以舍弃一己的一切心思计虑,一依天地自然的理法而行的意思。在天地自

---

① 《老子》第八章、十九章。
② 《老子》第三十七章。

然的世界,万物以各种形体而出生,而成长变化为各样的形态,各自有其一份充实的生命之开展;河边的柳树抽发绿色的芽,山中的茶花开放粉红的花蕊,鸟儿在高空上飞翔,鱼儿从深水中跃起。在这个世界,无任何作为性的意志,亦无任何价值意识,一切皆是自尔如是,自然而然,绝无任何造作。"①这是一方面。另一方面,正因为万物都是自然而然地生长成熟,因此也就没有任何力量可以居功自恃。老子说:道"生而不有,为而不恃,长而不宰"。著名学者冯契解释说:"'道'自然而然地而不是有意识地产生、推动、长成万物,自然地产生而并不把万物据为己有,自然地推动而并不自恃为有功,自然地长成而并不为之主宰,'道'并不是一个有意志的造作者。"②因为这种"为"是"道法自然"之为,是效法自然法则顺万物本性自然而然的"为"。

有人说"无为而无不为"是君主南面之术,或者说是君主治国的策略原则。应当说,这有其道理,但只是问题的一个方面。老子说过:"爱民治国,能无为乎?"③老子希望国君治国能够遵循无为原则,让民众顺性生活。在《老子》中,"无为"也确实大都指圣人的行事原则。但是圣人不等于君王。老子对现实社会的统治者并没有寄予厚望,而只是淡淡地劝说:"道常无为而无不为,侯王若能守之,万物将自化。"④老子所说的能够实行"无为"原则的圣人,是理想中的体道之人,是能让民众自正、自富、自朴的人:"我无为而民自化,我好静而民自正,我无事而民

---

① 福永光司:《老子》,转引自陈鼓应《老子注译及评介》第二章注⑨,北京:中华书局,1984年。
② 冯契:《中国古代哲学的逻辑发展》上册,上海:上海人民出版社,1983年。
③ 《老子》第十章。
④ 《老子》第三十七章。

自富,我无欲而民自朴。"①圣人无为从而化及民众。自化,即化归于道;自正,即保持本性之正;自富,即物质与精神充实富足;自朴,即返璞归真。可见,无为而无不为的圣人即使是国君,其境界也必高于国君,他是带领民众回复本性、进入自然的高度和谐境界的领头人。当然,老子也希望侯王能够守道循道,因为以侯王的地位,他们如能守道循道,将比较容易使人民自正自化。

　　道生万物,道赋予万物以本性,物性得之于道,即"德"。不仅物性得之于道,而且物之功能亦得之于道。在本质与功能上,道与天地万物是合一的,同于自然。人性与人之功能亦得之于道。人的功能只有无为而无不为时,才能与道合一,才是天人合一,才能与天道自然充分和谐。但是自有人类以来,特别是进入文明社会以来,人类改造自然的活动,半是自觉半是盲目。人类一方面创造文明,一方面滋生愚昧,人性一方面在丰富,一方面在异化扭曲。前者是因为人们自觉认识了天道,即知常,知常曰明;后者是因为人们不知常而妄作。愈是在社会变革动荡时期,人们就愈是妄为。老子希望人们能够知道、体道、守道,"人法地,地法天,天法道,道法自然",归根结底,是人应该效法天道自然。亦即一切按天道办事,去掉主观随意性,去掉贪天功以为己功的私心私欲,在人与自然高度和谐的环境中发展。因此,"无为而无不为"原则,实质就在于从道的高度超越世俗的主观任意、唯我偏执的办事方法,以实现个体的自主、群体的和谐以及人与自然的和谐。刘笑敢先生说:"从概念的形式特点来说,无为不是一个清晰的单纯的概念,而是一个集合式的簇概念,也就是说,它是各种反习俗、反惯例的,

---

① 《老子》第五十七章。

以否定式表达的行为方法的集合与代表。"①就是说,我们不能仅仅从字面理解老子的"无为",凡属以否定形式表达的行为和态度,如不言、不争、勿骄、无欲、无事、无心、不武断、不自见、不欲见贤……均应属于无为。其根本特点在于超越世俗的悖道行为,以否定的方式,复归于道。因此老子的无为论亦是玄同论。它超越世俗的治国策略与制度,寻求人与人的和谐,它超越世俗的价值取向,寻求人自身的和谐。归根结底,寻求天人合一,即人与自然的和谐。真正自然无为,亦即无不为。"不为"与"为"高度玄同。

人的行为受思想支配,行为上"无为",必先心识"无为"。这一点,庄子的认识很正确:"彻志之勃,解心之谬,去德之累,达道之塞。贵富显严名利六者,勃志也。容动色理气意六者,谬心也。恶欲喜怒哀乐六者,累德也。去就取与知能六者,塞道也。此四六者不盈,胸中则正,正则静,静则明,明则虚,虚则无为而无不为也……性者,生之质也。性之动,谓之为,为之伪,谓之失。"②庄子认为"性者生之质",性是人的生命的本质规定。"性之动,谓之为",人不能守性之正,接引万物而为所动,就是"为"。反之,人能守性之正,就能心态平静,心静则识明,识明则无私念充塞,虚怀若谷,即虚,容物利人而不自恃、不自见,即是"无为而无不为"。要做到心性之正,就必须克服贵、富、显、严、名、利、容、动、色、理、气、意、恶、欲、喜、怒、哀、乐、去、就、取、与、知、能这24种干扰心性之正的心理活动。这24种心理活动有一个共同特点,都是违背公道(天道)的私志私欲。可以看出,庄子所理解、界定的"无为"就是无私志私欲之

---

① 刘笑敢:《老子之自然与无为概念新诠》,载《中国社会科学》,1996年第6期。
② 《庄子·庚桑楚》。

为,无主观妄作之为。庄子认为人一旦除掉私志私欲,即可达到虚静状态,即"无为而无不为"。老子说:"我好静而民自正,我无事而民自富,我无欲而民自朴。"把上述老庄的论述加以比较,不难看出,庄子的这一段话是对老子无为论的正确诠释。老子是十分强调虚静的,他说:"致虚极,守静笃。"①虚静,一方面是道的存在状态,另一方面是人体道的行为和心理状态。人只有达到虚静之心态才能体悟虚静之道体,达到人与自然的和谐。要做到虚静,就必须"不欲",老子说:"不欲以静。"不欲,即超越世俗的各种欲求。如此则可保持心态虚静。在玄同生死、贵贱、贫富、宠辱、利害以达到个人自身内在和谐(自正)以及人际关系和谐(自富)的基础上,即可实现人与自然的和谐自朴或返璞归真。

总之,"无为而无不为"是道的功能,更是道的境界。无为与无不为玄同,同于无知,同于无欲,同于无私。

---

① 《老子》第十六章。

存在与超越：老子的生命论

生命是一种自然现象，一种客观事实。面对神奇的生命与生命的神奇，人们总会赞叹造物主的伟大与恩赐，感叹宇宙给予自己的竟是如此特别而美妙的礼物。可是，死亡也是一种自然现象，一种客观事实。面对令人恐惧的死亡与死亡的恐惧，人们又会哀叹造物主的冷酷与无情，悲叹宇宙给予自己的礼物竟是如此脆弱而短暂。穿透常人的感叹和悲哀，直面生和死，追思生命的来和去，探究"长生久视"[①]之路，唯有世世代代的思想者和养生者。老子即是其中的一员，且又是其中最早的一位。

（一）生命由来："有生于无"（道）

老子认为宇宙是由众多生命构成的一个"活"的世界，宇宙中大至天地小到一草一木皆是生命存在。任何生命既是被生

---

① 《老子》第五十九章。

者又是生者,它首先被别的生命所产生,然后又生出新的生命。在此意义上,任何生命既是"子"又是"母",兼具母和子双重角色,只不过它必须先成为"子",而后才能成为"母",并且,它不能自我生成从而成为自己的母或子,因而只能成为他物的母或子。生命的诞生过程对于"生者"来说即是母生子的过程,从这个角度,可以说母生子是生命生成的样式。抽象地说,母和子、生者和被生者都是存在者,因此都是"有",而不是"无"。如此,生命产生的过程和样式可以概括为"有"生"有"。这样,作为被生者的"有"生于作为生者的"有",关于生命现象的追问至少从表面上可以追溯至"有"。老子的"天下万物生于有",①即是对此种追问所作的经验式总结和回答。生命的诞生过程对于"被生者"来说即是一个从没有到有、从不存在到存在的过程,从这个角度,可以说从无到有是生命生成的另一种样式。抽象地说,被生者在生成之前是"无",在生成之后才是"有"。如此,生命产生的过程和样式又可以概括为"无"生"有"。这样,作为被生者生之后的"有"生于被生者生之前的"无"。关于生命成因的追问至少从表面上又可以追溯至"无"。老子的"有生于无",②也是对此种追问所作的经验式总结和回答。

就"有"来说,指存在着的生命。就"有"生"有"来说,"有"能生"有",生"有"之"有"又被"有"所生,作为生者的"有"与作为被生者的"有"都是生命存在,它表达的是一种生命产生另一种生命。那么,最初的生命从何而来?或者说,有没有一个最初的产生万物的"有"?既然任何生命都具有母和子这双重身份,不存在只有"母"的属性而没有"子"的特征的生命,则意味着最初的生命之母只能存在于生命之外,意味着没有一个原初

---

① 《老子》第四十章。
② 《老子》第四十章。

的作为万物母的"有",生万物之"有"不可能仅是生者而不是被生者,"有"本身有其母。这说明"有"不能承担生命本原的角色,不能承受创生万物的重任;老子云"天下万物生于有",仅仅是在经验的意义上言说的,没有也不可能有越过经验界域的言外之意。

生命之母存在于生命之外,被理解为无生命的存在,而宇宙中的所有"物"都是"活物",都是生命存在,如此,生命本原就不是任何一物而只能是"非物",生万物之"有"有其母,这个"母"肯定不是"有",就有可能是"非有",或者说"无有"。老子之后,庄子言"物物者非物",①"万物出乎无有",②即是将老子的这种推论明确化。当然,这是后话。既不是"物"又不是"有"的存在只能是"无"。况且,"有"能生"有","无"却不能生"无","无"即使没有"生"的功能,也不是被生者,即是说,"无"即便不是"母",也不会是"子";无论在时间还是在逻辑意义上,"有"之前可能是"有",也可能是"无",而"无"之前只能是"无"。这为"无"成为生命之源头提供了逻辑上的可能性。此外,就"无"生"有"来说,"无"能生"有","有"不能生"无",作为生命的"有"在其生之前是"无",其生的过程表现为从未生到出生、从无到有的过程。单个的生命如此而生,所有的生命亦应如此而生。在此意义上,似乎可以说未生之时的生命(实际上不是现实的生命)是生命的"母","无"是"有"之"母"。这为无成为生命之本原提供了某种经验基础。如果说老子孤立地谈"有生于无"时,所指还是生命发生的现象的话,那么,当其把"天下万物生于有"和"有生于无"合为一体("天下万物生于有,有生于无")时,"有生于无"就越过经验的层面来表述生命始于"无"的本原追

---

① 《庄子·知北游》。
② 《庄子·庚桑楚》。

问与回答,此时的"无"就承担起万有之母的角色而不被"生",而超越生命界限。因为老子由万物的当下存在追溯其生身之母——"有",又由"有"的抽象提炼追溯"有"之为"有"的发生论依据——"无";而对于"无",老子不再追溯其"母"、追问其"生",更未从生命的界域言及"无"生于何物何处。

"无"当初标识"有"的反面,与"有"属同一层次、同一序列的范畴,一旦获得本原地位,随即超越有、无对立,亦超越作为有之反面的"无"自身,不再是常识意义上的"没有"。也就是说,本原之"无"已非原来的现象之"无"。为了区分本原之"无"与现象之"无",老子更多的时候称本原之"无"为"道"。道原为道路、规则,在其被赋予生命本原的意义后即脱去原有的含义而成了自本自根的存在,既不是任何存在者之"子",也不是自己之"子"。如果一定要在经验或现象层面追问道是谁之"子",那么,这是一个没有答案的问题,这是一个"无解方程"。如果一定要作答,答案只能是"吾不知谁之子"。[①] 如果不满意这个答案而要逼问最后的谜底,那么,在"吾不知谁之子"之后加上"象帝之先",[②] 已是最后的、勉强的问题之"解":上帝乃传统意义上的主宰神,有着宰制神灵世界和世俗世界的魔力;道(无)存在于帝之前,还有谁能存在于道之前!还有谁能称得上道之"母"!所以,只有道生万物,不存在道为物生。

天下万物都是生命存在,天下万物各由其母而生。这是现象中多么寻常的生命,这是生命中多么寻常的现象。老子说:"天下万物生于有,有生于无",从生命现象一步一步推原生命之本,又是何其艰难而不寻常。从一无所有生出大千世界的万有,这是经验世界中不可能实现的幻想,却是哲学视域中的逻

---

① 《老子》第四章。
② 《老子》第四章。

辑结论！于是，当老子说"道生一，一生二，二生三，三生万物"，①从哲学维度解释作为现象的生命时，生命之谜由此解开。值得注意的是，老子由"有"而"无"（道）的关于生命的本原式追问，与由"道"（无）而"物"的关于本原对生命的赋予，都是对于生命根源的沉思，区别在于前者是从生命现象推寻生命之"根"（无），后者则是从生命本原（道）破解生命现象。

（二）生命去处："复归其根"（道）

"无"中生"有"，生命发生。但是，生命的发生同时意味生命的完结、死亡的开始。因为生命的展开过程实际上即是迈向死亡的过程，生命由柔弱到刚强既是"生"的逐渐壮大，又是向"死"的逐渐接近。因为不生不死的生命本原——道创生的形态万千的生命不具有道的无始无终的永恒性，也不具备有始（生）无终（死）的无限性，它本质上是有始有终的有限存在；既存在于有限空间又存在于有限时间，它与道的最大差别即在于暂时性。即便是无形之大者天与有形之大者地，也难逃一死。从人类的日常经验之维看天观地，"天长地久"，②天地所制造的"飘风"、"骤雨"不过是一朝一夕的短暂现象。可是，天地与狂风暴雨相比的长久性并不是时间意义上的永恒性，仅是标明天地的暂时性在时间层面上长于风雨的暂时性而已。就天地本身来说，天以"清"（清明）的特征存在，地以"宁"（安宁）的特征存在，天由清而"裂"（崩坏），地由"宁"而"废"（震动），则标志天

---

① 《老子》第四十二章。
② 《老子》第七章。

地由生而死。在此意义上,天地又何尝能生而不死、恒久存在,天地与风雨又何尝不是无限时间中的"一瞬",天地与风雨又有何异。既然"天长地久"只具相对性,那么"天长地久"也不过是天地暂时性的另一种表述,生长于天地之间,依赖于天覆地载而生存延续的人即使"长生久视",也是暂时的长久。所以,老子说:"天地尚不能久,而况于人乎"。① 既然天、地、人与其创生者道并称宇宙中的"四大",② 在道的所有创造物中天、地、人最为特殊,亦难脱暂时性,道所创造的其他生命岂不更是如此。

  生命是有限的存在。达至或越过极限即是生命的终结,其终结形式是死亡。从现象上看,死亡即是生命形体的破坏、残缺乃至最后消失,或者说,即是生命从存在到不存在,从有到无。但是,消逝了的生命虽然从"生"的角度来说不再存在,化归于无,属于"生"之无;从"死"的角度来说,则以另一种形式和本质存在,它只是从"生"之有转化成"死"之有。从生死对立转向生死相依来看待生命之"死","死"也是生之死,也是生的最后的特殊方式。这是说,死仅仅是"生"之无,仅仅是一种具体存在与存在方式之无,并不是绝对的没有,或曰纯粹的空无,它像生一样也属"有"的范畴。死属"有",生命才有最后的去处,也即最后的家园,生命的过程才呈现出从发生到离去的特质。那么,生命最终将归向何处? 老子说,归向道:"夫物芸芸,各复归其根。"③ 这是说,尽管生命种类繁多,尽管这种类繁多的生命的存在和发展的形式千奇百怪,但是,在其走完生命之路、迈向死亡境域时都毫无例外地回归于道——这个使自己当初得以"生"的生命本原。从生的有限性、暂时性来说,死未尝不是无

---

  ① 《老子》第二十三章。
  ② 《老子》第二十五章。
  ③ 《老子》第十六章。

限的、永恒的；从死的无限性、永恒性来说，生命的最后的归宿——道又未尝不是生命的最后的"家"。就人这种特殊的生命来说，生时即知死以及死的去处，并且对死的去处充满敬畏之心，这死的去处——道又何尝不是人"生"时的永恒的精神家园。

为什么生命由道开始又以返回道而结束？从道与生命的关系的角度来说，道主宰着生命的全部旅程，在生命的产生、成长、成熟等阶段无不烙下道的印记，无不接受道的监控。用老子的话来说，即是道"生"、"畜"、"长"、"育"、"亭"、"毒"、"养"、"覆"①万物。同样，生命的结束也是道的"命令"，生命的归宿也是道的"安排"。简言之，是道决定生命"死"并且死在"道"中。这样，死亡即是回家——回到生之养之的道。从生命本身来说，形下的诸多生命各自生长发育，生而又死，死而又生，显现为生→死→生的循环模式。既然生命根源于道，由道而生，生命只有以死的方式回向道，才有可能再次从道中生出，实现死而复生，虽然复生的生命已不是死前的生命。如此，生命的生→死→生的循环模式必然以决定生命之生死的道→生命→道的样式为其形上根据。老子由"万物并作"、②生命之生而观其"复"——生命的循环往复以及生命之生与死的不断转化，并由生命之"复"而推论其最终归向生命之"根"（道），即是此意。

生命以返回道而结束，这是道的"旨意"，也是生命企求实现"再生"的必然要求。那么，老子为什么把生命回归于道（无）形象地称作复归于"根"？也许，"根深叶茂"、"叶落归根"的现象以及人们对于这种现象所作的生命沉思启发且打动了老子，促使他在道与根、生命与叶之间发生联想：根与叶的关系同道

---

① 《老子》第五十一章。
② 《老子》第十六章。

与生命的关系是何其相似,"根→叶→根"所表达的叶生于根又回到根,同"道→生命→道"所表达的生命生于道又复归于道如出一辙,道对于生命来说无论在哪种意义上都是"根"。

(三)生命之旅:"生之徒十有三"

生命有限,生即意味着要"死",任何"活"的存在均不能超越生死界限。生命就其自身的成长来说"在路上",处于生死之间。决定生命之生的是道,决定生命之死的是道,决定生命展开过程的仍是道。在此意义上,所有生命的长短寿夭皆是由道预先设定的,因而也是不可抗拒的;生命之"路"既不能"加长",也不会"缩短",当然,更不会无限延伸。这样,生命相对于道来说,只是一种被动的存在,生命只有遵从道的规定,而遵从道的规定本身也是道的规定;生命不可能违背道,即使违背道也是道的旨意,在此意义上,生命还是在以违背道的方式遵从道。因为生命中的一切尽在道的掌控之下,生命中出现的任何情形都是道的安排。据此推论,生命的旅途不是生命所能决定的,生命没有选择自己所行走的道路的权利和自由。

可是,老子认为普遍之中有特殊,"所有"或"全部"之中有例外。作为同道、天、地并列的四种高贵存在之一,作为众多生命之中唯一具有自我意识的人,其生与死以及生命途中的际遇虽然像其他生命一样受制于道,但是,其从生到死的生命之路决定于自己。换言之,道只能决定人之必生、必死,人则能选择生死之间的"路",以及由不同的生死之"路"所决定的"死"的不同的时刻。如果说物的生命只有唯一的由道所给定的一条路的话,那么,人的生命则有人自己设计的许多条路;如果说物的生命期限由道预定的话,人的生命期限则由自己掌握,虽然人的生命不免于"死"。当然,我们也可以说,老子认为,人的此种自主决定自己所走的"路"的权力在其终极意义上并不取决于人自身,它是道所给予人这种特殊生命的特殊权力,不能证明人的关于生命之"路"的选择脱离了道的约束,只是说明道在管理人的生命之"路"与其他生命的生命之"路"方面有所区别,道以让人"自由"(指"路"的选择方面)的方式管束人。不过,不管怎样,老子认为人生有许多条路,人有择"路"的能力,应是没有疑问的。

人的生命有着物的生命所不曾有的选择"路"的机遇,然而,祸福相倚,路多未必是好事。这许多条最终通往死亡的路客观上有长短,因而有正道("生之徒")与歧途("动之死地")之分别。生命的正道确保生命能够真正走完属于自己的路,生命的歧途也能保证生命能够走完自己的路,但是这种路相对于生命的正道来说是曲折而短暂的。这表明,歧途的终点仅仅相当于正道中的某一点,歧途上的寿终正寝仅仅相当于正道上的中道夭亡。再说,所有的生命都指向路的终点,人的生命行走在正道上不可能死在路途中。由此,设计正确的生命之路、选择正确的"活法"对于人的生命存在来说就不仅具有绝对意义,而且还是生命的内在要求。此外,就生命的歧途而言,在时间上缩短了人的生命与人的生命之路,这种缩短达至其极限即是生命时间向度上的"生即死",空间向度上的生死之间的"零距离"。此种情形下的歧途未尝不是无路可走的"死路"("死之徒")。在此意义上,可以说"死路"是"歧途"的特殊样式,或者说变种;也可以说"死路"是正道和歧途之外的生命的第三种"路"。

将人生之路划分为正道、歧途、死路三种类型之后,老子还考察了这三种道路在整个生命之路中所占的比例,指出人的道路的选择在多大程度上是正确的,在多大程度上是错误的,揭示这种选择本身的风险性。他认为生命的正道、歧途和死路均约占三分之一,生命之路的选择有三分之二是错误的选择,只有三分之一称得上是正确的选择,用老子自己的话来说,就是"生之徒十有三,死之徒十有三,人之生,动之死地亦十有三"。[1]这样,走正道,避歧途,弃死路,人才能正常地活,从而正常地死,否则,无异于"自杀";"路"的抉择需要慎重思虑,不可随意。

  从哲学层面拷问生命之死,死因只有一个——道的设定;从经验层面看待人之死,死因各异,并且多属偶然性范畴;从理论层面审视经验层面的死因,不外乎生命内部的原因和生命外部的原因这两类。就生命外部的原因来说,大体可分为自然的原因和社会的原因。明于此,生命的正道就是不被自然和社会伤害之路,就是超越自然和社会制约之路。从逻辑上讲,正道与歧途、死路相对,那么,生命的歧途、死路就是遭受自然和社会的各种因素伤害之路,就是屈从于自然和社会的各种异己力量之路。老子用这样一段话来表达这一思想:"盖闻善摄生者,陆行不遇兕虎,入军不被甲兵。兕无所投其角,虎无所措其爪,兵无所容其刃。夫何故?以其无死地。"[2]它表明,生命在正道上行进,可以排拒自然(以兕虎为代表)和社会(以甲兵为代表)的限制,超越异于己的自然力量(以兕之角、虎之爪等为象征)和社会力量(以兵之刃等为象征)的侵害并使其丧失发显威力的条件,最终战胜之;生命如果误入歧途则同时面临自然和社会的双重制约,同时招致自然力量和社会力量的两路夹击,并且,自然力量和社会力量因其具备发显威力的条件而威力尽显。

---

[1] 《老子》第五十章。
[2] 《老子》第五十章。

问题是,生命的正道保证人活得"长",却不能担保人不死。也就是说,选择正道也难逃必死的宿命。从生命存续时间长短的意义上来说,路的选择是有意义的;从所有的生命之路都是不归路的意义上来说,路的选择即使不能说是无意义的,其意义也是相对的。

(四)生命的超越:"复归于婴儿"

　　生命必死,人不例外。如果抗拒死亡,便违背道,而违背道的后果还是不得不屈从道——"死"。这是说,面对死亡,别无选择,走在生命的正道上仅仅能延长死期而已。如何既遵从道又活而不死,在道与不死的逻辑悖论中开拓出一条新路,实现生命的超越,使人生由有限进入无限,这是老子解答和沉思生命悲剧(指死亡)之后需要察悟的问题,虽然对这个问题的考察与体悟本身暗含对于道的某种意义上的否定和"抗议"。因为对生命有限性的揭示令人生的意义失却绝对依托,令人生成为绝望的旅行,成为对于死亡的等待;对生命的无限性的寻找至少让绝望者获得某种心灵或精神上的希望以及希望背后的寄托。

　　在经验世界里,生命总是在不断成长,总会经历幼弱、强壮、衰老等前后相继的时期,而且,这前后相继的时期是不可逆转的。这无非是说,生命不会停留在某一个阶段,也不会从衰老回归强壮,从强壮回归幼弱。所谓永葆青春、返老还童之类只不过是人的期望和幻想。但是,老子认为在理论层面这些是可能的,那就是,让生命的行走过程由"向前走"转变成"向后转,往回走",让生命从向终点走去(前行)转变成向起点走去(回去),从而使生命在其原来的接近死亡的途中及时返回,"复归于婴儿",①回到生命的开始状态。这样,生命将越来越年轻,生命之路将越走越长,生命距离其终点将越来越远。一旦生命回到"婴儿"或"赤子"状态,为了防止其再往后走,消失于"道"中,以另一种方式"死",就让生命的行走过程由"向后走"及时转变成"原地走动",从而使生命保持婴儿或赤子状。这样,生命将最终定格于其初始阶段。因为生命的前进以回归于道的方式结束自己,生命的后退同样会以回归于道的方式结束自己。也就是说,由生到死是死,由生到"未生"也是死。

　　生命"复归于婴儿",始终以婴儿的式样存在,"死"在生命之旅的终点虽然存在着、等待着,却被悬搁在一边,它好像天边的地平线距离生命似近实远,并且不可企及。如此,生命之死便只有逻辑上的可能性,生命的真实存在便不会"死",便会一直活着,直至无限,同时,这种长久以至永远地"活"又不违背道,原因是此种永生没有抗拒死、排除死,只是在承认必死的前提下远离死。问题是,如何"复归于婴儿",并且持守婴儿状态?老子提出"常德不离"、"含德之厚"②等方法。即是说,让生命包含道、拥有道,与道同在;让道包含生命、拥有生命,与生命同在。由此,生命将借助于道的永恒性而呈现婴儿的特质,保持婴儿的模样,以"初生"的面貌持久存在,并借助于道的永恒性而超越道所规定的生命的固有的有限性。在老子看来,生命由道而出,归道而死,生命展开的过程既是渐渐远离道(从其由道而出的意义上说的)又是渐渐接近道(从其归道而死的意义上说的)的"无道"(从其与道分离的意义上说的)过程。这时,生命相对于道来说,是异于道的存在,道从生命的外部掌管生命,通过命令生命之"死"而使之回到道,化为道的组成部分,实现

---

① 《老子》第二十八章。
② 《老子》第二十八章、五十五章。

生命与道的同一,这注定了生命的暂时性,这是生命必死的根源。再说,此时的与道同一的生命作为已经死了的生命已不是真正意义上的生命了。如果生命在其"生"时即由道的外部进入道的内部,化为与道"一体"的存在,则生命就不必通过毁灭自己的方式归向道。老子的"含德"而不离德以求"复归于婴儿"即是此种思路的产物。它给人类直面死亡而求精神解脱提供了路径和良方。

综上所述,老子的生命论包括生命的由来与归宿,生命之路的选择以及生命的超越等方面。老子认为生命发生于道又回归于道,生命之路的正确类型是"正道"而非"歧途"和"死路",生命超越的方法是回到并持守"婴儿"状态。

庄子的哲学思想

庄子,名周,楚国蒙(今安徽蒙城)人,战国时期著名道家人物。庄子的事迹载于《庄子》一书,共29条,其中27条是可信的。至于《史记·老子韩非列传》中所载庄子拒绝为官之事,与《庄子》的记载大体相同。

庄子家境贫寒,依靠编织草鞋等维持生计,曾向监河侯借粟,不但没借到,反而受到监河侯的嘲弄,①一个叫曹商的人也因此讽刺庄子"处穷闾厄巷,困窘织屦,槁项黄馘"。② 闲暇时,庄子曾"钓于濮水"。③ 从鱼之悠游于水中沉思人生的自由境界——逍遥游;也曾游于雕陵之樊,游于山中。

庄子与名辩家惠施、乡野之人东郭子、山中"故人"等有交往。其中,同惠施友谊最深。庄子妻死,庄子竟然"箕踞鼓盆而歌",受到惠施责备;惠施为梁相,庄子去见他,他怀疑庄子欲取而代之,遭到庄子的嘲笑;庄子与惠施最精彩的辩论发生在濠梁,史称"濠梁之辩"。惠施去世后,庄子非常感伤,在其多年后经过惠施墓时还说道:"自夫子之死也,吾无以为质矣,吾无与

---

① 参见《庄子·外物》。
② 《庄子·列御寇》。
③ 《庄子·秋水》。

言之矣。"①庄子喜欢辩论。他评价惠施曰:"惠施多方,其书五车,其道舛驳,其言也不中。"评价"桓团、公孙龙辩者之徒,饰人之心,易人之意,能胜人之口,不能服人心"。② 自己却与商太宰辩仁,斥魏王,责楚威王使者,驳曹商,同惠施屡屡辩难,甚至见到空骷髅也欲与之辩一番。

庄子曾经做过漆园吏,后辞官隐居,蔑视所谓功名利禄,极力保持个体的自由和人格独立。楚威王听说庄子是个贤者,便派遣使者迎请庄子,欲委以重任,庄子拒绝道:"我宁游戏污渎之中自快,无为有国者所羁,终身不仕,以快吾志焉。"③《庄子·秋水》中亦有类似记载。作为哲人,庄子具有傲骨,推重气节。他同魏王交往时,怒斥当时的社会黑暗与政治昏乱曰:"今处昏上乱相之间而欲无惫,奚可得邪?此比干之见剖心,征也夫。"作为哲人,庄子经常从具体事例的解释,上升到抽象的理论层面。例如,他见无用之树因"不材得终其天年",不被砍伐,遂倡"无用"、"不材"以全生。当他的学生对此提出疑问:为什么"主人之雁以不材死"时,他转而提出"处乎材与不材之间",进而导出"乘道德而浮游"的人生理想境界。此外,庄子还严于律己。他"游于雕陵之樊"时,虞人怀疑他趁机行窃,追逐他、斥骂他,他不但不辩解,反而三日不出门庭,自思其过,责备自己曰:"今吾游于雕陵而忘吾身,异鹊感吾颡,游于栗林而忘真。"④

庄子临终前夕,弟子们商讨后事欲厚葬他,他以生命自然的思想最后一次教育弟子道:"吾以天地为棺椁,以日月为连璧,星辰为珠玑,万物为赍送。吾葬具岂不备邪?何以如此。"

---

① 《庄子·徐无鬼》。
② 《庄子·天下》。
③ 《史记·老子韩非列传》。
④ 以上均见《庄子·山木》。

再说,"在上为乌鸢食,在下为蝼蚁食",如果"夺彼与此",①岂不太偏心吗?这充分展现了庄子的精神风范。

《史记》称庄子"著书十余万言",《汉书》著录《庄子》52篇。这是《庄子》其书字数篇数的最早记载。《吕氏春秋·必己》高诱注曰:"庄子名周……著书五十二篇,名之曰《庄子》。"陆德明《经典释文·序录》云:"《汉书·艺文志》'《庄子》52篇',即司马彪、孟氏所注是也。"可见,52篇的《庄子》存于两汉、魏晋,至少流传至唐代。今本《庄子》33篇,其中内篇7篇、外篇15篇、杂篇11篇,有19篇为郭象所删除。

汉代学者普遍认为《庄子》为庄子本人所作。怀疑《庄子》中某些篇非庄子作品,起于韩愈、苏轼。韩愈曰:"《说剑》类战国策士雄谈,意趣薄而理道疏,识者谓非庄生所作。"《盗跖》曰:"讥侮列圣,戏剧夫子,盖效颦庄、老而失之者。"②苏轼曰:"余尝疑《盗跖》、《渔父》则若真诋孔子者,至于《让王》、《说剑》,皆浅陋不入于道",而"余以为庄子盖助孔者"。③ 韩、苏之后,疑《庄子》之风渐起,考辨《庄子》真伪,代有人在。就目前来看,人们基本同意这个看法:《庄子》非庄子一人所作,乃是庄子学派的著作。虽然,任继愈先生判定外、杂篇代表庄子本人思想,内篇代表庄子后学思想;刘笑敢、崔大华等大多数学者推断内篇为庄子作,外、杂篇为庄子后学作。

庄子的哲学本质上是人生哲学,拯救人生是其出发点和目的。这突出地表现在它对人生困境的追溯,对人的自由逍遥的刻画,对"至德之世"的塑造。但是,庄子的上述思想是以道为形上根据,并围绕道而展开的:人生的困境与逍遥在于道的得

---

① 《庄子·列御寇》。
② 归有光、文震孟:《南华真经译注》引。
③ 《东坡文集》卷三十二《庄子祠堂记》。

和失,至德之世在于大道流行。就庄子哲学体系的构成来说,可以分为道的解说、道的认知、人生论和理想社会论等。

(一)对道的解说

道是老子哲学的核心范畴,也是庄子哲学的核心范畴。在《庄子·齐物论》里,庄子探索世界起源曰:"有始也者,有未始有始也者,有未始有夫未始有始也者;有有也者,有无也者,有未始有无也者,有未始有夫未始有无也者。"从物之始、物之有,也即从物之生、物之存在追问生物者和物得以生的原因,探究现实的形下存在的形上本原和根据。这个本原和根据就是"道"。

庄子论道,最为著名的有:"夫道有情有信,无为无形;可传而不可受,可得而不可见;自本自根,未有天地,自古以固存;神鬼神帝,生天生地;在太极之先而不为高,在六极之下而不为深,先天地生而不为久,长于上古而不为老。""鳌万物而不为义,泽及万世而不为仁,长于上古而不为老,覆载天地、刻雕众形而不为巧。"①由此看来,道是无形的存在,超越感性认知之域而不可见、不可受;道"自本自根",自我生成,没有"生道者";道生育天地万物,从道物关系的角度来说,是万物的本原;道生万物的过程是纯粹的自然发生过程,因而,道对于物生养不具备道德属性;同时,相对于物的生存在时空上的有限性,道在空间上是无限的、在时间上是永恒的。基于道的超验性,庄子分析道:"道不可闻,闻而非也;道不可见,见而非也;道不可言,言而

---

① 《庄子·大宗师》。

非也。知形形之不形乎！道不当名。"①他反对人们将道经验化,并从道的无形而不可闻见得出道乃"无名",因而不可言说的结论。这样,道不仅仅是超验的,同时也是超越名言的。关于道的无限性,庄子一方面以道"在蝼蚁"、"在稊稗"、"在瓦甓"、"在屎溺"等,论证道的"无所不在";②另一方面从道的特征入手证明这种无限性:"夫道,于大不终,于小不遗,故万物备。广广乎其无不容也,渊渊乎其不可测也。"③即是说,道是至大与至小的统一体,既无穷无尽流行于宇宙间,又无孔不入,渗透于每一个角落。此处,必须注意的是,庄子对道的无限性的论述,还说明了道生万物同时又内在于万物中,成为物之为物的本质。这正如《庄子·在宥》所云,"至道之精"乃"物之质"。道为物之质、物之本标志着庄子宇宙观的本体论特质。

  道为万物源而生万物,理所当然地为万物主而制万物。这是老子的思路。老子的"天得一以清,地得一以宁,神得一以灵,谷得一以盈,万物得一以生,侯王得一以为天下贞",④着重强调了道在自然界、社会以及超自然领域的至上地位。庄子沿袭这一理路,却从多角度加以阐发。他说:"豨韦氏得之,以挈天地;伏戏氏得之,以袭气母;维斗得之,终古不忒;日月得之,终古不息;堪坏得之,以袭昆仑;冯夷得之,以游大川;肩吾得之,以处大山;黄帝得之,以登云天;颛顼得之,以处玄宫;禺强得之,立乎北极;西王母得之,坐乎少广,莫知其始,莫知其终;彭祖得之,上及有虞,下及五伯;傅说得之,以相武丁,奄有天下,乘东维、骑箕尾而比于列星。"⑤认为远古帝王和贤臣、神话

---

① 《庄子·知北游》。
② 《庄子·知北游》。
③ 《庄子·天道》。
④ 《老子》第三十九章。
⑤ 《庄子·大宗师》。

世界中的各类神灵等人间和超人间主宰者以道为宗,并且借助于道的力量发显威力,成就事业。"天不得不高,地不得不广,日月不得不行,万物不得不昌,此其道与"。① 他认为天高地广,日月运行,万物昌盛,乃道作用于其中的结果。

由于庄子哲学的人学特征,庄子不满足于一般地讨论道物关系,他把"人"从"物"中分离出来,具体论述道人关系曰:"道与之貌,天与之形。"②"夫大块载我以形,劳我以生,佚我以老,息我以死。"③这种从道的高度探讨人之所由来,人生的最后归宿,在中国哲学史上第一次明确指出人生的哲学根据。道赋予人以生命,又决定人之从生至死的整个生命过程,得道便成为人生的终极目标。而道的无处不在,则意味得道即是与道合一,即是个体融入大道之中。这样,道又成为得道者理想的存在场所。庄子所谓"浮游乎万物之祖",④"游心于物之初",⑤"游乎无何有之宫"⑥等,揭示了道的这一特征。此外,在《庄子·大宗师》里,庄子更是将道养育天地万物、道的非道德性、道是得道者逍遥之处这三者结合在一起而予以阐述。他说:"吾师乎!吾师乎!䪡万物而不为义,泽及万世而不为仁,长于上古而不为老,覆载天地、刻雕众形而不为巧。此所游已!"

---

① 《庄子·知北游》。
② 《庄子·德充符》。
③ 《庄子·大宗师》。
④ 《庄子·山木》。
⑤ 《庄子·田子方》。
⑥ 《庄子·知北游》。

(二)对道的认知

道是包括人在内的宇宙万物之源,统治着包括神灵在内的宇宙间的一切。以道观物、以道观天下便能解除人生的诸多烦恼与苦痛,使人进入自由逍遥的境界。因此,得道是个人由困境迈向自由的唯一路径。

得道是通向自由的捷径,道即是认识的唯一对象。庄子说:"古之人,其知有所至矣。恶乎至?有以为未始有物者,至矣,尽矣,不可以加矣。"他以认识"未始有物者"为最高认识,视道为认识对象。同时,庄子通过意而子与许由的对话来否定关于外物和社会的认知,将道之所生的人、物剔除出认识范围:"意而子见许由,许由曰:'尧何以资汝?'意而子曰:'尧谓我:汝必躬服仁义而明言是非。'许由曰:'而奚来为轵?夫尧既已黥汝以仁义,而劓汝以是非矣,汝将何以游夫遥荡恣睢转徙之涂乎?'"[①]道德知识(仁义)和科学知识(是非)是祸己害人的错误知识,那么,关于道的哲学知识才是正确的。

如何获得以道为对象的哲学知识?如何得道?庄子在《大宗师》和《人间世》中均有所讨论。《庄子·大宗师》曰:"子贡曰:'敢问其方?'孔子曰:'鱼相造乎水,人相造乎道。相造乎水者,穿池而养给;相造乎道者,无事而生定。故曰:'鱼相忘乎江湖,人相忘乎道术。'"《庄子·人间世》曰:"回曰:'敢问心斋。'仲尼曰:'若一志,无听之以耳而听之以心;无听之以心而听之以气。听止于耳,心止于符。气也者,虚而待物者也。唯道集

[①] 《庄子·大宗师》。

虚。虚者,心斋也。"这就是说,得道的方法是"忘"和"虚"。"忘"指忘却外物及物我关系,抛弃仁义是非,除去得道的外在障碍;"虚"指心灵虚静,空灵透明无所藏,排除因"成心"而造成的得道的内在障碍。"忘"是对主体的外在约束,"虚"是对主体的内在要求。就排除内在障碍而言,"虚"实质上也是一种"忘"。内虚外忘,实即内外两忘。所以,庄子论得道方法,多是"忘"。一旦虚、忘皆备,大道自现。

以虚、忘得道,并不意味得道的体验与自悟是无过程的"顿悟"或观念的瞬间转变。庄子为我们描绘了得道的次第出现的境界,从"境界"变更角度谈论了得道的步骤(或者说过程)。《庄子·大宗师》记载女偊叙述自己教卜梁倚学道时所说的一番话:"吾犹守而告之,三日而后能外天下;已外天下矣,吾又守之,七日而后能外物;已外物矣,吾又守之,九日而后能外生;已外生矣,而后能朝彻,朝彻而后能见独。"这就是说,得道途中出现了种种具有逻辑先后的境界:外天下→外物→外生→朝彻→见独("见独"是最终得道的境界和结果)。其中,"外天下→外物→外生"不但有逻辑上的先后,还有时间上的先后("三日"、"七日"、"九日"等数量词为证);而"外生→朝彻→见独"则只有逻辑先后(原文中的"后"指逻辑序列),没有时间上的先后——在时间上,它们是共时的。因为,"天下"即社会,"物"即自然,外天下与外物即指解除外部世界的压迫;"外生"即忘我,破除自身的束缚;进入"外生"境界时,人已从内外两方面的重压下挣脱出来,而挣脱重压即是得道复性迈进自由;"朝彻"指从必然迈入自由、解去羁绊时的特殊体验——状如经历漫漫黑夜而忽遇朝阳;"见独"则指在这种体验下"得道"。"外生"、"朝彻"、"见独"只是从不同方面谈"得道"——外生从破除束缚方面(外生之前已外天下外物)谈得道;"朝彻"从内心体验,尤其是从得道前后的经验对比方面谈得道;"见独"从人力图摆脱束缚的目的与结果方面谈得道。因此,它们没有时间上的先后,仅有逻辑上的先后承继。

人生的境况不同,得道的途径也不同。像卜梁倚这样外被物(指自然和社会)困、内为我扰的人,其得道过程就是内外两忘的过程。像颜回这样仅被仁义礼乐所困扰的人,其得道过程就是逐渐"遗忘"道德伦理的过程。这说明,每个人得道的途径都是具体的。颜回系孔子最值得骄傲的弟子,是孔子思想的忠实执行者,是仁义道德的完善化身,其服膺仁义礼乐最深,庄子借颜回之口言其得道过程中的境界顺次为忘仁义→忘礼乐→坐忘:"颜回曰:'回益矣。'仲尼曰:'何谓也?'曰:'回忘仁义矣。'曰:'可矣,犹未也。'他日复见,曰:'回益矣。'曰:'何谓也?'曰:'回忘礼乐矣。'曰:'可矣,犹未也。'他日复见,曰:'回益矣。'曰:'何谓也?'曰:'回坐忘矣。'仲尼蹴然曰:'何谓坐忘?'颜回曰:'堕肢体,黜聪明,离形去知,同于大通,此谓坐忘。"[①]"忘仁义"指破却人的内在道德规范,驱除人的自我摧残的内在机制;"忘礼乐"指抛弃人的外在的政治强制,废除人的被奴役的外在因素。"堕肢体,黜聪明,离形去知"指冲破内外束缚、离却物我和物我观念、投向自由的转变方式,它由"忘"而来;"大通"意为得道境界中的无阻无碍畅达通行,此处指代"道","同于大通"即是得道。

针对儒家以仁义为核心构建的忠孝仁义的伦理观,庄子并不回避,他有时干脆把得道的境界定名为"至仁",以"至仁无亲"力破儒家的仁爱亲亲。他认为接近"至仁"的过程就是逃离儒家之仁的过程:"以敬孝"→"以爱孝"→"忘亲"→"使亲忘我"→"兼忘天下"→"使天下兼忘我"。[②]

---

① 《庄子·大宗师》。
② 《庄子·天运》。

由上可知,得道的方法是"忘",得道途中的种种境界的界定是"忘"("外"),学道的过程即为"忘"的过程。这种"忘"是主体的自觉行为,不是无目的无选择的忘——无目的的随意之忘恰是庄子所极力批驳的。"人不忘其所忘而忘其所不忘,此谓诚忘"。① 由于"得道"以"忘"为"得","忘"是人的主观领域里的自觉意识,因此,得道本质上只能是精神超脱。不过,一旦庄子要求主观之"忘"介入客观之实践,以"忘"指导人的动作思维,这种"忘"和"得道"又都具有现实性、实践性。如列子学道于壶子,亲历季咸与壶子的交往后忽悟学道之真谛,"自以为未始学而归,三年不出,为其妻爨,食豕如食人,于事无与亲。雕琢复朴,块然以其形立。纷而封哉,一以是终"。②

最后,庄子认为"得道"又是部分人的专利,并不是所有渴望得道的人都能如愿以偿。其一,认识上的"瞽者"、"聋者"因自身的固有缺憾而不能得道:"瞽者无以与乎文章之观,聋者无以与乎钟鼓之声。岂唯形骸有聋盲哉?夫知亦有之。"③其二,受制于"天"(道作为一种自然力量的形象化说法),被"道"遗弃的人不能得道:"天刑之,安可解。"④那么,哪些幸运者可以得道呢?庄子通过南伯子葵与女偊的问答说明了这类人的特征:"南伯子葵问乎女偊曰:'子之年长矣,而色若孺子,何也?'曰:'吾闻道矣。'南伯子葵曰:'道可得学邪?'曰:'恶!恶可!子非其人也。夫卜梁倚有圣人之才而无圣人之道,我有圣人之道而无圣人之才。吾欲以教之,庶几其果为圣人乎?不然,以圣人之道告圣人之才,亦易矣。'"⑤这说明,能够且必然得道的是"有

---

① 《庄子·德充符》。
② 《庄子·应帝王》。
③ 《庄子·逍遥游》。
④ 《庄子·德充符》。
⑤ 《庄子·大宗师》。

圣人之才而无圣人之道"者,即具备圣人的才质(内在素质)而失却"道"的人。庄子在此似乎还想说明得道是个体的自我觉醒,不是寻常的外在输灌——教未闻道者闻道的应是有圣人之道又有圣人之才者,但庄子硬说是"有圣人之道而无圣人之才"者。无"才"何以传"道"!

(三)人生论

庄子论人生主要体现在对人的现实的痛苦境况的反思,以及对人的理想境界的追求。

在《齐物论》中庄子写道:"(人)一受其成形,不亡以待尽,与物相刃相靡,其行尽如驰而莫之能止,不亦悲乎!终身役役而不见其成功,苶然疲役而不知其所归,可不哀邪!人谓之不死,奚益!其形化,其心与之然,可不谓大哀乎!"把人生表面的万千烦恼,种种苦痛提炼为哲学意义上的三重困境:(1)人与客观世界的关系表现为主体改造客体、客体压迫主体的矛盾斗争,这种斗争永无止境,它使人陷于物的摧残之下;(2)人的有意志有目的的行动与结果的对立,人不能实现自己的目的,从而降为不能主宰自己的异己存在,面对未来"不知所归";(3)形化心化、形灭心亡,形决定心,人沦为无自我内涵的形式存在,背离了心不死(死指丧失)、心不变的人生本质。

揭露了人生困境之后,庄子紧接着感叹不已:"人之生也,固若是芒乎?其我独芒,而人亦有不芒者乎。"[①]他从认识论的角度说明人生的以上痛苦出自于认识上的"芒",即愚昧。那

---

① 《庄子·齐物论》。

么,"芒"指哪些方面呢?

《庄子·大宗师》有一则意而子与许由的对话:"意而子见许由,许由曰:'尧何以资汝?'意而子曰:'尧谓我:汝必躬服仁义而明是非。'许由曰:'而奚来为轵?夫尧既已黥汝以仁义,而劓汝以是非矣。汝将何以游夫遥荡恣睢转徙之涂乎?'"庄子认为人伦道德(仁义)和关于外物的知识(是非)发展了人的某些方面同时又限制了另一些方面,而无论是发展还是限制都是对人的制约和破坏,所谓精神文明(德与智)恰是人的堕落的反映。关于仁义道德对人的伤害,庄子说道:"夫孝悌仁义忠信贞廉,此皆自勉以役其德者也,不足多也。"①至于囿于一己之见对人的迫害,庄子认为它超过仁义对人的伤害,导致人的衰老死亡,给人以毁灭性的打击:"大知闲闲,小知间间。大言炎炎,小言詹詹。其寐也魂交,其觉也形开。与接为构,日以心斗。缦者、窖者、密者。小恐惴惴,大恐缦缦。其发若机栝,其司是非之谓也;其留如诅盟,其守胜之谓也;其杀若秋冬,以言其日消也;其溺之所为之,不可使复之也;其厌也如缄,以言其老洫也;近死之心,莫使复阳也。"②仁义是关于人人关系的理解,是非系物我关系(准确地说是"我对于物")的理解。由对仁义是非的抨击,我们可知庄子把人对外在世界(他人、社会、自然界)的错误认知当作"芒"的一种情形。

就人对外部世界的认识而言,人处于"芒"中,人对自己的认识又是怎样的呢?庄子认为"小知不及大知,小年不及大年"虽是客观事实,人们不可改变也不可回避,但知与年的大小出于性而定于性,它们不是人的幸福、自由与否的标准。"小年"的"不知晦朔"的朝菌、"不知春秋"的蟪蛄与"大年"的"以五百

---

① 《庄子·天运》。
② 《庄子·齐物论》。

岁为春,五百岁为秋"的楚之南的冥灵、"以八千岁为春,八千岁为秋"的上古之大椿,①其存在(生存)有长短之别,其存在的价值与意义却是等同的,人的逍遥自为应足于内(性)而安于外(人的差别存在及存在差别)。这样,"人故无情",人性自然:"不以好恶内伤其身,常因自然而不益生。"②遗憾的是,人们以物喜、以己悲,"喜怒哀乐,虑叹变慹,姚佚启态"③系于得失成败,企图抗拒自性和自性得不到也不应有的东西,比如与"以久特闻"④的彭祖比寿,构成自我摧残。由此不难看出,人的自我认识同样也是"芒"。

由于人的"芒",人成为自己和外在世界的奴隶,人的存在呈现为悲剧性存在。庄子对"芒"者进行了批判,他说:"梦饮酒者,旦而哭泣;梦哭泣者,旦而田猎。方其梦也,不知其梦也。梦之中又占其梦焉,觉而后知其梦也。且有大觉而后知此其大梦也,而愚者自以为觉,窃窃然知之。'君乎!牧乎!'固哉。"⑤这是说,芒者以假为真、以梦为实,从一个梦进入另一个梦,离"道"越来越远,离自己也越来越远,身陷无尽的苦难深渊而不自觉。这种人颠倒是非混淆黑白,错把苦难当作快乐,错把必然当作自由。《庄子·齐物论》最后一段说:"昔者庄周梦为胡蝶,栩栩然胡蝶也。自喻适志与!不知周也。俄然觉,则蘧蘧然周也。"这是庄子以自己为例,说明自己也曾经像芒者一样,把自己的"蘧蘧然"当作"栩栩然",并自以为"适志",直至梦后觉醒,方知从前的"栩栩然"实质上是"蘧蘧然"。

人追求幸福却得到苦难,寻求自由却身陷囹圄,这是由于

---

① 《庄子·逍遥游》。
② 《庄子·德充符》。
③ 《庄子·齐物论》。
④ 《庄子·逍遥游》。
⑤ 《庄子·齐物论》。

人之"芒"。那么,人为什么芒而不"明"?这是问题的关键。庄子以为"芒"导源于"成心"。所谓"成心"就是以个人为中心、以个人的一己之利为至上的主观意志,它使人失去道、追逐物、行仁义、求是非。《庄子·齐物论》中的"道隐于小成","未成乎心而有是非,是今日适越而昔至也"以及"是非之彰也,道之所以亏也。道之所以亏,爱之所以成"等所要说的即是这个意思。如果再向前追问一步,"成心"从何而来?庄子以为是未能得道的缘故。这样,庄子最终将生命的苦难源头追溯到"道"。这种追溯也促使庄子只能从哲学的高度为人生困境的解脱提供一条幻想的道路。

未能得道即陷入困难境地,得道即能逍遥自由。因为得道者一方面将外在之道化为内在之性,外顺于道,内足于性,与天地并生,与万物为一,实现了人道合一;另一方面以道观物,道通为一,实现了人我、物我的和谐一致,化解了人我、物我的对抗,从而在不被非我的一切力量压抑的意义上战胜并主宰外部世界,成为世界的主人,也同时成为自己的主人。

庄子描绘得道者的逍遥自由曰:"藐姑射之山,有神人居焉。肌肤若冰雪,淖约若处子;不食五谷,吸风饮露;乘云气,御飞龙,而游乎四海之外;其神凝,使物不疵疠而年谷熟。"[①]"至人神矣!大泽焚而不热,河汉沍而不能寒,疾雷破山、飘风振海而不能惊。若然者,乘云气,骑日月,而游四海之外,死生无变于己,而况利害之端乎"。[②]"至人潜行不窒,蹈火不热,行乎万物之上而不慄",[③]"忘其肝胆,遗其耳目……芒然彷徨乎尘垢之外,逍遥乎无事之业"。"古之真人……登高不慄,入水不濡,入火不热"。[④]

---

① 《庄子·逍遥游》。
② 《庄子·齐物论》。
③ 《庄子·达生》。
④ 《庄子·大宗师》。

上述描绘,致力于得道者与失道者之"别",极力渲染得道者形体超凡脱俗,完美自然,内心虚淡,神态宁静,情出于自然——无"人之情",不以万物为事;是非利害不存于心,利害不加于己;与外物为一,物不伤我,我不伤物;在自由中战胜自然和社会力量,在本性自觉中主观为自己(依性而为),客观助他人(依性而为的结果);既安于生死变化又摆脱生死轮回。在庄子笔下,得道者已不是普通的"人",而是至人、真人、神人,甚至是某种意义上的"神",其典型特征无外乎超脱物我矛盾,胜物而不役于物。

至于得道者如何胜物,如何化解物我矛盾,庄子曰:"至人之用心若镜,不将不迎,应而不藏,故能胜物而不伤。"[①]这就是"胜物"即顺物。在《庄子·达生》篇,庄子特意举例说明:"夫醉者之坠车,虽疾不死。骨节与人同而犯害与人异,其神全也。乘亦不知也,坠也不知也,死生惊惧不入乎其胸中,是故遻物而不慴。彼得全于酒而犹若是,而况得全于天乎?圣人藏于天,故莫之能伤也。"原来,圣人的胜物如同醉酒者精神麻木、不知物我彼此一样,以主观上的"得道"来应付、回避物我的矛盾冲突,以内心的陶醉漠视物对自己的伤害,沉湎于自我慰藉的狂想中。

得道则能进入自由境域,自由的状态是"游"。庄子述"游"处甚多,例如:《庄子·逍遥游》有"乘天地之正,而御六气之辩,以游无穷者"。《齐物论》有"游乎尘垢之外"。《人间世》有"乘物以游心"。《德充符》有"游心乎德之和"和"游于形骸之内"。《大宗师》有"游于物之所不得遁","游乎天地之一气","游夫遥荡恣睢转徙之涂",《应帝王》有"游无何有之乡","游心于淡","游于无有者也"。《知北游》有"游乎无何有之宫"。《田子方》

---

① 《庄子·应帝王》。

有"游心于物之初"。《外物》有"游于世而不避"。由上所列,我们不难看出,庄子之"游"分为形体之游、心灵之游,所"游"之处分为"无何有之乡"的虚无世界、现实社会(人间世)、德(道)的世界、"心"(心灵构建的精神世界)。"游"的主客体关系为:形游于虚无世界、尘世之外、尘世,心游于"德"(道)、心。但在本质上,庄子之"游"纯粹是心灵之游,即心游于心,形体之游于方之内外乃是一种理想幻化与精神超脱。这可由《应帝王》中的一段对话为证:"天根游于殷阳,至蓼水之上,适遭无名人而问焉,曰:'请问为天下。'无名人曰:'去!汝鄙人也,何问之不豫也!予方将与造物者为人,厌则又乘夫莽眇之鸟,以出六极之外,而游无何有之乡,以处圹埌之野。汝又何帠以治天下感予之心为?'"在这里,无名人把自己处身"蓼水之上"理解为"出六极之外,而游无何有之乡,以处圹埌之野",是典型的精神上的空幻和自我满足。庄子的自由之"游"的虚幻性是由其"胜物"的虚幻性、自由本身的虚幻性所决定的。

(四)理想社会论

庄子哲学侧重于个体自救,庄子认为得道是为了救己,而不是为了治世。所以,他说:"道之真以治身。"①神人不"以天下为事"。②《应帝王》中的无名人因天根问其"为天下"之方而斥之为"鄙人"。但是,身处战国乱世,庄子不得不思考变乱为治的治世良方;面对诸子的各种政治主张,庄子不得不给予回应。

---

① 《庄子·让王》。
② 《庄子·逍遥游》。

庄子以《应帝王》回答了帝王治理天下的问题。他认为圣人之治并不在于"治外",应在于治内,即"正而后行,确乎能其事者而已矣"。明王之治必须做到"功盖天下而似不自己,化贷万物而民弗恃。有莫举名,使物自喜。立乎不测,而游于无有者也"。为天下之术莫过于"游心于淡,合气于漠,顺物自然而无容私焉"。这是要求统治者将治世与治己相结合、得道与救世相统一,也就是要求统治者游心于道、任物自然,治天下而又无心于天下。这实质上是老子无为而治思想的翻版。正因为如此,庄子在其他地方大谈无为,不但以无为为治世之道,而且以无为为"帝王之德"。① 另外,庄子还袭用老子"我无为而民自化,我好静而民自正,我无事而民自富,我无欲而民自朴"②等观点阐发无为而治,曰:"古之畜天下者,无欲而天下足,无为而万物化,渊静而百姓定。"③

庄子的无为之治虽然应对了帝王,但其理想的社会却是没有帝王参与的"至德之世"。这是其个体得道自救理论使然。

关于至德之世,庄子有数处描述。《庄子·马蹄》篇曰:"夫至德之世,同于禽兽居,族与万物并。恶乎知君子小人哉!同乎无知,其德不离;同乎无欲,是谓素朴。素朴而民性得矣。及至圣人,蹩躠为仁,踶跂为义,而天下始疑矣。"他主要从人与自然、人与人的关系的角度提示至德之世的境况:人与动物、植物同处于大自然的怀抱中,彼此不分离,并共同组成和谐一体的自然界;每一个人都天真素朴、无知无欲,不需要仁义等人为的道德约束;人与人之间相互平等,没有贵贱之分、高下之别。《庄子·胠箧》篇曰:"当是时也,民结绳而用之。甘其食,美其

---

① 《庄子·天道》。
② 《老子》第五十七章。
③ 《庄子·天地》。

服,乐其俗,安其居,邻国相望,鸡狗之音相闻,民至老死而不相往来。若此之时,则至治已。"他主要从民众的日常生活情状的角度展示至德之世:人民安于现状,满足于自身的生活方式、生活环境,无往无来,相安无事。在此,庄子套用了老子表述"小国寡民"时所用的文字。由此,我们也看到了庄子"至德之世"与老子"小国寡民"间的内在联系。《庄子·天地》篇曰:"至德之世,不尚贤,不使能,上如标枝,民如野鹿。端正而不知以为义,相爱而不知以为仁,实而不知以为忠,当而不知以为信,蠢动而相使不以为赐。"庄子主要从人的品质的角度谈论至德之世:人民纯朴自由,具有后世所谓仁、义、忠、信诸德而不以之为德,贤、能者无所用。总之,至德之世是纯粹自然意义上的社会,它是对三代宗法等级社会的否定,是对诸子试图以贤、能为标准所构建的新的等级社会的否定,更是对儒家德治理想的批判。在本质上,至德之世似乎是在反思人类历史进程的基础上,在更高的理性层次上,对原始社会中诸多美好传说的升华。

老庄道家自然主义思想及其价值

自然主义思想是道家思想的核心内容与核心价值。自然首先是指自然而然的原则,其后具有自然界的含义。道家从人与自然和谐共存、人是自然界密不可分的一部分的立场来看待自然,认为人与自然息息相通、和谐共存,人与自然本质同源,人类应该遵循自然规律。道家的自然主义思想反对片面强调征服自然的人类中心主义,对矫正现代工业文明破坏自然的弊病有重要意义,对当代社会正确认识人与自然的关系、发展生态文明、建构环境伦理具有独特价值。

(一)核心范畴:自然与道

"自然"是道家首创的独特概念,最先出现在《老子》中,战国中期以后使用渐多。"自然"一词的最初意义不是指自然界,其本义就是"自己如此","自然"的原始意义就是自然而然,其运动发展没有原因可言,也没有外力干预作用。正如庄子论

"天籁"时所说:"吹万不同,而使其自己也,咸其自取,怒者其谁邪?"①王夫之对老庄"自然"之本意的概括可谓深得其精义:"自然者,本无故而然","自然者,无必然也,以其必然,强其不然,则违其自然者多矣"。②

道家讲自然,并不是排斥一切人为,而是主要指人类应按自然原则做事。老子所讲的自然恰恰是人类社会中的自然,是人类行为中的自然而然的状态。提倡自然是对人类社会行为提出一种方向和理想,而不是提倡"不做事"。老子说:"功成事遂,百姓皆谓我自然。"③"功成事遂"就是完成人类的大事业,但又没有对百姓造成骚扰和压迫,也就是自然而然地功成事遂,是没有勉强、没有造成冲突、没有突然变化、没有引起压迫感地建立功业的过程和结果。所以,老子之自然不是我们平时所说的没有人类文明的自然状态,不是与"人类"或"人为"相对的概念,而是与"勉强"、"紧张"、"压迫"、"冲突"相对立的概念,是一种值得追求、向往的状态,也就是一种价值。

但是,说到老庄道家的"常自然",人们会追问:谁在自然?谁在贯彻自然原则?我们的回答是:道。道就是自然,道是老子哲学的最高最根本的概念,道是宇宙万物、社会人生的总根源和总根据,道在老子那里首先就是宇宙万物最原始的自然状态,万事万物由道产生,"道生一,一生二,二生三,三生万物",道完全是按照自然原则产生万事万物,即"道之尊、德之贵,夫莫之命而常自然",④"人法地,地法天,天法道,道法自然"。⑤道以"自然"为效法、实践的原则,"道生之,德畜之,长之育之,

---

① 《庄子·齐物论》。
② 王夫之:《庄子解》卷十四。
③ 《老子》第十七章。
④ 《老子》第四十二章。
⑤ 《老子》第二十五章。

亭之毒之,养之覆之,生而不有,为而不恃,长而不宰"。"万物莫不尊道而贵德"。① 老子讲的"道法自然"中的"自然"是一种自然而然状态,不是有形的自然,但只有有形的天地万物在效法自然,在按照自然原则运行,如果排除人为的因素,也只能按自然原则运行,故"自然"一词也就成为"自然界"的代名词,效法自然也就有了保护自然界、不破坏自然界的蕴涵。

老子思想最深刻的体现就在于自然无为的精义,无为是构造自然和谐完美状态,具有"为而不恃,功成而弗居"的良好品质,天下万事万物生生不息,在无为的状态下成为和谐的整体。老子思想充分地表达了天地自然无为状态与和谐本质,饱含着对自然和谐的美好憧憬,创造了大道理念的自然观,形成自然和谐的大道思想体系。自然是一种状态,而老子思想代表了人类对自然本质与状态的最准确的最高的哲学描述。

"无为"是道家思想的核心之一,无为的根本含义就是尊重自然。在这一点上,庄子和老子一脉相承。"从容无为,则万物炊累焉"。② "无为"就是要顺应万物生长的规律,因势利导:"因其所有而有之,则万物莫不有;因其所无而无之,则万物莫不无"。③ 只有"无为"才能使万物滋生,繁衍昌盛、源源不断、用之不尽。庄子反对人们以"鲁莽灭裂"的残暴手段肆意破坏自然,主张在顺应和保护自然的前提下利用自然条件生产财富。庄子把既懂得社会发展规律又了解自然规律的人称为"真人"、"至人":"知天之所为,知人之所为者,至矣"。"真人"处处与自然环境协调,叫做"与天为徒";无视自然规律,随心所欲,一意孤行,叫做"与人为徒",这种人是注定要失败,最终逃不脱大自

---

① 《老子》第五十一章。
② 《庄子·在宥》。
③ 《庄子·秋水》。

然的惩罚。对人类社会中形形色色的违反自然规律的粗暴做法,庄子表示极大的愤慨。《秋水》篇载:"何谓天?何谓人?……牛马四足,是谓天。落马首,穿牛鼻,是谓人。故曰,无以人灭天。"天地万物并非专为人类而设,但人类出于自身需要"落马首,穿牛鼻",这是违反牛马本性的。在《马蹄》篇中,他以马喻大自然,以伯乐喻人为:"马,蹄可以践霜雪,毛可以御风寒,龁草饮水,翘足而陆,此马之真性也。及至伯乐,曰:'我善治马'。烧之,剔之,刻之,雒之,连之以羁馽,编之以皂栈,马之死者十二三矣;饥之,渴之,驰之,骤之,整之,齐之,前有橛饰之患,而后有鞭筴之威,而马之死者已过半矣。""烧之,剔之,刻之,雒之","饥之,渴之,驰之,骤之,整之,齐之"都是人类种种干涉手段形象化的具体表现。随着人类干涉自然、破坏自然活动的升级,马死的数目也逐渐增多,"马之死"则象征由于人为破坏导致自然环境恶化以至毁灭的悲惨结局。在另一则关于浑沌的寓言①中,庄子又用悲剧式的浑沌之死,警告人类切勿轻举妄动。否则,就将导致天地的毁灭,使人类失去自己赖以生存的家园。

(二)内涵:人与自然和谐共存、本质同源

任何文化、哲学思想的发生发展,都要认识和处理两种关系,一是人与自然的关系,或者说是人与世界万物的关系、人与宇宙的关系、人与自己的生存环境(包括日月天地、山脉河流、动植物)的关系;二是人与他人、社会(历史)的关系。这两种关

---

① 见《庄子·应帝王》。

系在现实世界是相互联系、相互作用的,其中人与自然的关系问题又是首要问题。道家主要是从人是自然界长期发展的自然产物、人是自然的一部分的立场来认识人与自然的关系,认为人与自然打成一片,融为一体,不可分离。可以说,道家对人与自然关系的态度是"天人合一"。道家思想中包含不少对自然的客观认识,但主要方面却不是提倡认识自然的本质和客观规律,而是体验人与自然界万物的息息相通,和谐交融,因此从"天人合一"思维模式中发展出自然主义。这里的"自然"既是指自然界的自然,更是因其自然、顺其自然的思维习惯,同时也是富有诗意的人生态度。所谓"主义",就是把自然放在第一性和优先的地位,是衡量和考察事物的根本原则。西方文化也认为人是自然界长期发展的产物,看到人与自然的同一性,但西方文化认为自人类出现之后,就与自然分为两橛,因此主要从人与自然对立的立场来观照人与自然的关系,把人看成主体,把自然世界看成客体,在思维模式上属"主客二分"式。道家自然主义包含两个层面:一是人与自然的和谐共存;二是人与自然的本质同源。前者是后者的认识基础,后者是前者的理论深化。

1. 人与自然的和谐共存

人与自然的和谐共存,主要表明人与自然不可分离,融为一体,人顺应自然、因应自然而生活,自然不是人类的敌人,不是人类的征服对象,而是人类的亲人与朋友,是人类生存的家园,热爱自然就是关爱人类,维护自然就是维护人类自己的家园。中国文明的起源与农业自然经济模式有密切联系。早在新石器时代,华夏先民就开始了定居的农业生活。农业生活不仅培育了家园感、故乡情,而且最易引发对自然环境的亲和感,人们对不变的土地、树木、山川与周而复始变化的四时寒暑、日月运行由逐渐认识了解而感到熟悉亲切。中国较早的经典之一《诗经》中的许多诗篇表现了人类跟随自然的节奏而生活的过程和情趣,人们在自己的生活中体验到与生动的自然界有不可名状的息息相通之处,由此积淀为人与自然和谐冥契的统一心理。①《诗经》所表现的人与自然和谐共存的社会心理对中国文化有深远影响,道家文化之起源与此有极大关联。庄子认为最能"安其性命之情"的理想社会是"至德之世"。他以怀古的形式追忆轩辕氏、祝融氏、伏羲氏、神农氏时期的至德之世。如果剔除其中的乌托邦成分,至德之世就略同于早期的农业生活:"神农之世,卧则居居,起则于于,民知其母,不知其父,与麋鹿共处,耕而食,织而衣,无有相害之心,此至德之隆也。"②

尊重自然,强调人与自然的和谐统一,是我国优秀的传统思想之一。庄子继承并发挥了这一传统思想,他认为,自然界有其自身的客观规律:"天地固有常矣,日月固有明矣,星辰固有列矣,禽兽固有群矣,树木固有立矣",而人不过是大自然的一个组成部分,与大自然本是一体:"天地与我并生,万物与我为一。"③因此,人的一切行为都应与天地自然保持和谐统一。他把人与自然的和谐视为"大本大宗":"夫明白于天地之德者,此之谓大本大宗,与天和者也;所以均调天下,与人和者也。与人和者,谓之人乐;与天和者,谓之天乐。"④也就是说,人类要做到与自然和谐统一,就要做到"天和",而"天和"是"人和"的前提。

庄子明确反对以外在的人为强行破坏事物内在之自然本

---

① 参见《诗经》之《豳风·七月》、《王风·君子于役》、《小雅·无羊》诸篇。
② 《庄子·盗跖》。
③ 《庄子·天道》。
④ 《庄子·天道》。

性的做法,呼吁"无以人灭天"。① 在《养生主》中,他说:"泽雉十步一啄,百步一饮,不蕲畜于樊中。"在他看来,野鸡走十步才能找到一口食,走百步才能找到一口水,尽管如此,它也不求养在笼子里,因为这样就违背了野鸡的自然天性。对于人来说,不能以人之心,度自然万物之需。在鲁君养鸟的故事中,庄子明确地表达了他的这一思想。鲁君杀牛宰羊来喂鸟,演奏九韶来使它快乐,结果鸟非常悲伤,不敢吃东西。庄子非常反对这种"以己养养鸟"的做法,主张"以鸟养养鸟"。他说:"若夫以鸟养养鸟者,宜栖之深林,浮之江湖,食之以委蛇,则平陆而已矣。"②鸟只要居住在深林里,或翱翔于江湖上,以小鱼泥鳅为食,不需要人类自己所需要的那些东西。因此,为鸟打算就应该让它自由自在地在蓝天飞翔;为鱼打算就应该让它自然快乐地在水里畅游。对待自然,人类应当"不开人之天,而开天之天"。③ 人应以自然的方式对待自然,一切违背自然天性的"人为"努力都是不道德的。

"自然无为"作为道家生态伦理的基本原则,它要求人类因循自然,不任意妄为。人在自然面前,应当如庖丁解牛一样,善于依乎天理,因其自然地生存,否则,必将导致灾难性的后果。

在庄子看来,人类的生活是丰富多彩的,人的需求是多种多样的,精神生活的需要同样离不开大自然。当人们郁闷、孤独时,若能在广阔的原野上漫步,在枝叶茂密的大树下徘徊,倾听林间的鸟鸣和风声,"独与天地精神往来",与大自然交流情感,将是何等的愉快!何等的振奋!故庄子满怀深情地说:"山林与!皋壤与!使我欣欣然而乐与!"④人本来就是大自然的产

---

① 《庄子·秋水》。
② 《庄子·达生》。
③ 《庄子·达生》。
④ 《庄子·知北游》。

物,只有与大自然融合在一起才能体会到真正的自由和满足。庄子主张用自然环境来丰富人类的精神生活,这对提高人类生活水平、提升人类的精神境界十分有益。庄子注重自然环境对人类精神层面的作用,足见其思想的卓越深邃。

2. 人与自然本质同源

自然主义的第二层含义是人与自然的本质同源。儒道两家都认为人是自然的一部分,如《易传·系辞》说:"日月运行,一寒一暑。乾道成男,坤道成女。"不过,儒道两家的表述各有特色。儒家强调自然从属于人,人高于自然,人是自然的精华和灵长,"惟天地,万物之母,惟人,万物之灵"。[①]《荀子》与《礼记》都表述了"人最为天下贵"的思想。道家多强调人从属于自然,人与自然平等的思想,即庄子所云"无以人灭天"。

与儒家相比,道家更多地从自然的立场肯定人与自然的本质同源的观点,认为人与自然同一、统一,天是自然之天,人是自然之人,人类是自然的一部分。老子最先表达了天人合一的思想。他说:"人法地,地法天,天法道,道法自然。"[②]天地遵从自然之道,人也遵从自然之道。庄子明确提出了"天与人一也"的说法:"无受天损易,无受人益难。无始而非卒也,人与天一也。"[③]老庄的天人合一思想,都合于"自然"。他们认为,人与自然的统一不仅是必要的,而且是可能的。老子认为,万物的生存都离不开自然环境,万物都是在一定的自然环境中自然而然地产生,最后又自然而然地复归于自然环境。他说:"夫物芸芸,各复归其根。归根曰静,是曰复命,复命曰常。"[④]庄子也认

---

① 《尚书·泰誓》。
② 《老子》第二十五章。
③ 《庄子·山木》。
④ 《老子》第十六章。

为:"万物皆出于机,皆入于机。"①这里的"机",是指自然之生机。人类若能不以主宰自居,感悟到其中的"天机",便能达到与万物同一的"物化"状态:"不知所以生,不知所以死,不知就先,不知就后,若化为物。"②正是在这个基础上,庄子描绘了人与自然和谐同一的理想状态:"至德之世,同与禽兽居,族与万物并。"③此时的人,真正达到了"天人合一"的理想境界。

道家的"道",既是宇宙万物的本原和本根,又是宇宙的最高法则。在老子看来,"道"产生万物的过程,是一个事物自身内在矛盾运动的自然而然的过程。既然人产生于这一过程,人的一切行为就应当以这一过程为范本,将自然作为自己的行为准则,这就是"人法地,地法天,天法道,道法自然"。④ 人能够做到因循自然,遵循天道自然本性的原则,过顺乎自然的生活,"以辅万物之自然而弗敢为",就达到了"无为"的境界,这是人的最高德性。"道法自然"在这里既是宇宙的最高法则,也是沟通老子的自然观和道德观的桥梁。"自然无为"是"道法自然"的直接体现。

在老子看来,"道"为天下之母,是天地万物包括人类社会产生和发展的总根源,所以万物皆以"道"生。"道"生万物,"德"畜万物,天地间的万事万物莫不尊道贵德。"道"虽尊,"德"虽贵,却不自以为尊、自以为贵。这正是"道"值得尊重的内在原因。人应当以自然为师,一切顺其自然,成长万物而不据为己有,化育万物而不自恃其能,成就万物而不自居其功。人不应当把自己看作自然的主人,对自然妄加作为,做自然的

---

① 《庄子·至乐》。
② 《庄子·大宗师》。
③ 《庄子·马蹄》。
④ 《老子》第二十五章。

主宰:"万物归焉而弗知主,则恒无名也,可名曰大。"①庄子也说:"圣人者原天地之美而达万物之理。是故圣人无为,大圣不作,观于天地之谓也。"②天道自然,天道无为,效法自然、遵从天地的人就应当无为任天,不将不迎,"与天为一"。

　　老庄道家否认人与自然的差别性,否认人之为人的本质,认为人与自然可以相互转化,人可以变成泥土、牛马、翅膀、车轮等。《庄子·至乐》说庄子妻死,庄子并不悲伤,而是"鼓盆而歌",因为人死是回归自然,像四时运行一样自然,何必悲伤呢!老子说"天法道,道法自然",庄子说:"天地与我并生,而万物与我为一。"③人可以通过"坐忘"、忘我、丧我而意识到人与自然融为一体。

　　道家从因任自然的立场出发,提出一种反智主义的观点,反对发挥人的智能,反对科技文明进步,认为人如果产生"功利机巧之心",就将给社会带来无尽的混乱、争斗和罪恶。老子提出"绝圣弃智",庄子主张"堕肢体,黜聪明,离形去知,同与大通"。④ 说到底,老庄还是反对破坏自然,反对扭曲人的自然性,"不以人助天","无以人灭天"。庄子把自然界物质的原始状态称为"朴",认为任何人为的技术都有损于物的"朴"的本性,因而是有害的:"陶者曰,我善治埴,圆者中规,方者中矩;匠人曰,我善治木,曲者中钩,直者应绳。夫埴木之性,岂欲中规矩钩绳哉?"⑤泥土和树木并不是为人而存在的,但是人类出于自身的需要,利用人为的技术改变了它们原始的自然状态,因而也破坏了它们的完美,使之从大自然中分离出来:"其分也,成也;其

---

① 《老子》第三十四章。
② 《庄子·知北游》。
③ 《庄子·齐物论》。
④ 《庄子·大宗师》。
⑤ 《庄子·马蹄》。

成也,毁也",任何技术的成功都是以毁灭某些自然资源为代价的:"纯朴不残,孰为牺尊?白玉不毁,孰为圭璋?……夫残朴以为器,工匠之罪也。"①庄子认为技术一旦出现,人类便很难控制它的发展,势必造成对自然环境的破坏:"夫弓弩毕弋机变之知多,则鸟乱于上矣;钩饵网罟罾笱之知多,则鱼乱于水矣;削格罗落罝罘之知多,则兽乱于泽矣……故天下每每大乱,罪在于好知。"②"弓弩毕弋"、"钩饵网罟"、"削格罗落"代表当时的先进技术;"多",则是强调技术的使用过多过滥,已远远超过了大自然的承受能力;盲目滥用技术的结果则是"鸟乱于上","鱼乱于水","兽乱于泽",整个自然界失去了原有的和谐、秩序和完美。庄子主张采用低技术,即对自然环境影响最小的、接近于自然的技术,反对那些所谓高效率、对自然资源掠夺性大的技术手段。《庄子》中关于抱瓮老人的寓言,最能代表他的这一观点:"子贡南游于楚,反于晋,过汉阴,见一丈人,方将为圃畦,凿隧而入井,抱瓮而出灌,搰搰然,用力甚多而见功寡。子贡曰:'有械于此,一日浸百畦,用力甚寡而见功多,夫子不欲乎?'为圃者昂而视之,曰:'奈何?'曰:'凿木为机,后重前轻,挈水若抽,数如泆汤,其名为槔。'为圃者忿然作色而笑曰:'吾闻之吾师,有机械者必有机事,有机事者必有机心。……吾非不知,羞而不为也。'"③"抱瓮而汲"象征低技术,"槔"则象征高效率的先进技术。汉阴丈人对子贡推荐的新技术不感兴趣,反而嗤之以鼻:"吾非不知,羞而不为也。"从汉阴丈人的态度不难看出,庄子主张人类应将技术控制在一个适当的水平上,不可一味盲目地、无限制地追求技术的进步。他指责以子贡为代表的那些自

---

① 《庄子·马蹄》。
② 《庄子·胠箧》。
③ 《庄子·天地》。

以为聪明的人只看到技术的高效率的优点,而忽视了技术的负面作用,即破坏环境,甚至改变人性的消极的一面。技术的发明者、倡导者往往只看到某项技术一时的功用,而缺乏远见卓识,这就造成技术的破坏性的片面发展,也就是说,技术既定目标的成功往往是以生态上的失败为代价。为了弥补先前技术的缺陷,又必须发明更新的技术,这就导致技术不断升级和恶性循环,庄子的目的在于告诫踌躇满志的人类,必须以极其审慎的态度,对技术作出深思熟虑的理智的抉择,否则后果将不堪设想。受到现代西方科技思想影响的当代人也许对道家的反智思想不以为然,但从警惕人类对自然的破坏、警惕人类科技文明的进步可能产生负面效应角度看,道家对机心技术的批判不无可取之处。古希腊的自然主义学派(犬儒)第欧根尼也曾反对技术,寻找本真自然;卢梭曾认为科学技术的发展无助于敦风化俗,反而带来人性的堕落,因而提倡人与自然的统一;尼采、海德格尔对过分发达的科技理性的批判正蔚为西方后现代思潮之一。我们进一步发展科技文明也是为了寻求人与自然的重新统一、和好,而不是破坏自然,破坏自然就是破坏人类自己生存的家园,这已经是现代人的共识。

(三)思想价值

　　道家自然主义思想对中国人文精神的特质产生了深远的影响,对后世文学艺术的发展也有极大影响。庄子曾说"天地有大美而不言",对中国美学思想产生重要影响。山水诗、山水画的发达是中国文艺的重要特色。陶渊明也许是表现道家自然意识的典型。首先应承认,陶渊明并非时时都处于静穆状态。他在《读山海经》中,对精卫、刑天、夸父一类的神话英雄致以仰慕之情;《咏荆轲》慷慨悲凉,令人振奋;《拟古》诸篇,也大抵是伤时感事之作。但陶渊明对后人影响最大之处,确实在于表达了对自然和平生活的依恋和赞美。其诗曰:"暧暧远人村,依依墟里烟。狗吠深巷中,鸡鸣桑树颠。户庭无尘杂,虚室有余闲。久在樊笼里,复得还自然。""结庐在人境,而无车马喧。问君何能尔?心远地自偏。采菊东篱下,悠然见南山。山气日夕佳,飞鸟相与还。此中有真意,欲辨已忘言"。"春秋多佳日,登高赋新诗"。"今日天气佳,清吹与鸣弹"。不为流俗所累,不为五斗米折腰,归田园居,复归自然,与松菊为友,托体同山阿,"此中有真意",也许就是人生"本真"的自然生活吧!陶渊明所达到的自然境界,已经不是原初简单的人与自然的相关依托,而是具有高度自觉的人所表现的平淡冲和,情深意真。

道家自然主义思想还是古老的中国生态智慧的重要组成部分。在中国生态智慧中,人与自然和谐共存,还包含以农为本的生产生活顺应自然节奏、保护自然环境、维护生态平衡的思想。至迟完成于秦汉时期的《礼记·月令》,就已明确要求人们根据自然界的变化来调整自己的生存活动。《月令》要求人们根据一年十二个月天文、气候的变化节奏开展农事活动以及政治活动。例如春季,孟春之月,"命祀山林川泽,牺牲毋用牝(母畜),禁止伐木,毋覆巢(倾覆鸟巢),毋杀孩虫(幼虫)","毋竭山泽,毋漉陂地,毋焚山林"。中国很早就有"虞""衡"等机构,专门负责山林川泽的管理,把维护生态环境视为政府行为。春秋战国时期许多诸侯国都规定春季禁止伐木采樵,在动物繁殖期间禁止捕杀鸟兽等等。

老庄道家天人合一的人与自然协调的思想,确实提供了丰富朴素而又精辟的关于保护环境的见解,这是不容否认的。积极继承和有效开发这些思想资源和生态智能,无疑将对现代社会条件下保护环境有所启发和助益。西方文化长期以来科技理性过于发达,片面强调改造、利用、征服自然,对于保护自然环境缺乏相应的思想资源和理论准备。当然,我们并不是要反对认识自然、改造自然。中国文化中认识自然、改造自然的思想不发达,恰恰是其缺陷与不足。但西方自近代以来,认识自然、征服自然成为近现代文明的主题,工业文明愈发展,对自然环境的破坏性就愈大,大气污染,海洋污染,水土流失,动物减少,滥伐森林,滥采煤油,温室效应,臭氧层破坏,所有这一切已经使人类的生存家园变得岌岌可危。环境保护已经成为全球关注的严峻课题。中国文化中的人与自然相和谐的思想在现代条件下已显现其意义和价值。

应该承认,道家传统的自然主义思想有一定的理论缺陷与不足。道家传统不重视认识论,对人如何在认识、利用自然的基础上做到人与自然和谐相处没做认真具体的、实际可操作的探究。自然物,包括动物在内,不可能自觉地与人和谐相处,主动适应人的需求,只有人能够自觉地认识到、追求与自然的和谐相处,才能达到天人合一的境界。此外,人还必须依靠自己的认识、实践,掌握自然物本身的规律,以改造自然物、利用自然物,使自然物为人服务,为人利用。"道法自然",遵循自然规律,首先就要认识自然规律,特别是要认识不同自然物的具体特殊属性,不能笼统地讲天地与我并生、万物与我合一,笼统地说"天人合一",不能代替对分殊的认识,也不同于对分殊的认识。但与道家自然观的缺陷相比,道家自然主义理论的合理之处具有更高的现代价值。现代工业文明的发展所导致的环境污染和生态危机越来越威胁着人类自身的生存,西方哲学受到犹太教与基督教支配自然、征服自然思想的影响,①过度张扬主客二分,导致滥用自然,剥削自然,破坏自然,结果是破坏人类自己的生存家园。西方的过分突出人与自然的区分的观点,没有看到人与自然、植物、动物虽有级差区别,但在根本上是一体的本质特征,缺乏怜惜、关爱自然之心,甚至受到进化论的消极影响,把人类也分出优劣等级,蔑视所谓"劣等民族",缺乏平等的关爱同情心,过分夸大自然界的自然选择、生存竞争,并运用于人类社会,把人类社会变成屠场,缺乏对大自然的敬畏之心。现在,保护环境、维护自然界生态平衡、保持自然资源的可持续发展几乎成为全球共识与普适价值。道家的自然观在这方面可以提供丰富的理论资源,对人类中心主义为满足人类需求而牺牲自然环境的弊病起到矫正与遏制的作用,有助于人们从新的视角看待自然。西方许多环境哲学家在分析环境危机的思想与文化原因、探寻环境哲学智慧与文化传统的关系时,都不约而同地转向中国古代思想文化,特别是道家人与自然和谐共存的思想,人与自然同根同源思想被西方学者概括为"在自然之中生存"的合理生态思维。②

有一种观点认为,环境污染、环境破坏只有通过进一步发展科学技术来解决,而不是到古代思想中找出路。这种看法是狭隘的进化至上主义。事实证明,科学技术可以解决一些问题,而有些问题科学技术根本无法解决。水污染可以通过污水处理来解决,但河流、湖泊、海洋污染导致1000多种鱼类灭绝,科学技术是无法复原的。同样,荒山秃岭只有通过重新植树造林来解决,水土流失也只有通过在江河上游退耕还林、恢复植

---

① 参见[英]克莱夫·庞廷《绿色世界史》,上海:上海人民出版社,2002年,第160—161页。
② 参见[美]彼得·S.温茨《现代环境伦理·代总序》,上海:上海人民出版社,2007年。

被来解决,但石油的开发与利用,造成大量的废气、毒气,造成大气污染、温室效应,而无限制地开采石油对地球本身会造成什么破坏、或已经造成什么破坏,我们是根本不知道的。要避免环境危机的发生,只能是减少开采,改换思路,寻求可替代的清洁能源。

　　总之,我们现在建设生态文明、探索现代环境伦理时,要用道家以天地万物为一体的自然主义思想为指导,充分汲取其合理因素,重视、吸收西方哲学中认识自然、支配自然的精神,合理地利用自然;在利用自然的同时,也使自然按其自身规律得到发展,使自然与人类和谐共存,使自然环境成为人类的美好家园,使天地本身所具有的无言之大美,既按其本性又符合人类最高审美追求,真正实现人与自然和谐共存、真善美的统一。

五

刘安的身世与道学

刘安是汉高祖刘邦的孙子。因为父亲刘长被高祖立为淮南王,身为长子的刘安在父亲死后承袭了这一爵位,继任淮南王。不幸的是,他成了一位末代国王。随着他后来的被迫自杀,淮南王国也从此灭亡,留给后人的只有一部被誉为"绝代奇书"的《淮南子》。

无论是出身还是遭遇,刘安所在的淮南王族都非同寻常。凡是读过《史记·淮南王传》的人,离奇、神往、感叹、忧愤、同情、困惑……总有一种挥之不去的百感交集。

(一)刘安的身世

1. 父子同命

刘安的父亲刘长是高祖最小的一个儿子,虽然贵为王子,出身却比较低贱。其生母赵美人原是刘邦北伐途中,经过赵国时,赵王张敖临时献上的一个姬妾。没想到一夜恩承侍奉,竟有了身孕。不久,张敖因谋反叛乱而治罪,赵美人也受牵连被捕。尽管怀有龙种,也没能得到刘邦和吕后的同情。无奈之下,赵美人在狱中生下孩子之后,便含愤吞金自杀了。等到狱吏抱着刚出生的刘长送到刘邦面前时,刘邦方觉后悔。于是命吕后代为抚养,并为赵美人在其家乡举行了葬礼。高祖十一年(公元前196年),刚满3岁的刘长被封为淮南王。当时的淮南王国共领有九江、衡山、庐江和豫章四郡,都城寿春,也就是今天安徽的寿县。

刘邦死后的吕后专权时期,吕氏开始了对刘氏诸侯王的大肆削夺和屠戮。不过,因为从小和吕后之间的养母子关系,刘长安然无恙地度过了这场劫难。等到朝廷平定吕氏之乱,文帝登位后,高祖膝下的8个儿子只剩下了文帝刘恒和淮南王刘长兄弟俩了。这种情形一方面加强了他和文帝之间的亲近关系,另一方面他也成了文帝唯一可能的防范对象。但刘长似乎并没有顾虑到后一方面,可能是其特殊的出身造成的偏激心理和个性,养成了刘长为人一贯傲慢骄横的习惯。比如,他出外巡视要进行清道警戒;为报私仇而杀死当朝大臣辟阳侯;与文帝同游常常直谓"大兄",等等。《史记》本传称其"入朝甚横,数不奉法……薄太后及太子,诸大臣皆惮厉王(刘长的谥号)"。加上传言他有与闽越人和匈奴人联手叛乱的预谋,从而招致了文帝的猜疑和忌恨。终于在文帝六年(公元前174年)文帝以"谋反罪"的名义剥夺刘长王位,将他发配西蜀。性情刚烈、力能扛鼎的淮南王,亦不堪忍受如此的冤屈和凌辱,在途中愤然绝食而死,年仅25岁。留下的几个儿子中,长子刘安刚满5岁。

这件事情在当时流传很广,《史记》中记录了一首关于文帝和刘长兄弟俩的民谣曰:"一尺布,尚可缝;一斗粟,尚可舂;兄弟二人不能相容。"意思是一块破布尚可缝合,一斗粟米也能舂合,血脉相连的兄弟二人却不能互相融合。这令人不禁想到

《左传·隐公元年》中"郑伯克段"的故事,身为兄长且代表国家利益的郑伯虽然达到了灭除弟弟的目的,却也背上了不友不义的名声。文帝此后也颇感后悔和悲伤,于是追谥刘长为淮南厉王。过了几年,又把已收归中央的淮南国一分为三,立其三子。长子刘安袭封为淮南王,仍都寿春;次子刘勃立为衡山王,三子刘赐立为庐江王。

　　刘安为王时年约16岁。与一般皇室子孙不同,他自少就不喜欢骑猎打斗之事,而好读书治学、鼓琴养生,又好交游宾客、礼贤下士。《汉书》本传记载:"淮南王安为人好书鼓琴,不喜弋猎狗马驰骋。亦欲以自行阴德,拊循百姓,流名誉,招致宾客方术之士数千人。"可知,他是一个具有道学修养的知识分子。此种人格的养成固然与汉初社会流行的黄老道家思想有关,更与他"出身不好"的家庭背景有关。只有采取这种寄心学问、韬光养晦的方式才不会招致别人对其言行的无端怀疑。事实证明,他的人生选择是成功的,虽然终究没能摆脱家世的噩运,却因此成就了一个伟大的著作家和思想家。他在众门客的合作下,写下了数十万字的《淮南内篇》、《中篇》和《外篇》等三部子学著作,以及分别研究《易》学和庄学的专著《淮南道训》和《庄子略要》、《庄子后解》;此外,还有关于自然科学方面的《淮南万毕术》,以及《淮南王赋》等诗歌作品。以上内容涉及政治、经济、哲学、文学、天文、地理、医学、养生等众多领域,包罗万象。也许正是这种书生的追求和爱好,他平安地度过了景帝时代的"七国之乱",等到武帝即位时,年约40岁的刘安已是国内有名的学者。汉武帝对这位才学出众的皇叔十分欣赏,更为起家"微细"的皇族出了这样的学者而自豪,曾特地召他到京都长安,要亲眼一睹他的才华。据说武帝要他临时写一篇诠释屈原《离骚》的文章——《离骚传》。刘安用了不到两个时辰的工夫,便一气呵成:

《国风》好色而不淫,《小雅》怨诽而不乱,若《离骚》者,可谓兼之矣。上称帝喾,下道齐桓,中述汤武,以刺世事。明道德之广崇,治乱之条贯,靡不毕见。其文约,其辞微,其志絜,其行廉,其称文小而其指极大,举类迩而见义远。其志絜,故其称物芳;其行廉,故死而不容。自疏濯淖污泥之中,蝉蜕于浊秽,以浮游尘埃之外,不获世之滋垢,皭然泥而不滓者也。推此志也,虽与日月争光可也!

　　该文辞富理畅,情深意茂,令人回味无穷!至今,这篇中国文学评论中的最早文献还部分保存在司马迁的《史记·屈原列传》中。

　　刘安本人对于年轻有为的武帝也寄予厚望。这次入朝觐见时,他特地献上了新近完成的《淮南内篇》(即《淮南子》),希望能够为当朝的国家政治提供参考。这是一部全面总结和发挥汉初以来实行的黄老道家思想的著作。虽然此时的武帝内心倾向的是儒家董仲舒的集权思想,但是初次看到这样的鸿篇巨制,仍是称赞不已,倍感珍惜,便命令皇室秘府将其妥善保管。刘安的著作如今大都遗失,唯有这部书基本上完整地流传下来。追根溯源,自是离不开武帝当年的这份关照。元朔三年(公元前126年),武帝又赐予淮南王安以几杖,并免除其亲自上朝觐见的劳顿,以示尊敬和关爱。

　　有言道:"天命可知,人事难料"。时隔不久,及至武帝元狩元年(公元前122年),淮南王刘安却因"谋反"的罪名被迫自杀身死,如同命中注定,走上了和父亲老淮南王同样的悲惨结局。更为严重的是,因此而受牵连被杀者多达数万人,导致了整个淮南王族的覆灭。这到底是什么原因呢?根据《史记》本传中的记载,事件的起因是淮南王太子和门客之间矛盾引起的家族内讧,根本原因则是淮南王安因为怨望父死而对朝廷心怀不满,一直图谋造反。

本传中认为,淮南王刘安的学者身份只是他为了避免外界猜疑而故意掩饰的假象,书生意气的淮南王安实际上是一个不安现状而觊觎帝位的野心家。为此他一直在暗中积蓄力量,等待时机。除了对外广泛网罗人才,勾结朝中内臣,又在国内日益加强武备,清除异己。但是天有不测风云,就在刘安处心积虑地准备"谋反"时,自家接连发生的两起意外事件导致一切落空。

先是淮南王太子刘迁要求与担任宫廷侍卫的门客雷被比剑,结果太子刘迁败伤,雷被遭到了免职处分。恐慌不安的雷被见凶多吉少,遂出走长安,上书廷尉替己申辩,并控告太子仗势妄为。廷尉在对太子刘迁的调查和搜捕中因为受到阻挠,自然又牵连到刘安。根据汉律,凡是阻挠执行天子令者,应被判处弃市的死罪,以至于"汉公卿请搜捕治王"。因为武帝下诏不许方罢。此事最后虽然以削去淮南国两县封地的处罚而结束,却因此搅动了淮南王国的波澜,也引起了武帝对淮南王安的戒心。

接着又发生淮南王庶子与太子争夺继承权的斗争。刘安有个庶子叫刘不害,年龄最长,却不得宠爱,因此心存怨恨,一心想陷害太子,自己可以取而代之。他见雷被没有告倒太子,继而又使人上书朝廷,诬告太子刘迁潜议逆谋,并说自己的儿子刘建"具知淮南王隐事",可为人证。不害的目的原本是指望自己当上淮南王的继承人,只是他没有想到,这一状却使整个淮南王族遭到毁灭。本来已有戒心的武帝派出了当朝有名的酷吏张汤前来办案,加上此时王国内外一些和刘安有怨仇的人乘机推波助澜,终于把事情越搞越大,结果认定刘安谋反属实。元狩元年十月,武帝发兵进入淮南国大肆搜捕、围剿,自知罪无可赦的刘安被迫自杀,包括他的弟弟衡山王刘勃等在内,"数千人皆以罪轻重受诛","坐死者数万人"。此后,武帝下诏废除了淮南国,淮南故地改为九江郡,收归中央,淮南王族至此覆亡。

2. 死因探讨

身为一代学宗、文豪的淮南王刘安最终又以一个谋反者、野心家的名声而载入史册。这两种极端相反的形象对比令后世学者十分困惑,从而产生了刘安是否犯有谋反罪,或刘安是不是一个谋反者的问题。由此引发的另外两个问题就是:如果不是谋反者,为什么会冠以"谋反"的罪名?如果不是因为谋反而死,那么置淮南王安于死地的根本原因又是什么?

后世有不少学者认为刘安不是谋反者,他是冤屈的,甚至认为《史记》、《汉书》有关淮南王"谋反"的记载是不合事实的传言和编造。如著名史家吕思勉先生说:"王安躬行仁义,通达道术,必非利天下者。""抑此或传言之妄,而史从而书之。"[①]安徽大学教授陈广忠、台湾师范大学教授陈丽桂等都著文分析指出:淮南王安"极不欲反","即使欲反,也根本不可能发生",而且"实际上也没有发生谋反"。陈广忠先生还指出,正是因为司马迁将一些不实的资料"不分青红皂白地收进了《史记》之中,给淮南王身上覆盖了千古莫辨的迷雾"。[②]

既然没有谋反,为什么会冠以"谋反"的罪名呢?中国社会科学院研究员陈静先生分析指出:"这也是形势使然。"[③]因为淮南王刘安是生活在汉初这个皇权和王权的较量还没有最终决出胜负,即"谋反"的关系和心态还实际、广泛地存在的时代。在此时代,"谋反"是最频发的事件,也是最常见的罪名。何况究竟什么算是"谋反",当时也是不甚明确的,像吴王刘濞那样

---

① 吕思勉:《吕思勉读史札记》,上海:上海古籍出版社,2005年,第566页。
② 陈广忠:《刘安评传》,南宁:广西教育出版社,1996年,第19页。
③ 陈静:《自由与秩序的困惑——〈淮南子研究〉》,昆明:云南大学出版社,2004年,第122页。

公然称帝、起兵反抗的固然可以称之为"谋反",像老淮南王刘长那样"居处无度,为黄屋盖儗天子",或是像淮南王刘安那样因为他人告发怀有野心,并从国中搜得"反具"的,也可以是"谋反"。所以欲置人于死地,"谋反"之罪无疑是最有效的托辞。

至于刘安之死到底是什么原因,陈广忠先生在其《刘安评传》一书归纳有三:第一个原因是汉武帝独尊儒术的政治思想与刘安黄老道家思想之间的矛盾;第二个原因是中央皇帝集权和地方诸侯分权之间的矛盾;第三个原因是刘安遭到宿敌的蓄意谋害、酷吏治狱和儒生擅权而被迫自杀。除了以上三个原因,陈先生还提到了"招致门客数千这一条,乃是刘安被怀疑乃至被杀的根本原因"。陈先生的分析和归纳比较全面,但最后的根本原因还值得研究。

其实,最根本的原因乃是上述的第二个原因,即中央集权和地方诸侯分权之间的矛盾,其他原因只是这个矛盾在思想观念或政治制度等方面的不同体现。汉武帝的"独尊儒术"所采纳的是董仲舒的一套"天为人神"、"君为臣纲"之说,很明显,这套学说的目的就在于加强中央集权,而刘安的黄老道家思想所主张的"顺其自然"、"无为而治"之论,正是地方诸侯分权的思想基础。至于酷吏张汤的"穷治其狱",儒生公孙弘的擅权阴行,等等,都是凭借天子的尚方宝剑或者宰相的位高权重而得以实现的,都是中央专制集权造成的结果。《史记·公孙弘传》载,弘在处理淮南王案的关键时刻,抱病上书,明言诸侯王刘安"有叛逆之计",不守"臣子之道"。这无疑是借助"君为臣纲"的思想武器在临危的刘安身上又重重踏上一脚,从而置其于死地。

武帝派兵进入淮南国时,给刘安罗列的罪名就是"阴结宾客,拊循百姓,为叛逆事"。可知招致门客数千这一条,是刘安被怀疑乃至被杀的首要原因,但不是根本原因。汉初因养士而致死的人不乏其例。《汉书》载外戚窦婴(魏其侯)和田蚡(武安侯)因为"厚(养)宾客,天子常切齿",即遭到武帝的忌恨。以致窦婴终被弃市,田蚡谢罪竟死。汉初的侯王为何喜欢交游宾客,而武帝又为何对此特别忌恨?(余英时的《士与中国文化》一书从道统与政统关系的角度给予了分析和说明。[1])盖因士人(宾客)是"道"(道统)的承担者,而帝王则是"势"(政统)的代表者。理想的社会政治应当是道与势的合并统一。在天下已分的春秋战国时代,各地诸侯国王为了网罗人才,更是为了寻求"道"的支持,竞相养士,而天下一统的集权政治则不能容忍"道"的纷然离异,必然以势统道。秦朝统一时,就曾颁布了禁止私学和游宦的法令。汉初因为去古不远,尤其是恢复了部分的"封建制",养士之风又一度活跃。但汉帝国同样不能容忍士人的自由流动和过分活动,同样会采取以势统道的手段,以达到加强中央权势、削弱地方诸侯权力的目的。由此可见,招致门客仍然是中央集权与地方诸侯分权之间矛盾此消彼长的一种表现形式,仍然是刘安致死的一种托辞。中央集权与地方诸侯分权之间的矛盾斗争才是刘安致死的根本原因。正如陈静先生指出的,刘安之死"是皇权与王权对抗下的悲剧"。对于淮南王以及像他一样并没有实际"谋反"行为的封王们,朝廷却动用了大规模杀戮的严厉手段,毫不犹豫地消除了他们,归根结底,"原因仅在于他们是与皇权对抗的政治力量,在皇权与王权此消彼长的对抗关系下,他们注定要被消灭"。[2]

---

[1] 参见余英时《士与中国文化》第二篇"道统与政统之间",上海:上海人民出版社,1987年。

[2] 陈静:《自由与秩序的困惑——〈淮南子〉研究》,昆明:云南大学出版社,2004年,第124页。

3. 成仙传说

淮南王刘安生前是个热衷于养生修道的人，除了精神方面的修养，他还对包括金丹在内的服食养生进行了专门探索和总结，是我国养生史上最早从事炼丹活动的代表人物。《汉书·刘安传》称其除了作有《内书》、《外书》，"又有《中篇》八卷，言神仙黄白之术，亦二十余万言"。《汉书·刘向传》也记载说："上（宣帝）复兴神仙黄白之术，而淮南有《枕中鸿宝苑秘书》，书言神仙使鬼物作金之术及邹衍重道延命方，世人莫见。"这本《枕中鸿宝苑秘书》大概就是上述的《淮南中篇》。《刘向传》中还说，这本书是刘向的父亲刘德在治淮南狱时从刘安家中获得的，刘向从小就读过，觉得很神奇。恰值宣帝继武帝之后复兴神仙之术，他便将此书献上。宣帝令其根据其中的方法提炼黄金，可是刘向终究没有提炼成功。可惜这本书后来失传了，但在今本《淮南子》一书中，仍然可以看到有关炼丹的原料及方法的部分资料。如《人间训》中关于铅之与丹（即丹砂，主要成分为硫和汞）化合而为金丹的记载；《地形训》中关于黄金自然演生的记载；还有《淮南万毕术》中关于"曾青（即胆矾，主要成分为硫酸铜）得铁化为铜"的记载，等等。郦道元《水经注》卷三二说："刘安养方术之徒数十人……八士并能炼金化丹。"以上记载说明了淮南王刘安及其门客确实进行过这方面的试验和探索。

"黄白"是金、银这两种贵重金属的代称，"黄白术"也就是金丹冶炼术，它是我国神仙道教最重要的方术之一。以东晋葛洪为代表的金丹道更是认为服食金丹是成就天仙的不二法门。炼丹术就是以人体以外的药物如丹砂、铅、汞等矿物石药为原料，有时也结合动、植物药材，在炉鼎中烧炼，通过化合反应，希望能够得到服之长生不死的仙丹。根据现有的文献记载，最早的炼丹活动始于西汉武帝时代,淮南王刘安及其门客就是这批最早的炼丹活动者,可以说是我国神仙道教的先驱。

因为刘安的养生兼及"黄白术",俨然神仙方士;加上淮南狱的惨烈悲剧引起了人们的普遍同情,所以在刘安死后不久,便出现了刘安不死的成仙传说。东汉王充的《论衡》和应劭的《风俗通义》中都有关于这种传说的记载。东晋的葛洪在撰写《神仙传》时又将其收入,定型为一个完整的故事。以下是葛洪《神仙传·淮南王》的故事梗概:

淮南王刘安,喜欢神仙之道,四海之内的方士很多都跟他交游。一天,有八位老者登门拜访,个个容貌衰曲,身体枯瘦。守门人对他们说:"国王的爱好是长生久视的神仙,必须是非凡之人才会得到接见。各位衰老如此,根本不是国王要见的人。"八公反复求见,仍然一再被拒,便说道:"国王因为我们年老而不想接见,退回到年轻又有何难?"于是一番抖动周旋,一个个顿时返回到童年的容貌。守门人大惊,立即将他们引进门来。淮南王闻见高兴得倒穿着鞋子起身迎接,行弟子之礼,说:"高仙远驾,敢请赐教!"并询问八公的姓名。八公回答说:"我们是文五常、武七德、枝百英、寿千龄、叶万春、鸣九皋、修三田、岑一峰。各能呼风唤雨,震雷闪电,倾天动地,回日驻流,役使鬼神,鞭挞魔怪,出入水火,移动山川。所有变化之事无所不能。"

当时淮南王有一个叫伍被的门客因为犯有过错,害怕会有杀身之祸,就跑到朝廷控告淮南王要谋反。武帝很怀疑这件事,命令大宗正持符节到淮南国察究此事。预知事变的八公对淮南王说道:"伍被是你的臣下,却捏造罪状陷害你,必遭天谴。国王现在到了该放弃人间享乐而离去的时候,这也是天意啊!"于是八公取出炉鼎煮药,让淮南王服食。结果包括淮南王至亲在内的三百多人同日升天,就连舔到药器的鸡犬也一同飞升而去。有目击者说,八公与淮南王一行还在山石上停驻了一会,留有踪迹,但不知所去。宗正把这件事奏明汉武帝。武帝大为懊恨,下令杀掉了伍被。从此武帝开始广招方士,希求脱离俗世的丹药,但一直没有收获。后来因为西王母降临人间,传授仙经,秘赐灵方,武帝才得到了尸解之术,各地也因此有了武帝不死的迹象。

这个故事将史书上的刘安传记、民间的神话传说和道教的服丹成仙紧密地结合在一起,从而将淮南王刘安正式演义为道教史上的一个神仙人物。

刘安的思想主要集中在他的传世作品《淮南子》一书中。这是一部以道家为主体,采儒墨之善,撮名法之要的秦汉新道家著作。该书以"道"为最高范畴和理论基础,对于道家思想,从老庄之立论,到黄老之兼并,再到文景之统治,直到此后之养生等,作出了总结性的论述和创造性的发挥,从而成就了一个博大精深的道学思想体系,正所谓"学者不论《淮南》,则不知大道之深也"。[①] 以下主要就其"道法自然"的无为论和"道统礼法"的政治论作一概述,以见其道学思想之一端。

(二)刘安的道学

1. 无为论

在哲学思想上,刘安秉承老庄。作为汉初新道家的思想代表,《淮南子》的无为论是在继承和发挥道家自然天道观的基础上建立起来的。

---

① 高诱:《淮南叙目》。

"道"是以老庄为代表的道家哲学的最高范畴,是宇宙的终极本原和万物的生成规律。"道"以"法自然"①为自己的存在形态,以"常无为"②为自己的作用方式。道之生成万物既没有先天预设的目的,也没有任何外在的规定,而是一个"辅万物之自然而不敢为"③的过程,万物生长化育的过程本身就是自然之道的充分绽放和实现。

　　秉承老庄道家之余韵的《淮南子》,同样以自然之道作为万物的"大祖",以"无为"的概念说明自然之道的生成作用。该书首篇《原道训》曰:"夫道者,覆天载地,廓四方,柝八极,高不可际,深不可测,包裹天地,禀授无形。""道者,一立而万物生矣。……其全也,纯兮若朴,其散也,混兮若浊"。以上关于道体的"无限"、"无形"、"纯朴"、"混同"的种种状态正是"自然"的存在状态。《原道训》又曰:"太上之道,生万物而不有,成化象而弗宰。……旋县而不可究,纤微而不可勤。"这里的"不有"、"弗宰"、"旋县"(微妙的样子)、"纤微"(细小的样子)描述的则是道体"无为"的生成作用。《泰族训》接着说道:"天致其高,地致其厚,月照其夜,日照其昼,列星朗,阴阳化,非有为焉,正其道而物自然。"这就是说,万物之所以各得其所、各尽其性,并非一种有意的作为,而是遵循大道,自然化生的结果。"是故天下之事不可为也,因其自然而推之"。④既然如此,人事的活动与安排就应该遵循自然之道,凡事不可任意妄为,应该因循自然,以无为的方式去行事。

　　《淮南子》虽然继承了老庄的自然无为之道,但并没有停留

---

① 《老子》第二十五章。
② 《老子》第三十七章。
③ 《老子》第六十四章。
④ 《淮南子·原道训》。

于此,而是"因阴阳之大顺,采儒墨之善,撮名法之要"。① 兼容并包,博采众长,作出了创造性的发挥。其思想的转换就是通过对"不先物为"和"因物之所为"的解释,将老庄的"无为"明确指向了积极入世,从而使先秦道家思想焕然一新。

在老庄那里,"无为"论虽然包含有一定的积极意义,但他们并没有对此作出具体的分析和说明。相反,更多的言论都是指向对各种"有为"的批判,使得他们的无为论难免蒙上一层消极色彩。如果说老子的"道常无为"因其言意的简约抽象存在有一种消极自为的可能,那么,这种可能在庄子那里又得到了进一步的放大。庄子提倡的"心斋"、"坐忘",就像《庄子》书中颜成子游所认为的,几乎就是枯木死灰般的不动不为了。

《淮南子》首先对于这种以为"无为"就是无所作为的消极观念进行了批评:"或曰,无为者,寂然无声,漠然不动,引之不来,推之不往,如此者,乃得道之象。吾以为不然。"② 认为这种所谓的不动不为并不是真正得道的"无为"。接着又以上古神农、尧、舜、禹、汤这些公认为得道的圣王为例,列举了他们忧心百姓、操劳国事的种种事迹,说明他们并不是这种"寂寞"、"安逸"的无所作为,而是一种有所作为的积极的、真正的"无为"。在最后的《要略》篇中,作者还把上述这种一味消极顺随、无所作为的行为称作"塞而无为",即阻塞大道的行为,而把那种真正得道、有所作为的行为称为"通而无为",即通晓大道的行为。无为之称虽同,但其所以无为则异,二者有着本质上的区别。

接下来,《淮南子》便对真正的"无为"作出了具体说明。《原道训》曰:"所谓无为者,不先物为也;所谓无不为者,因物之所为也。""无为而无不为"一说出自《老子》,人们对这一辩证命

---

① 司马谈:《论六家要旨》。
② 《淮南子·修务训》。

题往往有着自相矛盾的理解。《淮南子》则从理性的意义上对此作出了统一的解释。所谓"不先物为",就是事物的自身展开还没有表现出来之前不要妄动。所谓"因物之所为",就是事物自身的展开表现出来后再顺其而为。这样的"为"因为没有任何主观的妄为或外在的强加,所以是无为;又因为它完全符合事物的自然本性和规律,达到了成己成物的目的,所以是无不为。《淮南子》的这一解释,似乎是同义反复,其实不然。这是分别从正和负两个方面对"无为"的具体阐述。如此一来,就把"无为"和"无不为"贯通统一起来了,同时也把"无为"的实践意义和积极意义充分显示出来了。《淮南子》还进一步对"无为"作出了全面的界定。《修务训》曰:"吾所谓无为者,私志不得入公道,嗜欲不得枉正术,循理而举事,因资而立,权自然之势,而曲故不得容者;事成而身弗伐,非谓其感而不应,攻而不动者。若夫以火熯井,以淮灌山,此用己而背自然,故谓之有为。……此非吾所谓为之。"这里的"私志不入"、"嗜欲不枉",说的就是"不先物为";"因资"、"循理"、"权势"等说的就是"因物之所为"。说明了道家讲的无为,一方面是不以人的主观意志和欲望去干涉或替代事物的客观情势,另一方面是要顺应事物的自然资质、条理和情势去努力成就事物,立功建业。总之,只有在没有任何主观意志或个人嗜欲情况下,在充分认识和掌握客观事物性质和规律的基础上,加以因势利导、积极辅助的行为,才是真正的无为。

值得注意的是,在上面所引的《修务训》这段话后面,作者还秉承道家的立场,对"有为"作出了明确的界定,即出于私志,全然不顾自然法则的主观妄为。其他如《俶真训》也说:"寂寞以虚无,非有为于物也。"对这种所谓的"有为"进行了否定。可见,通过以上"有为"和"无为",以及无为的两种行为方式的对比,《淮南子》澄清了对于"无为"的种种混淆和误解,进一步明确了"无为"的要义和特点。

像"无为"一样,"有为"的概念也出自老子,并且是将二者作为一对矛盾范畴使用的。老子屡言:"民之难治,以其上之有为。"①"上德无为而无以为,下德为之而有以为"。② 后期道家学者如王充、王弼也说道:"夫天道,自然也,无为;如遣告,是有为,非自然也。"③"有为则有所失,故无为乃无所不为也"。④ 这表明了"有为"是和"无为"正相反的一种违背自然、有害于物的错误行为。可以说,主张无为,反对有为,是《淮南子》,也是整个道家思想的一个基本立场。有学者因为《淮南子》博采诸家之长,将道家无为思想引向了现实政治的方向,而认为《淮南子》就是将道家的"无为"改造发展到了有为,是主张有为。这是一种概念和思想上的混淆。在中国哲学史上,各家各派都十分重视人和自然的关系,积累了许多有价值的思想,形成了不同的风格体系,就其主要的思想倾向而言,可以分为两派,一派强调有为,一派强调无为。儒家和法家因为分别强调人为礼法的干预和教化作用,属于有为。道家与他们相反,认为这些做法破坏了自然的本性,应该让事物自我发展其固有的本质和作用,属于无为。强调有为的一派对人的主观能动性发挥得比较充分,强调无为的一派则把尊重客观规律性提到首位,二者各有所得,也各有所失。实际上,对于一种完整的行之有效的思想方法来说,发挥主观能动性和尊重客观规律性都是不可缺少的。所以这两派在历史上往往是相互吸收,趋于融合。不过,尽管如此,各家各派的主要的思想倾向及其着重点在不断融合的过程中仍然是十分清楚或是可以分辨的。《淮南子》虽然兼

---

① 《老子》第七十五章。
② 《老子》第三十八章。
③ 王充:《论衡·遣告》。
④ 王弼:《老子注》第四十八章。

采了儒家和法家的有为,但其思想主旨和基本立场仍是道家的无为。

对"无为"的界定明确了人类应该如何作为,不仅如此,《淮南子》的作者还说明了人类为何要有所作为。这就是天地能生与人事有治的辩证统一关系。天地虽然能生化万物,但不能治理万物,而人类通过认识和掌握自然之道,能够进一步达到对万物的治理,即把客观事物及其规律从自在之物转化为为我之物。《修务训》曰:"夫地势,水东流,人必事焉,然后水潦得谷行;禾稼春生,人必加功焉,故五谷得遂长。"水东流,禾春生,属于自然现象;欲使流水灌溉,春禾丰长,就必须加以人事的治理才能获得。《泰族训》亦曰:"天之所为,禽兽草木;人之所为,礼节制度。"人为具有与天为相媲美、对万物达到治理和利用的独特能力。作者还通过大禹治水、后稷垦种、汤武革命等古代圣王所作所为的历史事实,总结出"因则大,化(作)则细"的思想,即顺应自然规律去发挥人事,就会逐渐丰富、扩大事物,而任凭人的主观意志去行事,就会损害、减少事物。说明了自然之道的流行和绽放需要人的努力参与,需要通过人事的积极辅助和治理才能充分实现。

《淮南子》还根据"精气为人"进一步说明了人类为何能够有所作为。《淮南子》认为,人与万物虽然同生于道,具有与道相同的本质,但在道生气化的过程中,不同物类的自然禀赋又是不一样的。《精神训》论人与万物的产生说:"古未有天地之时,惟象无形。……于是乃别为阴阳,离为八极。刚柔相成,万物乃形。烦气为虫,精气为人。"由精微之气构成的人与其他物类最大的不同就是具有独特的"心知"和"才力"。天地间不乏爪牙锋利、筋骨强壮于人的动物,然而不免为人所制,原因就在于"知不能相通,才力不相一",①它们缺乏和人同等的心知和才力。《淮南子》还认为,人所特有的这种"心知"和"才力"具有两面性:它一方面可能使人丧失真性,远离淳朴;另一方面也可以使人通晓大道,返于真性。关键就在于后天的教化和学习。《淮南子》因此继荀子之后又提出了"学不可以已"的思想,并以马为例说:"马,聋虫也,而可以通气志,犹待教而成,又况于人乎?"人因其这种特有的自然禀赋,不仅比其他物类易于受教,也只有通过学习和教育才能充分地发挥自己的本质和天赋,所以说:"欲弃学而循性,是谓犹释船而欲蹀水也。"②强调只有通过不断学习,发达心知,努力自强,才能完善自我,与道相合。

在"为学"与"为道"的关系问题上,以老庄为代表的先秦道家因为过分强调二者间的差异,表现出了"绝学无忧"、"绝圣弃智"的反学倾向。《淮南子》则将二者统一起来,认为真正的无为并非单纯依赖人的自然本性,而是需要努力向学,获得发达的心知和才力。这种学以成性、学以致道的精神无疑是在更深层次上为道家的无为思想注入了一种能动的文化内涵。

《淮南子》的"人事有治"、"学不可已"观念无疑是吸收了儒家赞天地之化育的光辉思想,体现了客观规律性和主体能动性的统一。但《淮南子》并没有因此走向儒家,特别是荀子的"天人相分"或后来的"天人相胜"方向,而是始终站在道家自然之道的立场上来论述人治和为学,是以"道治"来统治"人治",以"为道"来统治"为学"的。关于为学,荀子从性伪之分出发,认为学习的过程是对自然本性的加工和改造,目的在于克服和变化人性,上达礼义。《淮南子》则认为学习是对人的固有心知和才力的开发,学习的目的在于返性达道,成就自然。关于人治,

---

① 《淮南子·修务训》。
② 《淮南子·修务训》。

《淮南子》的立场更为鲜明。《泰族训》曰:"夫物有以自然,而后有人事之治也。"人类治理万物只能是在因循自然之道的基础上才能得以实现和发挥。不仅如此,正如《俶真训》所说的:"举事而顺于道者,非道之所为也,道之所施也。"人类之所以能够循道而行事,发挥出治理万物的作用,恰恰是道的施予,是自然之道本身的伟大功用的表现。这是因为不仅人事之治需要因循自然之道,而且人事之治的能力同样是自然之道所赋予的。所以说"治在道,不在圣",[①]不是人治,只有道治才是真正的、根本的治。

将道家的"无为"观念转向经世致用的政治方向,并凸显这一积极意义的,并非始于《淮南子》,先秦法家和汉初的黄老学者等道家后学都曾为此作出了贡献,并且先于《淮南子》提出了有关"因循"(慎子)、"不先物为"(文子)等说法。《淮南子》是在通过兼收、集成前人思想的基础上形成了自己的新论,进一步实现了对道家的无为思想的发展。这种发展用刘笑敢先生的话说,就是突出了"无为"的实践意义和理性倾向,或者说,"无为"观念在《淮南子》中得到了实践化和理性化的进一步发展。这里的"实践化"主要指"无为"的政治功能,"理性化"是指"无为"的含义界定。如果说"无为"的实践意义在前人那里还是一种构想,那么在《淮南子》这里则是一种社会现实。《淮南子》一书就是在汉初文、景时代清静无为的政治实践中总结出来的,几乎就是一套"无为"的治国方案,其目的就是企图在武帝时代得到进一步的贯彻和实施。至于它对"无为"的定义也是在吸收前人思想的基础上形成的一种更为明确、全面的解释,并且对于有关"无为"的种种误解和混淆也一一予以澄清,从而使道家"无为"思想达到了它所能达到的理论高度。

[①] 《淮南子·原道训》。

2. 礼法论

"礼"与"法"均是调节社会关系、维持社会秩序的重要手段,二者不可偏废。早在上古三代时期,统治者们就已经懂得并十分重视礼法并用。夏商周三代不仅各有一套前后相因的礼仪制度,也分别有一套《禹刑》、《汤刑》和《九刑》的刑法体系。① 从西周开始,统治者鉴于殷商因失德而亡国,所以特别重视"敬德修礼","礼"的建设达到了十分成熟和完备的程度,"尊礼"也因此成为周代文化的主要特征。

春秋末年,天子失国、礼崩乐坏的客观形势引起了诸子百家对于礼法文化的重新认识。以老子为代表的原始道家对于既有的礼法持一概摒弃的态度,提出了"礼者,忠信之薄而乱之首"②、"法令滋彰,盗贼多有"③的观点。以孔子为代表的儒家则主张恢复西周以来的礼治,他们从"礼乐不兴,则刑法不中"的礼法关系原则出发,提出了"道之以德,齐之以礼"④的理想政治模式。早期法家的代表作《管子》在提倡礼的同时,认为法也是治国治民的重要手段,并且首次提出了"以法治国"⑤的政治主张。另一位儒家学者荀子也在坚持儒家"隆礼"的同时,强调了"重法",认为礼与法两者皆是"治之经"。⑥ 其学生韩非则进一步从人性恶的角度主张治国必然"以法为本",法是治国的唯一标准,并且强调要严刑峻法。韩非的绝对法治思想不仅成为法家的最大代表,也转而成为秦帝国的政治实践。它对于秦朝

---

① 参见《论语·为政》、《左传·昭公六年》。
② 《老子》第三十八章、五十七章。
③ 《论语·子路》。
④ 《论语·为政》。
⑤ 《管子·明法》。
⑥ 《荀子·成相》。

实现统一大业、加强中央集权起到了促进作用,然而这种专任刑法、崇尚暴力的统治也导致了秦王朝迅速灭亡的结果。

西汉初年,面对秦朝二世而亡的教训和社会经济濒临崩溃的形势,转而采取了"清静无为"的黄老之学作为统治思想。黄老学是产生于战国中后期的一个道家学派,与先秦道家摒弃礼法、无为自化的政治主张不同,该派主张援礼、法入道,即以道家的自然之道为基础,援采儒、法两家的治国方略,实行礼法并用,德刑兼施。其具体表现就是采用以德化民、约法省刑、轻徭薄赋、与民休息的一套政策。汉初的一些思想家如陆贾、贾谊等人,尽管思想倾向不一,但都认同黄老,加上当时统治集团内部当权人物的信奉和推行,黄老学说盛行一时。汉初黄老思想的发展,以《淮南子》一书的问世而达到顶峰,其中的"道统礼法"论,就是《淮南子》关于黄老政治思想的集中表述。

"道"是《淮南子》的最高范畴,代表着宇宙万物的本原和规律。宇宙间万事万物,无论多么巨大或微小,也无论是有生命还是无生命,都是由道化生,都是有赖于道的推动才得以运行并发挥出自己的功能,也就是说,这一切都是统一于道的基础之上的。全书首卷《原道训》开篇即曰:"夫道者,覆天载地,廓四方,柝八极。高不可际,深不可测。包裹天地,禀授无形。……山以之高,渊以之深;兽以之走,鸟以之飞;日月以之明,星历以之行。"道的这种无限统一性也包括了人类社会文明,以及诸子百家创造的思想文化。《齐俗训》曰:"朴至大者无形状,道至眇者无度量。……故百家之言,指奏相反,其道一体也。譬若丝竹金石之会乐同也,其曲家异而不失于体。"即使是为汉初思想家所诟病的法家学说也是如此,《泰族训》曰:"有道以统之,法虽少,足以化矣;无道以行之,法虽众,足以乱矣。"在《淮南子》看来,道是宇宙万物存在的根据,也是人类礼法文化存在的根据。礼与法之间虽然殊型异类,指奏相反,但以本原之道去观照,它们即可统一在一起。

如前所述,以老子为代表的原始道家从"道法自然"的立场出发,将社会的礼法文化视为大道废止的产物,并认为它们是导致社会祸乱的魁首,故采取了一概摒弃的态度。为此,《淮南子》在继承"道"的基本精神前提下,又对其进行了一番理论改造,其突出的表现就是对于自然之道的行为方式——"无为",作出了新的解释。

《原道训》曰:"所谓无为者,不先物为也;所谓无不为者,因物之所为。所谓无治者,不易自然也;所谓无不治者,因物之相然也。"这就是说,无为不是无所作为,而是不以人的主观意见代替客观事物,也就是要遵循事物的客观条件和规律去为;所谓无治也不是一无所治,而是在不改变事物自然规律的前提下去辅助事物,进而达到治理事物的目的。《修务训》又曰:"夫地势,水东流,人必事焉,然后水潦得谷行;禾稼春生,人必加功焉,故五谷得遂长。听其自流,待其自生,则鲧禹之功不立而后稷之智不用。"可见,"无为"并非要抹杀人的聪明才智或主观努力,而是叫人去掉主观意见,按照客观规律办事。这种"无为"或"无治"显然包含了人的主观能动性在内。正是依据对"无为"的这种积极解释,《淮南子》对于社会政治作了充分肯定,主张统治者应该充分运用和发挥礼、法的作用达到对现实社会的治理。它也因此提出了关于礼法关系和作用的一系列思想。

关于礼法的起源,《淮南子》认为,礼法因于人性,合于人心。关于礼法的起源,虽然说法不一,但多认为是适应封建政治要求的需要,是后天人为的产物。以老庄为代表的道家认为礼法在自然人性之外,是道德丧失之后的衰世象征。儒家荀子认为礼法是古代圣王为了改造人性而制定出来的一种社会制度和行为规范。"古者圣王以人之性恶,以为偏险而不正,悖乱而不治,是以为之起礼义、制法度,以矫饰人之情性而正之"。①说明了制定礼、法的目的就在于节制欲求,变化人性。荀子这一观点虽然掩盖了礼法的阶级性,但它力图从人的生活欲求和社会政治需要出发去寻找礼法的起源,无疑是思想史上的一大贡献。此说也成为后来关于礼、法起源的一种通论。

与此不同的是,《淮南子》则直接将礼法与"道",即自然人性结合在一起,认为礼法是"因人之性"而产生的,是"合于人心"的。《泰族训》曰:"民有好色之性,故有大婚之礼;有饮食之性,故有大飨之谊;有善乐之性,故有钟鼓筦弦之音;有悲哀之性,故有衰绖哭踊之节。故先王之制法也,因民之所好而为之节文者也。"说明了礼法完全是因顺人性的自然的产物。《主术训》又曰:"法生于义,义生于众适,众适合于人心。""义"即道义、正义。"众适"即为大众所认同、适宜的事理。就是说,维护社会秩序的礼法规范是基于社会道义、正义产生的,进一步说,是普遍人心的表现。《黄老帛书》最早开出了道、法融合的新路,提出了著名的"道生法"②的观点。《淮南子》的"义生法"说正是对这一观点的继承和进一步发挥。礼法自身,原有两重意义:一是明确人群之分,即等级性;二是维系人群之和,即融合性。但不论哪重意义,在《淮南子》看来,它们皆是为了适应人心和人性的需要而来的,具有人本的意义和人性的根据,而不是与人性相对的人为的产物。

这并不是说礼义法度就是自古有之。像老庄一样,《淮南子》认为礼法是道德本性日趋退化的产物,也承认礼法之治并非理想的社会政治。但与老庄思想不同的是,它强调礼法的产生及其运用具有一定的必然性和合理性,是自然之道在"近世"

---

① 《荀子·性恶》。
② 《黄老帛书·经法》。

("衰世""晚世""末世")的一种体现。《泰族训》曰:"天地之生物也有本末,其养物也有先后。"礼法文化就是天地之道在"近世"产生以用来"救衰"和"养民"的一种积极、有效的政治文化。《淮南子》由此实现了对老庄思想的发展,把礼、法政治纳入道家的思想文化中。

徐复观指出,此思想的重要性,"在于把礼法起源于适应封建政治要求的历史根据完全淘汰,而认定适应人性(或人心)的倾向、要求才是礼法的起源,才是礼法的意义。这便使礼法从原来的封建政治的束缚中完全突破了出来,使其成为集体社会中所共同需要的行为规范"。任何社会,都有维持日常生活的一套基本秩序,即礼义法度。这套秩序是人生获得发展、社会保持稳定的基本条件,因此,它必然具有内在于人性的根据,它的内容及其运用应该是人性的展开。《淮南子》的这一观点虽然没能触及礼法的阶级本质,但却赋予了礼法强烈的人道精神和正义性质,具有重要的思想意义。魏晋时代的"名教即自然"论,正是滥觞于此。

关于礼法的运用,《淮南子》主张,法随时变,礼与俗化。道家认为宇宙是一个大道流行、阴阳之化的运动过程。《淮南子》继承了这种变易思想,又吸收了法家的变法主张,再融合儒家的内容,形成了"法随时变,礼与俗化"的理论,认为礼义法度应当适应时代形势和社会风俗的变化。《齐俗训》曰:"世异则事变,时移则俗易,故圣人论世而立法,随时而举事。……是故不法其已成之法,而法其所以为法。所以为法者,与化推移者也。"在《淮南子》看来,真正的圣人是"圣之时者"。他们深谙世事的变化之道,能够与化推移,与时俱行,没有一成不变之法。

与化推移,从根本上讲,就是要适应民心的变化,一切以"利于民"、"周于事"为转移。《泛论训》曰:"礼乐未始有常也,故圣人制礼乐,而不制于礼乐。治国有常,而利民为本;政教有经,而令行为上。苟利于民,不必法古;苟周于事,不必循旧。……故圣人法与时变,礼与俗化。"道在时俗,也即在"利民"之中。这种"利民为本"的思想体现了《淮南子》与化推移说的民本主义精神。司马谈论道德家说:"有法无法,因时为业;有度无度,因物与合。故曰:圣人不朽,时变是守。"①《淮南子》"与化推移"的礼法观正是这一思想的典型代表。

从"与化推移"的观点出发,《淮南子》驳斥了当时反对变化、因循守旧的复古主义。"殷变夏,周变殷,春秋变周,三代之礼不同,何古之从?"②在它看来,古代的礼法,不过是古代统治的陈迹,如同祭神所用的"刍狗土龙"一样,用过之后,就成了"壤土草芥",③没有什么价值。而且,礼法一旦形成"礼经"或"法典",便成为固定的教条,以此教条来治理国家和人民,就必然与"世事"和"民利"发生矛盾,成为束缚人性、祸乱社会的东西,从而失去了礼法的应有之义。

《淮南子》还对三代以下,尤其是春秋战国以来,儒、法两家分别对于礼与法的片面强调而造成的种种以矫饰和烦苛为目的的人为礼法进行了贬斥。它说:"礼者,所以救淫也。"④"恭俭尊让者,《礼》之为也",但是经过后来儒家学者的讲求,礼教成了"流于淫"或"失于责"的东西,成了用来淫乱和责罚的东西;法亦然,"先王之制法也,因民之所好而为之节文者也"。⑤但是经过法家学者的一味推崇,法令流于"烦苛"、"严峭",成了"与义相非"、⑥"斩艾百姓"⑦的东西,成了不仅无益于治,反而产生

---

① 《史记·太史公自序》。
② 《淮南子·泛论训》。
③ 《淮南子·齐俗训》。
④ 《淮南子·本经训》。
⑤ 《淮南子·泰族训》。
⑥ 《淮南子·齐俗训》。
⑦ 《淮南子·览冥训》。

祸乱的东西。在《淮南子》看来,这些礼法都是大道沉沦、人心浇薄的产物,都不是本来意义上的礼法。本来意义上的礼法应该是以道为统,即是建立在自然和民本的意义之上,是淳朴而宽俭的礼法,是因民之所好、养民之所欲的礼法。

在礼法关系上,《淮南子》认为,不知礼义,不可行法。一方面,《淮南子》吸收了管子、荀子以及韩非子以来的法治思想,对法律的重要性作了充分肯定。它认为人主要依法治国,法是衡量客观事物的永恒标准,《主术训》说:"法者,天下之度量,而人主之准绳。""言事者必究于法,而为行者必治于官"。由于法律具有正义和客观性,所以一切应依法行事。它还认为依法治国必须将法律与权势、治术相结合,在总结法家思想的基础上形成了一套比较完善的法、术、势相结合的法治理论体系。

另一方面,《淮南子》又明确指出了法治的局限性,而不是像法家那样,将法治绝对化,视为解决一切问题的万能良药。它认为法不是万能的,依靠它并不能解决治国安邦的根本问题,最终要依道统法,法治才能发挥应有的作用。这是因为与道德理想比较起来,礼、法之类只是治国的方法和手段,还不是目的。《淮南子》屡言:"法制礼义者,治人之具也,而非所以为治也。"[①]"仁义礼乐者,可以救败,而非通治之至也"。[②] 这种"治人之具"的说法虽然也强调了礼法的重要性,强调人主必须掌握和运用礼法,但同时也更加表明了礼法的局限性。

《淮南子》认为,最理想的政治是"无为"之治,也称为"无治"之治。但这只是上古三代时期的遥想,那是人性淳朴无华、智巧诈伪未生的初民时代,人们完全生活在自然神化之中,是

---

① 《淮南子·泛论训》。
② 《淮南子·本经训》。

"法设而不犯,刑错而不用",①即不需礼义法度的时代。近古以来,由于人口增多,供养不足,于是产生了诈伪和忿争,导致人性浇薄,世风日下,才有了礼义法度等政治工具,②才有了关于礼法的关系、作用等种种的认识和思想。

在礼法关系上,《淮南子》主张礼义为本,法度为末,即以礼义为主,而辅之以法治。《泰族训》曰:"治之所以为本者,仁义也;所以为末者,法度也。"又曰:"不知礼义,不可以行法。"这里的"仁义"与"礼义"同类,都属于"义"的范畴,而"义"正是产生法度的根据。因此,与法度相比较,礼义更为深刻、基本一些,也更多包含有道德教化的积极意义。也因此,法度的作用也远不如仁义礼让。正如《淮南子》所说的,法能杀不孝之人,但不能使人为"孔曾之行";法能惩偷盗之人,但不能使人为"伯夷之廉"。行法的直接作用仅在于治罪惩恶,而修礼则能使人培养廉耻心,达到崇善化俗的目的。

在《道应训》中,《淮南子》还通过魏臣翟煎与魏惠王的一段对话,说明了"治国有礼,不在文辩"的道理。这里的"文辩"指的就是各种法律条文。意思是说,再好的法制,也要以礼义为"厚基",作为礼义的辅助才能达到治理的目的。正因为如此,《淮南子》在关于执法的问题上,强调要任用贤人,即有道德礼义的人。"国之所以存者,非以有法也,以有贤人也;其所以亡者,非以无法也,以无贤人也"。③尤其是在上的人主,更应"先自为检式仪表,故令行于天下",④要求统治者先要端正己身,做道德的榜样,才能令行天下。

这种礼本法末的关系只是相对而言的,不论是礼义法度,

---

① 《淮南子·泰族训》。
② 见《淮南子·本经训》。
③ 《淮南子·泰族训》。
④ 《淮南子·主术训》。

还是贤人执法,根本的基础还是自然之"道"。"有道以统之,法虽少,足以化矣;无道以行之,法虽众,足以乱矣"。① "治在道,不在圣"。② 这是作为道家的《淮南子》始终坚持的一个基本原则,即"道统礼法"。汉初实行的清静无为、节俭有度、与民休息、省赋薄敛、以德化民、约法宽刑、和亲异邦、尚贤重士等一系列政治方略都是这一原则的具体表现。这一思想基本上适应了汉初国家稳定发展的要求,所谓"文景之治"的社会繁荣,就是实行"道统礼法"这一指导思想的结果。

---

① 《淮南子·泰族训》。
② 《淮南子·原道训》。

从清静无为到奋发进取
——《淮南子》

《淮南子》成书于西汉文景之世黄老清静无为思潮风行数十年之后,武帝"罢黜百家、独尊儒术"政策实施之前,以思想自由、兼容并包之气度,总结概括西汉前期百家之学,以道家老庄之学为基础,融合儒、道、墨、法、阴阳、兵家、天文、地理之学,气势宏伟,文辞瑰丽,其主题表现为从清静无为到积极进取的转化,是产生于江淮大地的重要著作,在中国古代思想史与哲学史上具有重要地位。

（一）

《淮南子》的《要略》篇对《淮南子》二十篇的题旨与内容作了提要式的概括说明,同时也对先秦各家学说的产生作了评述,涉及太公、周公以及孔、墨、管、晏、纵横、申、商诸子。在《淮南子》成书之前,已有不少著作对百家学说进行批评总结,如《荀子·非十二子》、《庄子·天下》、《韩非·儒墨》、《吕氏春秋·不二》、司马谈的《论六家要旨》等。它们大多是从维护自己学说观点的立场出发,对各家学说的特点作出说明,批评其不足,而没有表现出博采众家之长的胸襟与气度。《要略》篇对先秦文化史的评述有两个特点:一是能够从社会历史条件中,分析某种学说产生的原因和作用;二是不囿于一曲、一节、一隅、一迹,不拘泥于小辩、小利、小艺、小见,融会众家之长,欲建立能够统贯天地人、能够普遍"与世推移"的大学问,表现出伟大学说应有的开放兼容的胸襟与气度。

《要略》对孔墨两家学说及其渊源关系的论述,比较符合历史实际:"孔子修成康之道,述周公之训,以教七十子,使服其衣冠,修其篇籍,故儒者之学生焉。墨子学儒者之业,受孔子之术,以为其礼烦扰而不说,厚葬靡财而贫民,久服伤生而害事,故背周道而用夏政。"[1]太公谋略的产生,是因为纣为天子,赋敛无度,杀戮无止,文王试图战胜殷纣王,"欲以卑弱制强暴,以为天下去残除贼而成王道";"管子之书生"是服务于桓公除中国之患,平夷狄之乱,"广文武之业";齐景公好声色犬马,政事荒殆,"故晏子之谏生";晚世之时,六国诸侯力征争权,合纵连横,故纵横学说应运而生;三晋变法,故礼未灭,新法又出,"新故相反,前后相缪,百官背乱,不知所用,故刑名之书生焉";秦国之俗,贪狼强力,寡义趋利,威刑劝赏,"故商鞅之法生焉"。[2]

《要略》能把各家学说放在一定社会历史背景中加以考察,虽然说不上具有历史唯物主义的观点立场,但给人面目一新的感觉。《要略》对各家学说采取这种表述方式还有一个目的,就是要说明各家之学虽各有所长,却是具体、特定历史环境下的产物,因而具有局限性,唯有《淮南子》自己的学说才是不拘系

---

[1] 何宁:《淮南子集释·要略》,北京:中华书局,1998年。
[2] 何宁:《淮南子集释·要略》,北京:中华书局,1998年。

于一时一地而具有普适意义的基本原理。《要略》中对道家学说未加以评述,似乎作者自己是代表道家或是以道家为主来综合各家学说。实则不然,作者自称是"刘氏之书",是刘氏之学,声称自己"作为书论"的目的是"所以纪纲道德,经纬人事,上考之天,下揆之地,中通诸理",是超越一家一派而建立的适应治国安邦、有益社会人生的普遍原理学说。我们不妨将《庄子·天下》篇中庄子自述的道家之学与《淮南子·要略》中的"刘氏"自述作一比较就能明显看出二者的差别。

《庄子·天下》述庄子之学:"寂寞无形,变化无常,死与生与!天地并与!神明往与!芒乎何之?忽乎何适?万物毕罗,莫足以归!古之道术有在于是者,庄周闻其风而悦之,以谬悠之说,荒唐之言,无端崖之辞,时恣纵而不傥,不以觭见之也。以天下为沈浊,不可与庄语,以卮言为曼衍,以重言为真,以寓言为广,独与天地精神往来,而不敖倪于万物;不谴是非,以与世俗处;其书虽瑰玮而连犿,无伤也;其辞虽参差而诙诡,可观。彼其充实,不可以已,上与造物者游,而下与外死生无终始者为友;其于本也,弘大而辟,深闳而肆;其于宗也,可谓调适而上达矣。虽然,其应于化而解于物也,其理不竭,其来不蜕;芒乎昧乎,未之尽者。"①

《要略》称"刘氏之书"曰:"若刘氏之书,观天地之象,通古今之事,权事而立制,度形而施宜。原道之心,合三王之风,以储与扈冶。玄眇之中,精摇靡览。弃其畛挈,斟其淑静,以统天下,理万物,应变化,通殊类,非遁一迹之路,守一隅之指,拘系牵连之物,而不与世推移也。故置之寻常而不塞,布之天下而不窕。"②

---

① 郭庆藩辑:《庄子集释·天下》,北京:中华书局,1982年。
② 何宁:《淮南子集释·要略》,北京:中华书局,1998年。

将庄学与淮南刘氏之学相比较,可以看出,庄学是游戏人生,无意治世,独与天地精神相往来的学说,而刘氏之学则是"原道之心,合三王之风","统天下,理万物"的有意治国安天下的学说,不可仅以老庄之道家学说视之,而是儒道在积极的意义上相结合的、从无为向有为转化的学说。

(二)

前人一般认为,《淮南子》是以道家学者为主、儒道合作而写成的,全书以老庄哲学为基础,熔冶儒、法、阴阳各家思想,主要倾向是道家。据统计,全书引《老子》达 52 次,引《庄子》28 篇次并且在《要略》篇中首次"老庄"并称("考验乎老庄之术"),引《诗》30 次,引《易》10 多次,对《礼》、《乐》、《春秋》等也大量征引,且多发挥《六经》的微言大义。《淮南子》成书之时,朝廷对学术发展尚未作直接干预,五经博士制度也未成立,各家学说自由发展,相互渗透,由此可约略窥见当时学术流行的状况。由于各家学说(主要是儒道两家)在书中均有体现,故书中不免时常出现相互对立矛盾的观点与表述。对此,前人多对《淮南子》以"杂家"视之,至少认为其没有中心思想,有人甚至说"主旨所在,实是神仙出世的理论"。

我们认为《淮南子》作为有计划、有系统的著作,博大而条贯,其主旨表现为从清静无为向积极进取的转化。全书开篇《原道训》主要表述道家思想,全书最后一篇《泰族训》则主要表现儒家思想,《泰族训》同时是全书的总结篇。所谓"泰族",就是把古今之道、万物之理汇聚为一类。这并不是说,《淮南子》一书是从道家转向儒家,实际上,全书的各篇都有诸家融合的特色,有的以道家融合儒家及其他诸家,有的则以儒家为主融合道家及其他各家。如《原道训》讲"无为",但也谈"无不为",对儒家的圣人尧舜禹也大加颂扬;《修务训》、《泰族训》以儒家思想为主,但也利用道家"无为"概念,赋予"无为"以积极有为的内涵,而把超过人的能力所限,违反自然规律的行动称作"有为"。

《淮南子》成书前夕,汉王朝经过几十年的休养生息,民力复苏,国力蒸蒸日上,政权基本稳定,黄老清静无为思潮行将结束历史使命,时代精神表现出一个伟大民族积极进取、蓬勃向上的气象。当此之时,思想家们都在思考、寻求长治久安之策,努力构造新的理论体系。《淮南子》的作者也是不失时机地总结百家学说和秦汉以来治乱兴衰的经验教训,为统一帝国的长远统治提供一个较为完备的理论学说。

《原道训》的道家思想,主要表现为圣人理想与对清静无为的认识:

> 泰古二皇,得道之柄,立于中央,神与化游,以抚四方。
>
> 圣人守清道而抱雌节,因循应变,常后而不先;柔弱以静,舒安以定。
>
> 至人之治也,掩其聪明,灭其文章,依道废智,与民同出于公。
>
> 无为为之而合于道,无为言之而通乎德;恬愉无矜而得于和,有万不同而便于性。
>
> 是故达于道者,反于清净;究于物者,终于无为。以恬养性,以漠处神,则入于天门。①

但同时作者也肯定舜禹是圣人。他们所说的"无为"也不

---

① 何宁:《淮南子集释·原道训》,北京:中华书局,1998年。

全是"寂然不动"的"无为","无为"某种意义上就是符合自然人事规律:"循道理之数,因天地之自然,则六合不足均也。""万物固以自然,圣人又何事焉!"①作者把禹之决渎,神农之播谷,舜耕于历山、理三苗、朝羽民、徙裸国,都看成因循自然,还有"禽兽有芄,人民有室;陆处宜牛马,舟行宜多水;匈奴出秽裘,于越生葛绨;各生所急,以备燥湿,各因所处,以御寒暑;并得其宜,物便其所"。②这种各因所处、物便其所的治理方法与儒家已很接近,而且也符合作者所说的"无不为"。"无不为",也就是儒家的"有为"。"漠然无为而无不为也,淡然无治而无不治也。所谓无为者,不先物为也;所谓无不为者,因物之所为。所谓无治者,不易自然也。所谓无不治者,因物之相然也"。③因此可以说,《淮南子》中的道家思想,已经渗透了儒者的精神。另一方面,儒家又改造道家学说,赋予新的内涵。

《淮南子·修务训》说:"或曰:无为者,寂然无声,漠然不动,引之不来,推之不往;如此者,乃得道之象。吾以为不然。"④该书作者站在儒家立场,首先确定"无为"不是四肢不动,思考不用,"若吾所谓无为者,私志不得入公道,嗜欲不得枉正术,循理而举事,因资而立功,推自然之势,而曲故不得容者,事成而身弗伐,功立而名弗有;非谓其感而不应,迫而不动者"。⑤这与道家的"无为而无不为"的内涵就吻合了。那么什么是"有为"呢?作者认为超越人的能力、违背自然规律才是"有为",如以火熯井,以淮灌山,用己而背自然,故谓之"有为"。至于因势利导,因高为田,因下为池,"此非吾所谓为之"。对"无为"赋予积

---

① 何宁:《淮南子集释·原道训》,北京:中华书局,1998年。
② 何宁:《淮南子集释·原道训》,北京:中华书局,1998年。
③ 何宁:《淮南子集释·原道训》,北京:中华书局,1998年。
④ 何宁:《淮南子集释·修务训》,北京:中华书局,1998年。
⑤ 何宁:《淮南子集释·修务训》,北京:中华书局,1998年。

极有为的内涵,《泰族训》有更详细的论述,特别突出因其自然,还要辅之以人力,"天地四时非生万物也,神明接,阴阳和而万物生之。圣人之治天下非易民性也,拊循其所有而涤荡之。故因则大……夫物有以自然,而后人事有治也。……故先王之制法也,因民之所好而为之节文者也"。① 因其好色而制婚姻之礼,因其喜音而正雅颂之声,此皆人之所有于性,而圣人之所匠成也。"故无其性不可教训,有其性无其养不能遵道。……人之性有仁义之资,非圣人为之法度而教导之,则不可使向方"。②

《修务训》热情讴歌了我先民勤劳有为、创业垂统的伟大精神:"尝试问之矣:若夫神农、尧、舜、禹、汤,可谓圣人乎?有论者必不能废。以五圣观之,则莫得无为(指寂然不动之无为——引者),明矣。"③神农尝百草,遇七十毒,教民播种五谷;舜作室筑墙茨屋,辟地树谷,令民皆知去岩穴,各有室家;禹栉风雨,凿龙门,决江疏河,平治水土;还有仓颉作书,容成造历,胡曹为衣,后稷耕稼,仪狄作酒,奚仲造车,等等,都是因其自然,人必加功,勤奋有为的象征。《淮南子》中还有大量的神话传说,赞颂改造自然、积极有为的精神,如女娲补天、鲁阳挥戈、大禹治水、后羿射日的故事,表现了汉初思想家富有勃勃生气的原创力。

(三)

《淮南子》提倡积极有为的精神,还表现在勤奋学习方面,

---

① 何宁:《淮南子集释·泰族训》,北京:中华书局,1998年。
② 何宁:《淮南子集释·泰族训》,北京:中华书局,1998年。
③ 何宁:《淮南子集释·修务训》,北京:中华书局,1998年。

认为人必须通过学习，才能提升人性，传承文明。"世俗废衰，而非学者多；人性各有所修短，若鱼之跃，若鹊之驳，此自然者，不可损益。吾以为不然"。① 譬如马，筋骨形体，所受于天不可变。必待良御教之，掩以衡扼，连以辔衔，则虽历险超堑弗敢辞。"马不可化，其可驾驭，教之所为也。马，聋虫也，而可以通气志，犹待教而成，又况人乎？"②宝剑初铸，不能劈刺，必须加之砥砺，磨其锋锷；明镜须磨砺，方能鉴人；人必须学习，有如砥砺，方为有用之才。作者对"偷慢懈惰"之人加以批评，提倡"自强而功成"。③

按照老庄的观点，人应绝圣弃智，因为知识越多，人越可能流于邪僻。《修务训》的作者辩解说："子有弑父者，然而天下莫疏其子，何也？爱父者众也。"因为有人流于邪僻就放弃学习，那是因噎废食。况且，如果不学习，先人所创造的知识技艺，如何能传承下来呢？社会如何进步呢？作者特别提出，无知无识，精神并非真的自由，必须通过知识学习，以通事物终始远近之情，精神才能得到真正的自由解放。

《淮南子》中表现的积极有为、奋发进取的精神，是中华民族文化的宝贵遗产，在当代仍具有重要理论意义与现实价值，值得珍视与弘扬。

---

① 何宁：《淮南子集释·修务训》，北京：中华书局，1998年。
② 何宁：《淮南子集释·修务训》，北京：中华书局，1998年。
③ 何宁：《淮南子集释·修务训》，北京：中华书局，1998年。

嵇康的生平与玄学

嵇康(223—262),字叔夜,又称嵇公、嵇中散,谯郡铚(今安徽亳州市涡阳县)人。我国历史上著名的哲学家和文学家,竹林玄学的代表人物。

(一)嵇康的生平

嵇康是曹魏时期,或魏晋之际的人。嵇康生年为魏文帝(曹丕)黄初四年(223年),卒年为魏元帝(曹奂)景元三年(262年)。一生都生活在曹魏年代,是三国时期魏国人。但是自从魏齐王(曹芳)正始十年(249年),司马懿发动高平陵政变以后,曹氏政权实际上旁落到司马氏手中,魏帝已名存实亡。265年,即在嵇康去世后仅三年,魏相司马炎进而废魏元帝曹奂而自立为帝,建立晋朝,史称西晋。这样嵇康也可以说是生活在魏晋之际。这大概也是史家将《嵇康传》列入《晋书》的原因。

《晋书·嵇康传》曰:"嵇康字叔夜,谯国铚人也。其先姓奚,会稽上虞人,以避怨,徙焉。铚有嵇山,家于其侧,因而命氏。"短短几句话,简单介绍了其先世迁徙、改姓的过程。嵇康先世原籍会稽(今浙江绍兴),因为与人结仇避怨才迁居铚地嵇山脚下。依席广辉先生的新考,铚之嵇山今属安徽省涡阳县。然而,嵇康的先世中究竟何人何时因何事而避怨迁居以至被迫改姓的,史籍均无可查。之所以改姓嵇,依《晋书》本传的说法,是铚有嵇山因定居在嵇山脚下,遂取以为姓。依《世说新语·德行》注引王隐《晋书》,盖嵇、稽同形,嵇、奚同音,是为了纪念本姓和祖居之地而特取之字。考《说文》、《广韵》解释,古代并无"嵇"字。"嵇"之为姓,出自谯郡,皆因嵇康上世改姓,特造此字。由此可知,嵇山之名源自嵇氏之姓,非嵇氏之姓起于嵇山之名。王隐《晋书》的说法更可靠些。

　　嵇康祖先的姓名及身份如何,也不得而知,唯有嵇康之兄嵇喜所作《嵇康传》中笼统地提到"家世儒学"四字。考两汉儒林人物,也未见有奚姓或嵇姓之人。可能嵇氏先世并无显赫人物,本属"寒素"、"贱族",加之因避怨而隐姓埋名,更难知其世系。

　　《三国志·魏书·王粲传》注引《嵇氏谱》中保留了嵇康父亲的一点资料:"父昭,字子远,督军粮,治书侍御史。"这是远徙他乡,久处下层的嵇氏家族第一位在史书上留名的人物。嵇昭在曹魏政权中任过二职,"督军粮"属掌管运漕及军粮之事,"治书侍御史"相当于皇帝的秘书兼中央监察机构副官。第二个职务在汉魏两朝属六品官阶,虽然不是很高,但直属朝廷,又能直接见到皇帝,也当为人所重。从嵇昭的官职以及后来其儿子嵇康与曹魏宗室联姻的关系,可以看出嵇昭与曹氏恐非一般关系,当有不同寻常的背景。侯外庐等《中国思想通史》分析指出:"考康永居谯国,乃曹魏发迹之地,则自其父由贱族而攀附升腾,是极为可能之事。"①曹魏兴起之初,谯人由贱骤贵,原甚平常。如夏侯惇、许褚等人,本属一介平民,皆因追随曹氏而成名。当然,嵇昭并非曹魏集团的核心人物,其所以能青史留名,得之于儿子嵇康,是父以子荣的缘故。

嵇康一生很少受到父亲影响。在他幼小的时候,父亲就去世了,嵇康是靠母亲和长兄嵇喜的养育,才长大成人的。不过,在朝廷任职的父亲死时留下的家产足以使后人免于冻馁之苦,加之长兄嵇喜持家贤能,嵇康从小便生活在衣食无虑之中:"昔蒙父兄祚,少得离负荷。"②表露了他对父兄的感恩之情。

嵇康早年没有受到所谓"儒学世家"那种严格、规范的教育。"母兄见骄,有慈无威"③形象地说明了他少年成长的家庭环境。由于母兄的怜悯和宠爱,嵇康在家里没有任何负担,完全是不加约束、顺其自然,从而养成了他一生懒散、放逸的习性。在《与山巨源绝交书》一文中,他详述了自己的生活情形,常常一连十多天不洗脸,更不喜欢洗澡,除非身上长满虱子,痒得实在受不了;又习惯睡懒觉,不肯起早,除非被尿憋得无法忍受时才勉强起身;长期的懒散,使他的身体变得筋骨无力、肌肉松弛。嵇康的自述可能是要达到拒绝山涛荐官的目的而有所夸张,但其早年那种随心所欲、疏懒散漫的生活方式确也可见一斑。人一流于放任疏懒,即易趋于傲慢无礼,加之后来不断受到老庄思想的浸染,致使其思想和行为变得更加狂放不羁、犯教伤俗而终遭噩运。

嵇康虽然性情疏懒,但并不废学,加之少年聪慧,负有志气,终成一代才子。在为学上,嵇康没有走向已变为虚伪无用

---

① 侯外庐等:《中国思想通史》第 3 卷,北京:人民出版社,1957 年,第 128 页。
② 《嵇康集·五言诗·答二郭》。以下凡引《嵇康集》,均只注篇名。
③ 嵇康:《与山巨源绝交书》。

的经学道路,而是依靠自学,泛观博览,以至无不该通,从而取得多方面的思想和艺术成就。嵇康尤精于老庄之学,尝自称"老子、庄周,吾之师也"。①他曾前往庄周故里蒙城结庐而居,以便亲身体会先贤庄子生活的环境与遗风。私淑老庄,几乎是魏晋名士的共同特征,但真正从人格和思想上继承、践行老庄精神的,当首推嵇康。这大概正是他成为魏晋之际这一特殊时期一代士人心目中精神偶像的原因。

正始年中,嵇康娶妻长乐亭公主,成为曹魏宗室的女婿,并生育了一对子女。关于公主的身份,历史记载有两种说法:一为《三国志·穆王林传》注引《嵇氏谱》,说是穆王曹林的孙女;一为《文选·恨赋》注引王隐《晋书》,说是穆王曹林的女儿。戴明扬在《嵇康集校注》中认为,从嵇康的年龄推算,应为穆王曹林之女。王晓毅在《嵇康评传》中又从王室之女获得公主身份的资格推知,也无疑为曹林之女。按照当时的惯例,与公主结婚者都要被朝廷加官晋爵,嵇康也不例外,他因此被选授郎中职务,官阶八品,不久晋升为七品中散大夫。魏晋以降,官阶制开始由"职位分等"向"品位分类"过渡,"郎中"、"大夫"皆是享有地位、待遇而无具体职位的散官。诸大夫中以"光禄"位望较高,中散大夫属于较低者。

正始十年,司马氏发动高平陵政变,控制曹魏政局。嵇康也因此辞官而去,隐退于河内山阳(今河南修武县)。这里气候温和,生长着大片的竹林,又临近洛阳,交通方便。可能是任中散大夫时在此购置有园宅,嵇康从此便居留在这里,前后达二十年之久。这也是他的思想形成和最为活跃的时期。在这里与他常相往来的有山涛、阮籍、阮咸、向秀、刘伶、王戎,再加上嵇康本人,即为当时人们所称誉的"竹林七贤"。《世说新语·

---

① 嵇康:《与山巨源绝交书》。

任诞》云:"陈留阮籍、谯国嵇康、河内山涛,三人年皆相比,康年少亚之。预此契者,沛国刘伶、陈留阮咸、河内向秀、琅琊王戎,七人常集于竹林之下,肆意酣畅,故世谓竹林七贤。"尽管"七贤"的年龄、个性及处世方式都互有差别,但他们均好言老庄、清谈乐道,且都是对司马氏统治集团表现出一种隐退的消极抵抗态度。除此六人以外,东平吕安也是嵇康最好的朋友之一。《晋书》本传言康与安交好,"每一相思,辄千里命驾",可见他们的深厚友谊。其他诸如阮德如,以及郭遐周、郭遐叔兄弟等也都是嵇康的朋友,嵇康的文集中皆有与他们往来的赠答诗。

以嵇康为代表的"竹林七贤"等人在一起除了饮酒赋诗,谈玄论道,还时常放言作文,借古讽今,以抒发自己对于朝政的不满,并且对于一些反抗当局的武装政变表现出了某种积极的态度和举动。[①] 嵇康等人在山阳的一系列言论和活动逐渐引起了司马氏集团的戒心,司马氏集团开始对嵇康进行拉拢利诱,无奈嵇康无心仕途,唯系心竹林。然而随之发生的两件事情却对嵇康的命运产生了直接的影响。一是当朝名士钟会慕名来访遭到嵇康的冷落;二是朋友吕安蒙冤引发嵇康为之辩护。这两件事情本来属于个人志趣不合及一般民事纠纷,不会与政治刑事大案相联系。但是一直耿耿于怀的司马氏当局却借题发挥,罗列出一串罪名,乘机将嵇康逮捕下狱。

这两件事情的经过分别在《晋书》本传和嵇康的《与吕长悌绝交书》中有所说明,大致情况如下:

吕安是曹魏二品镇北将军吕昭的二公子。《世说新语·简傲》注引《晋阳秋》言其"志量开旷,有拔俗风气"。他与嵇康情

[①] 《魏书·王粲传》注引《世语》曰:"毌丘俭反,康有力,且欲起兵应之。以问山涛,涛曰:'不可。'俭亦已败。"《晋书·嵇康传》又曰:"康欲助毌丘俭,赖山涛不听。"

投意合,是嵇康最好的朋友之一。吕安因其兄吕巽(字长悌)诬告其不孝以至"挝母"而被系下狱。作为冤者吕安的朋友,同时也作为吕氏兄弟之曲折的见证人,嵇康义不容辞地站出来为吕安申辩。旨在证明案情事实真相的嵇康为何也获罪下狱了呢?《晋书》本传未有清楚交代,但不难推知,当与吕巽有直接关系。吕巽既然诬告其弟,自然会考虑到如何对付知情者嵇康,很可能会反说嵇康是站在朋友的立场上而作"伪证"。吕巽时任司马昭的相国掾,且正在得宠之时,容易获得司马昭的信任。再看吕巽诬告吕安的罪名是"挝母"的不孝之罪,这个罪名在当时标榜"以孝治天下"的司马氏时代,属于不赦的十恶重罪之一,将会被处以极刑。如果是为"不孝"的罪人作伪证,也将与罪犯同论。嵇康不仅未能为朋友吕安洗去冤名,结果连累自己也被系下狱。

钟会是魏晋时期的一个有名人物。他一方面是与玄学创始者王弼齐名的思想家之一,另一方面又热衷于政治、权力,官居黄门侍郎,封东武亭侯,是司马氏集团的核心人物之一。钟会和嵇康由于志趣不同,相互间很少往来。《晋书》本传只是提到钟会曾率领众贵拜访嵇康,"康不为之礼",临别时又对钟会冷言相讥,因此在钟会心中留下了恨意。恰逢嵇康因事入狱,遂产生了报复的杀机。《世说新语·雅量》注引《文士传》云:"吕安罹事,康诣狱以明之。钟会庭论康曰:'今皇道开明,四海风靡,边鄙无诡随之民,街巷无异口之议。而康上不臣天子,下不事王侯,轻时傲世,不为物用,无益于今,有败于俗。昔太公诛华士,孔子戮少正卯,以其负才乱群惑众也。今不诛康,无以清洁王道。'于是录康闭狱。"从这段记载来看,钟会不仅害死了嵇康,而且也是他直接把嵇康推下牢狱的。

嵇康被捕入狱的消息在京城洛阳引起了极大震动。三千太学生集体上书请愿,要求释放嵇康,请求让他到太学任博士

(教授)。一时豪俊之士也皆不顾安危,追随嵇康入狱。当局为了稳定人心,假装让步,答应不久释放嵇康。但随后便将嵇康和他的朋友吕安一起处死于洛阳东市刑场。"海内之士,莫不痛之!"是年为262年,时嵇康39岁。

嵇康在狱中作有《幽愤诗》、《述志诗》和《家诫》三篇文章,总结了自己一生的心迹。其中尤以《幽愤诗》最为严整畅达,倾吐了满腔的幽婉、悲愤之情。诗曰:"昔惭柳下,今愧孙登,内负宿心,外赧良朋。"柳下惠以直道事人,黜而不退;孙登则明哲保身,隐居避祸。嵇康反思自己的言行修养未能臻于此境,以至身陷囹圄,辜负了身边的朋友和养生的宿愿,无奈、伤感之情溢于言表。但嵇康并没有后悔自己一生的追求,只是感到生不逢时,"穷达有命,亦有何求!"从容地接受了走向死亡的道路。临刑前,他最后看了一眼自己在阳光下即将永远消失的身影,转身从胞兄嵇喜手中接过自己心爱的木琴,席地而坐,弹起了那首千古绝唱《广陵散》。一曲终了,叹曰:"《广陵散》于今绝矣!"遂引颈就戮,永远离开了他眷恋的这块土地。

(二)嵇康的玄学

自汤用彤先生开始,学界统称魏晋哲学为魏晋玄学,而玄学在汤用彤先生看来即是"本体之学,为本末有无之辩"。[①] 相对于两汉哲学比较注意宇宙构成和具体物象,即具有经验性来说,魏晋哲学则是一种注重宇宙本体和生命境界,超越具体物

---

① 汤用彤:《魏晋玄学论稿·魏晋玄学流派略论》,上海:上海古籍出版社,2001年。

象,具有玄远性的哲学,故而人们称其为玄学。这种思维方式的转向是由于汉末以来名教的沉沦和异化,人们不得不重建社会人生的价值体系,即道德本体,希冀回归到那种敦厚、简朴的,本来意义上的自然道德上来。因此,本末有无之辩实质上也就是自然与名教之辩。魏晋时期的玄学家,其具体的理论形态、旨趣不尽相同,但无不重在探讨这一问题,都需要说明这一问题。王弼主张名教本于自然,郭象主张名教即自然,嵇康则提倡越名教而任自然。

"本末"与"有无"是中国哲学史上的两对重要范畴。自正始年间的何晏、王弼将老子哲学所隐含的本体论思想提炼、发挥出来以后,本末有无之说更成为当时社会的流行话语,为人乐道。尤其是名士之间,从著书立说到日常谈论,可谓无不涉及。嵇康的自然与名教关系同样基于他的本末有无之辩,譬如:

> 必生于本谓之无,而强以验有也。①
>
> 自然之得,不由抑引之六经;全性之本,不须犯情之礼律。②
>
> 夫论理性情,折引异同,固寻所受之终始,推气分之所由。顺端(戴明扬《嵇康集校注》引《礼记》注曰:"端,本也")极末,乃不悖耳。③

嵇康所谓的"本"或"端"即是无或自然,而他所谓的"末"就是与之相对的"有"或"名教"("六经"、"礼律")。汤用彤先生说,魏晋玄学中的贵无之学有三个系统,其中"一为王、何,二为嵇、阮"。他也把嵇康的玄学归于贵无论。

---

① 嵇康:《答〈释难宅无吉凶摄生论〉》。
② 嵇康:《难自然好学论》。
③ 嵇康:《明胆论》。

不过,与王弼屡称"本无"不同,嵇康则多是直称"自然"。诸如"至人远鉴,归之自然",①"越名教而任自然",②"推类辨物,当先求自然之理"③等等。在这里,"自然"就是现象世界之后的无形本体,它是阴阳、万物赖以化生、成形的根基,也是社会和谐、生命自足的最高境界。现在的学术界多称嵇康的玄学为自然论,这是比较中肯的,表明了他的哲学是和前期贵无论不同的形态。

嵇康之所以较少谈论有无,而多以自然和名教对举,当是其时代和思想的背景使然。从时代背景来看,正始年间的社会现实虽然不尽如人意,但还保持着相对的稳定,士人精神在其中多少还能感受到一种肯定,所以王弼有可能把名教和自然的人生课题抽象为有与无的逻辑关系,并通过思辨的论证扬弃二者的对立,建立起了一套颇为系统的玄学世界观。至魏晋之际,"天下多故,名士少有全者"④的政治斗争一下子把人们从抽象的思辨和清谈中拉回到了残酷的现实,拉回到充分暴露了的异化的、否定的名教之中。如何对待这一人生处境,就成为这一时期玄学家们面临的首要课题。此时的玄学名士要么"降心顺俗,诡故不情",要么"抗心希古,任其所尚",总之,名教丧失了本原,心灵失去了宁静。于是,直接标举自然和名教这对范畴,进而提出"越名教而任自然"的思想口号,便成了嵇康玄学的主题所在。

从思想背景上看,魏晋玄学皆渊源于老庄道家哲学。老子说过"有生于无",含有以无为道体的意思。但有("常有")、无("常无")实是道体所包含的两个不同方面的规定,从道体区别

---

① 嵇康:《赠兄秀才入军诗》之十八。
② 嵇康:《释私论》。
③ 嵇康:《声无哀乐论》。
④ 《晋书·阮籍传》。

于有形、有名的具体事物来说,它是无或常无;从道体并非空无所有来说,它又并非无物、无有,所以它又是有或常有。因此,"有生于无"并非究竟之说,究竟之说为万物生于道。"道生一,一生二,二生三,三生万物"才是老子宇宙观的正式表述。"道"是什么?从其存在形态来看,它是有、无的统一,从其内在属性来看,只是自然。"道法自然"说明了"自然"这一范畴在老子哲学中的至上地位,所以以道为本,即以自然为本最能符合老子哲学之旨。同时,老庄道家的自然观都是倾向于排斥儒家礼义的。嵇康标举自然,强调的正是自然对于名教的排斥性,以老庄为师的嵇康在这一点上确是符合老庄旨意的。王弼等前期玄学家并非不重视自然,恰恰相反,在王弼那里,道、无与自然常常交替使用,但王弼所谓的自然,不仅没有摒弃名教,而且正是作为名教的内在本原提出的,这是王弼在新的时代条件下对道家思想的发挥。嵇康的自然论玄学同样是在新的时代条件下对道家思想的某种复归,是那个特殊时代的思想要求,无疑反映了新的历史内容,代表了玄学思潮一次重大的自我转化。

　　嵇康的"自然"范畴是一种具有客观意义的本体观念,更是一种具有境界意义的本体观念。"越名教而任自然"主要是为现实社会中个体生命境界的开展指出了一条可行之路。

　　嵇康的精神超越或生命境界包括两个层次:一是"越名任心",即越名教;二是"体道自足",即任自然。第一层次是就社会存在说的,要超越社会的限制;第二层次是就个人存在说的,要超越自我的限制。超越社会就是超越名教,首先就要"越名",即超越名利的束缚,使"心不存乎矜尚","情不系于所欲"。① 这是境界提升的第一步。正始玄学的代表之一何晏就作有《无名论》,认为世俗小人都是有名有誉的,"若夫圣人,名

---

① 嵇康:《释私论》。

无名,誉无誉"。圣人就是以道为名,以道为誉,所以能做到无名无誉。何晏的"无名论"只是就小人和圣人的比较而言,嵇康则进一步揭示了功名利禄对人的自然本性和个体生命的伤害。"荣名秽人身,高位多灾患"。① "知名位之伤德,故忽而不营,非欲而强禁也"。② 从根本上否定了功名利禄的价值。不仅如此,嵇康还从对世俗名利的自觉超越走向了对整个世俗名教的大胆否定,包括对圣人权威和儒家经典的蔑视。"越名教而任自然"深刻地揭露了名教的虚伪和罪恶本质,为人们真正走向"无名"、"越名"扫清了思想障碍。其次是"任心",就是"值心而言","触情而行",这是境界提升的第二步。嵇康说:"越名任心,故是非无措也。"③无措就是不管社会上的清规戒律、条条框框,完全顺任自己的性情和心意。超越名利,超越名教,实际上也是"无措"的表现。嵇康的《与山巨源绝交书》就是一篇越名任心之作,通过拒绝山涛的举荐,借题发挥,向天下倾吐了自己的心情,一派淋漓尽致,肆意酣畅。嵇康说:"人性以从欲为欢,从欲则得自然。"④在这里嵇康体验到的正是这种超越了社会名教,一任自然本性后的通畅和愉悦。

嵇康生命境界的第二层次是"体道自足",即超越个体生命的有限性,达到与自然大道的合一,从而获得无限和圆满的意义。个体生命的有限性既有来自社会的,也有来自自我的,第一层次是超越社会的是非,第二层次就是要超越自我的限制。"齐物养生,与道逍遥"。⑤ "齐万物兮超自得,委性命兮任去

---

① 嵇康:《与阮德如诗》。
② 嵇康:《养生论》。
③ 嵇康:《释私论》。
④ 嵇康:《难自然好学论》。
⑤ 嵇康:《四言诗》之十。

留"。① 精神修养的最高境界就是齐通万物,与道合一。万物本来是不齐的,如何才能齐之呢?用庄子的话来说就是"无己",用嵇康的话来说,那就是"释私"。释私就是去掉私情,公开内心。私情表现为隐匿、鄙劣、虚伪,公心则是襟怀坦荡,光明磊落。在嵇康看来,释私显公比"是非无措"更为要紧,也更为困难,因而境界也更高。因为现实之所以黑暗恐怖,人生之所以痛苦不堪,关键在于人们习惯于隐匿真情,互相欺骗,并以此为道德、高明,结果人人都无一例外地在自己这个一手制造的罗网里痛苦挣扎。唯有公开、坦诚,去掉私情、假意,才能去掉彼此的防范和戒备,从而去掉彼此的差别和界限。能够这样做,就可以"寄胸怀于八荒,垂坦荡以永日,斯非贤人君子高行之美异者乎"。② 这是通过"释私"而获得的"齐物体道"的境界。《世说新语·任诞》载竹林名士阮咸,有一次宴请他的族人。大家一起围着大盆喝酒,他家里的猪也来喝,他们就和猪一块喝。这就是释私而齐物,把自己放在万物之中,作为万物中的一物。

"自足"就是自我精神与自然之道合一所获得的一种至上的满足,在嵇康那里也称为"至乐"、"意足"。在嵇康看来,世俗中人对外物的争取与占有不足为奇,也不值得一提。真正难得的、最高的满足是一种超越世俗之足的永恒的精神之足,它不取于世俗的是非荣辱,无关乎外物的得失多少。嵇康说:"故世之难得者,非财也,非荣也,患意之不足耳。意足者,虽耦耕圳亩,被褐啜菽,莫不自得。不足者,虽养以天下,委以万物,犹未惬然。则足者不须外,不足者无外之不须也。"③这种自足因为完全超越了世俗社会的价值取舍,也就完全摆脱了自我生命的

---

① 嵇康:《琴赋》。
② 嵇康:《释私论》。
③ 嵇康:《答难养生论》。

负累和羁绊，无论在什么样的情况下，都无损于其足。不过，除了真正的体道者，世人是很难获得这种自足的。嵇康说："顺天和以自然，以道德为师友，玩阴阳之变化，乐长生之永久，任自然以托身，并天地而不朽者，孰享之哉！"①这里所说的"长生"、"永久"、"不朽"都是一种个体生命与大道合一的精神境界，不是一般的长生成仙。嵇康是主张养生的，并且认为长生不死的神仙是有的，但嵇康的养生观和神仙观强调的主要是这种精神的修养和不死，主要是那种无限的游仙境界。嵇康一生虽然充满了悲痛和幽愤，但他一直没有停止对这种精神境界的追求，而且他也的确真正受用了这种"自足"境界。《晋书·嵇康传》言嵇康"常修养性服食之事，弹琴咏怀，自足于怀"。又言他走向刑场，面临死亡之时，"顾视日影，索琴弹之"，仍是一种从容、自得的心境。这是一个真正体道者的境界，一个真正哲学家的风范。本传记载他死前唯一的感叹是"《广陵散》于今绝矣！"这种感叹恐非仅仅对于这首乐曲的失传，更为沉痛、深切的当是对于这种天地之和的精神境界从此湮灭！

嵇康的自然论玄学由于把人生的理想境界推到了超现实的彼岸，因此也就无意于或无奈于改造现实，只身走向了对现实世界的超越，也就是走向了对儒家倡导的弘道济世、内圣外王的生命价值观的否定。从这种意义上说，嵇康的自然论玄学具有消极的意义，在理论上和实践上都存在有明显的偏差和矛盾，后期郭象玄学对他的扬弃以及竹林好友与他的分离，都说明了这一点。但是嵇康一直没有放弃他的人生追求，他对这种境界意义上的本体世界近乎宗教般的执着追求和自我体认，实为人们的生命价值开出了一个新的领域，引导人们走向个体生命的精神超越。只要现实社会中依然存在自然与名教、理想与

---

① 嵇康：《答难养生论》。

现实的矛盾,尤其是这种矛盾激化到一定程度,走向名教背后的自然,追求现实之上的理想,依然是个体生命价值实现的一种必然选择。魏晋一代的名士风流,后世文人的嵇康情结,无疑都印证了这一深沉的历史文化现象。

(三)嵇康的才艺

余英时先生在他的《士与中国文化》一书中指出,魏晋玄学思想的兴盛缘于士人群体的自觉意识,即自觉为独立精神与自然性情之个体。其表现之一就是注重个人发展上的博雅与多才,所以"东汉中叶以降士大夫多博学能文雅擅术艺之辈"。[①]加上魏晋评论人物又极重才性,讲究个人的才气、才情、才艺等,从而形成了魏晋一代的"名士风流"。嵇康是中国历史上著名的思想家,同时也是一个著名的才子,弹琴作曲、书法绘画、锻铁制器、养生卜宅等等,无不精通。时人及后人屡屡称其为"隽才"、"俊才"、"高才"、"奇才"、"神才"等,不一而足。

1. 精于琴技

嵇康是一位古琴演奏家。向秀《思旧赋》称嵇康"博综技艺,于丝竹特妙"。其"丝竹"指的就是弹琴。嵇康从少年便开始学琴,从此不倦。《晋书》本传及《灵异志》皆记载说,嵇康尝入山野中,寻访琴界的高人隐士,曾经得到神仙道人的点化。这虽然带有虚构成分,但也反映出嵇康的琴技的确不同凡响。魏晋士人多才多艺,弹琴即是当时最流行的一种才艺,一段时

[①] 余英时:《士与中国文化》,上海:上海古籍出版社,1987年,第342页。

间里,名士们几乎人手一琴,但水平首屈一指的则数嵇康。时人袁孝尼曾多次慕名前来拜嵇康为师学琴,未能如愿,后人更是心向往之。《太平广记》卷三二四引《幽冥录》说,会稽人贺思令擅长弹琴,有次在月夜下弹奏,忽见面前有一伟岸身影驻足欣赏,并与之共语,传授其技艺。问其名,自称嵇中散。可见,嵇康竟然成为传说中的琴神了。

琴是嵇康一生最酷爱的东西,是他人生最好的伴侣。其所以如此,在于凝神挥弦是他挥发情感、排解幽思的最佳方式。嵇康在《赠兄喜入军诗之十七》中称:"弹琴咏诗,聊以忘忧。"嵇康处在天下多故的魏晋之际,其内心担负着时代的悲痛,唯有隐退山林,寄心于琴,方可慰藉他那孤苦的心灵。他在《与山巨源绝交书》中表达今生的最大心愿是:"但愿守陋巷,教养子孙,时与亲旧叙阔,陈说平生。浊酒一杯,弹琴一曲,志愿毕矣。"弹琴的忘我与逍遥成为嵇康在现实环境中最能忘忧,也最能感受到世间残存的一点真情的凭借,以至临死之前也不忘抱琴而终。

嵇康于琴技不仅仅停留在一般的弹奏上,并且上升到理论的层面作了系统的阐述。在《琴赋》一文中,嵇康对于琴的制作材料、工艺,弹琴的要求、技巧以及琴声的种种音质、音色,皆有精当、入微的描述。方廷珪《文选集成》评价说:"非中散思敏心精,亦不能刻画至此,自是千秋绝调。"

2. 妙于作曲

嵇康的音乐造诣深弘,除了弹琴,还擅长谱曲,一生留下了许多经典曲目。据载,其代表作有《长清》、《短清》、《长侧》、《短侧》,合称"嵇氏四弄"。后人把它和东汉琴师蔡邕的"蔡氏五弄"相提并论,合称"九弄"。其他还有《玄默》、《风入松》、《广陵散》等,这些均见于古代的琴曲谱集,其中最著名的要数《广陵散》。据传此曲是嵇康在一个深夜无人的晚上,投宿洛阳附近的华阳亭而受之于古人幽灵的结果。这种传说意在说明此曲已达到了鬼斧神工的境界,其实是嵇康本人在继承古人乐曲基础之上的创作。嵇康视此曲为第一琴曲,将其弹奏得"声调绝伦",从不轻易教人,以至他在临终前的唯一遗憾就是《广陵散》从此绝响了。不过从后来的有关记载来看,这首名曲并未完全失传。《宋书·隐逸传》就载有戴颙擅弹《广陵止息》(即《广陵散》)的事。直到南宋时期的文学家楼钥,仍然会弹《广陵散》,并"激烈至流涕",还留下了弹奏《广陵散》的体会诗。

嵇康在《琴赋》中谈到了琴曲创作的要求,"检容授节,应变合度,竞名擅业,安规徐步"。就是说,要按照音乐节奏自然变化的法度从事主体创作,要能使用各种乐音、弦音,要善于处理细节、安排全局,这样才能在音乐园地自由漫步。在《声无哀乐论》中,嵇康还从音乐美学的角度对有关音乐的本质、音乐的审美、音乐的功用等理论问题作出了有别于传统乐论的全新解释,其思想的深刻与超前,影响深远,不愧为中国音乐史上的杰出人才。

3. 善于书法

嵇康是一位书法家,相传他曾在太学书刻石经,其中有《春秋》、《尚书》、《左传》三种石经。嵇康于书法艺术,尤精于草书。唐代书家张怀瓘《书断》云:"叔夜善书,妙于草制。观其体势,得之自然,意不在乎笔墨。若高逸之士,虽在布衣,有傲然之色。故知临不测之水,使人神清;登万仞之岩,自然意远。"韦续《墨薮》亦云:"嵇康书,如抱琴半醉,酣歌高眠;又若众[独]鸟时翔,群鸟乍散",并在《九品书人》篇中列叔夜草书为中上。以上两位书家的评论说明在唐朝时期还常能见到嵇康的手迹。魏晋时期是中国书法艺术的形成和兴盛阶段,诞生了钟繇、王羲之等名家。当时的书法流行"尚意"说,"点画之间皆有意,自有言所不尽"。① 尤其是草书之任意挥洒,不拘形迹,最与士大夫之人生观相合,也最能见情意之寄托、个性之发挥。嵇康挥洒自如、古朴粗犷的草书展现出来的正是其崇尚自然、蓬勃放达的生命情调,故历来被视为书中妙品。戴明扬《嵇康集校注》引张怀瓘《书议》及谈迁的《枣林杂俎》说,先后有人分别欲以王羲之的两纸书帖和三十顷田地的高价交换嵇康的一纸手迹,都未能如愿。并据此推断,嵇康的手迹直到元、明二朝尚有存世,但不知其是否为真迹。

4. 工于绘画

据唐代著名的画史家兼评论家张彦远《历代名画记》记载,在魏晋二十三位画坛胜流中,嵇康名列其中。卷十载:"嵇康字叔夜,谯国铚人,能属词,善鼓琴,工书画。有《狮子击象图》、《巢由洗耳图》传于代。"唐代李嗣真的《续品画录》以及裴孝源的《贞观公私画史》等也皆有嵇康画作的记载。可见,嵇康也工于绘画,其作品至少在唐代尚有留存,可惜不见于后世。

魏晋时代由庄学所引发的人对自然的追寻促成了山水画和隐逸画的兴起。山水画的题材包括自然界中的草木鸟兽,隐逸画所指的则是以圣贤高士为题材的人物画。唐人记载的嵇康两幅作品,即"狮象图"和"巢由图"分别反映了当时绘画发展的两个方向。嵇康因其在思想上最早高举起庄学的旗帜,无疑也就成了反映我国绘画史上这场重大变革的最早的代表人物之一。

除了较高的绘画才能和深厚的艺术修养,嵇康绘画成就的取得也当与他的生活与玄学有关。当时一般名士对待山水、隐逸只是一种情感上的爱好和认同,而嵇康的生活环境中就有山水,又一直处于隐逸的状态,因此对待绘画的题材更有亲切、深入的感受。

---

① 王羲之:《自论书》。

受魏晋玄学的影响,此时绘画的风格开始了由写形向写神和写意的转变,它要求画家善于表现对象内在的神韵和意境。嵇康本是一代玄学大家,善于探赜索隐,发明奇趣,而山水、隐逸类的题材因其趣味无穷,特别适宜画家赋予其更深的意境。这两个条件使嵇康的绘画达到了心物合一、形神相融的境界。

5.巧于锻铁

嵇康热爱锻铁,且精于技巧,是一个出色的能工巧匠,史书对此多有记载。《晋书·嵇康传》称:"(康)性绝巧而好锻,宅中有一柳树甚茂,乃激水环之,每夏月居其下以锻。"又称:"康居贫,尝与向秀共锻于大树下,以自赡给。"《世说新语·简傲》曰:"钟士季造访嵇康。康方大树下锻,向子期为佐鼓排。"注又引《文士传》、《魏氏春秋》等书中的记载,增饰其说。其中张骘的《文士传》对嵇康锻铁事迹记叙最为详细、生动:"康性绝巧,能锻铁。家有盛柳树,乃激水以环之,夏天甚清凉,恒居其下傲戏,乃身自锻。家虽贫,有人说锻者,康不受直。唯亲旧携鸡酒往,与共饮啖,清言而已。"

以上记载说明了嵇康锻铁的两个原因。一是生活拮据时,借以维持生计;宽裕之时,也常周济乡友,免收锻费。二是通过锻铁活动,与亲旧会聚,徜徉诗酒,互致清言,从而达到排解心中苦闷、抒发生命情感的目的。这种活动非常切合嵇康的性情,他在《与山巨源绝交书》中说到自己的志趣:"但愿守陋巷,教养子孙,时与亲旧叙阔,陈说平生,浊酒一杯,弹琴一曲,志愿毕矣。"两相对照,可以看出嵇康为什么如此热爱锻铁活动。

所谓锻铁,就是把铁矿石熔解、提炼成铁水,再浇铸、锻打成各种器具。余嘉锡《世说新语笺疏》引颜师古注曰:"凡金铁之属,锤打而成器者,谓之锻;销冶而成者,谓之铸。"当时的锻铁活动,多是既铸且锻。这是一种需要强壮体力和高度技巧,且需互相配合的工艺。不仅要对各种铁矿的成分、冶炼的火候有准确的掌握,还要十分熟悉生活、生产中种种器具的构造和性能。从记载中可知,嵇康的锻铁技术十分绝巧,他可以在树下一边游戏一边自锻;或者"箕踞而锻",即坐在地上随意伸开两腿,仍然扬锤不辍。这种挥洒自如、解衣般礴的神态简直达到了"超乎技、进乎道"的境界。

6. 通于摄生

追求摄生、长生是魏晋士人的普遍风气。其原因一方面是时局动荡,人们皆有生命旦夕祸福之危;另一方面是道家、道教的兴起,士人受到其中有关养生和神仙说的影响。嵇康就是其中的代表人物之一,写下了《养生论》等著名文章,对于摄生的理论和方法都作了深入探讨。关于摄生,道家老庄强调的是"专气致柔,少私寡欲"的精神修养,嵇康对此奉行不疑,但又认为仅仅做到这些还不够,还需要兼顾道教中有关形体修养的种种方术。嵇康最为关心,也最为能事的就是服食术和卜宅术。

所谓服食术就是以采制、服食药物达到维持生命长久的方法。嵇康认为正确的养生除了保全自身原有的生命力,不使精、气、神外泄,还应该借助外在药物的帮助。嵇喜的《嵇康传》言嵇康"性好服食,常采御上药"。传说他与道士王烈就是一起研究服食摄生的朋友,二人常结伴游戏山中,采药服食。[①] 在《养生论》及《答难养生论》等文章中,嵇康记叙了许多药的名称和效用,诸如流泉甘醴、琼蕊玉英、金丹石菌、紫芝黄精,等等,认为这些"皆众灵含英,独发奇生",服之令人祛病延年。嵇康还在自己的诗文中进而表达了服食成仙的愿望。这些外在的上药对人的生理确能产生一定的影响,但不一定都是积极影

---

① 见《晋书》本传、《神仙传》。

响,弄得不好还会中毒而死。由于嵇康等名士的带头,一时人们竞相仿效,有能力并懂得服食似乎成为一种时髦、风雅的活动,似乎成了名士身份的一种标志。

卜宅术主要是关于选择、营造住宅时如何避凶趋吉的一种方术,后来流变为民间的堪舆、风水、望气之类,属于摄生术的内容之一。此术可以远溯至古代的星相占卜说,后与五行方位说相互结合,汉代以后甚为流行。所谓"商家门不宜南向,徵家门不宜北向"即为当时的一种流行观点。当时主要是相宅,相墓乃后起之事。嵇康对住宅有无吉凶持肯定态度,并对此作了广泛的考察,这反映在他与阮德如往返论辩的一组文章中。嵇康分别从经验和理论两个不同方面反驳了阮氏"宅无吉凶论"的观点,同时还提出了卜宅术中的一些观点:"夫危邦不入,所以避乱政之方;重门击柝,所以避狂暴之众;居必爽恺,所以远风毒之患。"由于传统卜宅术带有浓厚的迷信色彩,且易使人陷入舍本逐末之途,因此汉魏以来即遭到王充、阮德如等无神论者的批判。嵇康虽然笃信此术,但他并非有神论者。嵇康对此持有一种比较开放的心态,认为卜宅安居只是摄生应当注意的问题之一,既不可忽略,也不可迷执。"良田虽美,而稼不独茂","卜宅虽吉,而功不独成",在摄生的问题上,诸如积德、贤才、服食、卜宅等应当兼顾才是。即便如此,嵇康仍避言彼时卜宅术中的种种迷信虚妄之说,一直坚持经验、理性的立场,与一般的卜宅先生不同。

嵇康还雅好田猎、渔钓等活动,"轻丸毙飞禽,纤纶出鱣鲔"[1]是他生活的写照;至于当时名士们热衷的饮酒会诗、属文谈理等活动,嵇康更是其中的主角,每每引领风骚。后人称誉嵇康为一代"士人领袖",个中原因就在于他的"旷世奇才"。

---

[1] 嵇康:《酒会诗》。

陈抟的道教活动

在五代宋初的道学家中,有一位传奇式的人物,他就是陈抟。

陈抟(871?—989年),字图南,自号扶摇子。另外还有多种赐号,其中以宋太宗的赐号"希夷先生"最为通行。在中国道教史上,他是从外丹转向内丹修炼的关键人物,道教徒奉他为继"老君"李耳、"天师"张陵以后的道教至尊,称为"老祖"。在中国思想史上,他是宋初道教重玄学的代表人物,并直接影响了周敦颐、邵雍等儒者,于宋代理学具有不可忽视的先导作用。在中国易学史上,他是宋代图书学派的奠基人,流传至今的那幅阴阳相抱的"太极图"主要就是陈抟创作并传承下来的。另外,他的道教活动还影响到当时的社会政治,五代宋初的多位帝王都曾请他参政、议政。《道藏》和宋元时期的许多著作、笔记,都有关于他的事迹和传说。但是因为长期隐居的缘故,世人又难识其真相。这里把他作为一个历史人物加以介绍,还原他的生平活动以及应有的文化地位。

(一)亳州真源出真人

据《宋史·隐逸·陈抟传》记载,陈抟是"亳州真源人",又曰陈抟幼时"戏于涡水",而涡水流经亳州。按此,陈抟的里籍应该不成问题,但史上关于陈抟的出生地又有不同说法,比较有影响的一说是普州崇龛(今属四川潼南县境内,有陈抟墓及自赞碑等遗迹)人。不过,同时期的道教资料及史学著作,如欧阳修的《五代史》、司马光的《资治通鉴》、杨亿的《太宗实录》、王称的《东都事略》等均明确记载陈抟是"亳州真源人";就连当时的川籍文人、地方官员谈到陈抟时也称他是外地人,如蜀人进士文同(字与可,曾任邛州判官)谓陈抟"后晋天福(936—942)中来游蜀",不言返蜀而言"来游蜀",说明陈抟不是四川普州人。① 四川大学教授卿希泰主编的《中国道教》说"或许崇龛乃其祖籍,亦未可知"。

但具体到亳州真源,又有二说:一谓亳州西南的陈庄,二谓河南鹿邑的陈村。两地相距仅十多公里,都有具体的州县史志及相关文化遗迹为依据。据孙以楷等人的《道家文化寻根》说,唐宋时期的"真源"和"鹿邑"为两个县,亳州城西南的陈庄属于真源县管辖,进而指出陈抟的出生地就是亳州陈庄,而非鹿邑陈村。至于相互矛盾的说法,或是历史地理或是古人行迹遗留下来的具体问题。至今在亳州陈庄尚存有宋代遗存的陈抟庙石狮子一对,为亳州市重点文物。1989年,亳州市和黄山文化书院共同举办了陈抟辞世千年祭活动。现在澳门陈氏家族联

---

① 文同:《丹渊集拾遗·书希夷先生诗后》。

谊会的支持下,亳州陈庄的陈抟庙已修葺一新,成为亳州市的旅游胜地之一。

关于陈抟的身世,据亳州陈氏家谱记载,陈抟的父母从颍州迁移亳州涡河边上,以打鱼为生,在此生下了陈抟,据此可知陈抟是渔民出身。可以说他出身低微,无门第可言。又据《宋史》本传及《宋人轶事汇编》等记载,初生的陈抟是一个五官不分明的囫囵肉团,差点被父母当作怪物扔掉,故取名"团儿"。团儿长到四五岁时还不能言语,直到一天在涡水边玩耍时偶然吃了一位青衣仙姑的乳汁,才开口说话,从此变得聪明过人。现在亳州的陈姓已遍及城乡,陈庄的家谱迄今已传至三十八代,他们都公认是陈抟胞兄陈拊的后裔。

与大多数人一样,早年的陈抟希望通过科举之途晋升仕林,实现人生理想。史载陈抟年十五就已熟读经史百家之言,且以诗名,刘斧《青琐高议前集》说:"(陈抟)年十五,诗、书、礼、数之书,莫不通究考校。"但是因为时值丧乱,科考不兴,或许还由于个人的际遇等原因,青年时期的陈抟一直没有取得功名。直到后唐长兴年间(930—933),年过半百的陈抟最后一次参加进士考试,仍旧名落孙山。从此打消了追求仕途的念头,转而入山学道,探索长生之路。① 科举失意之后,他弃儒学道,这也是许多书生的一种心理寄托。除此以外,对于陈抟为什么信仰道教,至少还有两方面的因素:一是李唐王朝借助道教思想笼络人心,奉道教为国教,并追认老子为其皇族祖先,全国上下营造了一股崇道养生的风气。二是陈抟从小生活的亳州为老子故里,是全国道教的圣地与活动中心,唐代帝王先后多次亲谒亳州"太清宫",这种成长的环境也自然容易促使其产生慕道思

---

① 《宋史》本传曰:"后唐长兴中,举进士不第,遂不求禄仕,以山水为乐。"又,宋人邵伯温《邵氏闻见录》独云"后唐长兴中进士",可能有误。

想。另外,五代时期持续动乱的现实打消了他科考入仕之想,进一步促使他的人生态度产生重大转变。从此,陈抟尽弃前学与家资,仅携一酒铛,娱情山水,访道求仙。

陈抟听道士说武当山为"天下第一仙山"(真武大帝的道场),可以隐居修炼,遂前往武当。《太平经》有"不食长生法"章,曰"古之得道老者,皆由不食"。依此,陈抟开始修炼的是服气、辟谷之类初级方术,①继而跟随山中老道修炼"蛰龙术",即仿效地龙(蚯蚓)等冬眠动物,长时间不食不动,从而达到延年益寿的目的。据史料记载,后晋天福元年(936),陈抟听闻蜀地邛州(今四川邛崃县)天都观有名高公者善"锁鼻术",于是又不远千里,慕名前往邛州拜师,学炼"锁鼻术"。这是道教内丹修炼的一种高级功法,与闭气、胎息法属同一原理。意谓炼气至深入程度,可以不用鼻口呼吸,全靠腹中内气氤氲潜行,如婴儿在母胎中一样。炼家认为,达此境界时,人体各部生理机能将极大限度地减缓运用节奏,新陈代谢过程将极度放慢,身体各部器官将得到完全休息,结果将使人体生理机制得到调节与改善,从而收到长生不老的效果。南宋大诗人陆游《老学庵笔记》卷六记载:"予游邛州天庆观,有陈希夷诗石刻云:'我谓浮荣真是幻,醉来舍辔谒高公。因聆玄论冥冥理,转觉尘寰一梦中。'"这既表达了他对名师高公的崇拜,也抒发了对从前往事的感慨。

陈抟在蜀地炼成高深的"锁鼻术"后,并没止足,年逾八十的他又于五代末的后周显德年间(954—959)移居华山云台观

---

① "服气"就是服食、呼吸空气,"辟谷"就是辟除、不食五谷。前者是吐故纳新,培养和畅通体中元气;后者在于清除五脏陈滞,减缓肌体运行,从而改善身体状况。练习这种功法,只是不吃五谷杂粮,仍需服用如茯苓、大枣、核桃、黄精等高蛋白、高油脂的辅助食品。

继续修道。① 移居的原因：一是华山为道家十大洞天之一，历代高人都曾在此隐居修道。二是据《武当山总真集》的说法，"希夷先生声誉远著，倦于接待（来访者）"。因为博学多才以及道术高深，此时的陈抟已闻名四方。宋人庞觉《希夷先生传》称："唐士大夫挹其清风，欲识先生，而如景星庆云之出，争先睹为快。"可见其声誉远大，恰如明星。正是在华山，陈抟遇见了后来被尊为"八仙"之一的吕洞宾，纯阳祖师。二人一见如故，结为师友，共参内丹。《宋史》本传载："关西逸人吕洞宾，有剑术，百余岁而童颜，步履轻疾，顷刻数百里，世以为神仙，皆数来（陈）抟斋中。"《太华希夷志》卷下还记载：华州知州陈尧佐，一日拜谒陈抟时，座中有一道士，"风姿英爽，目如点漆"，从囊中取了一枚大枣给他。尧佐因为不熟，却而不受。待道人辞去问此何人，方知就是吕洞宾，尧佐"悔愕不已"。《宋史·隐逸传》云："五季之乱，避世宜多。"因为唐末五代的连续战乱，一批饱学之士遁迹江湖，入山修道。在华山，他们往来切磋，形成了一个以吕、陈为中心的道学内丹集团，世称"吕陈学派"。

陈抟晚年主要是在华山度过的，直到去世，葬于华山张超谷中。他对华山的偏爱可以从他的一首诗中看出：

> 为爱西峰好，吟头尽日昂。
> 岩花红作阵，溪水绿成行。
> 几夜碍新月，半山无斜阳。
> 寄言嘉遁客，此处是仙乡。②

华山也给了陈抟无限的灵感，他的许多著作，都是在华山写成的，包括那幅牢笼天地的"太极图"也是在华山创作的。至

---

① 《历世真仙体道通鉴》云："年七十余，俄徙居华山，得古云台观基，辟荆棘而居之。"

② 《全宋诗》。

今,华山上还保留有希夷祠、希夷洞等遗迹,以及相传为陈抟亲植的无忧树,历经千年,仍苍劲挺拔。

(二)内丹功法传千古

追求成仙的道教在它的发展中形成了一整套系统的修炼方法,从丹道方面说,经历了由外丹向内丹的发展。唐代以前主要流行外丹修炼,宋代以后主要转向内丹修炼。陈抟就是实现这种转向的关键人物。他关于内丹的理论与功法奠定了内丹修炼的基本原理和步骤,被后人誉为"真长生之秘诀",成为丹道史上的经典文献。

外丹主要是采用金石矿物并辅以草本植物等外物,经过炉火烧炼、化合后形成的丸剂。其主要原料有金砂、硫黄、水银、矾石等,所成之丸俗称"金丹"、"仙丹"或"黄白"。中国自古就以动植物类药物疗病去疾,逐渐发现一些生命期较长的药物有健身延年之效,如灵芝、人参、杏仁、鹿茸、龟鹤等。万物中存在时间最长、几乎不朽的东西无疑就是金、银等矿物,但是人体不能直接吸收,是否可以通过化合反应使它变成人体可以吸收的呢?于是从战国开始,就有方士开始实验。后来的道士更是进行了一代又一代的不懈努力。这种探索的理论依据是"自天地至于万物,无不须气以生者"[①]的气化宇宙观。将元气作为万物的本原是古人的唯物思想和朴素观念。万物之生灭,期限不一;既然都是一气所化,相互之间理应可以变通,也即通过吸收他物之气,实现自我改造,从而达到脱胎换骨的效果。这种烧

---

① 葛洪:《抱朴子·至理》。

炼、服食金丹的风气不久在上层社会流行开来。西汉的淮南王刘安就是因为从事炼丹，才发明了豆腐。汉代贵族丧葬中常见的口含金玉等习俗也是这一观念的表现。魏晋已很普遍，至唐代达到高潮。著名文人如王勃、李白、卢照邻、白居易等都曾沉浸于炼丹服食之中。因为炼丹术的不科学以及金属矿物本身的毒性，服食金丹难免有危险。一世英明的唐太宗就是吃了一个天竺方士所献的仙药，结果中毒而亡，[①]其后的唐宪宗、穆宗、武宗、宣宗等皆因亟求长生服食丹药而死。

前朝帝王文士们多有食丹中毒致死的事件发生，使外丹修炼受到挫折。于是自唐末五代，道教的修炼便逐渐转向守一、行气的内丹方向。陈抟刚开始练习的服气、辟谷等功法就已经转向了这一方向。但炼制与服食外丹的风气并未完全中止，直到明清，余习犹存。明世宗嘉靖皇帝就很迷信外丹，几乎毕其一生都在求仙药、食金丹，给明代政治和经济带来不少影响。《红楼梦》中的宁国公贾敬也是这样，一味好道，置功名利禄而不顾，跑到道观里求丹炼药，最后死于丹药中毒。民国以后，民智大开，此风才终于歇息。

内丹是采用人的身体为鼎炉，以人体的精、气为药物，通过心意即火候的运作，使生命回归先天本初的虚无状态。这里的精、气主要不是指人体后天的分泌之精、呼吸之气，而是指人体先天的元精、元气，即人出生之前就已存在，出生之后转为潜在的人体生命机能。内丹之"丹"也并非如外丹般的一种实物，它只是个比喻的说法，指的是无形的本原之道。另外，内丹修炼是性命双修，它强调的不是一个单纯的寿命问题，而是整个人生的修养。内丹家认为，形体的修炼即延年益寿只是养生的一个部分，只是"命功"，还不是目的，而心性的修养、精神的解脱

[①] 《旧唐书·天竺传》。

才是修炼的真谛,是谓"性功"。只有性命双修,或曰形神并养,才能达到生命的最高境界。正如丹道中人常说的,"修得一分性,保得一分命"。内丹修炼的理论依据同样是万物禀气而生的气化论,认为虽然万物禀气而生,但唯有人得天地之灵秀。但人之灵秀并非在于形体比他物持久坚固,而是具有内在的心神与性善,这才是天地之精华。只要善于发挥心性的能动作用,就可以开发出人体的生命潜能,以至于长生成仙。

《宋史》本传说陈抟"著《指玄篇》八十一章,言导养及还丹之事"。该书被《宋史·艺文志》列入道家养生类,可惜未能保存下来。他的内丹思想及功法主要从流传下来的一个易图,即《无极图》中传出。该图包含"顺"、"逆"两种路向。"顺"即自上而下、顺以生人的宇宙化生论。陈抟以无极,即虚无之道为万物的本原,自上而下,先后经历无极而太极、阴阳两仪、五行分布、顺以生人、化生万物等五个阶段。"逆"即自下而上、逆以成仙的丹道修炼论。同样也有五个阶段,第一阶段是玄牝之门。"玄牝"出自《老子》,意谓天地之根、生命之门。在人体则指两肾之间的能量发源处。这是修炼的前奏,主要是通过清心寡欲,保养身体,从而开启人体命门中的先天之气,是谓"得窍",又称"筑基"。第二阶段是"炼精化气,炼气化神",这是修炼的关键,主要是将后天的精气神转化为先天的元精、元气和元神,是谓"炼己",其中以炼神即炼心为核心。第三阶段是"五气朝元",指的是人体五脏的修炼与转化,是谓"和合"。第四阶段是"取坎填离",也称"心肾相交"、"还精补脑",是由生理的修炼进而推进神经及心理的转化与协调。最后是"炼神还虚,复归无极",就是整个身心返回到先天的初始状态,与道合一,是谓"脱胎成仙"。

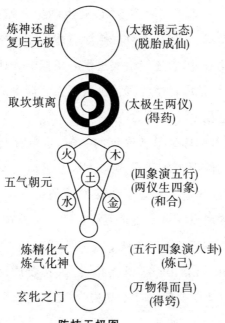

陈抟无极图

我们知道,宇宙的演化包括生命的形成,是从混沌到万物、从虚无到实有的一个不断发展的"顺行"的过程。何以能够"逆行",从而由有化无、返老还童呢?这缘于道教"天道循环"的运动观。道教认为宇宙的演化不是直线的,也非倒退的,而是循环进化的。这就是《老子》"有无相生"、"物极必反"的原理。不仅如此,在内丹家看来,人身具有天地之精华,也具备宇宙之结构。如同现代全息学认为的,人体就是一个小宇宙,只要修炼得法,就能够自我循环,以至无穷。陈抟的《无极图》所揭示的修炼原理与步骤就是后来道教内丹修炼的不二法门,或曰必由之路。陈抟自己是有亲身体验的。陈抟的修炼以"嗜睡"闻名,他能长年累月深睡不醒,号称"睡仙",其实就是身体进入没有所待、没有欲念、物我两忘、混混沌沌,与天地融为一体的丹道状态。陈抟修炼内丹的思想和成就,也推动了宋代文人修习内丹以及宋代学术反求于内的风气。

陈抟的探索和实践当然带有传说的成分。"人生非金石,岂能长寿考?"他活了一百多岁,最后也难免一死,说明长生不死的人从来没有。不过,内丹修炼除有能控制情绪、净化心性、改善气质等功效外,它还能给人提供一条探索人体生命奥秘的实验途径,这当是内丹学的真正价值所在。后来的道教主要就是沿着这一途径不断发展的。

现在,内丹修炼是道教修炼的主流,也是社会上流行的养生方法之一。但因为门派众多,其中,不乏似是而非者。据胡孚琛先生的《道学通论》,除了陈抟发明的基本步骤,一般来说练习者应做到两点。一是要将万缘放下。对外在的荣辱利害、内在的七情六欲等要能忘能无。这并不是说一定要出家修行,关键在于行得实,看得空。既要担得起,又要放得下。二是要由动入静。静坐是丹家的基本功夫,得道者更有"活死人"的境界。但要由动入静,如从导引术、太极拳入手,打通真气,而后练习静坐,从半小时渐至八小时。从炼到长时间连续静坐,自然气满不思食,神清不思睡,达到结丹的仙人境界。

(三)名动天阙心如水

陈抟本有大志,因数举不第,才隐居修道。"抟"字就是盘旋飞翔、直上青云的意思;字图南,号扶摇,也都有这个意思。所以,他一方面寻仙问道、坚持修炼,另一方面又结交高士,关注时事,试图以道济世。同时,当朝权贵从政治或个人需要出发,也多慕名找上门来。不过,陈抟毕竟是一代高人,入道后的他不图名位、爵禄,只是心怀天下,故在处理与现实政治有关的问题时,他始终坚持道家立场和价值观,同世俗政治尽可能保持疏远。

陈抟一生,曾先后受到后唐明宗(李嗣源)、后周世宗(柴荣)、宋太祖(赵匡胤)、宋太宗(赵匡义)三朝四君的多次诏请。他们对陈抟殊礼相待,又是委以高官,又是赐予封号,力图邀他入朝参政。可是没有一位君主能够真正打动他的心,先后都被他一一谢绝了。他不参政,并不表示不问政。陈抟以道济世,四辞君命,因此声震朝野。此乃三代以来,史所未闻。

1. 一辞君命:明宗求贤赐美女

后唐明宗李嗣源乃一目不识丁的武夫出身,因仰慕陈抟才学、人品,于长兴年间下诏请其入朝。陈抟奉旨到了京都洛阳,谒见明宗,长揖不拜。明宗非但不嗔怪,反而"锦凳赐坐",并封他在朝为"左拾遗"(顾名思义,就是捡漏的意思。职在捡皇帝言行之漏、决策之失,相当于今天的监察部。"左"为正职。官职不高,但可以直接进言,非值得信任、敬重的人才不能充任。唐代诗人杜甫就任过此职)。陈抟答道:"山野鄙夫,无用于世。"坚辞不受。明宗见陈抟无心参政,就安排他到礼贤馆安歇。

明宗回头对宰相冯道(五代时期历任四朝十君,人称官场"不倒翁")曰:"我封陈抟为官,他坚辞不受,如之奈何?"冯道奏曰:"臣以为,人难免七情六欲。陛下可赐予香酒美女,如果他肯享用,何愁不接受官职。"于是,明宗依奏赐了一坛御酒,又挑选了三名宫女,差内使送到礼贤馆,传话曰:"帝见天冷,特赐酒一坛,供先生御寒;侍女三名,与先生暖足。请先生容纳,万勿推辞。"陈抟微微一笑,当着内使的面,打开御酒,一饮为快。

当天晚上,三个宫女侍奉陈抟一起用餐。陈抟问了她们的身世,得知她们都来自民间,被迫选入深宫,深表同情。于是安排她们到里屋安歇,自己在外间独坐看书,一宿未睡。翌日一早,留下一封书信,便飘然而去。是日早朝已毕,三个宫女带着

书信慌忙递上。明宗拆开视之,只见上面写道:"天上淑女,今落人间,臣不敢纳入私家,谨用贮之别馆。"①并赋谢诗一首:

  雪为肌体玉为腮,多谢君王送到来。
  处士不生巫峡梦,空烦云雨下阳台。

明宗看后,不禁叹曰:"高尚异人也。"于是赐号"清虚居士",意思是陈抟"两袖清风,虚怀若谷",实为难得的高士。

2. 二辞君命:世宗慕道得隐语

后周世宗柴荣算是一个有为的帝王。为了实现统一,他千方百计招揽人才。②听说陈抟"必有奇才远略",便于显德初年派遣钦差专程请陈抟出山。

陈抟到了国都汴京(今开封市),君臣相见后,世宗说道:"先生数十年修道华山,术通天人,世人景仰。今日恭请出山,望能襄助国政,以安庶民。"并欲封陈抟为谏议大夫,就是负责监察、纪检的职位。陈抟从容答道:"贫道山野之人,岂敢妄言国事?承蒙陛下采录,虽感激不尽,却难当大用,实难从命。"

为缓和气氛,也为喜好仙丹,世宗转而问道:"素闻仙师善黄白之术,可以教人乎?"陈抟正色答道:"陛下为四海之主,当以致治为念,奈何留意黄白之事乎?"③陈抟的用意很清楚,不愿世宗因此贻误国事。世宗明白陈抟的善意。听说陈抟能预知后来,于是又问道:"仙师道贯幽明,未卜先知,能否对寡人及国家的命运略言一二?"陈抟略思片刻,提起笔来。写了四句话呈给世宗:

  好块木头,茂盛无赛。

---

 ① 庞觉:《希夷先生传》。
 ② 《旧五代史·世宗纪》称:"世宗之在位也,以四方未服,思欲牢笼英杰。"
 ③ 《宋史·陈抟传》。

若要长久,添重宝盖。①

世宗看后,凝神思忖,似懂非懂。待要细问时,只见陈抟坐在锦凳上已经酣然入睡。他知道陈抟好睡,加上长途跋涉,不便责怪,命人送其回房中歇息。

世宗姓柴名荣,姓名两字都从木,兼有草丛,自然茂盛;加上第三句"长久"二字,不正是指后周王朝会长期繁荣吗!至于第四句指的什么,他一时想不明白,也就算了,反正不错。其实世宗完全误解了陈抟的寓意。世宗在位6年,只活了38岁。其子恭帝继位,不到1年,赵匡胤便取代后周建立了大宋王朝。"木"字头上添重宝盖正是"宋"字。"长久"实指先后持续了三百多年的大宋王朝。

为了表彰陈抟的高洁,世宗特下诏赐号"白云先生"。陈抟回山后,世宗仍表关怀,除了诏令地方官员岁时问候,显德五年(958年)又趁新任州官面辞赴任时,带给陈抟布帛、茶叶等慰问品。②

3. 三辞君命:太祖棋艺不如抟

陈抟与宋皇室的关系,历史传说很多。据《神仙传》记载,早在赵氏兄弟还未成名时,他们就已经相识。年轻时代的赵匡胤也是一条汉子,因在家乡闯下大祸,遭官府捉拿,无处藏身,潜逃华山,巧遇陈抟。精通相术的陈抟看赵匡胤龙鼻凤眼,面阔耳垂,有帝王之相,便临时搭救了他,还给其指点迷津,让他去投靠正在招兵买马的柴荣。不久,赵匡胤因在战斗中屡建奇功,受到柴荣重用,当上了总兵。

---

① 《太华希夷志》。
② 《宋史》本传:"诏本州长吏岁时存问。五年,成州刺史朱宪陛辞赴任,世宗令赍帛五十四、茶三十斤赐抟。"

后周建立,已是禁兵统帅的赵匡胤一日想起往日的恩人,便带些银两来到华山脚下。因为当年没有问清老人的姓名,便信步走进一道观欲打听老人下落。忽见一老道(陈抟)从里出来,鹤发童颜,宛若仙人。正在出神,老道已先声而出:"贵人驾到,请坐。"吩咐道童斟茶。闲谈间,赵匡胤见桌上摆着一副棋,便邀老道下一盘。老道说:"下棋要有点彩头,方能引起兴趣。"赵匡胤心想,我的棋艺向来无敌手,遂答:"愿意奉陪。"没想到,一局、二局、三局,赵匡胤盘盘皆输,越输越急,越急越输,不仅银两,连马匹、战刀都输掉了。老道不愿下了,可赵匡胤仍然不服,要求再来一局。老道说:"那你准备赌什么?"赵匡胤看看自己,又望望外边,信口开河地说:"我输了就给你一座华山。"老道说:"此话当真?"赵匡胤说:"一言为定。"老道要求立约为证,并表示他要输了,就把已经赢的东西如数奉还。赵匡胤不知道老道早有准备,还在暗中好笑。于是写好文约,重摆棋盘。这一局赵匡胤下得非常认真,但还是输了,只好无可奈何地说:"你是神仙,我算服了。"老道稽首说:"谢主隆恩!"赵匡胤一愣。老道说:"我就是你要找的老人。我主日后必为天子。封我华山,故而谢恩。"赵匡胤又惊又喜,说:"不知仙师就是恩人,请受我一拜。"陈抟连忙请起。

赵匡胤登位后,不食其言,免去了华山所有赋税。至今民间仍流传着"华山从此不纳粮"的佳话。山上还保留有"博弈台",俗称"下棋亭"。

此后,已是皇帝的赵匡胤多次派使臣往华山请陈抟入朝。陈抟则每次故意躲避诏请,不愿出山。在陈抟看来,是因为天下大定,不须杞人忧天。[①]《太华希夷志》称"宋太祖累征不至"。

[①] 《邵氏闻见录》称:陈抟于五代乱世尝有"图南"的宿愿,及闻太祖登极,叹曰:"天下于是定矣!"遂入华山为道士。

不过,陈抟也非完全不问政事。据宋人张舜民《画墁录》说,宋太祖"杯酒释兵权"的措施,就是出自陈抟的主意。

4. 四辞君命,太宗三诏方赴阙

宋太宗赵光义即位不久,为了奉祀天神,稳定人心,接受了宰相赵普的建议,诏请陈抟入宫。但是因为陈抟一心慕道,无意浮荣,或者年龄太大,不想再动的缘故,先后两次都婉拒了。太宗颇为不悦。这时,有人推荐朝臣葛守忠,说他曾为陈抟的弟子,时常交往;同时葛守忠处事稳重,言当理尽。太宗觉得可行,便宣葛守忠入殿,命他前往华山,务必请陈抟进京。这个葛守忠时任内藏库副使,就是负责宫内经费开支、财物保管的一个副官。本来名不见经传,却因为这次把陈抟请下山来而留名青史。

葛守忠来到华山,一见到陈抟就行弟子跪礼,并呈上诏书。俗话说,事不过三。这一次诏书跟以往有些不同:先以伊尹出征、孟轲至梁相引,次以紫袍披体、金印挂腰相许,后以"命有相从,礼无多让"相逼,可以说是情理俱到,威利并施。加之葛守忠在一边反复相劝,晓以利害。陈抟自思,看来是不去不行了。便随同弟子来到京城开封。

因为陈抟的到来不易,连兄长先帝都没能请到,"太宗待之甚厚",其间"多延入宫中与语"。据《太华希夷志》记载,他们谈论的多是"济世安民之术",也就是如何建设民生、稳定社会的问题。陈抟向太宗提出了"远近轻重"的四字建议:"远者,远招贤士;近者,近去佞臣;轻者,轻赋万民;重者,重赏三军。"一日,太宗问起:如何实现像圣王尧舜那样治理天下?陈抟又告之以"无为清静"四字方针,主要就是实行政治开放、经济自由。联系太宗初年的政治形势,可以说是切中时弊、积极有益的。太宗听后大悦。

《宋史》本传载："（陈抟于太平兴国）九年复来朝，上益加礼重。"这一次宰相宋琪又问起内丹修养之道。陈抟对曰："非有方术可传。假令白日冲天，亦何益于世？……如今正君臣协力同德，兴化致治。勤行修炼，无出于此。"道教主张治身与治国的道理一样，但事务不同。治身是一己之事，关心的是自身的长生不老；治国则是万民之务，应该致力于整个社会的长治久安。同时，宋代以来三教合一的思潮也使道教更多地渗入了儒家入世的思想。因此陈抟虽然深谙丹道之术，却不以此答之，而告以尽心为政，努力用世。言下之意，为政者的成仙之术就是尽心为政。这无异于给宋廷大臣们上了一堂政治课。宋琪听后，称善不已，并将抟话转告太宗，陈抟又更加赢得了太宗的尊重，于是下诏赐号"希夷先生"。意谓陈抟是胸怀大道、贯通天人的一代高人。

据传，宋太宗立太子一事，陈抟也起了重大作用。因为陈抟擅长相人，[①]太宗便让他历相诸王，最后选定了第三子韩王赵恒，是为宋真宗。此事在宋人所著的《邵氏闻见录》、《东轩笔录》等史书中言之甚详。当然，太宗不过是借助陈抟的相术，让诸王顺从而已。不过，有宋一代的帝王中，唯真宗崇道最盛，晚年更是几乎达到以道教治国的程度，令人不免生起当年陈抟作用的因缘之想。

因为社会的治乱以及个人志向的不同，中国历史上长期存在一个隐士阶层。本身怀才不遇加之长期的修养，使得这一阶层多出高人异士。能否利用或笼络这些人是衡量一个社会是否清明或稳定的一个重要因素。陈抟于五代宋初的道教界可以说是出类拔萃的一等人才，受到统治者的注意和累诏也就不

---

① 陈抟著有《人伦风鉴》一卷，又作《龟鉴》。《宋史·艺文志》列入五行相法类。

奇怪了。顺便提及，赐号是朝廷对于有道之高人隐士的一种加封，与此相关的还有对一些祠庙的赐额。赐号代表了朝廷的肯定与尊崇，也是对其德才或灵异的认可。赐号在个人具有保持社会地位的意味，在祠庙，则关系到神明香火的盛衰。一般能得到一次加封就感荣幸了，像陈抟这样累受加封是极少见的。

（四）继承重玄开理学

中国的道学传统自先秦老、庄开创以来，先后经过了汉初黄老学、魏晋玄学、东晋神仙学、隋唐重玄学的发展历程。宋代以后，因为儒学（理学）的兴起，道学趋向低迷，但仍有一定发展。陈抟不仅是一个从事内丹修炼的实行者，也是一个思想家、道学家。他和他的再传弟子陈景元等直承隋唐重玄学的遗风，成就了独具特色的宋代重玄学。

老庄道学之"道"，即自然之道，是一种超越具体的存在。因其是无形而有，亦有亦无，或非有非无，不能具体地认识和把握，故称玄道，也名中道。魏晋学者称之玄学。但自然之道是无处不在、无时不有的，如气之在物、水之流行，方圆不定，随时而宜，不可局限。有或无、方或圆等，固然不能说明此道；非有非无，亦方亦圆等执中的说法也不足以说明此道。总之，它是不可以局限、执着的存在。隋唐学者称之为"玄之又玄"的重玄学。即使如平常的待人处物之道，千古以来，说者多矣。但没有哪一家能够说得绝对正确、绝对清楚，能够放之四海而皆准。这就是因为"道"是自然的、重玄的。

《庄子·山木》篇讲了这样一个故事：庄子与其弟子游行山中，见到一棵大树，但伐木工人却视而不见。弟子问庄子这是何故,庄子说:"因为此树不中材,无所可用,所以得享天年。"傍晚时分,庄子一行到了一个朋友家,主人欲杀鸡待客。仆人问杀哪只鸡,主人说:"杀那只不会叫的公鸡。"弟子听见了,又问庄子这只鸡不是因为无用而死吗?如此人生将何处乎?庄子笑着说:"周将处乎有用与无用之间。有用与无用之间,似之而非也,故未免乎累。若夫乘道德而浮游……则胡可得而累邪!"庄子这里说的"有用与无用之间"就是玄学,"乘道德而浮游"就是重玄学。有用与无用之间也是一种偏滞,也难免有危险。只有乘道而行,随物而变,与时俱化,才能摆脱牵累,真正得享天年。政治上的无为、有为也好,经济上的开放、调控也好,都是这个道理,不可执守一端,要在随时变化。

陈抟的著述多已不存,但从仅存的部分资料仍能窥见其思想之一二。重玄学的妙理在隋唐学者那里已阐发至微,陈抟的继承与发挥主要有三:一是吸收佛教的学说,以空说道;二是顺应当时儒学的发生,以儒入道;三是基于内丹修炼的原理,以丹释道。他从阴阳化生万物出发,"以是知人间万事,悉是假合阴阳一气,但有虚幻,无有定实也"。[①] 这实际上是把佛教的空观移入重玄学,是以佛说道。他说修养:"养静在动处养,方见平日操存。养气在卧时定,方见平日澄清。待人在无事时接,方见平日涵养。敬天在不见时畏,方见平日寅恭。守此便是真人地位。"[②]其中包含了儒家动静观、天人观、中庸观的特征。如《太华希夷志》序中评价的:"虽方外之士,吻合中庸之道。"至于以丹解道,尽在他的"无极图"中。"无极图"丹法的最高境界是"炼神还虚,复归无极"。此之"无极",主要就是表示道的无形无体、无尽无限的重玄特性。老子说:"道可道,非常道。"陈抟

[①] 《正易心法注》。
[②] 《玉诠》卷五引。

对道体本原及体道境界的描述除了图像,还有许多诗作。之所以如此,一个重要的原因就是因其玄之又玄,不可言说,只能通过形象方法、诗性的语言描述。

不仅如此,陈抟创造的"无极图"、"太极图"等图式,同时也为宋代理学的宇宙论及本体论提供了一个基本模式。《宋史·朱震传》记载:"陈抟以《先天图》传种放,放传穆修,穆修传李之才,之才传邵雍。……穆修以《太极图》传周敦颐,敦颐传程颢、程颐。"周敦颐自己也说过:"始观丹诀信希夷,盖得阴阳造化机。"①宋代以前儒家很少论述有关宇宙的生成变化。宋代理学的开山周敦颐的"太极图"及《太极图说》是根据陈抟的无极、太极图改变演化而成的。他用这一图式来论述宇宙万物的生成及其结构,其中既有儒家的思想,又有道教的思想。所以说,是周敦颐开始吸取了道教关于宇宙演化的思想,从而为理学的形成建立了一个比较合理、完备的宇宙论体系,以后理学家如二程、朱熹等讲宇宙生成论,多是对陈抟、周敦颐之说的推衍。朱熹在《寄陆子静书》中云:"熹衰病,幸叨祠禄,遂为希夷直下诸孙,良自以庆。"认为能够传承陈抟之学,值得庆幸。其向慕之情,跃然纸上。②从中我们可以看到,陈抟是我国思想史上一位有影响的道教学者,他的思想不仅对道教的发展是有贡献的,同时也为理学的形成从道教方面提供了理论根据,所以他是儒、道两家思想合流、对理学形成直接产生影响的一位重要的承上启下的人物。

---

① 周敦颐:《读英真君丹诀诗》。
② 朱熹虽然承认陈抟与周敦颐的关系,却力辩周氏的"太极图"是其自作,其中包含有担心过分地认可道教影响的隐情。

（五）太极图像演大化

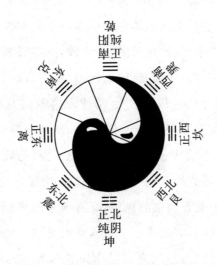

陈抟的古太极图

《宋史》本传说"（陈）抟好读《易》，手不释卷"。《唐才子传》也称其"有奇才经纶，易象玄机，尤所精究"。深研《周易》的陈抟不仅创作了指导内丹修炼的"无极图"，而且创作了流传至今、涵盖宇宙演化的"太极图"。陈抟所造的"太极图"又称"先天图"，或"古太极图"，或"太极八卦图"。人们在道教胜地那里会经常看到，韩国国旗上的太极图案也是这种古太极图的造型。"太极图"主要是由两条黑白相间的鱼形图案环抱构成，俗称"阴阳鱼"。这个想象大概与陈抟的渔民出身有关吧。

"太极"一词出自《易传》，就是最高、无上、至极的意思，类似的名称还有"太上"、"太一"、"太玄"、"太初"、"太和"等，指的是宇宙起源之初元气未分的混沌状态。它是古人关于宇宙生成、结构及其本质的设想。至于气的两种类型，即阴阳二气观念的产生，则是古人对于从自然界到人类社会普遍存在的相互对待关系即矛盾关系的认识和概括。

我们知道,陈抟为了修炼内丹,需要研究宇宙的演化原理。可他为什么要用图像的形式来模拟宇宙的演化呢?这是因为只有《易经》是讲天地万物及其变化的经典,而《易经》的主要内容之一就是"象"。《系辞》曰:"《易》者,象也。"《易》就是象征事物的一系列卦象,其中《易》辞、《易》理都是寓于象中,圣人正是通过观象以作辞、取义的。《系辞》又曰:"(伏羲氏)仰则观象于天,俯则观法于地,观鸟兽之文,与地之宜,近取诸身,远取诸物,于是始作八卦。"是以"圣人立象以尽意"。就是说,天地万物的情状本来就是以直观、整体的形象呈现出来的,圣人通过观察万物的形象而创作了"八卦",八卦就是代表万物的八种基本事物的象征;也唯有象征可以表达语言所不能尽述的深意,可以揭示事物的内在情态。如中国的汉字,之所以能够表意,属表意文字,就因为它本是象形文字,本是图像。故道教中有"假传万卷书,真传一张图"之说。陈抟的努力就是纠正长期以来的文字解说之误,恢复伏羲画卦的本来面目。明代学者焦竑《焦氏笔乘》中引了陈抟一段话:"羲皇始画八卦,重为六四,不立文字,使天下嘿观其象而已。如其象则吉凶应,违其象则吉凶反,此羲皇氏不言而教也。《易》道不行,乃有周孔;周孔孤行,《易》道复晦。……更不知有卦画微旨。"这是只有道教学者陈抟能讲出来的别开生面的大胆言论。其实从汉代开始,就有学者尤其是从事修炼的道教学者,为了模拟阴阳大化,尝试用图像的形式解易。东汉魏伯阳《参同契》就曾以种种图式,表示其修炼的理论。朱熹说:"魏伯阳参同契,恐是希夷之学,有些是其源流。"[1]陈抟正是继承了这种解易学风,创作了《先天图》等图式,开创了宋代流行的图书学派。他也因此成为宋代易学

---

[1]　《朱子语类》卷六十五。

图书学派的创始人。

"古太极图"就是如今《太极图》的原型。如果说"无极图"反映的是宇宙演化的过程,"太极图"反映的就是宇宙演化的原理。此图的基本含义之一是"太极含阴阳",这是对《易传·系辞》中"易有太极,是生两仪"的图解。图中黑白两个环抱的鱼形,表示阴阳的互相依存,又相互消长,同时也含有太极生阴阳的意思;图中的黑白两点,即两只鱼眼,表示阴阳渗透、相互包含,同时也说明阴阳盛衰的根据就在它们自身。此图的基本含义之二是"阴阳含八卦"。就是以乾、坤、震、艮、离、坎、兑、巽八卦标示阴阳消长的空间与地理方位(阴气极于坤北,阳气始生;至震卦一阳二阴;到正东离位则一阴二阳,阴气居中被阳气包围;再至兑卦仍为一阴二阳,但阴气已呈消亡趋势;发展到正南乾位则纯阳无阴;阳气极于南,阴气始生;至巽卦则一阴二阳……)从而实现了太极、阴阳与八卦的相互结合;同时也更好地说明了阴阳盛衰及宇宙万物消长的循环过程及原理。因为此图式形象地说明了天地万物生化的根本原理,所以后人又称之为"天地自然之图",誉之为"天下第一图"。

他的《太极图》自创作、流传以来,便成为儒、道两家一致认同的世界观和价值观,几乎成为中国传统思想文化的一个象征。它为人们了解天地阴阳以及社会人生的基本原理提供了一个简明、直观的形式,极大地丰富了人们的想象,也深化了人们的认识,同时也深刻影响了整个民族的思维方式与文化心理。其中所蕴含的对立统一、量变质变、否定之否定等一系列基本原理,以及相生相克、互动互补、和谐发展等一系列基本观念更加被人们普遍认同且深入人心。可以说,自从有了《太极图》,中国文化从思想、制度到日常生活方面,才真正成就太极本原一以贯之的特征。中国乃至整个东亚的传统文化及精神,一言以蔽之,可以说就是太极文化,或者就是阴阳文化。

朱熹与新安理学的现代价值

朱熹的学说对宋代以后的中国思想文化发展产生了重要影响。朱熹对自己的祖籍徽州一生眷恋尤深,对徽州地区门生弟子提携诱导,培育出宋明理学的一个重要流派——新安理学学派。朱熹本人就是新安理学的创始人。朱熹的思想学说自近代以来受到许多批评,现在依然备受争议。其中不少批评并不符合朱熹学说的本意。客观公正地研究、评价朱熹的学说,继承其合理价值,对于塑造中华民族精神,创建社会主义和谐社会与构建社会主义核心价值观,仍然具有重要意义。

(一)朱熹生平及其理学的合理价值

朱熹生于 1130 年,即建炎四年,逝世于 1200 年,即庆元六年。字元晦,一字仲晦,晚年自号晦庵,祖籍徽州歙县篁(黄)墩朱家巷(朱氏最早起源于西周邾国。春秋时为楚吞并,遂以朱姓迁播。先后迁金陵、丹阳、亳州、永城等地),其地古为新安郡,有紫阳山,故朱熹的许多书信文章常署名"新安朱熹",别号紫阳。又号云谷老人、沧州病叟,晚号遁翁。因侨寓(福建)建阳之考亭,又称考亭先生。朱熹远祖朱瓌,又名古僚,字舜臣,唐天祐中,奉刺史陶雅之命,领兵三千戍婺源,官制置茶院,死后葬在连同,其子孙从此安家在那里。朱熹认茶院府君朱瓌为入婺源第一代,至朱熹为第九代,于是认婺源县(今属江西)万安乡松岩里为籍贯。

朱熹父亲朱松,字乔年,号韦斋,政和八年(1118年)进士,授建州政和县尉,于是在本年入闽(朱熹母亲祝氏,徽州歙县人,祝确之女)。朱熹祖父朱森(卒于宣和二年,赠承事郎,当时正逢方腊起义,徽州遭乱,更以贫困,不能回归故乡,葬政和县护国寺西侧)随后入闽,故朱熹又自称为入闽第三代,至朱熹孙辈已五代入闽。

南宋建炎四年九月十五日,朱熹生于福建尤溪郑氏寓舍(郑安道南溪别墅,后改为南溪书院),小名沈郎,小字季延。朱熹出生之年乃宋室南渡之第四年,金人南侵,险象环生,北方之溃兵流民,南方之兵变民变,此伏彼起,交相呼应。朱松携全家四处逃难,兵荒马乱之际,过着艰难隐忍的贫困生活。

金兵退却、叛乱初步平定后,朱松上书福建抚谕使胡世将,陈说国家恢复大计。胡世将非常欣赏朱松的志节才能,向朝廷隆重推荐。朝廷遂命朱松为泉州石井镇监税。后又经谢克家、綦崇礼推荐,朱松于绍兴四年(1134年)到杭州偏安朝廷任职,受到宋高宗召见,朱松向高宗陈说中兴大计,以及有关方针政策实施的先后难易顺序,宋高宗颇为满意,任命朱松为秘书省正字,后历司勋吏部员外郎兼史馆校勘。

绍兴初年,宋高宗赵构尚有复仇之志,摆出恢复中原的姿态,曾一度进驻建康。淮西兵变后,高宗丧失斗志,决意求和,于是启用秦桧为丞相,主持与金人议和事宜。朱松奋起抗争,反对议和,先后与同列六人多次上书,坚持抗战主张,反复申论中兴自治大计,由此忤怒得罪权相秦桧。"绍兴和议"后,秦桧开始打击排挤、迫害反对议和的正直人士,朱松已不容于朝中,便请求辞职。秦桧指使右谏议大夫何铸以"怀贤自异、阳为逊辞"为罪名弹劾朱松,改朱松为外任,出知饶州。朱松不为所屈,愤而请辞,得差主管台州崇道观。于是朱松举家南迁福建,定居于建瓯城南建水之上的"环溪精舍",开始读书教子的清贫安闲的生活。

朱熹自幼颖悟庄重,5岁入小学,始读《孝经》,即通晓大义,在书上写八个字:"若不如此,便不成人。"又曾指天上太阳问其父朱松:"太阳依附于何处而不落?"朱松答道:"附于天。"朱熹又问:"那么天依附于何处呢?"朱松大为惊异,不能作答。这显示朱熹自幼即有很强的好奇心,朱熹后来自己回忆说:我自五六岁,便烦恼道:天地四边之外,是什么物事?见人说四方无边,我思量也须有个尽处。如这墙壁相似,墙壁后也须有什么物事。当时思量得几乎成病。① 又据记载,朱熹曾与一群儿童嬉游于沙洲之上,朱熹独自端坐以手指画沙,仔细一看,是在画八卦。可见朱熹自幼即聪敏好学,喜深思玄想。

动乱时期,朱家迁徙不定,直到朱松定居建瓯,朱熹才获得相对稳定的学习环境,在父亲指导下学习儒家经籍,朱松也时常给朱熹讲说古今成败兴亡之理。可惜好景不长,朱松积郁成疾,一病不起,临终前将家事托付给好友刘子翚,将朱熹的教育托付给好友武夷三先生:绩溪胡原仲宪、白水刘致中勉之、屏山刘彦冲子翚。朱松去世后,刘子翚把朱熹一家接到崇安五夫里居住,朱熹则入刘氏家塾学习。绍兴十七年(1147年),刘勉之将女儿刘清四许配朱熹,同年朱熹举乡贡,次年十九岁考中进士,授左迪功郎泉州同安主簿,二十三年(1153年)赴任。朱熹

---

① 《朱子语类》卷九十四。

在官言官,认真做事,但仍穷究学问,往往彻夜读书思考直到凌晨听闻杜鹃声声。又拜李侗为师,划清儒学与禅学的界限。同安任满之后,朱熹一度奉祠家居。

绍兴三十二年(1162年),高宗退位,孝宗即位,锐意恢复,诏求直言,朱熹上《壬午封事》,提出持久战的战略方针。因符离战败重订和议,朱熹又归家潜心学问。此间曾远赴长沙,与湖湘学派代表人物张栻讨论未发已发、中和与无极太极问题,并共游衡山,酬唱而归。淳熙二年(1175年)吕祖谦自金华来访,盘桓月余,共编《近思录》一书。并与吕祖谦一起赴江西铅山鹅湖寺,与陆九渊兄弟相与论辩讲学。

淳熙五年(1178年),朱熹知南康军。这是朱熹第二次出仕,此前已家居著书讲学二十余年。朱熹一心减税恤民,其民本思想在此地得到集中体现。朱熹还捐出自己一半工资,重建白鹿洞书院,邀请陆九渊前来讲学。八年九月除提举两浙东路常平茶盐公事。当时浙东灾荒,官员畏惧不前,朱熹单车就道,体察民情,探求救灾之道。并弹劾豪右朱熙绩与贪赃不法的台州知府唐仲友等。在弹劾唐仲友时,因为涉及台州当时的一个营妓严蕊,对朱熹后来的名声造成一定伤害。严蕊是当时台州的营妓,有些姿色才艺。古往今来的文人,一般只要听说女子有些姿色才艺,大多会产生喜爱同情之心。按照宋朝官方的规定,政府官员不许与营妓发生不正当关系。朱熹在审办唐仲友贪污案时,发现唐仲友与严蕊有染,而且二人共谋,从事一些贪污受贿的不法之事,于是由办案的需要,朱熹把严蕊也抓起来审问,据说虽严刑拷打,严蕊也拒不招认,尤其不承认与唐仲友私通。后来的宋人笔记记载此事,添油加醋,就变成朱熹迫害才艺美女。明清时期文人又将此事写成小说,对朱熹嘲讽丑化,现在依然有人大做文章,变成朱熹生平中无法洗刷的污点。实际的情况是,朱熹抓到严蕊后,严蕊就将与唐仲友一起做的贪赃不法之事都招认了,不存在朱熹利用严蕊与唐的私通关系来整治唐仲友的问题。而且,唐仲友当时有五个情人,不一定就与严蕊有像人们渲染的那样的真正爱情。唐仲友与当朝宰相王淮有连襟关系,不用王淮开口,朝中自然有人极力为唐仲友辩护。现在特别说明一些事实真相,不仅是为了给朱熹洗刷污名,更重要的是,人间的是非和基本价值不容颠倒。因弹劾唐仲友受阻,朱熹两袖清风,去任归家。淳熙十六年,知漳州,绍熙四年(1193年)知潭州,重修岳麓书院。五年,宁宗赵扩继位,经赵汝愚等推荐,任朱熹为焕章阁待制兼侍讲。同年闰十月,朱熹被罢出朝。晚年遭遇庆元党禁,朝廷掀起反道学的浪潮,朱熹被视为"伪学之魁",备受磨难打击。庆元六年(1200年),朱熹病逝。嘉定二年(1209年),诏赐谥曰"文",世称朱文公。从此开始朱熹得到平反。纵观朱熹一生,为官九年,在朝四十余日,其余四十余年都从事讲学著述。北宋中期以来经过一百多年发展的儒学,通过朱熹的努力,建构成系统的新儒学体系,实现了儒学创新,在民族精神涣散之际,建立起中华文化的万里长城,并在随后的年月里,远播于东亚。

  朱熹的理学体系不仅是对北宋周敦颐、张载、程颢、程颐、邵雍的综合,而且是孔孟以来中国文化的集成。同时,朱熹思想体系的形成还包括与他同时代的思想流派的交锋与融摄,如与湖湘学派关于"中和"与"仁"说的论争,与陆象山心学学派的论争,与陈亮、叶适的事功学派的辩论等等。朱熹综合批判吸收了同时代学者的思维成果,融合儒、释、道及诸子各家之学,建立一个兼容统摄儒、释、道,把宇宙、自然、社会、人生、形上世界、现实世界、意义世界与可能世界融为一体的庞大新儒学体系,是中国哲学文化发展的一个高峰。特别是系统整合儒、释、道,成功地回应了佛学的冲击与挑战,证明中国文化对外来文化具有充分的消化吸收的能力,从一个方面表明了中国文化的伟大胜利。

朱熹理学体系的特点是由互相联系、基本上是两两相对的范畴组成的理论系统,即理气、道器、太极与阴阳、理事、天理与人欲、天命之性与气质之性、道心与人心、性情、善恶、公私、义利、王道与霸道、未发已发、中和、德性之知与闻见之知。此外,还有体用、本体与工夫、仁义礼智、心统性情、格物致知、孔颜乐处、鬼神、诚、"涵养须用敬,进学则在致知",心即理、动静、理一分殊、主静等问题。

朱熹理学就其核心部分而言,是富有人文精神的人的学问,是探讨人生的意义与价值的学说,是探讨如何建设理想大同社会的学说,而贯穿于整个体系、起主导支配作用的则是理的学说。

理和气是理学的两个主要范畴。二程对理气多有讨论,但没有明确讲理和气的关系,也没有把气提高到和理相对等的地位。张载把气提到主要地位,"太虚无形,气之本体","太虚即气",并以气本体说否定佛、道的空无说。但张载很少讲理气关系,只是在讲存天理灭人欲时讲理。朱熹批判吸收了张载的气化学说,第一次全面讨论了理气关系,提出了系统的理气论,使理学形而上学的体系得以最终确立。

朱熹正式把理气问题结合起来,具体而微地探讨了理气关系问题,为理学体系的成立创建了宇宙论基础,确立了形而上学本体论根据。理气与太极、阴阳、道器关系问题是同等层次问题。

朱熹理学所提炼出来的理,是一个最高的思辨抽象物,是宇宙的根本法则、根本规律,是宇宙的本体,表现出儒学的形上本体思维已达到佛学思辨的高度,儒、佛、道在本体论方面已融为一体。朱熹已体会到儒释一致之处,但朱熹更强调儒释的区别,否则理学就不能称为新儒学了。朱熹认为儒、释、道的根本一致之处,就在于都以认识、掌握通贯天人的形上本体为最高原则,这最高的形上本体即是心、性、理,"心、性、理拈著一个,则都贯穿"。①三教归一,即归于此。朱熹认为,儒学可以取代释、道,理由就在这里。但朱熹认为,儒释还有根本的不同,儒者所言之理为实理,性为实性,即理与性有具体内容,理与性以仁为内涵,而佛教所言之真如佛性为空性,佛性之别名有多种,举凡法性、法界、实相、如来藏自性清净心、理都是空义。

理学家所说的实理为仁,仁在先秦儒家那里原是标志人、人伦、人的精神性的品格的范畴,现在理学家将仁提升为本体范畴,变成理学形而上学体系的最高原则。仁是儒学的核心范畴,理学家把仁确立为最高原则,是儒学的进步,是儒学发展史上的巨大飞跃,是理学家的最大创新与创造,无论后世对理学如何评判,理学家的这一创造都功不可没。仁不仅是人的内在本性与自然的本质,而且统摄人与自然,变成宇宙本体,成为天人合一的最高形上本体范畴。

仁作为本体原则,不再仅仅只有伦理的内涵,理学家对仁的内涵作出新的解释,或者说,给仁的内涵充实了新的内容,这就是理学家前后相继地认为仁的本质是生命之源,仁是生的意思,仁是生生、生生不息,是生物之心。这样,仁不仅有了新的内涵,从人道、人的精神性品格的范畴上升为天道,体现了自然世界与人类生存发展的生生不息、无有穷尽的过程,而且更重要的是,仁道与《易传》中的易道结合、统一起来了,"仁是天地之生气"②的命题与《易传》中的"生生之谓易"、"天地之大德曰生"等命题结合起来了。

朱熹认为,儒家之理与佛教作为最高本体之理有根本区

---

① 《朱子语类》卷五。
② 《朱子语类》卷六。

别,儒家之理为实理,而释家之理为空理,"吾儒万理皆实,释氏万理皆空"。① 儒家之理作为实理,有具体的内涵,即"仁",即以仁释理,仁包含义、礼、智、信,即"仁包四德",也可以说仁贯穿于这整个理学体系之中。朱熹通过以仁释理,继承了孔孟的仁学。但朱熹理学创新之处在于,认为仁不仅具有仁爱的含义,还具有生、生命、生活的含义,仁具有"生"的意思,这是对孔孟仁学的创新。朱熹认为,"仁者,天地生物之心",②这与《易传》中的"生生之谓易"、"天地之大德曰生"等命题结合起来,使儒学成为立己利人之学,成为亲亲而仁民、仁民而爱物之学。我们通常称桃子、杏子的果核为桃仁、杏仁,为什么?就是因为里面含有生命,称为仁。我们说麻木不仁,麻木就是丧失生命活力,就是不仁,反之,具有生命活力,活泼的,就是仁。理—仁—生,三者贯通,这是朱熹理学的重要创新与贡献。

朱熹认为,仁在天地为生物之心,在人则表现为仁爱之心,通过爱人利物实现社会和谐。朱熹说:仁"在天地则坱然生物之心,在人则温然爱人利物之心",人"具生理、自然便有恻怛、慈爱之意"。他将此理推广到人伦社会,则有利于家庭、宗族社会的和谐有序原则的建构,有利于淳朴的民风民俗的培养形成。"仁是根,恻隐是萌芽,亲亲、仁民、爱物,便是推广到枝叶处",仁的发生就表现为爱,第一是爱亲,其次爱兄弟,其次爱亲戚,爱故旧,推而至仁民,皆是从这仁发出来,以至于"覆冒四海,惠利百事"。朱熹认为,人心之灵,与天地同量,"故于亲则亲之,于民则仁之,于物则爱之,合而言之则皆仁,分而言之则有序"。朱熹对于仁爱之理与人际社会和谐关系的论述,具有较高理论与实践价值。

---

① 《朱子语类》卷一。
② 《朱子语类》卷六。

(二)新安理学的传承

朱熹是徽州婺源(今属江西)人,父亲朱松对少年朱熹的教育极为重视(朱熹14岁时父亲去世)。朱熹虽长于福建,但春露秋霜之感念,始终没有忘记父母之邦。朱熹平生曾两次(一说三次)回故乡省亲扫墓并讲学访友授徒传播学问,在他回故乡期间,乡人子弟,每天携带经书请教,络绎不绝,朱熹都根据他们的资质水平,循循善诱,诲人不倦。第一次于宋高宗绍兴二十年(1150年)春回婺源省墓,并到歙县拜望了外祖父祝确处士,游览了紫阳山、南园寺等风景名胜。在游南园寺时,手书"新安大好山水"于南园石壁。第二次回故里是在淳熙三年(1176年),时年47岁,此时朱熹已是饱学硕儒,在知己与门人蔡元定的陪同下回到故乡,受到地方官员、族人、亲朋好友、门生故旧的热忱礼遇接待。朱熹愉快地向县学赠书,讲学于朋友汪清卿之家,答疑解难,讲论滔滔。在此期间,朱熹还到歙县西郊篁墩扫墓,祭祀徽州朱氏世祖朱师古等列祖列宗。朱熹回到福建以后,许多徽州人士还不远千里前往受教求学;他自己也不断与新安人士书信往还,互通音讯。这不仅使朱熹理学在徽州地区广泛传播,而且通过徽州地区的门生弟子的代代传播发展,逐渐形成宋明理学的一个重要流派——新安理学学派。朱熹一生对故乡眷恋至深,写信著文常署名"新安朱熹"。与朱熹同时代的学者如陈亮、吕祖谦等往往称朱熹之学为"新安之学"。"新安之学"一转便为"新安理学"。朱熹就是新安理学的真正创始人。明代的程曈辑《新安学系录》,对新安理学的传衍做了较为系统的梳理。新安理学的主要代表有:

程洵:字允夫,号克庵,婺源人,朱熹内弟。朱熹第一次从福建回故乡,就由程洵全程陪同。朱熹对程洵一见如故,多方诱导启迪,并将程洵"道问学"斋更名为"尊德性"斋。程洵自见了朱熹后,对科举考试就不感兴趣,一门心思研讨学问,以追求圣贤境地。① 程洵在徽州传播朱熹的学说,据历史记载,程洵讲学时,"士友云集,登其门者,如出文公之门"。著作有《尊德性斋集》。朱熹称道其著作意格超迈,程度精当,虽前辈诸老先生犹赞赏不已,自叹不如。庆元党禁迫害朱熹时,程洵任庐陵录参,与新使君合不来,使君奏程洵跟朱熹一伙,"亦是伪学之流"。程洵不以为惧,且以能与朱熹同道为荣,他写信告诉朱熹说:有人说我与你是一派,我担心自己水平不够,有辱师门。朱熹回信写道:今日正可以看到你志节高尚。并称赞他学以致用,坚贞不屈。闻知程洵病逝,朱熹恸哭,专门为他写一篇祭文:"中外兄弟,盖无几人,有如允夫,尤号同志。学与时背,仕皆不逢,犹计暮年,更相勉励,卒其旧业,以毕余生。何意允夫,而遽止此。"对他的去世深表痛惜。

程端蒙:字正思,号蒙斋,江西鄱阳人,祖籍徽州,最初以江介为师,后拜朱熹为师,学习理学。

程珙:程端蒙的曾孙,亦登文公之门,著有《易说》。

滕璘:字德粹,婺源人。与其弟滕珙一起跟朱熹游学,造诣深邃。迫害朱熹等正人君子的韩侂胄当国,有朋友劝他拜访韩侂胄,或许能得任用。滕璘说:韩侂胄以伪学诬蔑儒宗朱熹,以邪党禁锢天下善士,我怎么能拜访他以求进用呢!终因不肯听命于韩侂胄,以病辞归。遗文有《〈论语〉说》、《溪斋类稿》三十卷。

滕珙:滕璘之弟。入太学,登淳熙进士。终合肥令。与德

---

① 程曈辑,王国良、张健点校:《新安学系录》卷7,合肥:黄山书社,2006年。

粹齐名。《江南通志》记载滕琪为合肥令时,有仁政。有《蒙斋集》若干卷。

滕铅:滕琪的儿子。两代从学朱熹,学有原委。

黄智孙:字常甫,休宁人,称草窗先生。一般认为他是朱熹三传弟子。著有《草窗集》八卷,《〈易经〉要旨》十卷,《四书讲义》二百篇。

陈栎:字寿翁,一字定宇,晚称东阜老人,徽州休宁人。"学以朱子为宗"。一般认为他是朱熹四传弟子。陈栎性孝友刚介,日用之间,动中礼法,善诱学者,江东人士就学草庐者,尽遣而归。所著有《百一易略》、《四书发明》、《书传纂疏》、《礼记集义》等书。

倪士毅:字仲宏,隐居徽州祁门山,学者称道川先生。生平事亲至孝,接物以诚,平素讲论非仁义道德之说与朱子之定论,不以教人,故黟人信其言而尊其行。与赵东山、汪环谷朝夕讲学,时称"新安三有道"。朱子《四书集注》发行之后,学者各作解释,意见分歧,义理未备,他为了讲明朱熹学说思想原意,著《四书辑释》三十六卷,发挥朱熹的理学思想。

朱升:字允升,号枫林,休宁人。后隐居歙县石门山。一般认为他是朱熹五传弟子。其学以"求真知"为依归,对朱熹学说多所发明创新。《五经》皆有旁注,尤究心于《周易》,著有《易前图说》二卷。朱元璋起兵反元,朱升加入其队伍,成为重要谋士。

《宋元学案》中有一卷为《介轩学案》,黄宗羲最初称为《新安学案》,全祖望将其改为《介轩学案》,属于传承朱熹理学的旁支。其中重要代表人物是曹泾,字清甫,休宁人。8岁能通诵五经。马端临尝师事之。入元,为紫阳书院山长。

新安理学家都能自觉秉承朱熹仁民爱物之宗旨,言传身教,对徽州地区的人际和谐与社会和谐起到了积极作用。程若庸总结儒学教人为学大略为:"处君臣则尽君臣之义,处父子则尽父子之仁,处兄弟则尽兄弟之礼,处夫妇则全夫妇之别,处朋友则全朋友之信,以至处天下之事亦莫不各有以当其当然之则。"①江事天以《文公家礼》为生活准则,对继母龙氏尽礼尽孝,对于亲戚多所照顾,不分贫富远近。好奖后进,谋人必忠。胡斗元以"积善"二字书之座右,他说:"善只是一个是字。念念皆是,而或一念之不是,非积善也。"宋末程文海,穷究理学,待宗族亲戚朋友曲尽礼意,救人急难,能够慷慨解囊,毫不吝惜,一旦临大事,决大义,凛然不可夺。他说:"士生天地间,当以济人利物为心。"曹弘斋认为:"天经地义,孝为德本,百行随之……睦族亲亲,事贵尊贤,敬老慈幼,恤贫逮贱,在礼而度,在人而同,于善而劝,于不能而矜。"②对培植民德、成教于国大有裨益。许多徽州学者都能身体力行儒家积善之学,急公好义,居乡多行善事,如元末明初的孙天佑与朱升讲明义理之学,每逢大灾歉收之年,均慨然以廉价把稻米卖给饥民,而且经常建桥修路,为孤寒无依者营造房屋,其天性仁厚如此。③

根据《新安学系录》,新安理学自朱熹发端,到明代初年,已有六代传人,到清中叶戴震时止,朱熹理学在徽州地区代代相传,经历六百多年,足见朱子对徽州理学文化影响之大。

(三)戴震对新安理学的创新发展

戴震是中国 18 世纪的奇才,是清代中叶徽州地区的著名

---

① 程曈辑,王国良、张健点校:《新安学系录》卷 9,合肥:黄山书社,2006 年。

② 程曈辑,王国良、张健点校:《新安学系录》卷 13,合肥:黄山书社,2006 年。

③ 程曈辑,王国良、张健点校:《新安学系录》卷 3,合肥:黄山书社,2006 年。

学问家、思想家,戴震对新安理学进行创造性转化,把新安理学的发展推到时代的最高峰,已经具备近代意义的启蒙精神。

戴震继承朱熹理学之处,就在于救出理学生命本体论的合理内容,创造性地把气本体论与生命本体论结合起来,提出"气化流行,生生不息"的宇宙本体论,把人类看成气化生生的产物,把生生确立为人的本质,以生命为本体实现人性的重建、天人合一的重建,系统提出中国生存论哲学的基本原理,完成了中国哲学的近代转向。

朱熹曾从形而下的角度提出气本体论,并且完全根据气化运行来推测宇宙的起源与发展。戴震把气本体论与生命本体论结合起来,提出"气化流行,生生不息"[①]的伟大命题,把物质一元论、宇宙发生论、过程演化论融为一体。"气化流行",指物质运动变化运行不已,"生生不息",指生人生物滋长、绵延、发展、扩张。戴震突出"生生不息"这一中国哲学的伟大原理:"天地之气化,流行不已,生生不息","一阴一阳,流行不已,生生不息"[②]。戴震尤其重视生命动力性的"生生"的意义:"生生者,化之原,生生而条理者,化之流",生生之谓仁,"生生,仁也"。"生生之呈其条理,显诸仁也"[③]。对于人类来说,"饮食男女,养生之道也,天地之所以生生也"。人类也是气化流行的产物,阴阳五行杂糅万变而生人生物,人的本性天性就是分于阴阳五行以为"血气心知","人之生也,血气心知而已",血气心知要通过"欲",即人的正常的物质需求的满足才得以生生发展,"凡有血气心知,于是乎有欲","生养之道,存乎欲者也",人的物质欲求的满足既是人道也是天道,"人道之有生则有养也,耳目百体之

---

① 戴震:《孟子字义疏证》中。
② 戴震:《绪言》上。
③ 戴震:《原善》上。

欲,求其故,本天道以成性者也"。由此,戴震以无懈可击的逻辑论证了天、人、性、欲的统一,并以此为基础重建天人合一:认为人的各种物质需求都是人类生存发展成长所必需,与万物需要一样,是根源于天地之化,故在天为天道;在人,这同样来自于人的本性,根于性而见于日用生活,为人道;仁义之心,就是天地之德。人追求生活需求的满足,既合人道,也合天道,人致力于生存与发展,也就是尽天命。

戴震还提出了一个惊人的新观念,即认为人的物质需求是推动人类生存发展的原动力。人的物质欲望满足的追求是人类生生不息、积极有为的根本基础,是自然界生生不息伟大原理的体现,"所谓性之欲也,原于天地之化者也"。故物质需求是人类活动的原动力,必有欲而后方能有为。他认为,天下必然没有放弃生养之道而能够存活者,人类从事各种事业都来自物质欲望的推动,无欲则无为。有欲而后有为,有为而根据天下人都普遍认可的规则方法来行动就称之为理;如果无欲无为,又哪里有理存在呢![1] 只有肯定人欲的合理性,才能使人类有为,为生存与发展而奋斗。所谓理,就是人的感性物质欲望的充分满足。戴震的理欲观,以根于血气的欲为出发点,也以欲的实现为归宿。"仁者,生生之德也;'民之质矣,日用饮食',无非人道所以生生者。一人遂其生,推之而与天下共遂其生,仁也"!表现出戴震思想所具有的光辉的人民性,已经得到了"存理顺生"的逻辑结论。所谓"存理",就是继承中国哲学传统的生命本体论,理即是仁,即是生;所谓"顺生",就是顺从、支持、鼓励人民对生命的珍视与关爱,对生存与发展、对美好生活的追求与向往,为最大限度地满足人民的物质文化需求而努力奋斗。

---

[1] 戴震:《孟子字义疏证》卷下。

(四)新安理学的现代价值

朱熹及其新安理学在当代依然具有重大理论意义与实践价值,主要表现为提倡教育,重视人民的生存生活,坚持爱国主义精神,积极探索家庭和谐、人际和谐、族群和谐、人与自然和谐的基本规范与普遍原则。

徽州教育以普及朱熹理学为主要内容,许多社学、私塾以朱熹所著《童蒙须知》、《小学》为初级教材,有利于从小就培养徽州人的人文素养。在《童蒙须知》中,朱熹对儿童的言行举止提出要求,如在路上遇到纠纷争斗不要围观,不做无益之事;凡道路遇年长者,要立正让长者先走等。在《小学》中,朱熹辑《礼记》等书中明伦养正、嘉言善行之训,教导青少年做人的基本道理,使之渐入圣贤之域。教育是提高人文素养、普及礼乐教化的根本举措,是构建和谐社会之本;现在建设强盛国家,构建和谐社会,依然要把教育放在首位。

朱熹哲学以生为性、重视生理生存的本体特征,赋予徽州人积极求生存的精神。徽州地区山多地少,人口略有自然增长,就必须外出经商谋生,故徽人有外出经商的传统。他们受到理学的熏陶,衣食足而知礼节,贾而好儒,正如戴震所说:"生民得山之气质,重矜气节,虽为贾者,咸近士风。"[①]他们不仅自己好读儒书,培育儒商精神,而且在富起来之后,支持家乡教育事业,建书院,办社学,鼓励家乡子弟努力读书。这与其他地区的商人不好读书形成鲜明对照。徽商所到之处,都要建朱子

---

① 《戴震全书·戴节妇家传》。

祠,办义学,赞助地方教育,这些都有利于朱子学的传播。

朱熹一生,生于忧患,死于禁遏。在国难当头、民族精神涣散之际,朱熹发愤著书,实现儒学创新。同时,朱熹时时关心国家大事,多次向朝廷上书,力主抗金和收复中原失地,认为"金虏于我有不共戴天之仇",表现出崇高的民族气节与爱国主义精神。他在上孝宗皇帝的《封事》中要求早定"修攘之计",不能把恢复之计留给后代子孙去做。他强烈反对和议,曾经怀疑一味主和的秦桧是特务。与人谈及靖康之祸时,朱熹说:"始终为讲和所误。""本朝御戎,始终为'和'字坏"。他的朋友刘恭父建房屋,规模宏丽,朱熹劝止之,曰:"匈奴未灭,何以家为?"朱熹对他生前难以见到中原恢复表露出无尽的哀婉悲痛。

徽州历代人士深受朱熹爱国精神的影响和熏陶,在兴亡鼎革之际,多能做到临大节而不可夺,一身正气,坚贞不屈。许月卿山屋先生,在南宋末做过几任地方官,元兵攻占钱塘后,"先生深居一室,五年不言而卒"。谢叠山曾在家门写道:"要看今日谢枋得,便是当年许月卿。"黄宗羲高度评价说:新安之学,自山屋一变而为风节,盖朱子平日刚毅之气凛不可犯,而许月卿就是朱熹的正宗嫡传。许月卿的朋友县令齐鲁瞻,徽州人,元兵南下,辞职以归,不与元朝统治者合作。汪华,字荣夫,号东山,祁门人。元代初年,同门朋友燕楠在江浙行省做官,经过祁门,访问汪华先生,与论故旧,将向元朝廷推荐,"先生固辞而止",不为异族服务。汪时中,字天麟,祁门人。博学善吟,不乐仕进。元朝时隐居查山,筑书堂,与兄环谷、克宽讲学,学者称查山先生。明清之际,新安士人大多高标民族大义,与清王朝展开各种形式的英勇斗争,有的慷慨就义,这都与朱熹理学的积极影响有密切关系。朱熹一生反对和议,坚持抗战,贬斥秦桧,表彰岳飞,具有强烈的爱国主义情怀,为中华民族的民族精神与爱国主义传统的塑造作出了重要贡献,在今天业已成为社会主义核心价值观的重要内容。

朱熹理学的核心价值表现为"亲亲而仁民,仁民而爱物",体现在许多族规民约中,对徽州和谐社会建构与敦睦风俗教化有积极影响。父子有亲,夫妇有情,兄弟有义,敬老爱幼,形成和谐有序的人伦关系。徽州宗族内部提倡扶孤恤寡,相周相救,是"民吾同胞"的具体体现。如《许氏家规》就规定:在乡党邻里,有互相帮助的义务,有相周相扶之义,对于本族人,就更应该体贴关心。《休宁宣仁王氏族谱·宗规》规定:对于本族人由于各种原因造成生活贫困,衣食无着落,生计无聊,即使咎由自取,也要相帮相救,根据自己的实际情况,尽力而为,不必求其回报,也不必到处宣扬,生怕别人不知道。许多徽州宗族有祭田、义田、学田,祭田收入用于宗族祭祀,以凝聚族群意识;义田之举嘉惠同族之鳏寡孤独废疾者;学田收入用于赡给师生束脩膏火和周济族人贫乏者。故传统徽州社会很少有因贫乞讨流浪者,也少有因贫失学者。

徽州士人特别重视宗族之间的和睦相处。宗族与宗族之间遇到矛盾纠纷,大多通过协商谈判、签订协议来解决纠纷,很少有械斗、群殴等暴力冲突事件发生。黟县《余氏家规》规定:邻里乡党,贵尚和睦,不可恃挟尚气,挑起纠纷斗殴。如果对有些事有怀疑,可以据理力争,其不得已,可以听判于官,不要意气用事,肆逞血气,怒詈斗殴,以伤和气。休宁王氏《族规》记载:"里者族之邻,远则情义相关,近则出户相见。宇宙茫茫,幸而聚集,亦是良缘,况童蒙时,或同里塾,或共嬉游,比之路人迥别。凡事皆当从厚,通有无,恤患难,一切皆以诚心和气遇之,即人负我,我必不可负人,久之人且感而化矣。"

仁民而爱物,人与天地万物为一体,表现为徽州社会特别重视人与自然的和谐。徽州民居与村落的营造大多因自然山水之势而展开,很少有破坏自然山水的现象发生。宋贶于郡城之北建造房屋,"因茂林之可花、修竹之可径、华实纤妍之可玩、高下夷险之异趣"之处,为台、为榭,布置设施,观奇峰远岫吞吐风月,使自然美与人工美巧妙结合。朱伯时负山而居,起平川楼,"望江南空濛,一视飞鸟去来,曾何计地上之丘陵险阻也"。董直卿于溪园之上建碧环亭,"极目四周,笼以天宇,千品万汇,混为一碧"。程宸卿所居之处"樵歌起于烟际,农人语于竹外,朝阳东升,檐影在水,夕月西照,花阴入帘……四时景物之变,皆输奇纳秀于几席之上"。①歙县金山洪氏宗族聚居环境是:"山磅礴而深秀,水澄澈而潆洄,土田沃衍,风俗敦朴。"绩溪盘川王氏宗族聚居之地是:"狮山拱峙,澄水潆洄,古木参天,良田盈野。"在这样的地理环境中,王氏宗族"族众繁衍,合村而居,敬业乐群,雍雍睦睦"。美丽的雄村如诗如画,石家村布局如棋盘,宏村如一水牛卧于平川,呈坎村则按阴阳态势布局,依山傍水,形成二圳五街九十九巷,宛如一幅八卦图,人文地理,自然天成。徽州许多民居村落在世界建筑史上也堪称典范。

总之,朱熹继承孔子"仁者爱人"与孟子"仁政""民本"的学说,坚持以民为本,追求人类大同,重视人文修养、礼乐教化,重视教育的精神,对徽州社会的家庭和谐、人际和谐、族群和谐、人与自然的和谐都发挥了积极作用,说明思想学说以及教育的兴盛对和谐社会的形成具有重要作用,为当代中国建设和谐社会以及在国际社会反对霸权、建设和谐世界的主张提供了重要理论资源,具有重大理论价值与现实意义。

---

① 程敏政:《新安文献志》,合肥:黄山书社,2004年,第389页。

朱熹的理学体系

朱熹全面继承了北宋以来的儒学思潮，对北宋五子之学进行加工、整理、提炼、锻造，进行综合创新，同时兼采众说，"综罗百代"，建立起一个前无古人的集大成的理学体系。朱熹理学体系的基本构架就是由互相联系、基本上是两两相对的范畴组成一个相对完整的理论系统，即理与气、天理与人欲、天命之性与气质之性、道心与人心、公与私、义与利、王道与霸道。朱熹作为集大成者，把北宋理学中有创见的合理性因素全部吸收进来，但又不是将各种思想排列组合拼凑在一起，而是经过批判、改造和扬弃后的一次系统的、创造性的总结，是在前人思想资料的基础上进行精密的理论创造而产生的有系统的哲学体系。朱熹思想体系的形成还包括与他同时代的思想流派的交锋与融摄，如与湖湘学派关于"中和"与"仁"说的论争，与陆象山心学学派的论争，与陈亮、叶适的事功学派的辩论等等。他们之间互相辩论，切磋学术，或集会，或访问，或通信，往来密切，相互促进，相得益彰。朱熹综合批判吸收了同时代学者的思维成果，融合儒、释、道及诸子各家之学，而归宗于儒，建立一个兼容统摄释、道，把宇宙、自然、社会、人生、形上世界、现实世界、意义世界与可能世界融为一体的庞大新儒学体系，是中国哲学文化发展的一个高峰。特别是朱熹系统整合儒释道,成功地回应了佛学的冲击与挑战,证明中国文化对外来文化具有充分的消化吸收的能力,从一个方面表明了中国文化的伟大胜利。

(一)理与气

朱熹理学体系是由互相联系、基本上是两两相对的范畴组成的理论系统。我们先将主要的范畴按照内在的逻辑层次排列如下:

理→气
道→器
太极→阴阳
理→事
天理→人欲
天命之性→气质之性
道心→人心
性→情
善→恶
公→私
义→利
王道→霸道
未发→已发
中→和
德性之知→闻见之知

构成朱熹理学核心价值体系的是这些对应范畴:理与气;天理与人欲;天命之性与气质之性;道心与人心;公与私;义与

利;王道与霸道。理气关系是理学天人合一理论的基础,是理学体系得以成立的绝对根据,因此必须首先加以探讨。

理和气是理学中的两个主要范畴。二程对理气多有讨论,但没有明确讲理和气的关系,也没有把气提高到和理相对等的地位。张载把气提到主要地位:"太虚无形,气之本体";"太虚即气",并以气本体说否定佛、道的空无说。但张载很少讲理气关系,只是在讲存天理灭人欲时讲理。朱熹批判吸收了张载的气化学说,第一次全面讨论了理气关系,提出了系统的理气论,使理学形而上学的体系得以最终确立。

朱熹正式把理气问题结合起来,具体而微地探讨了理气关系问题,为理学体系的成立创建了宇宙论基础,确立了形而上学本体论根据。理气与太极阴阳、道器关系问题是同等层次问题。

朱熹认为,天地之间,有理有气,二者缺一不可,理气同时存在而无始无终。但二者不是对等并列关系,理毕竟为主、为本,气为次、为从属。他说:"天地之间有理有气。理也者,形而上之道也,生物之本也,气也者,形而下之器也,生物之具也。是以人物之生,必禀此理,然后有性;必禀此气,然后有形。其性其形,虽不外乎一身,然其道器之间,分际甚明,不可乱也。"①"天下未有无理之气,亦未有无气之理"。②"有是理便有是气,但理是本,而今且从理上说气"。③ 从这里可以看出,朱熹原则上认为,理气不可分离,共同构成世界万事万物,但理是形而上者,是生物的根本,气是形而下者,是生物的材料。理起主导、主宰作用,理决定气的产生、发展。

---

① 《朱文公文集》卷五十八《答黄道夫》。
② 《朱子语类》卷一。
③ 《朱子语类》卷一。

朱熹根据他对理气关系的看法把其理论体系分成形而上与形而下两个逻辑系统。理是朱熹哲学的最高范畴。理的含义有多种,朱熹常说,理是万物的"所当然"、"所以然"、"使之然"。此处之理有原因、内在必然性、合理性之义。天地之间,只是阴阳之气滚来滚去,但其中有理,有时称为"自然"、"自然当然之理",有动力、有规律之义;他又说理是"条绪"、"条理","阴阳五行错综不失条绪,便是理"。① "理是有条理,有文路子"。② 关于理的这些随缘解说,归纳起来有法则、原理、本质、规律、原因、动力、必然性等意义。在朱熹看来,"理"的这些方面的意义是互相贯通的,都可以用理字来表述,其内涵则可以根据不同内容作解释。

朱熹以为,理不是若实有一物在眼前,不是光辉地在那里存放,理"无形迹"可言,理是人要通过抽象思维才能认识和掌握的东西,从主体的认识角度而言,理是从万事万物中抽象出来的一般观念或普遍原则。"若理,则只是个净洁空阔底世界,无形迹,它却不会造作",③即理本身无情感、无意志、无思无得。理的这种特征类似于"空",但又不是空无一物,不是纯粹的空无,它有实际内容,是"实理",而不等同于佛家的"空理"。

朱熹所说的气,主要是指构成天地万物的物质材料,是标志一般物质实在的范畴,"一元之气,运转流通,略无停间,只是生出许多万物而已";④"盖气则能凝结造作","气则能酝酿凝聚生物也";"天地间人物草木禽兽,其生也,莫不有种,定不会无种子自地生出一个物事,这个即是气"。⑤ 气又与阴阳、五行相

---

① 《朱子语类》卷一。
② 《朱子语类》卷六。
③ 《朱子语类》卷一。
④ 《朱子语类》卷一。
⑤ 《朱子语类》卷一。

联系,"阴阳是气,五行是质,有这质,所以做得物事出来。五行虽是质,他又有五行之气做这物事,方得"。① 朱熹不像张载那样视气为本体,而是将气视作生成万事万物的具体材料。它有形体,有方所,能造作,能凝聚生物。

理和气都是高度抽象概括的产物,但代表两种不同意义的存在。理是通过思维(心)把握的观念性存在,气则主要是由闻见直接感觉到的物质性存在。前者是"形而上者",后者是"形而下者"。形而上者无形无象有此理,形而下者有形有象有此物。前者是抽象存在,后者是具体存在。任何事物都是抽象与具体的统一。天地日月、人物草木、禽兽,都是形而下者,但必有形而上之理。二者不相分离,又不相杂,是人们常说的"不离不杂"的关系。对理气关系的这种理解,也属于典型的形而上学的机械理解。从形而上与形而下的关系来说,二者有根本的不容混淆的区别。"说这形而下之器中,便有那形而上之道,可;若便将形而下之器作形而上之道,则不可"。② 理气的关系也可作道器关系解。

作为形上形下的理气关系,主要是本末、体用的关系,即理本气末、理体气用的关系,也就是它们有主次的逻辑关系。理是形而上者,起决定、支配、根本作用,气是形而下者,处于从属、听命、被支配、被构造的地位,是质料、材料,没有自己的规定性。气虽然能凝聚生物,但却是按理的原则来凝聚生物。

朱熹认为,就一般事实来说,理气互相依存,"理未尝离乎气";说理便有气,理气始终不能相离。"理又非别为一物,即存乎是气之中;无是气,则是理亦无挂搭处"。"如阴阳五行错综

---

① 《朱子语类》卷一。
② 《朱子语类》卷二十六。

不失条绪,便是理,若气不结聚时,理也无所附着"。① 不能说有一个阶段只有理而无气,或只有气而无理。

从理气的逻辑关系来说,理毕竟为主。因此,如果一定要追问理气谁先谁后,朱熹必然首先回答理在先,气在后,这就是人们常提到的"逻辑在先"说。理先气后其次可能是因为气依傍理行。朱熹揣测说:"而今知得他合下是先有理,后有气邪?后有理,先有气邪?皆不可推究。然以意度之,则疑此气是依傍这理行。及此气之聚,则理也在焉。"②如果气是依傍理行,当然是先有理,然后气才能依傍,"未有天地之先,毕竟也只是理。有此理,便有此天地;若无此理,便亦无天地,无人无物,都无该载了"。③ 第三,理先气后是逻辑推论所逼出的结论。"理与气本无先后之可言。但推上去时,却如理在先,气在后相似"。"必欲推其所从来,则须说先有是理"。④ 第四,理常存不变,而气则有变化聚散,因而理在气先。"且如万一山河大地都陷了,毕竟理却只在这里"。⑤ 最后,从上下顺序说,先有上,后有下,那么理为形而上,气为形而下,故理在气先。"然理形而上者,气形而下者,自形而上下言,岂无先后?"⑥

理先气后,不是从物理学上的因果关系即时间顺序来立论,而是逻辑关系的推论,也是朱熹的理论体系得以成立必须作出的回答。

理气关系为朱熹思想体系(包括核心价值在内)建立了宇宙本体论基础,是天人合一体系得以成立的根据。

---

① 《朱子语类》卷一。
② 《朱子语类》卷一。
③ 《朱子语类》卷一。
④ 《朱子语类》卷一。
⑤ 《朱子语类》卷一。
⑥ 《朱子语类》卷一。

(二)儒家之理与佛教之理

朱熹理学所提炼出来的"理"概念,是一个高度思辨的抽象物,是宇宙的根本法则,根本规律,是宇宙的本体。"理"概念的出现,标志着儒学的形上本体思维已达到佛学思辨的高度,表现出儒、佛、道在本体论方面已融为一体。一般认为,这是程朱理学汲取佛教华严宗理事说的有益思维成果而达到的纯粹形上之维的高度,而陆王心学主要得益于禅宗的"自性即佛"的思维方式。

朱熹曾说过一段颇为意味深长的话,表明他的境界已达到儒、道、佛三教合一的高度:"看得道理熟后,只除了这道理是真实法外,见世间万事,颠倒迷妄,耽嗜恋著,无一不是戏剧,真不堪着眼也。"又答人书云:"世间万事,须臾变灭,皆不足置胸中,惟有穷理修身为究竟法耳。"①道家视世间万事为自然流转,庄子妻死,他可以鼓盆而歌,以为庆贺其妻重归大化,佛家视大地山川为幻妄;儒家朱熹也说世间万事须臾变灭,只有操持把定理为真实法,他确实将儒、释、道贯通了。

朱熹已体会到儒、释一致之处,但朱熹更强调儒释的区别,否则理学就不能称之为新儒学了。他说:"佛经云:'我佛为一大事因缘出现于世'。圣人亦是为一大事出现于世。上至天,下至地,中间是人。塞于两间者,无非此理。须是圣人出来,左提右挈,原始要终,无非欲人有以全此理,而不失其本然之性。'天佑下民,作之君,作之师',只是为此道理。所以作个君师以

---

① 《朱子语类》卷八。

辅相裁成，左右民，使各全其秉彝之良，而不失其本然之善而已。故圣人以其先得诸身者与民共之，只是为这一个道理，如老佛窥见这个道理。庄子'神鬼神地，生天生地'，释氏所谓'能为万象主，不逐四时凋'，他也窥见这个道理。只是他说得惊天动地。圣人之学，则其作用处与他全不同。圣人之学，则至虚而实实，至无而实有，有此物则有此理。佛氏则只见得如此便休了，所以不同。"① 在这段话里，朱熹既说明儒、释、道有一致处，又指出了三者的不同之处，即儒者之理为实理，而佛氏之理为虚无，佛氏以窥见道理为最高宗旨，到此便休，便入定，便死，便停止不前，而儒者却认为，只有识得此理才能主宰得定，才能做出事业，所以与道、释不同。

程朱，特别是朱熹，认为儒、释、道的根本一致之处，就在于三者都以通贯天人的形上本体为最高原则，这最高的形上本体即是心、性、理，"心、性、理拈著一个，则都贯穿"。② 三教归一，即归于此。朱熹认为，儒学可以取代释道，理由就在这里。但朱熹认为，儒释还有根本的区别与不同，儒者所言之理为实理，性为实性，即理与性有具体内容，理与性以仁为内涵，"盖性中所有道理只是仁义礼智，便是实理。吾儒以性为实，释氏以性为空"。③ 而佛教所言之真如佛性为空性，佛性之别名有多种，举凡法性、法界、实相、如来藏自性清净心、理都是空义。儒佛还有进一步的区别，朱熹认为，佛家得性之后，便守住空义，便得正果，以为已经成佛了，已经解脱了，实际上是到此便入定，便死了，而儒者把持守定理之后，并未结束，还需进一步将理实现出来，要凭借此理正好做事，要躬行践履，理始终要关切现

---

① 《朱子语类》卷十三。
② 《朱子语类》卷七。
③ 《朱子语类》卷四。

实。这就是儒学胜过佛老之处。后世攻击理学援释入儒,只是禅,不是没有道理。但朱熹所强调的儒释之异,也应给予相当重视。

(三)理—仁—生三者贯通

朱熹认为儒释的区别之一就是儒家之理为实理,佛教之理为空理。实理,就是说理有具体内容,这实在的内容,即是仁、义、礼、智(其中仁又包括了义、礼、智三者),即仁包四德,故理的根本实质内容就是仁。

朱熹认为,从形而上学的层次把握、体验理,儒释具有共同性,即儒释都以把握本原性的理为最高原则,但儒释又有根本性的区别,这个区别就在于,儒家之理为实理,而释家之理为空理。

理学家所说的实理为仁,仁在先秦儒家那里原是标志人、人伦、人的精神性品格的范畴,现在理学家将仁提升为本体范畴,变成理学形而上学体系的最高原则。仁不仅是人的内在本性与自然的本质,而且统摄人与自然,所以,仁变成宇宙本体,成为天人合一的最高形上本体范畴。仁是儒学的核心范畴,理学家把仁确立为最高原则,是儒学的进步,是儒学发展史上的巨大飞跃,是理学家的最大创新与创造,无论后世对理学如何评判,理学家的这一创造功不可没。

仁不再仅仅只有伦理的内涵,仁作为本体原则,理学家还对仁的内涵作出新的解释,充实了新的内容。自此,理学家前后相继地认为仁的本质是生命之源,仁是生的意思,仁是生生、生生不息,是生物之心。这样,仁不仅有了新的内涵,从人道、人的精神性品格的范畴上升为天道,体现了自然世界与人类生存发展的生生不息、无有穷尽的过程,而且更重要的是,仁道与《易传》中的易道结合、统一起来了,"仁是天地之生气"①的命题与《易传》中的"生生之谓易"、"天地之大德曰生"等命题结合起来了。

周敦颐正式提出"生,仁也;成,义也"②的命题,从宇宙论的观点解释了仁,为理学天人合一论奠定了理论基础。众所周知,张载是第一个完整提出"天人合一"命题的理学家。张载认为仁就是性,"仁通极其性",③说明仁是性的根本内容。"学者当须立人之性,仁者人也,当辨其人之所谓人,学者学所以为人"。④人性即仁,"性即天也",故天即仁。天仁天德即是"生物"之心。"大抵言'天地之心'者,天地之大德曰生,则生物为本者,乃天地之心也"。⑤ 天地只是生物,天理流行,天命不息,天地之心最终在人心中实现,人心即是天地之心,人为天地之心,最终实现天人合一。

二程用"生之理"释仁,使仁正式确立为形而上学的本体范畴。在他们看来,仁源于天道生生之理而具于心,成为人之所以为人之性。程颢强调人与天地万物一体的境界,程颐则似更突出仁的形而上学的超越意义。

程颢认为体仁则能"观天地生物气象",万物之生意最可观,就是所谓仁。程颐说谷种、桃仁、杏仁之类之所以称为仁,盖因其中蕴涵生命,"种得便生,不是死物,所以名之曰'仁',见

---

① 《朱子语类》卷六。
② 周敦颐:《周敦颐集》,北京:中华书局,1990年,第22页。
③ 张载:《张载集》,北京:中华书局,1978年,第34页。
④ 张载:《张载集》,北京:中华书局,1978年,第321页。
⑤ 张载:《张载集》,北京:中华书局,1978年,第113页。

得都是生意。"①

朱熹对生生之理之仁作了总结提高,提出仁是天地生物之心,"天地以生物为心者也,而人物之生各得夫天地之心以为心者也。……盖仁之为道,乃天地生物之心即物而在"。② 朱熹反复说明的"天地生物之心",就是指天地之"生意"、"生理",天只有一个"生理",天地"别无所为,只是生物而已,亘古亘今,生生不穷"。③ 人也是天地所生之物,故人心便是天地生物之心,人的生生是宇宙自然的最高表现,是自然生生不息的担当者。人能自觉体认生生不息之天理流行,故人能弘道,人的生存、发展、创造乃天赋之伟大使命,人生在世就是为了尽天命而自强不息,积极有为。

朱熹指出,"仁是天地之生气",仁相当于春,其气乃天地阳春之气,春风吹拂,千树万树梨花开,桃红柳绿,万物竞相发育生长,此即是生生之仁。朱熹说,"只从生意上说仁","生之谓性","仁,浑沦言,则浑沦都是一个生意"。④

理学家把本来标志人的伦理性、精神性品格的仁范畴与大易的生生易道结合,把仁提升为本体范畴,生生之谓仁,仁概括了自然界与人的无穷发展过程的统一,即把自然界的生理与人的性理结合起来,以生生不息之仁实现天人合一。这是理学家们的伟大创造,理学的全部积极价值也许就在于此。

道家哲学以自然为道,道法自然,万物并作,与生生不息之仁看似相近,但道家的缺陷在于"蔽于天而不知人",否认人与自然的质的差别,把人等同于自然,故道家的自然运动并不内

---

① 《二程集》,北京:中华书局,1981年,第254页。
② 《朱子全书》第23册《仁说》,上海:上海古籍出版社,2002年,第3279页。
③ 《朱子语类》卷五十三。
④ 《朱子语类》卷六。

在地包含发展,只是自然流转,生死变换,要人绝圣弃智,寂然无为,纵浪大化太一之中。佛教发展到禅宗,吸收了儒家的自力、自为、自信、自尊、自强的积极因素,主张自性成佛,不依他力。但禅宗的佛性只是纯粹的生命意识,用朱熹的话说只是"知觉运动"对生命意识的体验即顿悟成佛,并不是生生,而是衍化为自然意识,一任自然意识之自在流行,即禅宗欣赏的"禅意",所谓万古长空,一朝风月;青青翠竹,郁郁黄花;大家颠倒舞春风,惊落杏花飞乱红。这与道家哲学已无实质区别。

儒家把自然与人看成有机连续的统一体,把人看成自然界长期生生不已发育流行的最高产物,人能自觉地体认天命,体认生生不息之仁,穷理尽性,弘扬天命,使人的主体精神昂然挺立,人独立苍茫天地之间,又不遗弃自然,而是与天地万物成一体。作为理学体系的本体的仁范畴,不仅结合了《易传》的生存哲学,而且吸收了道家的自然意识,佛教禅宗的生命意识,把儒道释统一起来,使儒既融合释道又高于释道,终于战胜了释道,完成了儒学的创新。从这个意义上说,理学到朱熹之集大成体系,完成了北宋儒学复兴运动中所提出的融合、战胜释道的文化使命与任务,儒学自身也进入新的发展阶段。

(四)天理与人欲

关于理学的核心价值及其相互关系,朱熹曾提纲挈领地提出:"天下只有一个道,学只要理会得这一个道理。这里才通,则凡天理人欲、义利、公私、善恶之辨,莫不皆通。"[①]在理学体系

---

① 《朱子语类》卷八。

中,其核心价值之间原是一理贯通的。其中,天命之性与气质之性、王道与霸道的关系亦系如此。

从天人逻辑关系来看,似应先讨论天命之性与气质之性,理在人为性,气积为质。但朱熹天理人欲之辨影响最大,故人们均将理置于优先讨论位置。

理欲作为一对范畴,正式出现于《礼记·乐记》,其中说:"人生而静,天之性也,感于物而动,性之欲也。物至知知,然后好恶形焉。好恶无节于内,知诱于外,不能反躬,天理灭矣。夫物之感人无穷,而人之好恶无节,则是物至而人化物也,人化物也者,灭天理而穷人欲者也。"这句话经常被理学家引用,并对理学理欲观产生重要影响。

按照上面的引文的观点,静便是天理,这无法确定;没有外物之诱,作为人性之欲是否就不会自动要求满足,也无法确定。但有一点可以明确,要节欲,欲无节制则会灭天理。

先秦儒家一般承认人的欲求存在的基本事实,孟子说,"食色,性也",《礼记·礼运》篇说,"饮食男女,人之大欲存焉",但基本态度是节欲、寡欲。

道家、佛教出于它们的理论逻辑需求,主张无欲、灭欲。

北宋周敦颐吸收了佛道的无欲说,正式提出主静无欲说,开儒学无欲、灭欲之先河。

张载正式提出天理、人欲关系问题,把天理、人欲之矛盾推至对立的两极。天理、人欲不是体用关系,不是交摄互涵、不离不杂的关系,而是反比例关系,天理胜则人欲灭,反之,穷人欲则灭天理。

张载可能还未主张灭人欲,只是反对"穷人欲"。二程则公开主张存天理灭人欲,"视听言动,非礼不为,礼即是理也。不是天理,便是人欲。人虽有意于为善,亦是非礼。无人欲即皆天理"。①

二程甚至认为即使是做好事、行善事也不能"以私意为之","有意为之"也属于人欲。举凡有所作为、积极有为之事都不被二程认可。只有无所作为,无为才能存天理。二程对主张自然无为的庄子很欣赏:"人于天理昏者,是只为嗜欲乱着它。庄子言'其嗜欲深者,其天机浅',此言却最是。"②从思维方式上说,二程的存理灭欲说与佛教总体上的灭情复性说、去染成净说的思维模式已趋于一致。

朱熹继承了二程的理论,主张存天理、灭人欲。存理灭欲经过朱熹的提倡而成为理学的代表性观点。"圣贤千言万语,只是教人明天理,灭人欲"。③"人之一心,天理存,则人欲亡;人欲胜,则天理灭,未有天理人欲夹杂者"。"学者须是革尽人欲,复尽天理,方始是学"。"不为物欲所昏,则浑然天理矣"。"人只有个天理人欲,此胜则彼退,彼胜则此退,无中立不进退之理"。"只此一心,但看天理私欲之消长如何尔"。④

有学者指出,朱熹有不少言论承认人欲的正当性、合理性,并不是完全灭欲。此论固是。其原因主要是:(1)孔孟公开承认欲望为人之本性,朱熹不能否定,也认为"饮食男女,固出于性"。(2)从人的基本饮食需求方面说,如果否定人的生理需求方面的基本满足,岂不荒谬绝伦,故在维持生命的意义上承认人欲存在的合理性:"若是饥而欲食,渴而欲饮,则此欲亦岂能无?但亦是合当如此者。"⑤"饮食者,天理也,要求美味,人欲

---

① 《二程遗书》卷十五。
② 《二程遗书》卷二。
③ 《朱子语类》卷十二。
④ 《朱子语类》卷十三。
⑤ 《朱子语类》卷九十。

也"。① 超过生存满足之外的物质需求便是人欲,便为私为恶。

朱熹确实表现出蔑视物质生活的倾向:"衣食至微末事,不得未必死,亦何用犯义犯分,役心役志,营营以求耶?某观今人因不能咬菜根而至于违其本心者众矣,可不戒哉?""耳目口鼻四肢之欲,惟分是安,欲个什么?"②实际上,人欲的内容远远不只是饮食,人的饮食必须通过生产劳动来实现,人欲的满足客观地包含生产劳动的内容。人欲涉及人的个体生存与族类生存,涉及劳动生产,扩大再生产,积累,涉及衣食住行,住房、交通的改善也是人欲。总之,人欲涉及人的生存与发展。

现在人们对天理人欲的解释也许不合朱熹本意,但这对范畴的消极作用也许确实大于积极作用。

(五)天地之性与气质之性、道心与人心

天地之性(天命之性)与气质之性这对范畴由张载首创,总结于朱熹。

朱熹认为,张载提出天地之性、气质之性"有功于圣门,有补于后学"。③ 张载说:"形而后有气质之性,善反之,则天地之性存焉。故气质之性,君子有弗性者焉。"④气质有善有恶,故要学以"变化气质",否则气质之性要遮蔽天地之性。

天地之性即是"仁义礼智,人之道也,亦可谓性"。⑤ 气质之

---

① 《朱子语类》卷十三。
② 《朱子语类》卷十三。
③ 《朱子语类》卷四。
④ 张载:《张载集》,北京:中华书局,1978年,第23页。
⑤ 张载:《张载集》,北京:中华书局,1978年,第324页。

性内容多样,包括饮食男女之"攻取之性",与人性格有关的"刚柔缓急"之性,与人的才智有关的"才与不才"、"智愚"之气性。气质之性有善有恶,不能灭,只能变化。但问题在于,气质之性无论怎样变化,不还是气质之性吗?张载还认为"人之气质美恶,与贵贱寿夭之理,皆是所受定分。如气质恶者,学即能移"。① 气质美恶如是定分,那就应该安于天命,怎么还能移呢?实际上,张载想说的是,人生来是处于遮蔽状态的人,人要将气质之性提升、转变为天地之性,人才能成为人,这就是"善反之,则天地之性存焉"。

朱熹对"天地之性"与"气质之性"作了系统总结,但仍未解决其中的混乱、矛盾。朱熹说:"论天地之性,则专指理言;论气质之性,则以理与气杂而言之。"如果没有理解错,人如同时由天地之性和气质之性构成,那么人一身便有两个同样的理,一个理独立,一个理与气相杂。所以,朱熹说,"气质之性,便只是天地之性",气质之性与天地之性只是一性,气质之性不过寄寓于气质之中,"天命之性,非气质则无所寓"。但人的气质有不同,也可将其称为性,"然人之气禀有清浊偏正之殊,故天命之正,亦有浅深厚薄之异,要亦不可不谓之性"。②

朱熹通过气质之性,说明人天生气质之禀有清浊、厚薄、偏正之差别,由此解释人性中善恶的来源,通过用功克治气禀之害,使人自易其恶,恢复善性,即天地之性。

关于道心、人心范畴,程颐以正心、私欲解说道心、人心,提出必须消灭人心以保存道心。朱熹看到人心不能消灭,如同不能消灭人的身体一样,故朱子看法比程颐要客观平实。他说:"若说道心天理,人心人欲,却是有两个心。人只有一个心,但

---

① 张载:《张载集》,北京:中华书局,1978年,第266页。
② 本段均引自《朱子语类》卷四。

知觉得道理底是道心,知觉得声色臭味底是人心。"①朱熹知道人的感性欲望不能完全灭绝,故人心不可去。

人虽是一心,但一心可开二门,分为道心、人心,"人自有人心道心,一个生于血气,一个生于义理。饥寒痛痒,此人心也。恻隐、羞恶、是非、辞让,此道心也。虽上智亦同"。②"道心,是义理上发出来底;人心,是人身上发出来底。虽圣人不能无人心,如饥食渴饮之类,虽小人不能无道心,如恻隐之心是"。③

朱熹关于道心人心关系的主要论点是:"必使道心常为一身之主,而人心每听命焉。"④即让道心处于主导地位,人心处从属地位,用道心主宰、节制人心,他虽然认为人心只有一个,但还是区分出道心、人心,没有把道心本身看成人心,道心属于形而上系列,人心属于形而下系列。

(六)公与私、义与利

理学诸家,往往合论公私、义利,朱熹也是如此,要人"天理人欲,义利公私,分别得明白"。⑤ 理学的核心价值,发端于理欲,统一于义利,理学各大流派,万流归宗,归一于重义轻利,存义灭利。

二程以义利之辨作为反对王安石改革的理论基础。程颐以公私为义利分别之界限,"义与利,只是个公与私也"。⑥

---

① 《朱子语类》卷七十。
② 《朱子语类》卷七十二。
③ 《朱子语类》卷七十八。
④ 《朱子语类》卷六十二。
⑤ 《朱子语类》卷十三。
⑥ 《二程集》,北京:中华书局,1981年,第176页。

公私之分即是义利之辨,这为理学家们普遍接受。朱熹曾说:"义利之说,乃儒者第一义。"①又说:"学无浅深,并要辨义利。""人只有一个公私,天下只有一个邪正。""善恶分处,只是天理之公,人欲之私。""将天下正大底道理去处置事,便公;以自家私意去处之,便私。""义者,宜也,是也,自心安而无疑,心安处便是义。"②利则是私欲,私利,"才有欲顺适底意思,即是利",③即使做好事善事而包藏利己之心,也是利。因此要主于义,使此心全是义,使利一毫着不得。朱熹在总体思想倾向上,与二程一样,在政治上反对王安石改革路线,认为王安石改革是求功、求利。理学家以公、义为第一义,确有时代因素的影响。

朱熹与陆九渊在理论体系、观点及问学方法方面有不少分歧,但在义利之辨方面却是统一的,陆九渊对义利之辨的强调甚至超过了朱熹。

象山尝说:"凡欲为学,当先识义利公私之辨。"④在他那里,理、道、公、义与欲即私、利是对立的,"私意与公理,利欲与道义,其势不两立",⑤即存理、公、义,灭欲、私、利。

淳熙八年(1181年),朱熹请陆九渊到白鹿洞书院作了一次讲演,陆九渊以《论语》中"君子喻于义,小人喻于利"为题,发明义利辞旨,晓畅明白,讲演大获成功,听讲的人都很感动,莫不悚然动心,有的"至为流涕"。朱熹听了也深受感动,天气微冷,朱熹也汗出挥扇。据陆九渊说,朱熹听了讲演后再三说:"某在此不曾说到这里,负愧何言!"⑥朱熹后来把陆九渊的讲稿

---

① 《朱子全书》第21册《与延平李先生书》,上海:上海古籍出版社,2002年,第1082页。
② 《朱子语类》卷十三。
③ 《朱子语类》卷十三。
④ 《陆九渊集》卷35,北京:中华书局,1980年。
⑤ 《陆九渊集》卷34,北京:中华书局,1980年。
⑥ 《陆九渊集》卷34,北京:中华书局,1980年。

刻石,并亲自作跋。可见,朱陆最终在核心价值方面是一致的,达成了共识。

在王道与霸道方面,理学家一致提倡实行王道,反对霸道。王道是以德行仁,霸道是以力行仁或以力服人。朱熹认为三代是行王道,汉唐是行霸道;三代是行仁而无为,汉唐是以力把持。王霸在思维方式上是公私、义利在政治上的应用,具有连带贯通性。

(七)朱熹理学体系的总体特征

以上是朱熹理学体系的基本构架。此外还有体用、本体与工夫、仁义礼智、心统性情、格物致知、孔颜乐处、鬼神、诚、涵养、致知等问题。

从主体部分来看,朱熹的理学体系是典型的以理为中心的形而上学哲学体系,与西方的"逻各斯中心主义"的形而上学体系在总体轮廓与基本特征方面并无二致。只不过程朱理学体系的核心与重点部分在于道德道义价值系统,而西方的形上体系逐渐偏重认知系统,故主客分裂严重。朱熹的理论体系与西方柏拉图、阿奎那、笛卡儿等人的体系一样,有一个超感性世界优先的原则。在具体的每一对范畴中,都有一个范畴居于主宰、主导、支配、优先地位,另一个与之对应的范畴处于从属、次要、消极、听命的地位。

在程朱理学体系中,以"理"为中心居于优先地位的一系列范畴构成超感性的理世界,以"气"为主的居于从属地位的一系列范畴构成实在世界系统。他们认为理世界是人应该努力追求的真实世界,而属气的实在世界反倒是不真的世界,是应该被改造、遏制和消灭的世界。两组范畴各有其内在逻辑联系。就理而言,"天地间只是一个道理,性便是理","程子'性即理',此说最好"。① 性理贯通天人,天地的本质也即人的本质。这是理学的根本特征,也是儒、道、佛三家学说的共同点。理在于心为道心,道心是生于义理或发于理之心,心、性、理三者互相贯通,共同表现为善,为公,为义,发之于政为王道。认识把握此理者为德性之知,操存持守此理者为涵养,为敬。

另一组以"气"为主的构成实在系统的范畴同样有着内在逻辑联系,气化流行,产生万事万物,人"皆受天地之气以为形","自一气而言之,则人物皆受是气而生"。② 气形成人的精粗清浊各异之气质,由气质产生人欲。人欲为情,为恶之源,为私为利,发之于政为霸道。对气、实在世界、现象世界的认知了解为闻见之知。

从成对范畴的对应关系来说,"理"世界与现象世界同样有着上下贯通的逻辑关系。理、气范畴下降为天命之性、气质之性,道心、人心表现为天理、人欲之对立,也就是性与情的对立,在价值世界表现为公与私、义与利的对立,在政治方面表现为王道与霸道的对立,在认知方面表现为德性之知与闻见之知的对立。

以上就是朱熹理学体系的总体特征。我们如对朱熹理论体系精熟看透,则任其纵横颠倒,上下其说,也能够把握其核心构架。朱熹建立的理学体系,是中国哲学史上最庞大精密的理论体系,继承其合理遗产,对我们建构当代新哲学体系,依然有积极的参考价值。

---

① 《朱子语类》卷四。
② 《朱子语类》卷四。

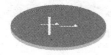

朱熹对艮卦的阐释

虽然朱熹在解《易》的总体原则上力主简略,然而他对艮卦的诠释,却不惜笔墨。无论是《周易本义》中关于卦辞、象辞的注解,还是《朱子语类》中对卦义的阐发,都显示出朱子对艮卦的特别关注。按《说卦》对八纯卦的解说,"艮为山","艮以止之",可以理解为艮之体为"山",艮之用为"止",如山有安重之体貌,止栖之功用。六十四卦中的艮卦是由八纯卦中的艮卦上下两相重叠而成,为两山相重之象,在表意上当更能突出静重坚实之体,止栖安顿之用,朱熹对艮卦的阐释重在对艮之静重坚实之义的引申与发挥。

(一)"止于背,是止得其当止之所"

艮卦卦辞为:"艮其背,不获其身,行其庭,不见其人,无咎。"象辞为:"艮,止也。时止则止,时行则行,动静不失其时,其道光明。艮其止,止其所也,上下敌应,不相与也。是以不获其身,行其庭,不见其人,无咎也。"按《周易》一书之结构,传文是对经文的解释，象传是对应于卦辞所作的解释。但在艮卦中，经传之间却出现了"艮其背"与"艮其止"的一字之差，对此，朱熹一方面指出："'艮其背'，'背'字是'止'字。《象》中分明言'艮其止，止其所也。'"另一方面又指出："'艮其止，止其所也'，上句'止'字便是'背'字。"①这样，就出现了在卦辞与象辞之间循环论证的现象，不过，以朱熹一贯严谨的治学态度，他还是作了必要的声明："《经》作'背'，《传》作'止'，盖以'止'解'背'义。或是一处有误字也。"由此可见，对于卦辞"艮其背"与象辞"艮其止"的一字之差，朱熹提出了两种可能性：其一，因为"背"有"止"义，所以象辞直接以其义——"止"来替代卦辞中的"背"；其二，或者是卦辞有误，或者是象辞有误。根据1973年出土于长沙马王堆汉墓的材料，艮卦的卦辞为"根亓北，不濩其身。行亓廷，不见亓人，无咎"，②此出土材料在一定程度上支持了朱熹的第二种推测，对此，高亨先生已有考证："朱熹（引晁说之）说、俞樾说、朱骏声说：艮其止当作艮其背。盖背古字作北，因形近误为止，或背字笔画损缺成北，因形近误为止也。（按卦辞背字汉帛书周易作北，可证背古本作北。）"③按高亨的推究，"艮其止"中的"止"可能由是"背"的古本"北"误写而成。因此，象辞"艮其止"乃是卦辞"艮其背"的误写。

如果说朱熹对卦辞"艮其背"与象辞"艮其止"关系阐释存在一定的模糊性，那么，他对卦辞与象辞逻辑结构的判定则是十分清晰的。他指出，对于艮卦的卦辞，大多数人都将"艮其背，不获其身"与"行其庭，不见其人"看作并列关系，这种两两

---

① 《朱子语类》卷七十三。下文凡引朱熹对艮卦的诠解，除作引注之外，皆引自该卷。

② 廖名春：《马王堆帛书周易经传释文》，载杨世文等编：《易学集成》，成都：四川大学出版社，1998年，第3015页。

③ 高亨：《周易大传今注》，济南：齐鲁书社，1979年，第428页。

对仗的解读不是不可以,但"'行其庭'对'艮其背'只是对得轻",读者须清楚"艮其背"一句才是"脑子",即统领与主宰。他说:"此段分作两截,'艮其背,不获其身'为静之止;'行其庭,不见其人'为动之止。总说则'艮其背'是止之时,当其所而止矣,所以止时自不获其身,行时自不见其人。此三句乃'艮其背'之效验。"朱熹之所以确定"'艮其背'一句是脑",后三句是"艮其背"的"效验",其理由是"象辞先说'止其所也,上下敌应,不相与也',却云'是以不获其身,行其庭,不见其人'也。"这就是说,象辞将"艮其止"的义理与后三句之间以"是以"相联结,说明卦辞中前一句与后三句之间有因果关系。

对于"艮其背"一段,程颐解释道:"人之所以不能安其止者,动于欲也。欲牵于前而求其止,不可得也。故艮之道,当艮其背。所见者在前,而'背'乃背之,是所不见也。止于所不见,则无欲以乱其心,而止乃安。"①"'背'乃背之"是以动词解"背",即转过身去,不以目睹,"艮其背"即于所不见处求安,以躲避外在诱惑的方式求得内心的安宁。此外,程颐还从人的身体构造方面进行了分析,他说:"在背,则虽至近不见,谓不交于物也。外物不交,内欲不萌,如是而止,乃得止之道。"②"在背"是以名词言"背",即背作为人的身体的一部分,虽然离眼睛很近,但自己却看不见。在程颐看来,虽然可欲之物事客观存在,但只要主体在近不接,在远不求,即不以感官主动去应接,或者不在自己感官所能触及的范围内,心就不会被扰乱,就会实现"止"。程颐理解的"艮其背",是以回避外界一切欲望引诱的方式来追求内心的静定,有似于宗密所概括的以神秀为代表的"背境观心"的北宗禅法。朱熹指出,程颐对"艮其背"的解释,既有《论

---

① 梁韦弦:《〈程氏易传〉导读》,济南:齐鲁书社,2003年,第302页。
② 梁韦弦:《〈程氏易传〉导读》,济南:齐鲁书社,2003年,第302页。

语》中所说的"非礼勿视、非礼勿听、非礼勿言、非礼勿动"之意,但与《周易》之理则不能相合,亦有《礼记·乐记》中"奸声乱色,不留聪明;淫乐匿礼,不接心术,慢惰邪僻之气,不设于身体"之意,"此意亦自好,但《易》之本义未必是如此"。他明确指出:"伊川解'艮其背'一段,若别做一段看,却好。只是移放《易》上说,便难通。"

同样以身体结构言"背",程颐侧重于"所不见",朱子则倾向于"所不动"。朱熹指出,"艮其背"即止于背,"人之四肢百骸皆能动作,惟背不能动,止于背,是止得其当止之所","人身皆动,唯背不动,这便是所当止处"。程颐所谓"止于所不见"与朱熹所谓"止于所不动"究竟有何差异?朱熹的一位弟子指出,前者须要遗外事物,心如寒灰槁木而后可得,与释氏所谓"面壁工夫"相类似。后者则表现为"心能不为事物所动,则虽处纷拏之地,事物在前,此心淡然不为之累,虽见犹不见。如好色美物,人固有观之而后若无者"。[①] 朱熹十分赞同弟子的这一辨别,他说:"外物岂能不接?但当于非礼勿视、勿听、勿言、勿动四者用力。"朱熹认为象辞中"艮其止,止其所也,上下敌应,不相与也"已将此意解得极分明。

在解释象辞中"上下敌应,不相与"时,朱熹十分赞同程颢的观点,他说:"明道曰:'与其非外而是内,不若内外之两忘也。'说得最好。便是'不获其身,行其庭,不见其人',不见有物,不见有我,只见其所当止也。"就思维路径而言,"非外而是内",有如神秀的"守本真心"、程颐的"外物不交,内欲不萌"。"内外两忘"与庄子物我两忘的思想有相近之处,即在打破物我之分别与物物之差异,将对自我的执着与对外物的执着双双消解,达到因任自然、道通为一的境界。又如惠能的"行直心",即

---

① 《朱子语类》卷七十三。

在六尘中无染无杂,来去自由,在对缘应物中无所执着,无所牵制。虽然在思维方式上,朱熹不仅有庄子的痕迹,还有禅宗南宗的痕迹,但在学术宗旨上,则与道家、佛家迥然不同,他说:"儒者之学,大要以穷理为先。……泛然而无所准则,则其所存所发,亦何自而中于理乎?且如释氏擎拳竖佛、运水搬柴之说,岂不见此心?岂不识此心?而卒不可以入尧舜之道者,正为不见天理,而专认此心为主宰,故不免流于自私耳。"① 在对艮卦的阐释中,朱熹强调"只见其所当止也"即是"中于理",以"天理"为准则。

(二)"只是道理所当止处"

朱熹将"艮其背"解释为"止得其当止之所",是由人的身体中的动静之规律而论道德实践中的行止之定律,由自然之原则上升到人文之准则,其所谓"当"是指当然准则,这种当然准则往往由生命主体的价值指向或信念本体而定,有了明确的价值指向或坚定的信念,生命主体便可以在任何环境中自作主宰,决定自己的行动方向。朱熹说:"不见有物,不见有我,只见其所当止也。如'为人君止于仁',不知下面道如何,只是我当止于仁;'为人臣止于敬',不知上面道如何,只是我当止于敬,只认我所当止也。"这就是说,在一定的人伦关系中,只要自己被确定为某一分位,就按此分位的当然职责来行事,自己的行动方向只与此分位上的当然性有关,与彼分位上对象的具体性无关,朱熹的这一解释与艮卦象辞"君子以思不出其位"有相合

---

① 《晦庵先生朱文公文集》卷三十。

之处。

朱熹所谓"只认我所当止也"并非指人的行为由个体的主观情意指向随意而定,而是指不同的个体之间存在统一的理性架构。在朱熹的价值视域中,人们行止统一的当然准则就是"道理"。他解释艮卦卦辞曰:"'艮其背,不获其身',只见道理,不见自家;'行其庭,不见其人',只见道理,不见他人。""道理"作为当然准则贯彻到主体行为中,一切关于自身与他人的计较都将隐退。朱熹说:"只是道理所当止处,不见自家身己。不见利,不见害,不见痛痒,只见道理。如古人杀身成仁,舍生取义,皆是见道理所当止处,故'不见其身'。'行其庭不见其人',只是见得道理合当恁地处置,皆不见是张三与是李四。"在朱熹看来,一个人既不顾自身的利害得失,也不顾所面对的人的区别限制,只依从"道理"而行事,便是"止得其当止之所"。当有弟子问道:"不见有身,不见有人,所见何物?"朱熹曰:"只是此理。"

在朱熹的哲学架构中,作为价值指向或信念本体的"道理"与作为终极实在的宇宙本体"理"是相通的。作为宇宙本体的"理",就样态而言,它只是个"净洁空阔底世界","无情意,无计度,无造作"。[①] 就内涵而言,即是生生不已,日新之理,在天为生物之理,在人为仁义之理。宇宙本体之理与具体事物之理的关系,是一与分的关系,"理只是这一个。道理则同,其分不同。君臣有君臣之理,父子有父子之理"。[②] 就"理"与"事"的关系而言,此"理"先于"事"而在,朱熹说:"未有这事,先有这理。如未有君臣,先有君臣之理;未有父子,先有父子之理。"[③] 朱熹在此

---

① 《朱子语类》卷一。
② 《朱子语类》卷四。
③ 《朱子语类》卷九十五。

并非论证道德原则与人伦关系在时间上的先后,而是逻辑上的先后。所谓逻辑上的先后,即前者是后者的必要条件,倘若君不仁,臣不敬,父不慈,子不孝,则不能构成真正的君臣父子关系。也就是说,仁敬慈孝之道的贯通与流行,是君臣父子关系得以成立的必要条件。因此,朱熹所谓"未有这事,先有这理"所体现的逻辑在先,并非属于自然世界的知识推求,而是属于儒家意义世界中的价值判断,"只是道理所当止处"所体现的是"道理"在日用伦常中的价值优先性。

正是"理"相对于"事"具有绝对的价值优先性,才确立了朱熹哲学的理本论。朱熹的理本论视域贯穿于其对诸部经典的诠释,这不仅体现在对《周易》艮卦的阐释中,他将"艮其背"诠解为"止于所当止"、[①]"只是道理所当止处",而且还体现在他对象辞中"止"的小大分别上。有学生请教:"止有两义,'得所止'之'止',是指义理之极;'行止'之'止',则就人事所为而言。"朱熹曰:"然。'时止'之'止','止'字小;'得其所止'之'止','止'字大。""止"的大小之分,反映了朱熹借助于易学诠释,积极地建构和阐发其理本论的思想。

在朱熹看来,天命之流行,生生不息,无一毫之间断,此即是天理之公;人因一己之私欲阻碍了天理之流行,便是人欲之私。在对艮卦的阐释中,朱熹崇尚天理之公,反对人欲之私的态度得到了一贯的体现,他在解释"艮其背"时说:"艮其背,浑只见得道理合当如此,人自家一分不得,著一些私意不得。"他在解释"不获其身"时说:"如君止于仁,臣止于忠,但见得事之当止,不见此身之为利为害。才将此身预其间,则道理便坏了!古人所以杀身成仁,舍生取义者,只为不见身,方能如此。"在朱

---

① 朱熹著,李一忻点校:《周易本义》,北京:九州出版社,2004年,第142页。

熹看来,当主体将自身的利害介入人事所为,"道理"便会被遮蔽。因此,在人事所为中他反对任何私欲的计算,反对主观的介入。朱熹说:"'不获其身'是无与于己;'不见其人'是亦不见人。无己无人,但见是此道理,各止其所也。"如果没有私欲的干预,事物皆按其自身之理而行,这就是天理流行的至善的境界。在解释艮卦象辞"止其所"一语时,朱熹指出:"'止'是'当止之处'","'所',即至善之地"。

如果说在对卦辞的释义上,朱熹对程颐的观点所持的是质疑的态度,那么,在对象辞"艮其止,止其所也"的理解上,朱熹则对程颐的观点十分赞同。他说:"看象辞'艮其止,止其所也',此便是释'艮其背'之文。伊川于此下解云:'圣人所以能使天下顺治,非能为物作则也,惟止之各于其所而已',此意却最解得分明。"朱熹不仅认为程颐"此说甚富",还指出小程子若以"止之各于其所"之意移上去解艮卦卦辞,则自无可疑。他说:"万物各有所止,著自家私意不得。""所止"即万物所遵守的当然准则,如君之所止——仁,臣之所止——敬。在朱熹看来,避免主观私意干预,依从天理之公,尊重事事物物当然之理,是贯穿艮卦卦辞与象辞的主旨。朱熹对艮卦的这一解读充分体现了其革尽人欲、复尽天理的理欲观。

在朱熹看来,"理"是宇宙之流行不息、社会之不断前进的根本保障,因此,为了天地位,万物育,人在宇宙中必须自觉担当,不能以私欲之计较污染"天理"之净洁。当自然生命与德性生命处于极端冲突时,当个体生命与群体生命不可两全时,人当义无反顾地选择个体生命的退场,而此个体生命的退场正是为了开辟群体生命与社会生存的空间。因此,在朱熹的视域中,即使以"杀身"、"舍身"的方式成就仁义,亦是"止于道理所当止处",因为这是以个体生命融入"天理"之中,成就宇宙大化之流行的自觉自任。

(三)艮卦"主静",是"动中之静"

朱熹将艮卦与咸卦作了对比,他说:"《咸》《艮》皆以人身为象,但艮卦又差一位。"此是就爻辞而言,艮卦爻辞为:"初六,艮其趾,无咎,利永贞。六二,艮其腓,不拯其随,其心不快。九三,艮其限,列其夤,厉熏心。六四,艮其身,无咎。六五,艮其辅,言有序,悔亡。上九,敦艮,吉。"就人的身体结构而言,艮卦自下而上所止的内容包括趾(脚趾)、腓(胫后肉)、限(腰)、辅(颊腮)四部分,而咸卦所感部位涉及"拇"(足大指)、腓、股、脢(夹脊肉)、辅颊舌(皆所以言者)五部分,朱熹所谓"艮卦又差一位"是指艮卦比咸卦少了"股"。在细致比较咸艮二卦爻辞的差异后,朱熹又总结了二者的共同点,他说:"'艮其腓'、'咸其腓',二卦皆就人身上取义,而皆主静。如'艮其趾',能止其动,便无咎。'艮其腓',腓亦是动物,故止之。'不拯其随',是不能拯止其随限而动也,所以'其心不快'。限,即腰所在。初六'咸其拇',自是不合动。六二'咸其腓',亦是欲随股而动,动则凶;若不动则吉。"通过对比,朱熹指出,咸、艮二卦之爻辞皆强调止息人身之动处。

咸卦彖辞曰:"咸者,感也。"高亨先生认为,咸卦之"咸"当读为感,是"动"的意思,其理由是:"《说文》:'感,动人心也。'引申之,动其物亦谓之感。故《尔雅释诂》曰:'感,动也。'"由此,他认为咸卦初六爻辞'咸其拇'的意思是"动其足大指,谓纳其足指于履中,将出行也"。[①] 高亨先生对咸卦的解释既有文献考

---

① 高亨:《周易大传今注》,济南:齐鲁书社,1979年,第291页。

证,亦符合咸卦象辞"咸其拇,志在外也"之义,可谓有理有据。"咸"之义明明是"动",在《周易本义》中,朱熹亦曰:"咸,交感也。"为何此处要将《咸》《艮》相提并论,指出二者皆"主静"?仔细推究,原来朱熹是从爻辞的吉凶取向而说卦理的,咸卦六二爻辞为"咸其腓,凶,居吉",朱熹所谓"动则凶,若不动则吉"的判定是由此爻辞所作的引申。由此可见,朱熹所谓艮卦"主静"指的也是卦理,即趋吉避凶之理。

如果说在对艮卦爻辞的解释上,朱熹是立足于"《易》本卜筮之书"而论"主静"对于趋利避害的效用,那么,在对艮卦象传的阐释中,他则作了自觉的提升,即由"静"的吉凶训诫之意进而推出"定"之义理。在结合象传分析艮卦卦辞结构时,朱熹指出:"这四句须是说,艮其背了,静时不获其身,动时不见其人。所以象辞传中说'是以不获其身'至'无咎也'。周先生所以说'定之以中正仁义而主静'。"朱熹由象传推知,卦辞中"艮其背"一句应是后三句的纲领,并指出,艮卦卦辞的统领在首句"艮其背"上,就如同周敦颐所谓"主静"的核心在于"定之以中正仁义"。这里虽是结构上的比对,但也不排除朱熹的艮卦"主静"观点与周敦颐的"主静"说在内容上存在相通之处,如朱熹将"艮其背"解为"止得其当止之所",如"为人君止于仁"、"为人臣止于敬"与周敦颐的"定之以中正仁义"就存在相契之处。关于艮卦象辞中"其道光明"一语,有弟子问:"艮之象,何以为光明?"朱熹曰:"定则明。凡人胸次烦扰,则愈见昏昧;中有定止,则自见光明。庄子所谓'泰宇定而天光发',是也。""止"、"定"、"静"在《大学》中是联系紧密的三个范畴,即所谓"知止而后有定,定而后能静",在《大学章句》中,朱熹将"止"解为"所当止之地",将"定"解为"志有定向",将"静"解为"心不妄动",由此可见,生命主体在日用伦常中要做到中有定止、志有定向,是朱熹在经典诠释中的一贯主张。

值得注意的是,朱熹把艮卦"主静"之理发挥到其工夫论中,他指出:"人自有生,即有知识,事物交来,应接不暇,念念迁革,以至于死,其间初无顷刻停息,举世皆然也。"然而,"天理本真,随处发见,不少停息",所以"虽汨于物欲流荡之中,而其良心萌蘖,亦未尝不因事而发见"。① 一方面,人生在世,不可能不应事接物,事物之纷扰并不能阻止天理之流行;另一方面,天理本真虽然会随处发现,但却容易被物欲遮蔽。因此,要存得此"天理",就必须在日常生活中动静之时皆要做"敬"的工夫。他说:"未发之前,是敬也固已主乎存养之实;已发之际,是敬也又常行于省察之间。方其存也,思虑未萌而知觉不昧,是则静中之动,《复》之所以'见天地之心'也;及其察也,事物纷纠而品节不差,是则动中之静,《艮》之所以'不获其身,不见其人'也。"②朱熹认为,只有在应事接物中致察而操存此良心萌蘖,才能于日用之间体验大本无所不在,此是由动处而入,体验寂然本体。相比于复卦所表现的静中存养工夫,艮卦表现的则是动中省察工夫。

综上所述,在对艮卦卦辞与象辞的解析中,朱熹释"艮其背"为"止得其当止之所",并以"天理"作为人事所为的当然准则,强调"只是道理所当止处";在对艮卦爻辞与象辞的理解上,朱熹提出艮卦"主静",并由"静"的吉凶训诫之意上升到"中有定止"的义理。这些阐释不仅反映了朱熹通过易学诠释对其哲学理本论的积极建构,而且体现了其理学视域下所凸显的儒家价值取向,即对群体、社会以及宇宙生命的终极关怀。需要说明的是,朱熹对艮卦的阐释,偏重于"止"之静重稳定之体,表现为主体的行为方式与个体的道德修养中对"道理"的持守、省察与体验,而对于"止"之栖息安顿之用则缺乏必要的论述。

---

① 《晦庵先生朱文公文集》卷三十。
② 《晦庵先生朱文公文集》卷三十二。

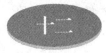

程大昌的易学思想

程大昌(1122—1195),字泰之,徽州休宁人,登高宗绍兴二十一年(1151年)进士第,官至吏部尚书,绍熙五年(1194年),以龙图阁学士致仕,卒谥文简。《宋史》记载:"大昌笃学,于古今事靡不考究。有《禹贡论》《易原》《雍录》《易老通言》《考古编》《演繁露》《北边备对》专论行于世。"①程氏是南宋易学图书派的代表人物,以图书为《易》原,视太极为变祖,为南宋易学的发展做出了不可忽视的理论贡献。

(一)以图书为《易》原

北宋时期,出现了一股以推崇河图、洛书并依照河图、洛书解释《周易》的学术思潮,刘牧以研究河洛之学而闻名于当时,成为易学研究中图书之学的始创者。在对《周易》之原的探究上,程大昌致力于发挥刘牧之说,成为南宋时期图书学派的重

---

① 脱脱等:《宋史》,北京:中华书局,1977年,第12861页。

要代表人物之一。《四库总目提要》说:"汉儒言易多主象数,至宋而象数之中复歧出图书一派。牧在邵子之前,其首倡者也。牧之学出于种放,放出于陈抟,其源流与邵子之出于穆、李者同,而以九为河图、十为洛书,则与邵异。其学盛行于仁宗时。黄黎献作《略例隐诀》,吴秘作《通神》,程大昌作《易原》,皆发明其说。"①《易原》一书虽著录于《宋史·艺文志》,然此书之内容却久无传本,四库馆臣根据程敏政《新安文献志》中的三篇以及散见于永乐大典中的百余篇将《易原》厘定编次为八卷。在《易原》的首卷,程大昌就提出了"图也,书也,皆《易》原也"②的观点。

程大昌于《易原》中所展示的河图图式乃刘牧《易数钩隐图》所载龙图图式,可描述为:"戴九履一,左三右七,二与四为肩,六与八为足,五为腹心,纵横数之,皆十五。"③《易原》所载洛书图式乃刘牧所传洛书图,具体展现为:"一与五合而为六,二与五合而七,三与五合而为八,四与五合而为九,五与五合而为十。一六为水,二七为火,三八为木,四九为金,五十为土,十即五五也。"④

在中国历史上,河图、洛书是否为实物性的存在?如果是,那么它们究竟是图式还是书籍或者其他什么类别?这是一个至今尚存争议的话题。程大昌认为,河图、洛书在历史上是实际存在的,图书所写的不是文字,而是天地五行之数,此天地五行之数乃圣人画卦所则,故为《周易》之原,程大昌所列理由有七:其一,按朱震所说,河图洛书非刘牧自造,而是有所本的,即由陈抟四传至刘牧,刘牧据其图式而陈天地五十有五之数。其

---

① 《四库全书》第1册,上海:上海古籍出版社,1987年,第62页。
② 《四库全书》第12册,上海:上海古籍出版社,1987年,第509页。
③ 《四库全书》第8册,上海:上海古籍出版社,1987年,第160页。
④ 《四库全书》第11册,上海:上海古籍出版社,1987年,第310页。

二,孔子言《易》时曾说过"河出图,洛出书,圣人则之",因此图、书皆是圣人作《易》所效法的。其三,周人宝藏河图,孔子所叹"河不出图"就是指河图而言,河图乃古代盛世实有,非后世傅会。其四,孔安国和刘歆皆有伏羲则河图之文而画八卦之说,又有禹治水,洛出书之说,所不同的是孔安国认为洛书有数至于九,而刘歆认为洛书有字,程大昌由孔、刘二人在汉代皆号称精博而违异如此,推测图、书在当时已经不存在了,他还强调孔安国所谓"神龟负文"之"文"非后世文籍之"文",而是"数著乎象而错综可观焉"。① 其五,郑康成虽然说河图有九篇,洛书有六篇,然其本在于纬书,而纬书非古书,故不足为据。其六,"典籍之字生于卦画,卦画之智发于图书",②夫子有言书契取《夬》为象,这说明八卦已重然后文字始生,如果硬说河图、洛书一出现就篇章已具,就等于说孔子关于书契取《夬》之卦象的说法是错误的。其七,说《易》者莫古于《系辞》,而《系辞》将图书与天地变化、天象吉凶同列为圣人效法之数,所以说以数发智是信而可证的。

在坚信"卦画之智发于图书"的基础上,程大昌对"图书入《易》"的过程作了进一步的分析。他说:"天地之间明而为物务,继而为变化,大而为天地之文,广而为像物之象,皆不出图书所写之数,则夫作《易》之初,虽曰仰观俯察,近取远取,莫不有得,而其机要出于河洛两图,特居其总也,此图书入《易》之凡也。"③究竟河洛两图有何"机要",圣人如何由此"机要"而能作出《周易》? 程大昌于此段后注:"详见五论",然于四库馆臣所辑出的《易原》八卷中却不见"五论",盖"五论"内容至明清时期

---

① 《四库全书》第 12 册,上海:上海古籍出版社,1987 年,第 507 页。
② 《四库全书》第 12 册,上海:上海古籍出版社,1987 年,第 509 页。
③ 《四库全书》第 12 册,上海:上海古籍出版社,1987 年,第 514—515 页。

已散佚,因此,程大昌关于圣人根据河图、洛书作《易》的具体陈述现已无从知晓。在论及河图与洛书的异同时,程大昌指出:洛书是从东开始,顺天从左向右旋转,顺木火土金水五行相生之序体现春夏秋冬四季迭进之序;而河图则是从北开始,逆天从右向左旋转,依水北、火西、金南、木东、土中的次序体现了五行相克之序。他进而提出:"河有图而洛又有书者,盖天地以此互写生克之理而启悟圣人,不厌其详也。"①在程大昌看来,黑白点图式的河图洛书是天地所写,它们由人相传,而非人为所造,尤其是像河图九位之数纵、横、斜相加皆为十五,绝不是靠人的智慧就能创设出来的。

程大昌以黑白点图式的河图洛书为天地所写,将圣人作《易》看成天地用心以数启悟人智的结果,无疑为《周易》的源起抹上了浓厚的神秘色彩。然而对其神秘化毕竟只是诉诸宗教情感的虚构,它无法取代对真实历史的陈述。客观地说,两宋时期流行的黑白点图、书形式可能是由《系辞》所言天地之数,综合汉唐易学诸说所进行的数字化表达,是将文辞转换为数字组合的图像,这一转换是根据一定数学规律排列的,并不存在什么"非人智所能伪为"②的神秘性。

考察程大昌为证明河图、洛书为《易》原而列的七条论据,第一、四、五条论据主要是对河图洛书来源与内容的论证,其中第一条是采信朱震图、书有本之说,第四条主要是认同孔安国图书为数而非为文字之说,第五条是证伪郑康成图、书为篇章文字之说。程大昌或采信或证伪,并未给出确凿的证据。第二、三、六、七条论据先以《系辞》为孔子所作,又以孔子之言为不可置疑,这种论证的方法更多的是情感的认同而非理性的求

---

① 《四库全书》第 12 册,上海:上海古籍出版社,1987 年,第 511 页。
② 《四库全书》第 12 册,上海:上海古籍出版社,1987 年,第 508 页。

证,这些论据与其说是在论证,不如说是对学术权威的信从。

程大昌在未提供实证的情况下,将孔子所谓"河不出图"中的"图"直接等同于两宋时期流行的黑白点图式,这是比较武断的。诚然,《论语·子罕》有云:"子曰:'凤鸟不至,河不出图,吾已矣夫!'"然孔子所谓凤鸟、河图可能皆为天地中的稀美之物,为人类所珍所爱,所贵所重,如《尚书·顾命》所列的作为"宝器"之一的河图。孔子发此慨叹,当是以天地之间稀美之物的不出喻示人类社会中大道的缺失乃至贤人的隐没,以自然的失彩来喻示社会的暗淡以及人生的遭际,凤鸟、河图在古代应该是被人们视为祥瑞的物类,凤鸟之至、河图之出是人类对自然和美、社会和谐的一种希求,其更多的意义可能是情感的诉求而非智识的启示。

在《易原》中,"卦画之智发于图书"的最重要的根据就是《系辞》所云"河出图,洛出书,圣人则之",然而这里所说的"圣人则之"是否就是程大昌所认为的圣人根据图书之数而画卦呢?笔者以为并非如此,因为在《系辞》中,"天生神物,圣人则之;天地变化,圣人效之;天垂象,见吉凶,圣人象之;河出图,洛出书,圣人则之"一段乃紧随"八卦定吉凶,吉凶生大业。……备物致用,立成器以为天下利,莫大乎圣人。探赜索隐,钩深致远,以定天下之吉凶,成天下之亹亹者,莫善乎蓍龟"一段之后,盖其所言,并非八卦之体成,而是八卦之致用,是"八卦定吉凶,吉凶生大业"一个序列的展开,即圣人用蓍龟来占卜;法天地变化而立爻辞;仿效"天垂象见吉凶"而由卦象论吉凶;仿效"河出图,洛出书"而开物成务,成天下之大业。圣人仿效河洛出宝而"备物致用,立成器以为天下利",此是圣人效河洛有所出,而非效河洛之所出。圣人效法自然有所出而致事业有所成,这是《周易》本天道而立人道总体思维模式的一个具体展现。

程大昌先以河图洛书为黑白点数字排列图式,继而将"圣人则之"直解为圣人则河图洛书,从而将两宋时期流行的黑白点河洛图式作为圣人画卦的缘由,恐既有先入为主之见,又有断章取义之嫌。由程大昌在论证图、书为《易》原的过程中所存在的理论缺失可以推知,图、书之学经过北宋仁宗的短暂盛行,到南宋的逐渐衰微,以后再无大振作,可能与此派缺乏实证、断以己见的学风有着直接关联。

(二)以太极为变祖

《周易·系辞上》曰:"是故易有太极,是生两仪,两仪生四象,四象生八卦。"对于这段文句,程大昌作了详细的解释。

程大昌首先对"太极"这一范畴进行了两重分析,一重是从事物生成的角度,指出太极是天地未判前的宇宙状态,是"未分之阴阳",是阴阳混而未分的一气。他说:"天地已判,变化已形,尚且不可俄测俄度也,则前乎此者茫昧无朕,独何以见?而命之为太极也,曰有是理焉,非臆之也。"①程大昌认为"太极"一词是对宇宙最初实有状态的描述,并非人为臆想的虚词。另一重分析是从数自身逻辑展开的角度,指出"太极"可以命为"一",因为"凡有象有卦皆以两为初也,夫其出焉而初者可以命之为两,则夫未出而该者不容不命为一"。程大昌特别强调,这个"一"的含义不同于纪实之数的"一",因为数本身是因纪物才有的,无物可纪就无数可命,"太极"本无形质,所以不可系之以数而名之为一,之所以将"太极"命为"一",只是借数名一,即借人人可识的纪物之数而阐发造化难言之妙。

---

① 《四库全书》第12册,上海:上海古籍出版社,1987年,第553页。

程大昌认为，"太极"可比为揲蓍成卦过程中的所虚之"一"。《周易·系辞上》曰："大衍之数五十，其用四十有九。"为何虚一不用？王弼曾说："演天地之数所赖者五十，其用四十有九，则其一不用也。不用而用以之通，非数而数以之成，斯易之太极也。"①对于王弼将《周易》中的"太极"与"一"打通并说的做法，诸家多有疑义，刘牧就持反对态度，他以大衍之数所虚之"一"为天地五十五数中的"天一"之数，继而以"天一"为象数之始，有生之宗，认为"天一"作为造化之主，居尊位而不动，如大衍之数虚一而不用。刘牧批评王弼以"非数"解释揲蓍成卦过程中的不用之"一"，他认为《周易》明言"易有太极"，既然说有，就不能把"太极"说成虚无本体。

程大昌虽然在河图、洛书的解说上以刘牧为宗，然而在太极论上却与之相差甚远，他指出王弼将所虚之"一"说成不用而用，非数而数，并以之为太极，实为深得《易》理。程大昌赫然提出"《易》书无太极"②的观点，并不是说《周易》一书中没有"太极"一词，而是指《周易·系辞上》所谓的"易有太极"是说易道有太极，并不是说《易》书有太极，简而言之，就是《系辞》"易有太极"中的"易"是指变易，不是指《周易》这本书。程大昌说："易有太极犹曰变易之道有立乎其极者焉，则凡象两，象三，象四以备乎八，固皆由此出变也，是为制变之祖也。"③在他看来，"易有太极"一语是夫子主变易而发，不是说"易书能有此之极也"，而是指变易之道有其最终根源，"太极"就是对这个最终根源的称谓。

在确定太极为制变之祖的基础上，程大昌进而对太极—两

---

① 《四库全书》第7册，上海：上海古籍出版社，1987年，第260页。
② 《四库全书》第12册，上海：上海古籍出版社，1987年，第557页。
③ 《四库全书》第12册，上海：上海古籍出版社，1987年，第557页。

仪—四象—八卦的序列作出了详细的解释。

"太极生两仪"即"一气判而为两仪",此时阴阳已经对立为二,其力可以施生但还没有骤然成天地,其象当为乾坤但还没有画出乾坤两卦。从宇宙发展的过程来看,此时阴阳只是有两之仪而无两之象,是阴阳初分但还没有凝于物的阶段。

"两仪生四象",是"阴阳已出而将为四时也",是木、火、金、水在四正方还没有形成春夏秋冬的阶段。在这个阶段,天地已经形成,天以一生水,以三生木,地以二生火,以四生金,所以说是两仪之天地生水、火、木、金之四象,"四象"在数为一、二、三、四,在气为水、火、木、金,及其播气则为冬、夏、春、秋,人之于卦则为坎、离、震、兑,但此时还未播气,还未入卦。程大昌强调,水、火、木、金作为四象并非有形有体的材质,而是"有其似而无其体"的四气。

"四象生八卦"是"四气行乎四正四维而其象必当列八"。"四正"即东、南、西、北四个正方,"四维"即东南、西北、东北、西南四个隅角,"四气行乎四正四维"即一、二、三、四播水、火、木、金之气于四正方,而形成冬至、夏至、春分、秋分,播水、火、木、金之气于四隅角,而形成立冬、立夏、立春、立秋,五土之数分气以为水、火、木、金,寄旺四季。经过五行之生数的分气播散,由水火木金四正之气周遍八方,便形成了一年四季中的八个重要节气。程大昌认为,八卦就是对应于这八个节气而设立的,《说卦》出震终艮的八卦序列正是按照这八个节气的顺序而排列的。他说:"八卦所纪则四正之气周遍八方而后世命为八节者也,故其立为震、巽、离、坤、兑、乾、坎、艮,八其名而八其列者,乃其序也。"[1]《易原》卷五画有"八卦配四时图",其次序为:春分正东震,立夏东南维巽,夏至正南离,立秋西南维坤,秋分正西

---

[1] 《四库全书》第12册,上海:上海古籍出版社,1987年,第553—554页。

兑,立冬西北维乾,冬至正北坎,立春东北维艮。

正是通过将数、气、位、时四个要素融会贯通,程大昌解释了由"太极"而"八卦"的生成之序,最后得出了八卦的时空序列图。他虽是从一二三四这四个抽象的数出发,但在具体阐释八卦之"生"的过程上,却着重发挥了汉易中的五行说,将八卦的生成视为气贯通于时间和空间而施生的结果。在程大昌看来,"易有太极,是生两仪,两仪生四象,四象生八卦"的序列体现了宇宙生成、变化和发展的过程,即从无形到有形,从纪数之少到纪数之多,无论其如何变化,皆不出阴阳之源,太极之祖。他说:"变易之所起,固在两仪以下矣,孰使两仪而有此变者,则必命之者也,故太极当为变祖也。"①

程大昌指出,《周易》一书中作为制变之祖的"太极"可以借助于《老子》中的"一"来理解,但不同于孔子所说的"一"。因为"一致而百虑"、"天下之动贞夫一"都是指有天地以后总统万物的"一",尽管孔子曾说"天何言哉?四时行焉,百物生焉",《中庸》曾云"德輶如毛,毛犹有伦,上天之载,无声无臭",这些表述似乎超出表象而推究天地之所以从施,但终不肯明说出来。程大昌由此得出结论:"太极之一求诸五经、《论》、《孟》,未有明说也,此非圣贤有所靳秘也,寓道于器而藏性天于文章,以期天下之自得焉耳。"②老子则不同,其立言要穷极造化,又恐学者迷本,所以说出"道生一,一生二,二生三,三生万物"而穷究始末,将宇宙化生之理彻底公之于众。程大昌认为,老子所说的"一"就是《易》之"太极","二"就是《易》之"两仪",理解太极可以从老子"天得一以清,地得一以宁"等语中会意,即"太极"是随在随有的变易之祖。

---

① 《四库全书》第12册,上海:上海古籍出版社,1987年,第557页。
② 《四库全书》第12册,上海:上海古籍出版社,1987年,第554页。

(三)理论贡献

《周易》之原尤其是八卦的形成问题,是历代易学研究的主要内容之一,亦是易学史上争论的焦点之一,自汉以来,学者在这一问题上的纠纷甚多,至程大昌生活的两宋时期,学者们根据《系辞》的相关文句提出了观象说、图书说、揲蓍说、太极说等多种看法,欧阳修就曾以前三说自相矛盾而提出《系辞》非孔子所作的观点。程大昌每引《系辞》、《说卦》之语,皆冠之以"夫子言",可见他并不怀疑孔子作《易传》,对《系辞》里关于八卦形成、《易》之原的不同观点,程大昌则通过分列层次而将它们融会贯通,他指出:首先,图、书亦在圣人观象之列,只是由于圣人作《易》之机要出于河洛两图,所以为《易》之原。其次,观象说与图、书说共言八卦卦画之写成,太极说则言八卦次序之生成。再次,揲蓍说是指揲蓍得卦而后卦入于用,并非追言伏羲作《易》之始。虽然程大昌在具体阐释此四说时未必皆合乎《周易》本义,他所谓"圣人作《易》之机要出于河洛两图"更是将《周易》推入神秘的境地,然而通过逻辑上的分层解析,程大昌指出观象说是言八卦之写成,揲蓍说是言八卦之入用,太极说是言八卦更迭之序,则对《系辞》中关于《易》之原的各说之间的矛盾起到了一定程度的调解作用,也为《系辞》文本意旨的统一提供了一定的理论支撑。

关于《系辞》中"易有太极"一段文字,在易学史上,朱熹的诠解较为流行。他说:"易者,阴阳之变。太极者,其理也。两仪者,始为一画以分阴阳。四象者,次为二画以分太少。八卦者,次为三画而三才之象始备,此数言者实圣人作《易》自然之次第。"①朱熹将此段文字视为对圣人画卦过程的陈述,他吸收邵雍"一分为二,二分为四,四分为八"之说,②指出八卦是圣人按照"一每生二"的自然之理而画成的。程大昌与朱熹生活于同一时代,亦为新安同乡,在阐释从太极到八卦的序列上,二人却存在明显的差异:朱熹以"太极"为阴阳变化之理,以"四象生八卦"为由太阳、少阴、少阳、太阴生乾一、兑二、离三、震四、巽五、坎六、艮七、坤八之序列;程大昌以"太极"为变易之祖,以"四象生八卦"为四气生八卦"出震终艮"更迭之序。后者之说不失为新奇之解。

在对《系辞》从太极到八卦序列具体阐释上,刘牧赋予了太极、两仪、四象、八卦以数的规定性,如以五个小白圈和五个小黑圈相间环绕成一大圈为天地奇偶之数,以之表示浑沦之太极,从而将这一序列描绘为天地之数自我演变的过程。③而程大昌则赋予太极、两仪、四象、八卦以气的规定性,他认为从太极到八卦的生成序列是一气判而为两仪,二仪又遂分为四气,四气又遂为八节气,八卦是根据八节气而明列先后的。程大昌认为《周易·说卦》为孔子所作,并认为《说卦》"帝出乎震,齐乎巽,相见乎离,致役乎坤,说言乎兑,战乎乾,劳乎坎,成言乎艮",乃孔子所明八卦于东、东南、南、西南、西、西北、北、东北八个方位上的更迭之序,他指出:"夫子出震终艮八卦更迭之序"是根据四气播散、辨方明位而明列先后的,即"命坎离震兑为四正,居四行正位而唱发四气;命乾坤艮巽为四维,居四正隅角而摅达四气也"。④在程大昌的诠释视域下,"四象生八卦"具体而

---

① 朱熹著,李一忻点校:《周易本义》,北京:九州出版社,2004年,第284页。
② 朱熹著,李一忻点校:《周易本义》,北京:九州出版社,2004年,第3页。
③ 参见朱伯崑《易学哲学史》中册,北京:北京大学出版社,1988年,第36—40页。
④ 《四库全书》第12册,上海:上海古籍出版社,1987年,第561—562页。

言就是四气贯通八方生四时八节,由此再生八卦"出震终艮"的更迭之序。相对于刘牧以五行之生数和成数自身的演变来解释八卦分布的方位,程大昌将八卦更迭次序视为宇宙气化过程的反映,则较为符合人类认识发生和发展的客观规律,此可视为其易学研究中的一个重要的理论贡献。

虽然今人对程大昌的易学研究成果鲜有提及,他于宋代易学史上的地位亦远不及刘牧、朱震、程颐、朱熹等,然而他为探索《周易》之原而付出的学术努力则是不可抹杀的。朱熹在给程大昌的信中曾经说道:"病中得窥《易老》新书之秘,有以见立言之指,深远奥博,非先儒思虑所及。"①惜今于程大昌《易老通言》无从查阅,然由其"苦思力索四年而成"②的《易原》一书可以了解到,程大昌不仅发挥了刘牧之说促进了南宋图、书易学的发展,同时也通过对《周易》之"太极"与《老子》之"一"这两个范畴的贯通理解,从本体意义上为儒道互通开辟了一条可能的路径。

---

① 程瞳辑,王国良、张健点校:《新安学系录》卷5,合肥:黄山书社,2006年,第106页。
② 《四库全书》第12册,上海:上海古籍出版社,1987年,第505页。

郑玉的理学思想

(一)郑玉的生平与学术

郑玉(1298—1358),字子美,徽州歙县人,是元代重要的理学思想家,学兼朱、陆,融会理、气,治《春秋》以纲常为指归。其"和会朱陆"的思想公正客观,丰富了元代儒学的内容。汪克宽为郑玉所作《行状》曰:"世居徽州之歙县衮绣乡贞白里。父千龄,累官承事郎休宁县尹,以操行著称,学者及士友私谥曰贞白先生,有司表所居为贞白里。……先生(郑玉)自髫龄不与凡子为伍,稍长颖敏,不治细务,唯嗜读书。……闻人诵朱子之言则喜其契于吾心也;闻人论朱子之道则喜其切于吾身也。于是日诵四书,玩味朱子之说而纰绎之,沉潜反复,久而融会贯通,得其旨趣……处己以淡薄自持,立心以诚敬为本……因是于恻隐之发,体认涵养,造益深矣。"①

郑玉自言其学:"昔先君子作尉淳安,余在侍旁……吴暾(朝阳)先生则所师也。"②《宋元学案·慈湖学案·隐君洪复翁先生传》说:"郑师山之学于淳安也,尝曰:朝阳先生吾师之;复翁,大之二先生,吾所资而事之;本一,吾友之。"③朝阳为吴暾,大之为夏溥,复翁为洪震老。吴暾、洪震老为夏希贤的门生,夏溥则为希贤的儿子。希贤从学于史弥坚,弥坚学于慈湖杨简,慈湖则象山门人。郑玉所师事三人,都属于陆学一派,由此可知,郑玉乃陆氏嫡传。

可是从前引汪克宽所撰《行状》来看,则明显讲郑玉学宗朱子,读朱子之书,明朱子之道,体认涵养,无所不本朱子。正由于兼通朱陆,郑玉才能够深刻地指出朱学和陆学的"同"和"异",为朱陆合流找到切入点,从而为"和会朱陆"做出重要的贡献,故《宋元学案》说"继草庐而和会朱陆之学者,郑师山也"。

郑玉早年曾二度试举,不第后专心治学。汪克宽在《行状》中说郑玉"再应进士举,不利,即弃举业,求圣人之道于六经。研精覃思,优游涵泳,蕲必至古人之域","门人鲍元康(仲安)等因其地筑师山书院……先生日与诸生论说《春秋》而通其大用","以翰林待制奉议大夫诏先生……固辞……秋七月,天兵(明军)遽至,主帅欲罗致之。先生曰,吾知死期至矣……曰,吾荷国恩,偷生苟容,何面目立于天地间耶?"④

关于郑玉生平,概言之:一曰从学复杂,宗朱子而融象山;

---

① 汪克宽:《师山先生郑公行状》,载《师山集·师山遗文附录》,四库全书本。
② 郑玉:《师山集》卷七《洪本一先生墓志铭》,四库全书本。
③ 黄宗羲:《宋元学案·慈湖学案·隐君洪复翁先生传》。
④ 汪克宽:《师山先生郑公行状》,载《师山集·师山遗文附录》,四库全书本。

二曰崇尚名节,屡诏固辞而从治学;三曰敦风化俗,进退无心而自然。我们不妨用郑玉自己的话来总结其人:

> 希孔明,徒有其志;学朱子,莫知其方;谈天谈地,都成话柄;登山临水,遂为膏肓。或者谓斯人之所造,其圣门之所谓狂也欤?①

郑玉的著述有《易》方面的论述,惜其不传于世。今存其著主要有《春秋阙疑》,又名《春秋经传阙疑》,此书四十五卷,录入《四库全书》。另外,《四库全书》还收入郑玉自编的《师山集》八卷,此集又名《余力稿》。

关于理学的核心范畴理气问题,郑玉述周、张、程、朱之意,兼采陆九渊本心之旨,融会贯通。周敦颐作为理学开山,其"太极"作为万物的本原,中经二程之"理",至朱子而将"理"提升为本体。但是,朱子的本体之"理"如何生成变化而为气,而为天地万物,其本身的体系难以解决这一问题,进而引发天地之性何以发为气质之性等一系列问题。这些问题便成了陆学、事功等学派批评朱子学的话题。张载的气本论在宇宙发生论上体系严密,这对于郑玉解决朱子学理气二橛的矛盾是一个启示,他把周敦颐的"太极"与张载的"气"熔铸在一起,构成了他的理气论:

> 为学之道,用心于枝(支)流余裔而不知大本大原之所在者,吾见其能造道者鲜矣。周子《太极图说》,张子《西铭》,其斯见道之本原欤?然太极之说,是即理以明气;《西铭》之作,是即气以明理。太极之生阴阳,阴阳之生五行,岂有理外之气?天地之塞吾其体,天地之帅吾其性,岂有气外之理?然则天地之大,人物之繁,孰能出于理气之外

---

① 郑玉:《师山遗文》卷四《自赞二首》之二,四库全书本。

哉？二书之言虽约,而天地万物无不备矣。①

"岂有理外之气"与"岂有气外之理",虽然没有具体论述理气何以相即不离,但是,后世挽救陆王心学末流弊病往往有两个选择方向,一为事功,一为朱子学,而这两个方向其实可以归结于气学转向。黄宗羲出于心学而批判心学流弊,他对"明清巨变的反思也使其心学形成了重大的转向,从而表明由明向清、由心学向气学过渡的迹象"。② 在理、气的问题上,黄宗羲继承郑玉而有所发展,他说:"理、气之名,由人而造。自其沉浮升降者而言,则谓之气;自其浮沉升降等而不失其则谓之理。盖一物而两名,非两物而一体也。"③黄宗羲提出了"盈天地间皆气"的命题,最典型地体现了心学走向气学的特色。这种转向的思路早就反映在郑玉的"岂有理外之气"与"岂有气外之理"的命题中。心学向气学过渡,郑玉发其端,黄宗羲继其中,至王夫之"太虚一实"、"理依于气"的论述才算完成。

(二)郑玉的《春秋》学

郑玉治经以义理为指归,善于就史事立论,不尚空谈义理,以致用为目的,期求安平治世,宗朱取陆,不执门户之见,兼采诸儒之长。

郑玉于儒家诸经中尤其擅长于治《春秋》,其治《春秋》的方

---

① 郑玉:《师山遗文》卷三《跋太极图、西铭解后》,四库全书本。
② 冯达文、郭齐勇:《新编中国哲学史》,北京:人民出版社,2004年,第193页。
③ 黄宗羲:《宋元学案》卷八《介轩学案》。

法是"以常情观之,非考验事实证据明白,未易轻信而不疑也"。① 根据这种方法,郑玉对《春秋》三传作如下评价:"《左传》所载皆鲁史旧文,明白可信。及丘明稍加隐括,附以议论,然后事迹泯灭,是非乖谬,《春秋》之旨有不可得而考者矣。及《公羊》、《穀梁》定为义例之说,但有不合,则曰此圣人之微意也。一切舍事实而求之空言,使圣人笔削之妙下同刻吏弄法之文,而仲尼之志亦复不可见矣。然《春秋》之不明,三传蔽之也。"② 针对三传的弊病,郑玉认为读《春秋》当以程子为法,即"以经证传之误,以传补经之缺"。二程说"学《春秋》者必优游涵泳,默识心通……通其文而求其义,得其意而法其用,则三代可复也"。③ 即是说,读《春秋》应当以心通义、以义为用、用而治世。朱子论《春秋》"一是体认圣人意蕴,不要在一字半句上理会褒贬,以致舍本求末……二是明道正谊为《春秋》大旨。三是遏人欲,存天理。"④ 郑玉虽承此一脉,却并不株守。他"以经证传,以传补经"基本上是程朱尚"理义"的宗旨论,但他还是有向史实求证的倾向。这样,与《公羊》、《穀梁》二家只是把《春秋》所谓"微言大义"进行发挥相比,郑玉治《春秋》的方法是有一定的合理性的。

郑玉学术以《春秋》为重,这自有他的理由。他认为《春秋》"体天地之道而无疑,具帝王之法而有征"。⑤ 郑玉认为《春秋》是不刊之典,《春秋》之功足以遏人欲于横流,存天理于既灭。他根据"卫人杀州吁于濮"之事发论:"人欲之感人也虽深,天理

---

① 郑玉:《师山集》卷二《读欧阳公赵盾许正弑君论》,四库全书本。
② 郑玉:《师山集》卷二《读欧阳公赵盾许正弑君论》,四库全书本。
③ 转引自张立文等《中国学术通史》,北京:人民出版社,2004年,第196页。
④ 转引自张立文等《中国学术通史》,北京:人民出版社,2004年,第196页。
⑤ 郑玉:《春秋阙疑》卷一《冬十有二月卫人立晋》,四库全书本。

之感人也实易甚矣。人恒蔽于人欲之私而不能启其天理之公,遂至失其本心而亦不能明乎人之本心也。"①在这里,郑玉对朱子天理人欲之辨与象山发明本心是兼容的。圣人能存天理而灭人欲,因此"尧舜之治"可复,故《春秋》是体道治世的大典,不可不究。郑玉将儒家六经与《春秋》作比较,认为"《易》、《诗》、《书》言其理,《春秋》载其事。有《易》、《诗》、《书》而无《春秋》,则皆空言而已矣"。②郑玉以《春秋》之事与《易》、《诗》、《书》所言之理为理一不二,这也说明了郑玉将《春秋》作为一生治学基础的原因所在。

郑玉对历史上研究《春秋》的各家作了评论。他说:

> 三家之传,左氏虽若详于事,其失也夸;《公》、《穀》虽或明于理,其失也鄙。及观其著作之意,则若故为异同之辞,而非有一定不可易之说。两汉专门名家之学,则又泥于灾祥征应而不知经之大用。唐宋诸儒,人自为说,家自为书,纷如聚讼,互有得失。程子虽得经之本旨,惜无全书。朱子间论事之是非,又无著述。③

程子对于《春秋》,尝言"俾后之人通其文而求其义,得其意而法其用,则三代可复也"。④ 此谓《春秋》涵理于文,学者当明理以致用,因用而治世。朱子对《春秋》三传作了分析:"以三传言之,左氏是史学,《公》、《穀》是经学。史学者,记得事却详,于道理上却差;经学者,于义理上有功,然记事多误。"从这个意义上说,"左氏所传《春秋》事恐八九分是。《公》、《穀》专解经,事

---

① 郑玉:《春秋阙疑》卷一《冬十有二月卫人立晋》,四库全书本。
② 郑玉:《春秋阙疑》卷一《冬十有二月卫人立晋》,四库全书本。
③ 郑玉:《师山集》卷三《春秋经传阙疑序》,四库全书本。
④ 转引自张立文等《中国学术通史》,北京:人民出版社,2004年,第196页。

则多出揣度"。"《春秋》制度大纲,《左传》较可据,《公》、《穀》较难凭"。① 朱子此论,基本上是从理学的立场来权衡《春秋》三传。陆九渊也认为,"圣人贵中国,贱夷狄,非私中国也。中国得天地中和之气,因礼义所在。贵中国者,非贵中国也,贵礼义也……圣人悉书不置,其所以望中国者切矣"。② 在论《春秋》重义理上,朱、陆二家根本相同,郑玉兼取他们的《春秋》义理主旨论。郑玉对历来诸家《春秋》之学的评论颇为公允。这不仅反映在当时人们均重视郑玉的《春秋经传阙疑》,今人张立文先生也说郑玉的书"主于明经以立教,端学之著书,主于诋传以邀名。用心之公私迥不同哉"。③ 这是对郑玉《春秋》学的充分肯定。

郑玉指出了诸家不足,提出了自己的解决办法:"为今之计,宜博采诸儒之论,发明圣人之旨。经有残缺则考诸传以补其遗;传有舛讹则稽诸经,以证其谬。"④这种经、传互参的治《春秋》方法的目的在于"使经之大旨粲然复明于世,昭百王之大法,开万世之太平,然后足以尽斯经之用"。⑤ 这是禀义理以致用,不同于纯粹的章句之儒。郑玉《春秋经传阙疑》一书编纂的宗旨正是上述方法的体现,该书"因朱子《通鉴纲目》之例,以经为纲,大字揭之于上,复以传为目,而小字疏之于下。叙事则专于左氏,而附以《公》、《穀》,合于经者则取之;立论则先于《公》、《穀》,而参以历代诸儒之说,合于理者则取之。其或经有脱误

---

① 转引自张立文等《中国学术通史》,北京:人民出版社,2004年,第196页。
② 陆九渊:《陆九渊集》,北京:中华书局,1980年,第277页。
③ 转引自张立文等:《中国学术通史》,北京:人民出版社,2004年,第206页。
④ 郑玉:《师山集》卷三《春秋经传阙疑序》,四库全书本。
⑤ 郑玉:《师山集》卷三《春秋经传阙疑序》,四库全书本。

无从质证,则宁缺之以俟知者而不敢强为训解"。①

郑玉既有治史的实证精神,又有治经的探赜索隐的哲学思维。郑玉立论,往往以史为质,不发空论,如《左传》"夏,五月,郑伯克段于鄢",郑玉对此事引程子"郑伯失为君之道,无兄弟之义",又引胡宏(安定)"郑伯,兄也,不能教弟以养成其恶,是兄不兄,弟不弟,故圣人书以讥之"。然后郑玉自述:"庄公固不能胜其母也。然不能胜母者,情也;制之以礼者,义也。圣贤于此安肯舍礼法,纵情欲而陷其亲于不义乎?亦必有道也。孟子曰,仁人之于弟也,不藏怒焉,不宿怨焉,亲爱之而已矣。使郑伯之于段,如舜之于象,封之有庳,使吏治之而段不得有为,则段长有京城而郑无患矣。岂有置姜氏于城颍之祸哉?此所谓从父之令为非孝也。"②于此,郑玉解《春秋》有如下特征:一则经传并用,以经为重,兼采诸儒之说。二则宗朱子而不拘执,自成一家之言。三则以经明理,以致用求治。

郑玉由《春秋》学之旨落实到史论,其论史不事空言,而是就史发挥,阐发他的伦理纲常思想。他认为,只要有德且能救民于水火者就可以得到王位,而不必"拘于父子名分之间"。父传位于宗子,这是中国封建王位相递的基本模式,似乎也成了天经地义。但是,唐太宗的情况有些例外,他起兵之时,其父尚为隋朝大臣,拥有兵权。按君臣之义,其父应当诛杀其子(唐太宗)以尽臣责。可是,隋朝末年已是"暴虐无道盈于桀纣,生民受祸甚于涂炭,天下怨之过于寇仇"。因此,在唐太宗的说服下,其父默认起兵反隋。隋灭,唐太宗即位,但是他的父亲尚在,于是有人指责唐太宗有失父子名分、兄弟伦常。对此,郑玉颇不以为然,他认为唐太宗有天下,一为其有德,二为"应天顺

---

① 郑玉:《师山集》卷三《春秋经传阙疑序》,四库全书本。
② 郑玉:《春秋阙疑》卷一《夏五月郑伯克段于鄢》,四库全书本。

人,救民于水火之中矣,又奚暇让其父兄哉?"三为史有前例,即"尧以天下与舜,未闻舜以瞽叟为辞"。因此,郑玉的观点十分明确:"苟德在己,则起而应天顺人,救民于水火之中矣,又奚暇让其父兄哉!""顾乃拘拘于父子名分之间,孜孜于详度论议之细,不量其父之才,必欲强以天下之重言之而不从",①则不能救民于水火之中。郑玉的这种不计名分、唯民为大的观点在当时是颇有见地的,在理学普遍执纲常为死理的形势下,郑玉敢发打破常规之论,一则需要有理论勇气,二则体现了他的权变思想,同时,这也是对于孟子"民为贵,社稷次之,君为轻"的民本思想的发展。黄宗羲将这种民本思想阐释为"天下之治乱,不在一姓之兴亡,而在万民之忧乐"。② 应该说,从孟子朴素的民本思想到黄宗羲的具有近代特色的民主思想,郑玉的民本思想实为不可或缺的一环。郑玉在《颂叶县丞平金课时估诗序》中说:"古之善为国者,必先富民。民者,国之本也。国用乏而衰,民财以足之,犹割四肢之肉充口腹之食,其能久乎?"③这是对孔子"庶之、富之、教之"的治民为政观点的进一步发展。

  君臣之义也是郑玉论史时所关注的,他提出"人君者,天下之主也,义之所在,天下共为之主矣。苟义去之,匹夫而已,岂得为天下之主乎?"郑玉以义为体,以君为用。黄宗羲"天下为主君为客"之论,正是郑玉这种观点的发挥。郑玉就史事来阐明自己的观点,他认为一旦君主"昏愚纵情,暴虐肆行,祸乱毒害生灵,倾危宗社",那么作为大臣的"则权之以义"。④ 郑玉在史论方面关于君臣、君民关系的观点上承孔孟的民本思想,下开明末清初的黄宗羲等人的启蒙思想的先河。

---

① 郑玉:《师山集》卷二《唐太宗论》,四库全书本。
② 黄宗羲:《明夷待访录·原臣》,北京:中华书局,1981年。
③ 郑玉:《师山集》卷三《颂叶县丞平金课时估诗序》,四库全书本。
④ 郑玉:《师山集》卷三《张华论》,四库全书本。

(三)郑玉与"和会朱陆"

"鹅湖之会"拉开了"和会朱陆"的帷幕。元代,吴澄"宗朱而崇陆",在"和会朱陆"中有贬朱褒陆的倾向。郑玉则比较客观公正地分析朱、陆之学各自的利弊,认为学者应汇两家之长,打破门户之见。郑玉"和会朱陆"的观点影响了当时及后代学者,为理学内部阵营的统一做出了一定的贡献。

朱熹和陆九渊在学术思想上存在分歧,由来已久。南宋著名学者吕祖谦为了调和朱熹和陆九渊之间学术思想的分歧,遂于1175年6月邀请朱熹、陆九渊及其兄九龄(复斋)会于江西信州鹅湖寺(在今江西铅山县),这就是著名的"鹅湖之会"。这次相会,朱陆围绕关于治学方法等问题进行了激烈的辩论。吕的本意是使二者"会归于一",孰料从此却拉开了一场纷争,使两派日益对立,"宗朱者诋陆为狂禅,宗陆者以朱为俗学,两家之学,各成门户,几如冰炭"。① "鹅湖之会"既标志着朱熹理学和陆九渊心学地位的确立,同时也为"和会朱陆"拉开了帷幕。吴澄、郑玉等就是元代"和会朱陆"的代表人物。

吴澄(1249—1333),字幼清,号草庐,抚州崇仁(今属江西)人。吴澄是南方人,直承宋代理学端绪,因此比起同时代的许衡来说,是"正学真传,深造自得"。吴澄世代业儒,15岁时始读《大学章句》,16岁在场屋中认识了饶鲁的学生程若庸,并拜程为师,遂为饶鲁的再传弟子,其后又师事程绍开,程绍开为陆学后人,以"和会朱陆"为学旨。由于吴澄在"和会朱陆"中"右

---

① 黄宗羲:《宋元学案·象山学案》。

陆",故被许多朱学学者认为是由朱入陆之人物。

吴澄认为,世人仅把朱学作为招牌,谋取仕进,其学术思想日益僵化,于是对朱学感到失望,转而投向了陆学的阵营。吴澄将陆学的本心论说成孔孟以至宋代的周、程、张、邵相一贯的"圣人之道"。他说:"今人谈陆子之学,往往曰以本心为学,而问其所以,则莫能知陆子之所以为学者何如。是'本心'二字,徒习闻其名,而未究其实也。夫陆子之学,非所以言传也,况可以名求哉! 然此心也,从所同有,反求诸身,即此而是。以心而学,非特陆子为然,尧、舜、禹、汤、文、武、周公、孔子、颜、曾、思孟,以逮周、程、张子,莫不皆然。故独指陆子之学为本心,学者非知圣人之道也。"①吴澄认为陆子之"本心"同朱子的"理"一样,都是继圣绝学,是圣人一脉相传的。但相比较之下,他认为陆子的"尊德性"要比朱子的"道问学"高明,"朱子于道问学之功居多,而陆子以尊德性为主。问学不本于德,则其弊必偏于语言训释之末,故学必以尊德性为本,庶几得之"。② 至此,吴澄已完全站在陆学一边。

元至治(1323 年)年间,吴澄序《陆九渊集》犹云:"澄肃读之,先生之道如青天白日,先生之语如震雷惊霆,虽百数十年之后,有如亲见亲闻也。……能反之于身,则天所以与我者,我固有之,不待外求,扩而充之,不待增益也。先生之教人盖以是,岂不简易切实哉! 不求诸我之身,而求诸人之言,此先生之所深闵也。今口谈先生,心慕先生者比比也,果有一人能知先生之学者乎?"吴澄在此简直把陆九渊奉若神明,以陆九渊之语为雷霆,惊人猛醒。他说:"果有一人能知先生之学者乎?"言下之意,能够理解陆九渊的只有我吴澄一人。吴澄如此坦率地表

---

① 黄宗羲:《宋元学案·草庐学案》。
② 黄宗羲:《宋元学案·草庐学案》。

白,"议者遂以澄为陆氏后学,非许氏尊信朱子本意",①竟致使他不得不辞去国子监丞一职。

上述可见,吴澄在"和会朱陆"的问题上偏于陆,没能客观公正地解决朱陆分歧,其"和会朱陆"的观点有一定的局限性。不同于吴澄,郑玉"和会朱陆"的思想产生了广泛的影响,不仅在当时被一些人认为是深得朱、陆之学旨,直至明末,黄宗羲、全祖望等人也深受其影响。

在"和会朱陆"的问题上,郑玉首先肯定了朱熹和陆九渊在学术史上的地位,给予二人极高的评价,认为二先生同植纲常,同扶名教,源于一本,"况同是尧舜,同非桀纣,同尊周孔,同排佛老,同以天理为公,同以人欲为私。大本达道,无有不同者乎?"②二人并无本质上的不同,都是继承了孔孟的圣人之道,都主张扬天理灭人欲,二人的为学目的是一致的。

其次,他认为二人只是为学的方法和途径的不同而已。他说:"以予观之,陆子之质高明,故好简明;朱子之质笃实,故好邃密。盖其质之所近而为学,故所入之途有不同尔。"③二人之所以不同,是因为二人天资禀赋不同,故为学的方法不同。陆子静聪明敏锐,举一知十,故能轻轻松松地学到知识,所以不必为读书所累。而朱子质朴踏实,所以做学问认真细致,举一反三,务必做到尽善尽美。二人所走的道路不同,却都是朝着一个共同的目标前进。但朱、陆之学也各有弊。郑玉认为:"朱子之说教人为学之常也,陆氏之说才高独得之妙也。二家之学亦各不能无弊焉。陆氏之学,其流弊也,如释子之谈空说妙,至于卤莽灭裂,而不能尽致知之功。朱氏之学,其流弊也,如俗儒之

---

① 宋濂:《元史·道学传》,北京:中华书局,1986年。
② 黄宗羲:《宋元学案·师山学案》。
③ 黄宗羲:《宋元学案·师山学案》。

寻行数墨,至于颓惰委靡,而无以收其力行之效。然岂二先生立言垂教之罪者？盖后之学者之流弊云尔。"①郑玉将朱、陆之学的缺点、弊病分析得清楚明白：朱学笃实有余,然则支离泛滥,不能收力行之效；陆学虽高明简易,却"谈空说妙"没有"致知之功"。然而,朱、陆的许多后学并不能正视这些弊端,更不能革除这些弊端、吸取双方的合理因素而综合创新,而是一味地照搬照抄老师的经验,以至于朱学走向"支离",而陆学几近"狂禅"。陆氏后学更把陆的"发明本心"发展为"明悟为主","不起意为宗",②以至"不读书,不穷理,专做打坐工夫"。③那么,时至今日又该当如何呢？"近时学者,未知本领所在,先立异同,宗朱则毁陆,赏陆则非朱,此等皆是学术风俗之坏,殊非好气象也。陆子静高明不及明道,缜密不及晦庵,然其简易光明之说,亦未始为天见之言也,故其传徒方远。施于政事,卓然可观而无颓惰不振之习。但其教书却是略下工夫,而无其先后之序,而其所见又不免有知者过之之失。以之自修虽有余,而学之者有弊。学者自当学朱子之学,然亦不必谤象山也"。④陆子静之学虽有不足之处,但却不失为一种修身养性的好方法,以此方法再结合朱学之"道问学"的笃实工夫,就是一种极为完美的、无可挑剔的为学之道,既避免了"支离",又避免了"谈空说妙"。只有打破门户之见,汇集两家之长,才能进一步丰富儒家学说,保证儒学稳定、可持续地发展,这就是郑玉所要"和会朱陆"的目的。

综上所述,郑玉"和会朱陆"的思想,虽然不太系统和全面,但比起同时代吴澄及其他思想家来说较为客观公正,因而产生

---

① 黄宗羲:《宋元学案·师山学案》。
② 黄宗羲:《宋元学案·慈湖学案》。
③ 陈淳:《北溪文集·答陈师复之五》,北京:中华书局,1986年。
④ 黄宗羲:《宋元学案·师山学案》。

了一定的影响。

如元代学者赵汸就是在郑玉的影响下提出了朱、陆"合并于暮岁"的观点。赵汸(1319—1370),字子常,徽州休宁人。赵汸认为朱、陆的差异乃是"入德之门"的差异,及至晚年,朱、陆各自反省,均觉察到了自己的弊病。朱熹认为不仅要重视"道问学",同样要重视"尊德性",二者不能偏执于一端,而要相辅相成。陆九渊也对过去"粗心浮气,徒致参辰,岂足酬义"表示反省。赵汸因此道:"夫以二先生之言如此,岂鹅湖之论至是而各有合邪?使其合并于暮岁,则其微言精义必有契焉"。另外,明代徽州著名学者程敏政也受郑玉、赵汸等人影响提出朱、陆"早异晚同"说,王阳明更是受上述徽州学者影响而著《朱子晚年定论》。

胡炳文对朱熹《周易本义》的推明与发挥

胡炳文(1250—1333),字仲虎,号云峰,婺源人,是元代易学发展史上的重要代表人物,其父胡斗元 14 岁便受业于朱熹之从孙朱洪范之门,在学术上尤其精通于《周易》。胡炳文秉承家学,一生笃志朱子之学,撰有《四书通》、《〈周易本义〉通释》、《〈大学〉指掌图》、《四书辨疑》、《五经会意》、《纯正蒙求》、《〈尔雅〉韵语》等多部学术著作。《〈周易本义〉通释》是元代为数不多的易学研究成果中一部重要著作,全书的结构大致为:先是《周易》之经传文,再是朱子之注,最后是胡炳文在朱子的每一段注解后加之"通曰"以附己释,① 其中既有详《周易本义》之已解,又有发《周易本义》之未发,而其力排诸家训释,独崇朱子之情更是随文可见。无论是在新安理学的发展史上,还是在易学史上,胡炳文皆具有不可忽视的学术地位。然而,学界有关胡炳文易学思想的系统研究尚未有见,本文拟从其《〈周易本义〉通释》入手,就胡炳文对朱子易学的推明和发挥作一尝试性的

---

① 鉴于《〈周易本义〉通释》的这一结构特征,下文援引《周易本义》原文不再注明出处。

探究,旨在说明,在对朱子易学的传承和发扬上,胡炳文做出了重要的学术贡献。

(一)申《周易本义》之精义

朱熹注《周易》上经、下经、象上传、象下传、彖上传、彖下传、系辞上传、系辞下传、文言传、说卦传、序卦传、杂卦传而成《周易本义》十二卷。朱子曾对其《周易本义》的诠释原则进行了说明:"据某解一部《易》,只是作卜筮之书。今人说得来太精了,更入粗不得。如某之说虽粗,然却入得精,精义皆在其中。"①在朱子看来,他立足于卜筮解释《周易》,虽然在形式上简约朴实,然而在内容上却能呈现《周易》精要之义理。胡炳文以其《〈周易本义〉通释》羽翼朱子之说,探究精微,阐明幽奥,对朱子之注多有发挥,可谓有功于朱子。以下姑以《既济》为例,来观《〈周易本义〉通释》对《周易本义》之精义的引申和扩充。

《既济》卦象为离下坎上,卦辞为"亨,小利贞,初吉终乱",朱熹释此卦名和卦辞曰:"《既济》,事之既成也,为卦,水火相较,各得其用,六爻之位,各得其正,'亨小'当为'小亨',大抵此卦及六爻皆有警戒之意,时当然也。"胡炳文将朱子"大抵此卦及六爻皆有警戒之意"一语引而申之,在随后的"通曰"中进行了一一详说。

从卦象上看,在《既济》卦中,三个阴爻分别居二、四、六之阴位,三个阳爻分别居一、三、五之阳位,阴阳各得其正位而呈事之既成稳定之象,从"亨小利贞"一语中似乎还不能观解到警

---

① 《朱子语类》卷六十六。

戒之意，然而胡炳文却直接采用朱子"'亨小'当为'小亨'"之说，进而指陈其警戒之意，他指出："既济之时，阴阳各得其正，小者且无不亨，而圣人犹戒之曰利贞。"①此于《周易》文本，可能有诠释过度之嫌，然而于《周易本义》，却不失为一种引申和扩充。

对于卦辞中的"初吉终乱"，胡炳文细致地阐发了朱子所谓的"警戒之意"："易之道一阴一阳，天下之生一治一乱，阳一而阴二，故治常少而乱常多。创业之主以忧勤而吉，守成之君以逸乐而乱，初吉不几时，终乱乃迭见，圣人所以于既济之时深戒之也。"②在胡炳文看来，就阴阳之理而论，社会政治变化的规律是一治一乱；从历史发展的实际来看，往往是治世少而乱世多，这是对朱子理气论的继承和发挥，为了说明由阴阳二气迭运变化而形成的现象世界的复杂性，胡炳文以阳爻一画而阴爻二画来喻示天下局势常常治少乱多，这种比附未必合乎圣人所立爻象之意，可见胡炳文意之所在，即突出人们于经验世界中常存忧患意识的必要性。

《既济》初九爻辞为"曳其轮，濡其尾，无咎"，朱熹注曰："轮在下，尾在后，初之象，曳轮则车不前，濡尾则狐不济。既济之初，谨戒如是，无咎之道也，占者如是则无咎矣。"循朱子之路向，胡炳文对《既济》初九爻象作出了更为详细的解释，他说："九，刚动之材，有轮象；初，一卦之后，有尾象。轮所以行，曳其轮则不行；兽涉水必揭其尾，濡其尾则不济。此既济之时也，而有未济之象。"③对于朱子"既济之初，谨戒如是"一语，胡炳文引申曰："初九以刚居刚，宜可以济，当济之初而谨戒如是，盖欲济

---

① 《四库全书》第24册，上海：上海古籍出版社，1987年，第457页。
② 《四库全书》第24册，上海：上海古籍出版社，1987年，第457页。
③ 《四库全书》第24册，上海：上海古籍出版社，1987年，第457页。

而未敢轻济也,故无咎。"①在胡炳文看来,《既济》初九是"勉其谨戒",六二是"戒以勿逐",九三是"戒以小人勿用",下卦三爻意在告诫人们在既济之时要如未济之时一样保持持重缓进。

《既济》六四爻辞为"繻有衣袽,终日戒"。对于"繻有衣袽"的注解,朱熹取程颐之说,即"繻,当作濡,衣袽所以塞舟之罅隙"。关于"终日戒",朱熹从六四爻性和爻位的角度解释道:"既济之时,以柔居柔,能预备而戒惧者也。"胡炳文沿程朱之解再释曰:"譬之乘舟者,不可以无襦,而忘衣袽亦不可,谓衣袽已备遂恝然不知戒,水浸至而不知,则虽有衣袽,不及施矣。"②"恝然"乃无愁之貌,乘舟之行,险患无时不在,无处不在,因此必须处处有备患之具,时时有虑患之心。胡炳文认为,《既济》六四爻辞意在告诫人们若欲有所行动或成就事业,防患之具要常备,戒惧之心要常有,唯有一如既往地保持戒慎才能成功。他特别指出:"备患之具不失于寻常,而虑患之念不忘于顷刻,此处既济之道也。"③

按照胡炳文《通释》之意,《既济》九五"东邻杀牛,不如西邻之禴祭,实受其福"之辞当是以德戒人,因为朱熹注此爻辞曰:"东阳西阴,言九五居尊而时已过,不如六二之在下,而始得时也,故其象如此,象辞初吉终乱又此意也。又当文王与纣之事。"胡炳文既详朱子之已解,又发朱子之微意。他指出:"东,阳也,谓五;西,阴也,谓二。禴,夏祭也,离为夏。《本义》于《既济》卦爻之辞,拳拳于'时'之一字……夫文王与纣同此一时也,在纣则为已过之时,在文王则为未至之时也。然福在天地间,未尝不以与人,非吝于纣而私于文王也,文王自有受之,而纣自

---

① 《四库全书》第 24 册,上海:上海古籍出版社,1987 年,第 457—458 页。
② 《四库全书》第 24 册,上海:上海古籍出版社,1987 年,第 459 页。
③ 《四库全书》第 24 册,上海:上海古籍出版社,1987 年,第 459 页。

无受之耳。"①胡炳文所谓"文王自有受之,而纣自无受之"当是指文王因顺天道而有德,故能得福,纣王因逆天道而失德,故无以受福,以此警戒人们在任何时候都不可离德而行。

《既济》上六爻辞曰:"濡其首,厉。"朱熹释曰:"既济之极,险体之上,而以阴柔处之,为狐涉水而濡其首之象,占者不戒,危之道也。"《既济》上卦为坎,坎为险,故朱子指出上六之爻处于险体之上,又因此爻为阴爻,有柔弱之性,以此爻位与爻性取义,则似小狐柔弱却至险境之极。胡炳文通过初九与上六爻辞的对比,将朱子所谓"既济之极"加以进一步发挥,指出《既济》上爻之"厉"不如初爻之"无咎",原因在于"既济之初"知道戒慎而能脱离危境,而"既济之极"不懂得戒慎而终不能成功,胡炳文以此再申《既济》自始至终的戒慎之义。

朱熹虽然申明其《周易本义》只将《周易》作卜筮之书而解,然而在具体的诠释理路上,则反映了其浓厚的理本论思想。如在解释《系辞下》中"天下之动,贞夫一者也"一语时,朱熹指出:"天下之动,其变无穷,然顺理则吉,逆理则凶,则其所正而常者亦一理而已矣。"此所谓"理",乃是运用流行、生生不已之理,亦为一阴一阳往来不息之道,胡炳文结合《文言》"贞固足以干事"将朱子之"理"引申为"正理"。他说:"固者,人事之当然;常者,天理之必然。天下之动,非吉胜凶,则凶胜吉,二者常相胜而不已,然天下之正理也。人之所为正则吉,不正则凶,虽其动也不一,而常有至一者存,亦不外乎此至正之理而已。"②借助于对《周易本义》的通释,胡炳文将"天理"视为至正而常存者,并以是否合乎天下之正理作为判断人事吉凶的标准,是对朱熹理事关系中理本论思想的继承与发展。

---

① 《四库全书》第24册,上海:上海古籍出版社,1987年,第459页。
② 《四库全书》第24册,上海:上海古籍出版社,1987年,第517页。

(二)发《周易本义》之未发

胡炳文的《〈周易本义〉通释》虽然在总体致思上以朱子之注为宗,然而并非只是通过语言的转换简单地复制、转述朱子的易学思想,在具体的分析阐释过程中,胡炳文多能发朱子所未发。对《周易本义》中一些未解的范畴,《通释》作出了自己的诠释,如释《坤》卦辞中"安贞"之"安"为"顺而不动",用六"利永贞"之"永"为"健而不息",又如释《系辞》"形而上者谓之道"曰:"形者,谓动而可见之时,自此以上则无体,故谓之道"。诸如此类者不胜枚举,在此不一一赘述。

《通释》发《周易本义》之未发,其间既有顺承《周易本义》之思所作的发挥,亦有不同于《周易本义》的新见解。胡炳文对《周易本义》成果的再创造,得益于其多重诠释视角,《〈周易本义〉通释》中既有一卦之中卦爻象的多方位释义,又有卦与卦之间的比照性诠释,还有经与经之间的参照性理解。

首先,一卦之中卦爻象的多方位释义。如《家人》,其卦象为离下巽上,卦辞为"利女贞",朱子释此卦名和卦象曰:"家人者,一家之人。卦之九五、六二内外各得其正,故为家人。"胡炳文再释曰:"家人,九五居外,六二居内,男女正位之象也。"①《家人》九五爻居外卦之中,因以阳爻居阳位而得其正;六二爻居下卦之中,因以阴爻居阴位而得其正。在中国传统社会中,家庭职责的分工一般为男主外,女主内,因此胡炳文以"男女正位之象"来解释朱子所谓九五、六二内外各得其正,当是已得朱子之

---

① 《四库全书》第 24 册,上海:上海古籍出版社,1987 年,第 399 页。

本旨。然而，胡炳文并未停留在朱子的这一诠释上，而是从多方位将《家人》卦象所蕴含的义理进行了再阐释，他说："长女居上，中女居下，尊卑有序之象也；四阳二阴，阳强阴弱，夫唱妇随之象也；二柔皆居阴位，执柔而不敢抗之象也；内明而外巽，处家之象也。"①只一《家人》卦，胡炳文或以《说卦》所列八卦之象而明长幼尊卑之序，或以卦中阴阳二爻力量的悬殊而论夫妇主从先后之别，或以卦中二阴爻皆居阴位而言女子于家中柔顺屈从之意，或以内卦与外卦的性情之别而论内明而外顺的处家原则，其对《本义》之发挥，可谓淋漓尽致。

其次，卦与卦之间的对照性诠释。如《需》，其九三爻辞为"需于泥，致寇至"，朱熹注曰："泥，将陷于险矣。寇，害之大者。九三去险愈近，而过刚不中，故其象如此。"朱子于此只是就《需》九三爻性、爻位及其与上卦坎之间的关系而论，并非提及《需》与他卦的关系，而胡炳文在对朱子此注的通释中，却将《需》卦与《渐》卦进行了比照。他指出："《需》与《渐》皆取有待而进之义。《需》，内卦于郊、于沙、于泥，由平原而水际，水际非人所安也；《渐》，内卦于干、于磐、于陆，由水际而平原，平原非鸿所安也。皆以三危地故也。"②人本陆行，而处泥污之中，鸿本水鸟，而进高平之地，二者的共同之处是失其所宜，处于危地。

此外，胡炳文对《乾》与《坤》、《需》与《讼》、《蒙》与《比》、《井》与《鼎》、《随》与《归妹》、《丰》与《明夷》等卦皆进行了比照性诠释，他的这种对照比较无疑更多地观照到六十四卦之间的内在联系。六十四卦卦数不可谓不多，三百八十四爻爻辞不可谓不繁，管斑窥豹，由胡炳文所揭《需》、《渐》两卦内卦爻辞行文节律之类同，其孜孜读《易》之情悠然可见。

---

① 《四库全书》第24册，上海：上海古籍出版社，1987年，第399页。
② 《四库全书》第24册，上海：上海古籍出版社，1987年，第322页。

再次,经与经之间的贯通性理解。如《屯》,其九五爻辞为:"屯其膏,小贞吉,大贞凶。"朱子释曰:"九五虽以阳刚中正居尊位,然当屯之时,陷于险中,虽有六二正应,而阴柔才弱,不足以济。初九得民于下,众皆归之,九五坎体有膏润而不得施为,屯其膏之象。占者以处小事,则守正犹可获吉;以处大事,则虽正而不免于凶。"这说明九五因陷于坎体之中而处境困难,所以不得施为,而胡炳文则从其爻辞中共有的"屯"字着手分析了九五"可以施而不施"。他说:"六爻惟二、五言'屯',二在下而柔,五刚而陷于柔,皆非济屯之材。二曰屯如,时之屯也;五曰屯其膏,五自屯之也。可以施而不施,是自屯其膏。出纳之吝,有司之事,非大君之道也。"①胡炳文所谓"出纳之吝,有司之事"乃出于《论语》,《论语·尧曰》载:"子张曰:'何谓四恶?'子曰:'不教而杀谓之虐;不戒视成谓之暴;慢令致期谓之贼;犹之与人也,出纳之吝谓之有司。'"孔子论"有司"之恶,在于说明,同样是要给予人的,但在出纳之际,总不免有所吝惜,此乃经管专务的有司所为,有失在上位者之体。胡炳文引《论语》"出纳之吝",意在说明,《屯》卦九五"屯其膏"为吝惜之象。在对《屯》卦九五爻辞的解释上,胡炳文不同于朱子的关键在于对"膏"的诠解上:朱子谓九五所处的坎体有膏润(艰难),胡炳文谓九五自身有膏润(财富)。朱子与虞翻的解释是一致的,虞翻曰:"坎雨称'膏',《诗》云:'阴雨膏之',是其义也。"②由于《屯》卦整体为艰难之象,所以相对于胡炳文的解释,朱子对其九五爻辞的诠解可能更贴近《周易》之原旨。

在经与经之间的贯通性理解上,胡炳文运用最多的,是将

---

① 《四库全书》第 24 册,上海:上海古籍出版社,1987 年,第 318 页。
② 李道平撰,潘雨廷点校:《周易集解纂疏》,北京:中华书局,1982 年,第 103 页。

《孟子》与《周易》相互参照解释,如朱子注《贲》卦初九《象》辞曰:"君子之取舍,决于义而已。"胡炳文再释曰:"初九以徒为义,不以乘为义。即孟子所谓往役义也,往见不义也。"① 又如朱子注《晋》初六《象》辞曰:"初居下位,未有官守之命。"胡炳文再释曰:"孟子曰我无官守,我无言责,则吾进退岂不绰绰然有余哉,即此意也。"② 胡炳文还提出孟子的养气之论乃由《大壮·象》所出,他说:"'大者壮也,刚以动',即是'其为气也,至大至刚';'大者,正也',即是'以直养而无害'。"③ 在对《本义》的通释中,胡炳文或援《论语》,或引《孟子》,将《周易》经传与《论》、《孟》相互贯通诠解,发朱子之未发。尽管在某些问题上,胡炳文的见解不如朱子的《周易本义》精确,然而这种触类旁通的诠解方法本身无疑是对朱子解《易》路径的拓宽。

(三) 赞《周易本义》之大功

胡炳文对《周易本义》的通释以维护发扬朱子学为宗,常以诸家训释为非,独以朱子注解为是,诸如"《本义》之旨深矣"、④"唯《本义》为能发之"、⑤"《本义》之说精矣"⑥之类的赞叹之语在《〈周易本义〉通释》随处可见,由此足见胡炳文对朱子之学的推崇之至。在胡炳文看来,《周易本义》之大功不仅体现在朱子

---

① 《四库全书》第 24 册,上海:上海古籍出版社,1987 年,第 474 页。
② 《四库全书》,第 24 册,上海:上海古籍出版社,1987 年,第 479 页。
③ 《四库全书》,第 24 册,上海:上海古籍出版社,1987 年,第 564 页。
④ 《四库全书》,第 24 册,上海:上海古籍出版社,1987 年,第 439 页。
⑤ 《四库全书》,第 24 册,上海:上海古籍出版社,1987 年,第 434 页。
⑥ 《四库全书》,第 24 册,上海:上海古籍出版社,1987 年,第 471 页。

对周、易之义的诠解上,而且还体现在他对程颐义理之学和邵雍象数之学的继承和发挥上。

1. 明周、易之义

在《周易本义》首卷,朱熹对《周易》进行了简明扼要的解释,他指出周是代名,易是书名,卦是伏羲所画,辞是文王、周公所系,传是孔子所作。在胡炳文看来,朱子对《周易》释名及作者的判分在易学史具有一锤定音的意义。他指出:"解《易》者或以'周'为'普遍'之义,或以卦为文王所重,必子朱子《本义》出,然后其说始定。"①

关于《周易》之"周",汉郑玄认为《周易》之义在于说明"易道周普,无所不备",唐孔颖达认为,《周易》称"周",乃取岐阳地名,文王演易时题之以"周",是用以区别于其他朝代。关于何人将八卦重为六十四卦的问题,司马迁谓文王重卦,郑玄谓神农重卦,王弼谓伏羲重卦。因此朱子释"周"为代名,有孔颖达之说在先;言卦为伏羲所画,有王弼之说在先,然而胡炳文却强调,唯有"子朱子《本义》出",才使得这一充满争论的问题答案成为定论,胡炳文对《周易本义》之功的如是赞颂,可见其情感的推崇已越出了理性的推求。

关于《周易》之"易",朱熹谓有交易、变易之义,胡炳文进一步阐释道:"交者,阴阳之对待;变者,阴阳之流行。……上经首乾坤,气化之始也,乾坤而后十卦阴阳各三十画,然后为泰为否,而天地之交不交者可见矣,下经首咸恒,形化之始也……《程传》曰:'易,变易也。'《本义》曰:'有交易、变易之义。'先交而后变,《本义》之旨深矣哉!"②胡炳文不仅从卦序先后的角度

---

① 《四库全书》第24册,上海:上海古籍出版社,1987年,第307页。
② 《四库全书》第24册,上海:上海古籍出版社,1987年,第307—308页。

来揭示气化和形化皆是先交而后变,以此证明朱子对"易"的诠解旨意深远,而且将朱子与程颐相比较,突出朱子诠释的精确性,由此可见他对《周易本义》的推崇。

2. 发邵子之蕴

《说卦》"数往者顺,知来者逆,是故易逆数也"一节的大意较为难解,邵雍在《观物外篇》指出:"数往者顺,若顺天而行,是左旋也,皆已生之卦也,故云数往也。知来者逆,若逆天而行,是右行也,皆来生之卦也,故曰知来也。夫易之数,由逆而成矣,此一皆直解图意,若逆知四时之谓也。"①朱熹对此节的理解认同邵雍之说,并作出了更为具体的解释。他说:"起震而历离、兑以至于乾,数已生之卦也;自巽而历坎、艮已至于坤,推未生之卦也。易之生卦则以乾兑离震巽坎艮坤为次,故皆逆数也。"

在胡炳文看来,对于"数往者顺"一节文字,诸家皆是从一段意义上诠释其整体意义,而朱子则将其分成两段,从两个层次上进行了分析:一层是论"卦气之所以行",此是顺邵雍以"数往者顺"一段就"圆图"的思路而言。朱子以阳气渐生而为邵子所谓的"顺天而行",因为震一阳生,离兑二阳生,乾三阳生;以阴气渐生为邵子所谓的"逆天而行",因为巽一阴生,坎艮二阴生,坤三阴生。邵雍"伏羲八卦方位图"(又称"小圆图")即是由震、离、兑、乾构成左半圈,巽、坎、艮、坤构成右半圈。另一层是论"卦画之所以生",此是顺邵雍以"易逆数"一段就横图的思路而言。朱子认为,邵雍"伏羲八卦次序图"(又称"小横图")所展示的卦画生成次序即乾一、兑二、离三、震四、巽五、坎六、艮七、

---

① 邵雍:《皇极经世书》卷十三《观物外篇上》,《四库全书》第803册,上海:上海古籍出版社,1987年。

坤八,是对"起震而历离、兑以至于乾"顺天而行的"已生之卦"的逆数,也是对"自巽而历坎、艮已至于坤"逆天而行的"未生之卦"的顺数,因此从总体上而言,卦画产生的次第是"逆数"。胡炳文指出,若非朱子对邵子先天之学意蕴的发挥,学者则很难解读出《说卦》"数往者顺,知来者逆,是故易逆数也"的真义。他说:"诸家训释此,皆谓已往而易见为顺,未来而前知为逆,易主于前民用,故曰易逆数也。惟《本义》依邵子以'数往者顺'一段为指圆图而言卦气所以行,'易逆数'一段为指横图而言卦画所以生,非《本义》发邵子之蕴,则学者熟知此所谓先天之学哉?此《本义》之功所以为大也。"①

3. 扬程、邵之说

朱子在注《复》卦《象》文中"复其见天地之心乎"一句时指出:"积阴之下,一阳复生,夫天地生物之心几于灭息,而至此乃复可见,在人则为静极而动,恶极而善,本心几息而复见之端也。程子之论详矣。"程颐反对先儒所主张的至静能见天地之心的观点,他指出:"自古儒者皆言静见天地之心,唯某言动而见天地之心。"②程颐认为复卦下面一画便是动,朱熹继承程颐以动为天地之心的思路,由天地之心而论人之本心,认为复卦一阳复生,意味着天地之心可于天地生物几息而又萌时可见,人之本心可由人恶极而又萌善时可见。

在朱熹看来,邵雍的一首《冬至吟》,将《复》卦所展示的天地生物之心从来不曾灭息的道理说到了极致。他说:"而邵子之诗亦曰:'冬至子之半,天心无改移。一阳初动处,万物未生时。玄酒味方淡,太音声正希。此言如不信,更请问包羲。'至

---

① 《四库全书》第 24 册,上海:上海古籍出版社,1987 年,第 539—540 页。
② 《二程遗书》卷十八。

哉言也,学者宜尽心焉!"①冬至之子是中阴之极,②配以六十四卦方位图,冬至子之半,当指《坤》《复》之际,此时天地间生物气象极为暗淡,然于此极为萧瑟暗淡时却有一阳初动,可见天地生物之心从来不曾改移。

在对"复其见天地之心乎"的理解上,朱子十分推崇邵子之说,他赞邵子之诗为"至哉言也",自己未加阐释,只是让学者尽心体味其义,胡炳文在《〈周易本义〉通释》中则引朱子诗一首,认为学者可以由从朱子诗知晓邵雍之意。他说:"天地生物之心即人之本心也,皆于几息而复萌之时见之,《本义》辞尚简要,未尝泛引古语,此则全引康节诗,殊有意也。朱子《诗》曰:'忽然夜半一声雷,万户千门次第开。识得无中含有处,许君亲见伏羲来。'学者有得于此诗,则可以知康节之诗矣!"③此诗出于朱子《答袁机仲书》,朱子此诗所发之义,与邵子之诗有异曲同工之妙,邵子是以"玄酒味方淡,太音声正希"的静谧之象反衬天地生物之理,朱子是以"忽然夜半一声雷,万户千门次第开"的生动之象渲染天地生物之理。在胡炳文看来,朱子在《本义》中虽然是以引用邵雍诗句的形式来解"复其见天地之心乎",然而读者完全可以从朱子的诗文中领略其义。一句"学者有得于此诗,则可以知康节之诗矣",胡炳文对朱子的推崇之情已焕然可见。

朱伯崑先生对胡一桂、胡炳文父子评价道:"胡氏父子对《本义》的纂疏和通释皆笃守朱熹义,建树甚少,但对明代的官方易学的形成颇有影响。"④在《易学哲学史》中,相比于对雷思

---

① 《四库全书》第24册,上海:上海古籍出版社,1987年,第560页。
② 邵雍:《皇极经世书》卷14《观物外篇下》,《四库全书》第803册,上海:上海古籍出版社,1987年,第1077页。
③ 《四库全书》第24册,上海:上海古籍出版社,1987年,第560页。
④ 朱伯崑:《易学哲学史》第3卷,北京:昆仑出版社,2005年,第5页。

齐、俞琰等元代象数学家的分节详述，朱先生只概略地介绍了胡炳文的易学著作名称及其影响。通过上文对胡炳文《〈周易本义〉通释》具体内容的考察，我们发现，与朱熹对《周易》象数和义理的双重诠释不同，胡炳文所侧重的是对《周易》文辞及《周易本义》义理的阐释。由此可见，如果没有胡炳文的在易学领域的学术贡献，那么在元代哲学中，则不能形成象数易学与义理易学同趋并进的发展格局。在以朱子学为宗的前提下，《通释》推明《本义》之旨，畅发晦庵之说，于《本义》之精义引而申之，就《本义》之未发补而益之，对《本义》之大功崇而赞之，虽然其间亦有可待商榷之论，然统观而言，《通释》不失为发展朱子易学思想的一部力作。《新安学系录》卷十二引临川吴文正公之语曰："有功朱子，炳文居多。自晦庵没，学者载其说于四方，更传递授，源远益分。先生晚得其传，精思力践，望其涯涘而直指焉。"① 清四库馆臣在编撰提要中对《〈周易本义〉通释》一书评价道："说者谓非《本义》无以见易，非《通释》亦无以见《本义》之旨。主一先生之言，以尽废诸家，虽未免于太狭，然宋儒说易，其途至杂，言数者或失之巧，言理者或失之凿，求其平正通达，显有门径可循者，终以朱子为得中，则炳文羽翼之功，亦未可没矣。"② 如果说胡炳文对朱子《周易本义》持守之固、推崇之深，是与他的学问源于朱子的主观情结有关，那么，他对《周易本义》之说阐幽显微、推明发挥，在客观上则起到了传承和发扬朱子易学的效果。

---

① 程曈辑，王国良、张健点校：《新安学系录》卷12，合肥：黄山书社，2006年，第232页。
② 《四库全书》第24册，上海：上海古籍出版社，1987年，第305页。

十五

程若庸的理学思想

生活在南宋末年的理学家程若庸既属黄榦学派一支,师从饶鲁,为吴澄之师,是朱熹的三传弟子,又是生在新安,被新安人尊为一代硕儒、理学九贤之一的新安理学代表人物。世人为他立坊以存照。他写的《性理字训讲义》作为蒙学教材广为流传,是南宋末、元以至明初在教育界比较流行的一种课本。程若庸的思想体系在新安理学流派中具有一定的代表性,展现了新安理学的传承特点。其思想还基本代表了徽州文化的核心价值,对了解徽州人士的基本价值观念有一定的参考价值,对推动徽文化的深入研究,以及在现代分析、改造、提升新安理学的合理价值,服务地方文化建设以及中国特色精神文明与价值建设,具有重大意义。

(一)生平和学术活动

程若庸生卒年不详,根据史料可以推断出其所处的时代大约在南宋中期到元初,约生于1215年,卒于1285年。在论述程若庸早年求学历程中,必须先要提到他的叔父宋端明殿学士程珌。程珌(1164—1242)字怀古,自号洺水遗民,休宁人。词风近辛弃疾。有《洺水集》,词集《洺水词》。作为程若庸的叔父,程珌对程若庸影响很大。程若庸对其叔父可谓推崇至极。程文海(程钜夫)在《送梅亭序》中回忆程若庸教其读书的过程中,"徽庵先生道洺水事犹详"。"徽庵每教余作大文字,盍归求之洺水"。① 其次要提到的是其恩师饶鲁。程若庸早年师从饶鲁,后又师事沈毅斋。但饶鲁对其影响很大。我们知道黄榦是朱子的高足,饶鲁是朱子的二传弟子,程若庸为其三传弟子。程若庸接受的是朱子的正统学说。程若庸一生以著书讲学为业,曾担任湖州安定书院、抚州临汝书院、福建武夷书院山长,致力于宣传朱子之学。危学士素曰:"宋季,士习惟以进取为务,程先生尝游石洞饶氏之门,独以朱子之学授诸生。"②程若庸一生讲学无数,而且累主师席。其弟子对其评价很高,程若庸在临汝书院做山长期间,元初著名学者吴澄就投其门下,和程若庸之族子程文海(程文宪公)共同师事程若庸,学习朱子之学。吴澄称赞其师:"今先生职教于吾邦,澄也一睹先生之姿,恍然若河南二夫子之复出于今也。"③程若庸一生著述不多,主要研究朱子的性理之学,著有《性理字训讲义》百篇及《洪范图说》、《太极图说》、《〈近思录〉注》等,但是今天流传下来的只有他的《性理字训讲义》及《宋元学案·双峰学案》中附录的《斛峰书院讲义》可供后人参考。《性理字训讲义》作为理学的启蒙教

---

① 程曈辑,王国良、张健点校:《新安学系录》附录4《传记评论资料汇辑》之11《送梅亭序》,合肥:黄山书社,2006年。

② 程曈辑,王国良、张健点校:《新安学系录》卷9《程徽庵·遗事》,合肥:黄山书社,2006年。

③ 程曈辑,王国良、张健点校:《新安学系录》卷9《程徽庵·谢徽庵先生书》,合肥:黄山书社,2006年。

材,对朱子学的普及和传播起到了很大的推动作用。《斛峰书院讲义》是《宋元学案》中收录的程若庸在斛峰书院主师席时授课讲义,主要反映其教育思想。程若庸一生大都是在书院教书育人,传播朱子理学思想,为朱学后人继承和发展朱子理学作出了努力。南宋时期也是新安理学的形成时期,徽州地区的学术主流是尊崇朱子之学,传播和发扬朱子之学是新安理学家的主要学术活动,程若庸作为一位新安理学家,同其他同时期的新安理学家一样,致力于著书立说、教书育人,从而丰富和发展了新安理学,为徽州地区培养了大量的理学人才,为新安理学的兴盛作出了积极的贡献。清康熙《休宁县志》将其归为儒硕。在其故乡休宁,程若庸同其他八位宋元明理学家程大昌、吴儆、陈栎、倪士毅、朱升、赵汸、范准、汪循,并列为"休宁理学九贤",明万历年间,休宁县人曾在县治东门外为他们建造了"九贤坊",以示景仰。① 程若庸又被称为"仁士",世人对其在抚州自号徽庵以寓不忘家乡之意皆夸赞有加。鹤林罗氏大经②曰:"达原生徽公之乡,寝饭徽公之四书,充然有得,半世羁栖,去其故乡。此山冯先生买屋临川以妥之,而达原乃扁(匾)室以'徽庵'。作记数百言,词义甚美,其可谓心乎故乡者矣,其可谓不忘本者矣,其可谓求仁之士矣。"③清初赵吉士在《寄园寄所寄》中特别提到程若庸此事:"徽地瘠人稠,往往远贾逐利,侨居名都大邑。天下之兴吾徽人接者,几尽疑为膏腴之人。遂使徽之

---

① 清初赵吉士《寄园寄所寄》卷十二载:"休宁理学九贤坊,以程文简公(大昌)为首,盖朱子而外皆卓卓者也。功勋业炫史册……九贤坊在休宁东门外,去寒舍旧市五里许。"

② 罗大经(1196—1242),字景纶,号儒林,又号鹤林,南宋吉水人。宝庆二年(1226)进士,历仕容州法曹、辰州判官、抚州推官。著有《易解》、《鹤林玉露》。

③ 程曈辑,王国良、张健点校:《新安学系录》卷9《程徽庵·遗事》,合肥:黄山书社,2006年。

孤寒士辄不欲以徽人称。不知深山穷谷中,冻饿穷经,虽三公莫足易者,唯吾徽大有人在也,因程公自号徽庵,附寄一概。"盛赞程若庸此举。

(二)宇宙本体论

程若庸在其《性理字训讲义》第一篇造化篇结尾注:"造化本原,广大精微,进学之始未易骤窥夫。苟茫然不知梗概,求端用力何所底止?列诸篇端,究其名义,终身向望是谓极致。"他认为只有先知道万物的造化本原,才能进一步去了解、认识性理等范畴。从宇宙本体论着手,符合认识事物之逻辑顺序。程若庸在此不仅提出了"太极"、"元气"等一系列范畴,也不仅仅讨论了天地万物之原,还运用范畴说明了宇宙自然界是如何发生和发展的。程若庸理学范畴体系的形成,首先从这里开始。可以说,其造化篇是宇宙论和本体论思想的结合,是较为系统的宇宙本体论思想体现。

1. 本体一元论

程若庸《性理字训讲义》开篇从"太极"范畴着手来说明万物的造化本原,释"太极"为"至理浑然,冲漠无朕,造化枢纽,品汇根柢"。以此说明太极是极致之理,无形无象,是造化的枢纽,品汇的根柢。"太极"一词始见于《周易·系辞上传》:"易有太极。"到宋以后,"太极"一直被理学家认为是理学宇宙论的最高范畴。首先将"太极"置于理学宇宙论最高范畴的是理学的开创者周敦颐。周敦颐提出"无极而太极"说,认为阴阳、五行、万物都是由其派生出来的。继周敦颐后对太极范畴的解释,分为三大学派,邵雍以数释太极,并认为在人则"心为太极",在天地则"道为太极";①张载以"气"释"太极",所谓的"太极"即"太和之气";②朱熹作为理学集大成者,将"太极"同"理"联系在一起,认为天地万物之理合为一理,这就是太极。"总天地万物之理,便是太极"。③ 太极是"理"之极致,"太极之义,正谓理之极致耳"。④ 太极无形、无象、无方所。"太极却不是一物,无方所顿放,是无形之极"。⑤ 太极是产生万物的本原,"上天之载,无声无臭,而实造化之枢纽,品汇之根柢也"。到了程若庸这里,显然囊括了朱熹对"太极"范畴的多重诠释,概括精要。程若庸在《性理字训讲义》开篇将"太极"提升至其宇宙本原论最高地位。《宋元学案·双峰学案·程若庸》的《附录》中作者以对太极范畴解释为例称赞程若庸概括范畴精到,"玩诸《易》,以释太极之本义,本义既得,则后世儒者所称述,可一见而决"。

程若庸将"太极"对应于"元气"这个范畴,释为"一气块然,充塞太虚,动静周流,造化发育,是曰元气";他赋予"元气"物质性含义,用"充塞"一词充分表明元气的物质性的特点。联系其对"太极"范畴的解释,他所表达的大意是:在"太极"即"太虚"的支配下,元气造化发育产生天地万物;用"充塞"一词也突出了太虚依元气而存的特点。据考证,"元气"这一范畴,始于董仲舒,其把"元"与"气"合而为一,正式提出了"元气"概念。"元气论"在汉代就已形成,至唐代柳宗元将"元气"这一范畴推至本原地位。从北宋张载开始,气本体论逐步取代了元气本原论。张载以物质性的太虚即"气"为世界本原、本体,以"气"为

---

① 邵雍:《观物外篇》卷一。
② 《横渠易说·说卦》。
③ 《朱子语类》卷九十四。
④ 《朱文公文集》卷三十七。
⑤ 《朱子语类》卷九十五。

形而上者。到了朱熹那里,他将张载的"太虚"加以改造,认为太虚即理,理借气而存在,依气而派生万物。"气"被改造成构成天地万物的物质材料,气有形体、有方所,"气"充满天地,弥漫宇宙。"天地之间,一气而已"。① "气"运动流行,未尝停息。"此气流行不息,自是生物"。② 气能造作,能凝聚生物,"盖气则能凝结造作","气则能酝酿凝聚生物也"。③ 程若庸对"元气"的解释同朱熹对"气"的解释颇为相似,但程若庸使用了"元气"这一范畴对应于"太极"范畴来解释其宇宙本体论,没有运用"理"、"气"来说明。

2. 宇宙生成模式

在阐述了"太极"与"元气"及其关系的基础上,程若庸运用易学中的部分范畴说明宇宙万物的形成是"气"运动变化的结果。他认为"气"动而生"阳","气"静而生"阴","气动而健,能始万物,其数也奇,是之谓阳;气静而顺,能成万物,其数也偶,是之谓阴";由"阴"、"阳"继而产生"天地"、"乾坤"、"五行"、"五材"、"四德":

> 得气之阳,轻清成象,运乎地外,大无不覆,主于生物,是之谓天;得气之阴,重浊成形,函于天中,广无不载,主于成物,是之谓地;为阳之性,为天之德,健而无息,是之谓乾;为阴之性,为地之德,顺而有常,是之谓坤;气运于天,循环无端,春木夏火,秋金冬水,土为冲气,寄王四时,是曰五行;质生于地,自微而著,润下炎上,曲直从革,土兼载之,而能稼穑,是曰五材;万物之生,于时为春,气为少阳,

---

① 张载:《易学启蒙》卷一。
② 《朱子语类》卷九十五。
③ 《朱子语类》卷一。

天道之始,是之谓元;万物之长,于时为夏,气为老阳,天道之通,是之谓亨;万物之遂,于时为秋,气为少阴,天道之宜,是之谓利;万物之成,于时为冬,气为老阴,天道正固,是之为贞。

程颐曾在《周易程氏传》中提到:"元亨利贞谓之四德,元者万物之始,亨者万物之长,利者万物之遂,贞者万物之成。""元、亨、利、贞"这四德被认为是万物生成的必要步骤,四德是万物生成必经的一个环节。至此,程若庸通过这一系列的范畴概念描绘了一个较为完整的宇宙论生成模式。这个宇宙论生成模式是对儒家宇宙生成论模式的高度概括。

3. "道"与"器"、"天"与"帝"范畴

程若庸释"道"、"器"范畴为"形而上者无声无臭,是之谓道;形而下者有方有体,是之谓器"。"道"、"器"是理学很重要的范畴,《周易·系辞传》就有:"形而上者谓之道,形而下者谓之器。"理学形成后,"道"和"器"作为对应范畴被引进宇宙论源于张载。张载将"道"理解为阴阳二气的统一体,是气化生成万物的过程,而"器"则指天地以下有形有体的万事万物。二程则不同意张载的观点,认为"道"是等同于"理"的范畴,是所以阴阳气化的普遍原则和根据。程颐将"道"描述为"上天之载,无声无臭之可闻……其理则谓之道。"[①]到了朱熹那里,他的观点是"理不离物,道不离器",他反对以"有形"、"无形"言"道"与"器","设若以有形无形言之,便是物与理相间断了…器亦道,道亦器,有分别而不相离也"。[②] 程若庸将"道"与"器"作了形上和形下的区分,将"道"描述为无声无臭的形而上的存在,而

---

① 《河南程氏粹言》卷一。
② 《朱子语类》卷七十五。

"器"则是有形有体的事物。程若庸接着解释了"天"和"帝"两个范畴:"自然之理,是之谓天;主宰万物,是之谓帝。"程颢曾对"天"、"帝"范畴作出解释:"天者,理也……帝者,以主宰事而名。"①他将"天"和"理"合而为一,认为"理"是宇宙间事物生生不已,运动变化的终极原因。程若庸在此加上了"自然"一词来修饰"理",从而进一步强调理在宇宙生成的作用。将两对范畴统一起来看,程若庸所谓的"道"应是等同于"理"的。从程若庸对这两对范畴的阐释来看,程若庸虽是朱子后学,却也如其弟子吴澄所称述,他的理论"不尽合朱子之意"。②

4. 万物生生不息

程若庸运用了"魂"、"魄"、"鬼"、"神"、"易"、"变化"、"神化"这些范畴来说明气的变化的特点,进而说明万事万物发育流行,生生不息的原因:

> 以二气言,阳灵为魂,阴灵为魄。以一气言,气至而伸,气往而屈,皆曰鬼神;一气流行,变通不穷,两仪对峙,交错代换,是皆谓易;寖长有形,为化之渐,消融无迹,为变之成,是谓变化;阳动阴静,合一不测,二气消长,推行有渐,是谓神化。

程若庸指出,天地万物的变化只是气在作用而已,"鬼神"实际上是气之屈伸,"鬼神"可以表现自然事物的变化。程若庸用"易"强调了自然界的变化之道,其变通不穷,交错代换;而"变化"则表现了万物生生不息的原因,旧事物不断被新事物所替代。而宇宙自然界就是一个"神化"的过程,"神化"是说明

---

① 《二程遗书》卷十一。
② 吴澄:《吴文正公文集》卷首。

自然界及其根源的重要范畴,证明了自然界运动变化的根源在自然界本身,而不在其外。所以,他用"神化"范畴来解释万物的生成、变化。"神化"是"易"、"变化"的根源。早前,张载就提过"一故神,两故化",朱熹就认为它是对事物运动变化根源的极好说明。最后程若庸指出:"维天之命,於穆不已,无声无臭,是曰道体;阴阳之运,消息始终,生生不穷,是曰造化。"即道本无体无形可现,却能通过万物发育流行、生生不息来体现。万事万物正是道体通过阴阳运行产生发展的。

(三)心性论

程若庸将《性理字训讲义》中讨论人的心性情相关范畴的内容称为"情性篇"。从宇宙自然界进到人类本身,从造化篇进到性情篇,这是理学范畴系统的必然运动。

1. 从"天"到"人"的过渡及"理一分殊"思想

程若庸首先指出:"元亨利贞自然之理,是曰天道;人伦日用当然之则,是曰人道。"其中,两个"道"字的含义不同,"天道"中的"道"正是所谓自然之理,即"所以然",自然界的规律;而人道中的"道"如文所述,是"所当然",人伦日用即道德原则。"天道"、"人道"范畴的提出,从"天道"范畴到"人道"范畴,范畴的讨论从自然界到人,从客体进入主体,从宇宙本体论范畴向人性论的价值范畴过渡。

程若庸接着讨论"理一分殊"相关范畴,他说:

天理流行赋予万物是之谓命;人所禀受贤愚厚薄是之

谓分;古今人物本本原原初无或异是曰理一;亲疏贵贱贤愚厚薄万有不齐是曰分殊;禀于天者有清有浊有美有恶是之谓气;受于人者或明或昏或粹或杂是之谓质;天地之心,鬼神之会,灵于万物,能推所为,是之谓人;动植之类形气之偏,拘于所禀,而不能推,是之谓物;所禀厚薄所遇盛衰是曰天命;所主邪正,所行是非,是曰人事。①

"命"是从宇宙论到心性论的过渡范畴,"言天之自然者,谓之天道。言天之赋予万物者,谓之天命"。② 有"命"的存在才能实现从宇宙本体(理)到人性的转化,因此它是理学范畴体系中的重要范畴。同时,"命"也是一个客观必然性的范畴。"命"由于是天理赋予,是有其客观必然性的,"天命犹天道也,以其用而言之,则谓之命,命者造化之谓也"。③ 而"分"是因为万物有差异性,造成"分"的原因则是万物所禀受的贤、愚、厚、薄各不同。如文中所述,万事万物的本原是"理",万事万物具有统一性,同时万事万物又是万有不齐,是多样性的存在。因此"理一"与"分殊"是说明世界统一性与多样性的一对范畴。程若庸通过"理一分殊"范畴来说明"万物一理"和事物"万有不齐"。万物虽有一理但万有不齐的原因在于"气"。构成万物之"气",有清浊美恶之异,所以物有千差万别之殊。对于人来说,人禀受气的不同决定了其质的不同。正因为如此,大多数理学家都将"恶"的原因归结为"气质"。程若庸在分析这些范畴的基础上指出了人与物的差别,虽然二者皆由"天命"而来,但由于所禀之气不同,人禀天地之心,鬼神之会,也就是二气五行之"秀",形气之正,故为万物之最灵。而物由于其所禀形气之偏,

---

① 《性理字训讲义·性情》。
② 《二程遗书》卷十一。
③ 《二程遗书》卷二十一下。

所以不同于人。至此,程若庸通过对上述一系列的范畴概念的分析,将天(理)、人、物相区别开来,为讨论有关人的"心性"范畴作了铺垫。

程若庸在阐释人物各异后,开始回到心性篇的重点讨论内容,从"天命"范畴过渡到"人事"范畴。程若庸解释的"天命"是不同于由"理"而推出的"命"范畴,是"命运"、"定数"的意思。朱熹曾提过"气命"的说法,他认为天(自然界)是理气之合,但命有理气之分。天命流行而生人生物,有理有气,命有以气言之者,因其厚薄清浊不同而有定数,所以称为"气命"。"命只是一个命,有以理言者,有以气言者"。① 程若庸对"天命"解释很可能引自朱熹的"气命"说。"人事"范畴表明虽有"天命"即定数存在,对于人来说,邪正、是非却是可以由人自己来掌握的。程若庸强调了人的自主作用,这也是人同物的区别所在。

2. 心统性情说

"心"、"性"、"情"是心性论的重要概念,程若庸解释为:

> 禀于天理,莫匪至善,是之谓性;主于吾身,统乎性情,是之谓心;感物而动,分乎善恶,是之谓情。②

程若庸对这个三个范畴的解释虽只有寥寥数字,却包含了理学三个重要的命题:性禀天理,是至善的存在;情的发生在于感物而动,所以有善有恶;心统之于性情。

"性情"也是中国哲学史上自古就存在的一对范畴。其中,"性"范畴是理学的重要范畴,"性"是人所特有的、具有内在价值的范畴。"性"不同于"理","理"是万物之本原,也是人性之

---

① 《朱子语类》卷三十六。
② 《性理字训讲义·性情》。

源,"理"只有转化为内在的人性时,才变成为人所特有的内在价值。"性"也不同于"命",程颢说:"天之赋予谓之命,禀之在我之谓性。"①"在天为命,在人为性"。② 程若庸释"人性"为禀于天理,是"至善"的存在。"情"是与"性"相对而言的。在中国古代哲学史上,"情"的具体内容一般被认为是喜、怒、哀、乐、爱、恶、欲这"七情"。程若庸释"情"因物而感动,为"动"的存在,是已发,且有善有恶。至于"心"范畴,在中国哲学范畴史中,有三种主要含义:一是道德之心,以孟子为代表,指人的情感心理升华而形成的道德意识,是道德理性范畴。二是理智之心,以荀子为代表,指认识事物的能力,是认知理性范畴。三是指虚灵明觉之心,以佛道为代表,指虚而明的本体状态或精神境界,是超理性的本体范畴。理学将这三种概念糅合在一起来定义"心"。程若庸释"心"为统一"性"与"情"的重要存在,"心"、"性"、"情"三者之间的关系被定义为"心统性情"。

宋以前的学者一般将"性"与"情"联系在一起,围绕"性情"展开种种讨论。宋以后,随着理学的发展,理学家们不仅探讨性与情的关系,还进一步探讨心、性、情三者的关系,扩大了"性情"研究的范围。"心性"被联系在一起讨论,而"情"被认为"心"的知觉作用。"心统性情"说的最早提出是张载的《性理拾遗》。张载首先对"心性"作了本体论的规定,指出"合虚与气,有性之名;合性与知觉,有心之名"。③ 心包含性与知觉,其中性是本体,知觉是其作用。朱熹在吸收张载理论的同时,对"统"下了明确的定义,认为"统"有两层意思:其一,"统犹兼也",即心兼性情,"性情皆出于心,故心能统之";其二,"统是主宰",即

---

① 《二程遗书》卷六。
② 《二程遗书》卷十八。
③ 张载:《正蒙·太和》。

心主宰性情。这也就是心之体用说。朱熹进一步将此发展为性体情用说："性是体,情是用,性情皆出于心。"①在程若庸看来,情来自于感物而动,性禀于天理却是存在于人本身的,性情二者皆受心的主宰。由此可见,程若庸继承了之前理学家的关于此三者关系的普遍看法。

接着程若庸列出了由"心"推衍出的一系列范畴:

> 心具五常,不虑而知,是曰良知;身备万善,不学而能,是曰良能;口鼻嘘吸,思虑谋画(划),气之神也,是之谓魂;耳目聪明,记忆辨别,精之灵也,是之谓魄;心体虚明,能知能觉,是之谓灵;性之所能,无有不善,质之所能,有善有恶,是皆谓才;心之所之,趋向期必,能持于久,是之谓志;心之所发,思惟念虑,欲有所为,是之谓意;禀命之元,具爱之理,为心之德,其端恻隐,是之谓仁;禀命之亨,具恭之理,为心之敬,其端辞让,是之谓礼;禀命之利,具宜之理,为心之制,其端羞恶,是之谓义;禀命之贞,具别之理,为心之觉,其端是非,是之谓智。②

这些范畴在中国哲学范畴史上比较常见,统观这些范畴定义可以看出:程若庸解释的"心"既是道德之心,也是理智之心,又有本体的含义在里面。"心"具"五常",能"不虑而知",心有四端为"仁、义、礼、智",是道德的存在。"心体虚明能知能觉",表明"心"是理智的存在,又具有本体的含义。程若庸对"心"的定义,确是融合了前文所提"心"在中国哲学范畴史上的三种主要含义,显露出其典型的理学思想特点。

---

① 《朱子语类》卷九十八。
② 《性理字训讲义·性情》。

3.“以诚为本,致力中和”的道德修养观

程若庸由解释"心"、"性"、"情"范畴转而阐释人们应遵守的道德原则。他说:

> 人伦事物,当然之理,公平广大,人所共由,是之谓道;道之界辨,精密有条,各止其所,确然不易,是之谓理;道得于心,蕴而不失,是之谓德;道著于事,积而有成,是之谓业;真实无妄,始终不息,表里不杂,天之道也,是之谓诚;循物无违,四端百行,必以其实,人之道也,是之谓信。

程若庸这里所说的"道"应是"人道",即人所应当遵循的道德原则,"理"则是"道"的规律和法则,而道在"心"即人的体现为"德",人践履道德,有所成就为"业"。"诚"是人们应当遵守的最高道德法则,是真实无妄、生生不息的"天道",而具体到"人道",应当遵守"信"的原则。理学家所谓的"诚"一般都有本体论的含义,"诚"范畴体现了传统"天人合一论"的思维方式。周敦颐首先赋予"诚"以本体意义:"乾道变化,各正性命,诚斯立焉。"① 张载进一步提出"性与天道合一存乎诚",② 说明了"诚"是"天人合一"的范畴。二程在前者的基础上,明确指出"诚"是"合内外"、"合天人"之道。③ 程颐说:"至诚者,天之道也。天之化育万物,生生不穷,各正性命,乃无妄也。"④ "诚"的含义是"实"而"无妄"之理。朱熹则严格按照"心理合一"的观点解释"诚",并以真实无妄定义"诚":"诚者,真实无妄之谓,天

---

① 周敦颐:《通书·诚上》。
② 张载:《正蒙·诚明》。
③ 《二程遗书》卷二上。
④ 《程氏易传》卷二。

理之本然也。"①"诚"是本原,也是自然界和人事的最高道德法则。程若庸综合了二程和朱熹的思想,把诚看作真实无妄、生生不息的"天道"。在程若庸看来,人不仅要做到"诚",而且要把"信"作为人事的具体原则,这就是"人道"。"诚"与"信"实际上是天道与人道、体与用的关系。

程若庸接着讨论了"中"与"和"、"大本"与"达道"两对范畴:

> 静而未发,无所偏倚,为性之德,是之谓中;发而中节,无所乖戾,为情之正,是之谓和;性之所存,中而不偏,天下之理,皆由此出,是曰大本;情之所发,和而不乖,古今人物,所共由之,是曰达道。②

这两对范畴都是理学家重点讨论的范畴,它们源于《中庸》:"喜怒哀乐之未发,谓之中;发而皆中节,谓之和。中也者,天下之大本也;和也者,天下之达道也。"其中又包含了"未发"与"已发"这对范畴。理学家程颐是最先提到这三对范畴的,他将这些范畴同他的心有体用之说相联系,指出心虽只有一个,但有体用之分,"大本言其体,达道言其用",③他以未发之"中"为体,已发之"和"为用,未发之"中"与"性"相联系,已发之"和"与"情"相联系,二者是体用关系。朱熹对这些范畴的解释基本上与程颐一致。程若庸将"中"释为"未发",是"性"之德,将"和"释为"已发",是"情"之正,而"大本"与"达道"就是"中"与"和"的体现。可见,程若庸也将此三对范畴与心之性情体用相联系,基本上是采纳了程颐和朱熹的观点,强调在人事上应以"诚"为本,还要遵守"中和"的原则。

---

① 朱熹:《中庸章句》第二十章。
② 《性理字训讲义·性情》。
③ 《河南程氏文集》卷九。

4."心具众理"与"求仁得仁"

在此篇末,程若庸列举了一系列与"心性"相关的范畴:

> 万善之本,全体具焉,是曰大德;全体之分,片善存焉,是曰小德;方其静也,统宗会元,万有毕该,是之谓体;及其动也,泛应酬酢,随事发见,是之谓用;理义所根,体统所击,事所由出,是之谓本;声色所形,简册所载,杂而有伦,是之谓文;天则之常,叙而有法,是之谓彝(法度伦常);道得于心,蕴而不失,是之谓德;德行之常,久而不易,是之谓庸;心涵万理,虚灵洞彻,是曰明德;事物准则,极其纯粹,是曰至善;充养刚大,配乎道义,是曰浩气。①

程若庸指出:"大德"是"道"的完满体现,是全体,而"小德"是"道"的部分体现。万事万物所具之理进而全为"体","体"具于"心",随"心"而动,在"事"上体现为"用"。理义的根本,事物的根源在于"本",而"文"是载道之用。"彝"是天或自然规律的法则,而"德"是"道"在"心"即人心上的体现,"庸"是人伦人事的自然规律。明心具万理而应万事万物,为"明德",而事物准则的纯粹之善为"至善",由内心逐步积累道义而成为"浩气"。

最后,程若庸作了总结,他说:"人之一心,神明不测,具此众理,而应万物,寂然不动,此理固存,感而遂通非由外铄。仁包四者,该乎万善,求仁得仁,斯一以贯。"程若庸提到了"心"与"理"的关系,"神明不测"之心,具有众理,可以不变应万变,理本来就存于心,对理的感知应求之于心,"感而遂通",无需向外寻求。程颢在论述其宇宙本体论时就提出了心即天、心即理的

---

① 《性理字训讲义·性情》。

心学思想。到了朱熹,他明确提出"心与理一",①"心包万理,万理具于一心",②以此突出心的作用。"仁"在理学范畴中也具有非常重要的意义。如程若庸所述,仁包括了义、礼、智、信四者即"仁包四德"。"仁"在仁、义、礼、智、信这五德中地位最高,是"至善"的存在。之前的理学家对"仁"赋予了重要的意义。程颢在《识仁篇》说道:"学者须先识仁。仁者浑然与物同体。"朱熹则认为"仁"是天地万物之心。"盖仁之为道,乃天地生物之心即物而在"。③ 仁代表生生不息之意。程若庸强调"仁"是众德之总名,具备万有之善,且贯通众善。他引用了孔子在《论语·述而》中关于"仁"的论述,提出了要求仁之方,具有方法论的意义。

(四)功夫修养论

1."格物致知"与"力行"

程若庸指出,为学首先要明白何为教、学、习,"修道明伦以觉乎人,是之谓教;未知未能以效乎人,是之谓学;已知已能必熟诸己,是之谓习";经过受教、学、习环节后,不断积累才能有所成就。而为学必须经过的两个阶段是"小学"和"大学","洒扫应对,诗书六艺,收其放心,养其德性,是曰小学;穷理正心,修己治人,知必周知,成不独成,是曰大学"。他对"小学"、"大

---

① 《朱子语类》卷五。
② 《朱子语类》卷九。
③ 《朱文公文集》卷六十七《仁说》。

学"的定义源于朱熹,朱熹运用经验论的方法,把人的认识活动分为小学和大学两个阶段。如程若庸所述,在小学阶段,应在洒扫应对、礼乐射御书数等实践中学习,从而能够收心、养性;到了大学阶段,要穷理(格物致知),并一步步达到正心、修己、治人的目标。"大学"是为学的重要阶段,其中最重要的为学方法就是理学家们提倡的"格物致知"。

"格物致知"是理学认识论中最重要的范畴。它们是专讲"知"的,最能代表理学认识论、方法论的特点,在理学范畴系统中占有重要地位。程若庸释"格物致知"为:"事事物物,研究其理,表里精粗,欲无不察,是曰格物;心所觉悟,推诣其极,全体大用,欲无不明,是曰致知。""格物"的对象是事事物物,"格物"就是研究事事物物之理。"致知"的"知"并不是指现代意义上的物理知识,而是心之所觉悟,心中所有。在理学中,二程正式提出了"格物致知"说,他们认为,"知"虽是心中固有,但由于蔽于人欲而不明,故不能推致,因此必须格物。"格物"是"致知"的方法,他们认为事事物物皆有理,"积习既多,然后脱然自有贯通处"。[①] 而格物是为了"致知",其目的是"明善"或"止于至善","要在明善,明善在乎格物穷理"。[②] 进一步说,其根本目的在于实现内外合一,"物我一理,才明彼,即晓此,合内外之道也"。[③] 朱熹在二程的基础上,对"格物致知"的内容进行了充实。他强调"格物"的"物"指的是客观存在的一切事事物物,"凡天地之间,眼前所接之事,皆是物"。[④] 在格物方面,他强调不是"反身"之学,格物必须求之于外,表里精粗,无所不察;而在致知方面,朱熹强调致知就是要达到对心中"全体大用"的自

---

① 《二程遗书》卷十八。
② 《二程遗书》卷十五。
③ 《二程遗书》卷十八。
④ 《朱子语类》卷五十七。

我认识。格物致知的目的在于至善。程若庸对格物致知的论述应该说基本上是参照二程、朱熹的解释来定义的。

程若庸在说明为学要"格物致知"后，强调了"行"的重要性，提倡"力行"："身所践履，百倍其功，变移气习，弗笃弗措，是曰力行。"两宋时期，程颐首先提出了"知先行后"说，他以行路为例说："譬如人行路，想从洛阳到京师，必须先知道要出哪个门，要行哪条路，方向路径知道了，然后才能到。如果不知，虽然有往京师之心，却向哪里行去？"①朱熹在程氏的基础之上，一方面继承了程颐的"知先行后"说，另一方面又承袭了儒家一贯重视践履的传统思想，提出了"致知力行，论其先后，固当以致知为先；论其轻重，则当以力行为重"②的知行观。朱熹在说明大学阶段时，提出了知与行的关系问题。到了大学阶段，虽专以"格物致知"为学，但也不能离开道德实践，即不可只"知"而不"行"，应该是知行并进。"知至至之，则由行此而又知其所至也，此知之深者也。知终终之，则由知至而又进以终之也，此行之大者也。故大学之书，虽以格物致知为用力之始，然非谓初不涵养践履，而直从事于此也"。③朱熹强调实践，他认为人的认识的全部价值，只有经过实践才能实现，最高的理想境界，也只有在实践中才能实现，因此，"工夫全在行上"。④程若庸将"行"纳入"为学篇"，并放在"格物致知"之后，并用"力行"这一范畴，强调实践的重要功用，认为只有"力行"才能够"百倍其功"、"变移气习"，强调"笃行"的重要性。程若庸继承了程颐"知先行后"的观点，也吸收了朱熹"以力行为重"的思想。

---

① 《二程遗书》卷十八。
② 《朱文公文集》卷十五《答程正思》。
③ 《朱文公文集》卷四十二《答吴晦叔》。
④ 《朱子语类》卷四十六。

2. "静"与"敬"的内心修养论

光有"知"和"行"是不够的,儒家哲学尤其是宋明理学更强调内心的修养。程若庸认为内心修养应强调"敬"、"静"、"一"和"慎独":

> 通乎动静,主一无适,是之谓敬;贯乎始终,不息不杂,是之谓一;仁义中正,常本乎寂,是曰主静;幽隐细微,必谨其几,是曰慎独。①

在程若庸这里,"敬"是贯彻动静始终,主"一"的存在;"一"则指贯通始终,专一;"静"在这里有本体的含义,是"仁义中正"之本,所以要"主静",方法是"慎独",做到小心谨慎。"静"既是本体存在方式,又是修养方法,即在静坐中排除一切杂念,体验心性本原;"敬"则是贯彻动静始终,自我专一、自我控制的重要方法,"敬"与"静",是理学修养论的重要方法,并和心性、知行等范畴有密切联系。理学中周敦颐首先提出"主静"的修养方法,"圣人定之以中正仁义而主静,立人极焉",②正式把"主静"确定为心性修养的方法,并且明确提出"无欲故静"的主张。"静"既是人的"寂然不动"本体存在,又是实现这一存在的重要方法。张载也主张静中功夫。他认为,太虚本体虽是动静合一,但以静为主,"自有天地以来迄于今,盖为静而动"。③ 二程则提出"主敬说"代替"主静说"。程颐提倡"涵养须用敬","敬"是自我体验、自我操持的涵养方法,其主要内容是"主一无适","敬畏"而"不欺慢"。④ "敬"的特点是贯彻动静,故不能以静为

---

① 《性理字训讲义·为学》。
② 周敦颐:《太极图说》。
③ 张载:《正蒙·乾称》。
④ 《二程遗书》卷十五。

主,"敬"可以包括"静",但"静"却不能代替"敬"。"才说静,便入于释氏之说也"。① 在朱熹的修养论中,"静"和"敬"是统一的,二者都是涵养心性本原的工夫。但由于"敬"能贯彻动静,因此,"静"也可以纳入"敬"的工夫。朱熹称敬为"圣门之纲领,存养之要法"。② "敬"和静在他看来是理论层面的内容,而"一"、"慎独"则是实践层面的内容。要"敬"就要坚守"一"的方法;要"主静"就要"慎独",敬和静并没有本质区别。

由这两个范畴,程若庸又推衍出一系列范畴。要做到"敬"即"一",就要做到"忠、恕、孝、悌","发己自尽是之谓忠;推己及物是之谓恕;善事父母是之谓孝;善事兄长是之谓悌";要做到"主静、慎独",就要做到"养正",要做到"尊德性、动心、忍性、克己、复礼"等等:

> 蒙昧之时,育其纯一,是曰养正;器识之偏,推致其极,是曰致曲;学问无穷,必究其理,是曰博文;检束有要,必循其则,是曰约礼;恭敬奉持,全其天理,是曰尊德性;警觉操存,反其昏妄,曰求放心;物格知至,声入心通,洞彻无疑,是曰知言;主敬集义,勿忘勿助,刚大无惧,是曰养气;勇之所存,坚实强劲,不屈于物,是之谓刚;刚之所发,奋决果敢,见义必为,是之谓勇;操而不舍,是之谓存;顺而不害,是之谓养;义理之心,因困而作,是曰动心;气质之性,习险而矫,是曰忍性;获胜其私,物欲净尽,是曰克己;善反其初,天理流行,是曰复礼。③

在这里,程若庸不仅提炼出抽象的道德修养原则,也指示"小子"们如何进行道德修养,如何致心中之"知"、"修己"、"治

---

① 《二程遗书》卷十一。
② 《朱子语类》卷十二。
③ 《性理字训讲义·为学》。

人"。最后,程若庸作了总结:"为学之要存乎立志,持志之道,存乎敬义,主敬立本,精义致知,交养互发,内外无达,沉潜玩索,践履不已,日新又新,圣贤可跂。"这里涉及义和敬的关系问题。朱熹曾提出"敬义夹持"的主张,将其作为实现"内外合一"的重要途径,"敬以直内,义以方外"。①"敬"与"义"是同一的:"方未有事时,只得说敬以直内,若事物之来,当辨别一个是非,不成只管敬去。敬义不是两事。"②总之,为学做人"须敬义夹持,循环无端,则内外透彻"。朱熹强调为学必须内外功夫同时并用。程若庸提出"主敬立本,精义致知,交养互发"的思想,类于朱熹"敬义夹持"的思想。程若庸在篇末教育世人为学要先立志,以敬为本,敬义夹持,格物致知,只有这样不断学习,并力行之,才能向圣贤看齐。

(五)成德论和治道论

程若庸《性理字训讲义》"成德篇"主要讨论德行范畴,其中很多范畴比较抽象,如"知至"、"知止"、"尽性"、"尽心"、"心正"、"定"、"弘"、"毅"等,对人的言行举止有一定的指导意义。此篇以"理、心、性"为要领,要求人们要遵天理、做到"心理浑然",最后达到"天人合一"。程若庸在阐释"不逾矩"时指出:"从心所欲,自然方正,曰不逾矩。"此处所说的"从心所欲",并不是指人的自然欲望,此心应是"道心",形而上的道德之心。程若庸在篇末指出遵德行的重要性,他说:"舍是而求,标的不

---

① 《朱子语类》卷十二。
② 《朱子语类》卷十二。

立,差之毫厘,谬之千里。"若是有一点偏差,德行就相差很大,提醒人们还是要遵德慎行。讨论完德行后,程若庸由修己转到了治道。程若庸在"治道篇"讨论治道的一系列范畴,如"善政"、"善教"、"典"、"法"、"皇极"、"天子"、"王"、"霸"等。

在"治道篇"的最后,程若庸既对治道篇作了总结也对整个《性理字训讲义》作了总结:

> 五帝三王,继天立极。道传大统,时臻盛治。道学不传,治本不立,泛可小康?民不见德。猗欤休哉!斯文在天。五星集奎,一生圣贤。惟周与程,统接孟子。继以朱子,疏源浚委。斯道大明,如日方中。匪盲匪聩,宁不率从。蠡测管窥,眇焉后学。辑所见闻,质诸先觉。

程若庸指出:道由五帝传之三王,天下太平。道由文武周公传之孔子,孔子传自孟子,孟子死后不得其传,治国无本而立,民无德可见。社会由大同社会转入小康,由公天下转为家天下。到了宋朝,道学再传,始于周敦颐和二程,他们继承和发扬了孔孟之道;其后朱熹加以继承,疏通学问之源,深浚学问之流,使先王先贤之道重新发扬光大,如日中天。程若庸在整个《性理字训讲义》的篇末提出"道统说"作为总结,将道学的继承发展脉络梳理了一遍。最后程若庸指出,自己作为晚生后学,将先贤的言论记录下来,以供参考,这是程若庸作《性理字训讲义》的目的所在。

(六)程若庸理学思想的特点与意义

《性理字训讲义》各篇之间有逻辑联系。他首先从宇宙本体论着手讨论,阐释宇宙的生成变化,较符合认识事物之逻辑顺序。由宇宙论的探讨即对万事万物本原的探讨,进而进入关于宇宙万物之特殊群体——人的探讨,对于人的心性本原有了充分认识之后,在"为学篇"开始讨论作为与天地万物并立的人如何去认识世界,就是认识论和方法论的统一,不仅要格物致知,还要注重"修己"即道德层面的认识论和方法论;到了"善恶篇"、"成德篇",程若庸开始重点讨论道德认识论,如何成圣成贤就在于道德修为,承天理,杜绝人欲向私的流转,要做到知止、尽心等,最终达到天人合一。到了"治道篇",内容已经上升到了教人如何治国平天下的层面。应该说,程若庸的《性理字训讲义》是较符合中国传统儒学的逻辑思想体系,符合修身、齐家,治国平天下的逻辑顺序的;其理学范畴系统,也非常符合本体论、认识论、方法论这一逻辑顺序。因此程若庸《性理字训讲义》对此前的理学概念、范畴作了系统的规整梳理。

朱熹生前精研"四书"、重易学研究,他的《四书章句集注》、《周易本义》就是两本研究著作。南宋新安理学家秉承朱熹的四书章句之学,致力于对儒家"四书"的研究。如程大昌推重《中庸》,著有《中庸论》四篇;吴儆则注重《孟子》的民本思想;滕珙曾考辨朱熹的《学庸章句》和《论孟集注》,得到朱熹的嘉肯,认为"其说甚善"。他们也深受朱熹重易学的影响,大多用心于易学。如婺源儒士胡师夔曾拜朱熹为师,精通五经,尤长于《易》,著有《周易传》;胡允为朱熹三传弟子,终身致力于对朱熹易学的阐发,著有《〈周易本义〉启蒙通释》、《外翼》及《易余闲汇》等书。

另外,程若庸哲学思想还有个典型特点就是注重躬行、强调实践。这既是朱学的一大特点,也是南宋新安理学普遍具有的特点。在程若庸理学范畴系统中,"力行"被纳入"为学篇",并放在"格物致知"之后,意在表明实践的重要功用,强调"力行"能够"百倍其功",能够"变移气习",强调了"笃行"的重要性。在他的《斛峰书院讲义》中,程若庸在教育学者如何学习圣贤之道时就提出了"反躬"的原则,强调"反躬"才能使"心"与"道"的全体妙用得到充分的展现。朱熹就非常注重践履,提出了"致知力行,论其先后,固当以致知为先;论其轻重,则当以力行为重"①的知行观,承袭了儒家的一贯重视践履的思想传统。他认为人的认识的全部价值,只有经过实践才能实现,最高的理想境界也只有在实践中才能实现。因此,"工夫全在行上"。②南宋新安理学家都非常注重实践的重要性,提倡理学的"经世致用",提倡"入世",南宋著名新安理学家程大昌、吴儆就是杰出代表,在学术和政治均有所成就。而诸如程若庸等很多新安理学即使不参与政治,也致力于理学教育与传播工作,也是一定意义上的践履。

在程若庸建立的理学范畴系统中,他的理学思想宗于朱学也是显而易见的。他对很多范畴的解释是综合了朱熹及朱熹前人理学大家如张载、二程等人的思想,字字精要,概括全面,诸如"命"、"心",以及"心"、"性"、"情"三者的关系等等。对少数范畴的解释,程若庸甚至提出同朱熹不一样的看法,直接吸取了张载、二程的思想,如"道"、"器"范畴,朱熹反对以"形上"和"形下"来区分"道"、"器",程若庸则赞同二程的观点,作了"形上"和"形下"的区分。在他的"造化篇"中,程若庸不仅吸收了《易》中的思想来阐释其中的范畴,还引用了《老子》"一生二,二生三,三生万物"的宇宙生成模式来表达他自己对宇宙生成过程的理解,用易学的思想改造了老子的宇宙生成论。他的哲学思想又是"不尽同于朱子"的,表现出了对朱子学的继承有所

---

① 《朱文公文集》卷十五《答程正思》。
② 《朱子语类》卷四十六。

偏重又"兼容并包"的思想特点。这也是南宋新安理学的学术特点,南宋新安理学家对各种学说尚能持宽容乃至接纳态度,不同于元代新安理学一味维护朱子学的纯洁性,注重阐发朱子学本旨的特点。如吴儆的理学思想不仅与朱熹理学有渊源关系,而且与张栻的湖湘学派及吕祖谦的金华学派的理学亦有师承关系。程大昌在其易学著作《易原》中,直接引用《老子》"一生二,二生三,三生万物"之语,来表达他对宇宙生成过程的理解;在其政治思想中提倡"无为"之治,在其理学思想中融合了道学思想。

  程若庸哲学思想还有"调和"朱陆的因素。如前文所述,在中国哲学范畴史中,"心"有三种主要含义:一是道德之心,二是理智之心,三是指虚灵明觉之心。理学将这三种含义糅合在一起来定义"心",而在程若庸的理学范畴系统中,"心"既是道德之心,又是理智之心,又有本体的含义。"心"具"五常",能"不虑而知",心有四端为"仁、义、礼、智",是道德的存在。"心体虚明能知能觉",是理智的存在,又有本体的含义。在"心性篇",程若庸由"心"范畴,推衍出一系列跟"心"有关的范畴概念,并在"心性篇"最后总结了"心"与"理"的关系,他说:"人之一心,神明不测,具此众理,而应万物,寂然不动,此理固存,感而遂通,非由外铄。"他认为"神明不测"之心,具有众理,可以不变应万变;理本来就存于心,对理的感知应求之于心,"感而遂通",无需向外寻求。在《斛峰书院讲义》中,程若庸明确提出"心在道上"、"心为道根"的观点。他说:"道为太极,造化之枢纽,万物统体一太极也。心为太极品汇之根柢,一物各统体一太极也。万化之流行,由于元亨利贞之四德者,天地之全体妙用也。有人心之全体,而后天地之全体始于是而立焉。"程若庸强调了人心之妙用,此处的"心"是为本体意义上的心,即为太极或道,人心立,天地立,万物才能流行发育。程若庸认为,"心"与"道"

之间的关系是:"则此心为此道之统宗会元,浑乎大德之敦化,此道为此心之泛应曲当,脉乎小德之川流。"心与道的关系是心统道,道归之于心。"心"对万物的流行发育有决定作用,与道的关系是"统宗会元"的完全决定作用。"心"与"理"的关系是"心不外乎此理,理不外乎此心"。

由上可见,程若庸所理解的"心"具有最高本体的含义,且"心"与"理"是同一的。因此,程若庸对"心"的解释跟心学学派对"心"的解释("宇宙便是吾心,吾心即是宇宙","心即理")较为接近。

总之,程若庸的理学思想范畴体系具有宗于朱学又不尽同于朱学的特点,既具有南宋理学思想特点,又是南宋新安理学的典型。他既是一位理学家,又是一位教育家,也是南宋新安理学思想的杰出代表。

朱升的理学思想及其价值

朱升是元明之际的理学思想家,朱元璋的重要谋士。一生遍注诸经,为求儒学的本真精神进行了积极的探索;在思想上,朱升继承朱熹的"理一分殊"学说,提出"理"的新解释,可视为戴震哲学的先导。其著有《朱枫林集》行世。

(一)朱升生平及著述

朱升,字允升,号枫林,徽州休宁回溪人,后迁居歙县石门。生于元大德三年(1299年),卒于明洪武三年(1370年),享年72岁。

朱升幼年从学于江敏求、金斋谕。17岁从师乡贡进士陈栎,"剖击问难,多所发明,栎深器之"。① 陈栎,字寿翁,一字定宇,号东阜。"学以朱子为宗",最称宿儒。《四书大全》的《凡例》说:"注文下凡训释一、二字或二、三句者,多取新安陈氏(即

---

① 《新安学系录》卷十四《朱学士》,1932年《安徽丛书》影印本。

陈栎)之说",足见其儒学功底。著有《百一易略》、《四书发明》、《书传纂疏》、《礼记集义》等书。陈栎师事朱子三传弟子黄智孙,朱升则为朱子五传弟子。

至正三年(1343年),时资中黄泽(字楚望)讲道于溢浦,朱升与同里赵汸(字子常,号东山)"自随往从游焉",次年春归,讲学于郡城紫阳祠。是年秋,登乡贡进士第后丁内艰。至正八年(1348年),授池州路学正,十年(1350年)到任。据《朱枫林集》记载,当时池州学田收入被侵占:"学之田岁入富于他学,而官吏蠹食之,弟子员日仅一饭,教养无方,师生解体。升始至,则举吴文正公澄鼠牛之喻,会出入,整斋厨,去宿弊,晨兴讲授,以身示法,江南北学者云集。"①秩满,归故里。时蕲、黄之兵已至徽州,朱升为避兵乱,于是迁居歙县石门山中,授徒讲学,闭户著述。

至正十七年(1357年)七月,朱元璋兵至徽州,邓愈向朱元璋推荐朱升,朱元璋遂召朱升问时务,朱升对以"高筑墙、广积粮、缓称王",从战略上提出创基立国之策,深得朱元璋赞许。此后,"备顾问于内廷,参密命于翰苑",②跟随朱元璋赞画军机、制定典章、罗致人才,深得朱元璋的器重,并为朱升所居之楼亲题"梅花初月"匾额。至正二十七年(1367年),朱元璋称吴王,授朱升以翰林侍讲学士、中顺大夫、知制诰、同修国史。洪武元年(1368年)朱元璋称帝,朱升以翰林学士兼东阁学士、嘉议大夫。洪武二年,朱元璋召诸儒臣修礼书,明年告成,赐名《大明集礼》,朱升参与编辑成书。三月,朱升请老归山。朱元璋赐以爵士,辞不受。朱元璋驰驿送归,朱升陛辞请曰:"伏愿陛下明照万里,治国三重焉:东宫择贤师,保将相、久试贤能,保百姓如

---

① 《新安学系录》卷十四《朱学士》,1932年《安徽丛书》影印本。
② 《朱枫林集》卷1《诰》,合肥:黄山书社,1992年。

保赤子。故曰'为天下得人,有人有土,万年无疆'。"①洪武三年(1370年)冬十二月,朱升以疾终于家。

朱升一生著述甚丰,所著有《易》、《诗》、《书》、《周官》、《仪礼》、《礼记》、《四书》、《孝经》、《孙子》等书旁注,以及《书传补正》、《朱枫林集》。

观朱升一生,"文注子经,武贯韬略",但大部分时间还是在做儒家学问。朱元璋于1368年正式建立明朝,朱升在元代生活69年,在明代生活仅3年。如从至正十七年(1357年)"朱元璋兵下徽州,以邓愈荐,(朱元璋)召问时务"算起,朱升参加朱元璋队伍直至终老计14年,即最后14年参加朱元璋队伍以及参加明开国之初的国务管理。但这14年影响甚大,大大超过其作为新安理学家的影响,这不仅是向朱元璋"首陈三策"(即"高筑墙、广积粮、缓称王"),并因"齿德并尊"使"新安款降,不俟兵刃",而且跟随朱元璋东征西伐、北援南服,为明开国立下汗马功劳。朱元璋曾称赞朱升曰:

> 尔朱升新安儒师,怀抱著述……察历数,观天文,择主就聘,首陈三策,朕实嘉行。新安款降,不俟兵刃;四方之士,杖策来从,皆卿齿德俱尊倡之也。每奉征聘,即弃家从朕亲率六军,东征婺州、诸暨、处州、巫子门、扬子江诸砦,俘获龙江;西伐铜陵、江州、洪都、武昌、安庆;北援寿春、金斗;南服瑶蛮。著言趋吉避凶,往无不克。卫余难于禁江口,尔宁不顾己躯;足兵饷与鄱阳湖,众跃声震天地。及收抚伪汉黎庶,擒逆张,取中原,谋猷多中。……於戏!太公韬略兴周室,方叔功名照汗青。②

---

① 《朱枫林集》附录《朱升事迹编年》,合肥:黄山书社,1992年。
② 《朱枫林集》卷1《免朝谒手诏》,合肥:黄山书社,1992年。

(二)作诸经旁注,求真是之归

朱升虽在晚年参政,但"自幼至于捐馆,六十年间虽出处不常,未尝一日离卷,考索编录,动成卷帙"。① 作为朱熹五传弟子的新安理学家,他一生的主要事业还是授徒课子,解经著述,弘扬与研究儒学。《学士朱升传》说:

> (朱升)自幼为学,即以列圣传心为主,践履致用为工,上穷道体,幽赞化原。谓圣人精义入神之功,或寄于百家众技之末,是以一事一物,莫不旁搜曲揉,沿流溯源。谓濂、洛既兴,考亭继作,而道学大明于世。然学者往往循途守辙,不复致思。已明者,既不求其真知;未明者,遂谓卒不可知,岂前贤所深望于后人者哉?加以词华浮靡之习荡其中,科举利禄之心诱其外,是以圣学明而实晦,漂流忘返,慨然思所以救之。于是考六经之源,究制作之始,以得名言之义,味词助之旨,以畅指趣之归,而圣贤之心见于方册者,始可得而见,然后旁参之以传注之文,究极乎濂洛考亭之说,熟玩乎其所已明,而深究乎其所未明。尝曰:"先儒传注之意,所以求经之明也。而近世举业,往往混诵经注。既不能体味乎传注,而反断裂其经文,使之血脉不通,首尾不应,知味乐学,何所自乎?"于是始作诸经旁注。②

从这段记载中可看出朱升一生为学之大概。

---

① 《朱枫林集》卷9《学士朱升传》,合肥:黄山书社,1992年。
② 《朱枫林集》卷9《学士朱升传》,合肥:黄山书社,1992年。

首先,朱升为学"以列圣传心为主,践履致用为工",表明朱升一生以继承、弘扬与研究儒学为己任,即着重研究孔、孟到周敦颐、二程、朱子的思想,并将儒家思想应用到治国、平天下的实践中去。朱升晚年参加朱元璋的队伍,并辅助朱元璋夺取天下,正是其经世致用思想的写照。

其次,朱升认为先儒思想"或寄于百家众技之末,是以一事一物,莫不旁搜曲揆,沿流溯源",故从认识论角度,强调程、朱"格物致知"的"道问学"的作用。

第三,作诸经旁注,求真是之归。这既是朱升的重要思想,也是朱升对弘扬儒家经典所作的重要贡献。

关于儒家经与注脱节混乱问题,并不是宋明时期肇端,而是在汉代开的先河。汉武帝接受董仲舒《天人三策》中的建议,实行"罢黜百家,独尊儒术",儒学登上统治阶级意识形态的宝座,使众学子注释儒家经典蔚然成风。久而久之,烦琐的注经使儒学走入歧途,窒息了儒学的发展,给儒学带来了严重的危机。班固在《汉书·艺文志》言:

> 古之学者耕且养,三年而通一艺,存其大体,玩经文而已,是故用日少而畜德多,三十而五经立也。后世经传既已乖离,博学者又不思多闻阙疑之义,而务碎义逃难,便辞巧说,破坏形体;说五字之文,至于二三万言,后进弥以驰逐。故幼童而守一艺,白首而后能言。安其所习,毁所不见,终以自蔽。

颜师古注又证以实例曰:

> 桓谭《新论》云:秦近君能说《尧典》,篇目两字之说至十余万言,但说"曰若稽古"三万言。[①]

---

① 《汉书·艺文志》,北京:中华书局,1962年。

注文超出经文千万倍,经注混乱,足使学者目不暇接,不得要领。为什么会出现这种状况? 原来是利禄作怪。班固曾说:"一经说至百余万言,大师众至千余人,盖禄利之路然也。"颜师古注曰:"言为经学者则受爵而获其利,所以益劝。"①

汉代烦琐注经的学风一直延续至宋元。朱熹本人就是传注大家。朱熹对儒家经典都有深入研究,对于《易》,著有《周易本义》,又作《易学启蒙》;对于《诗》,用力最勤,著有《诗集传》;对于《礼》,有《仪礼经传通解》;对于《尚书》,虽没有专门著作,但其弟子蔡沈所著《书集传》被认为是承袭他的思想;又据《春秋》义法,著《通鉴纲目》;对于《大学》、《论语》、《孟子》、《中庸》研究最为专精,详为注解并将其辑合成书。朱熹对经书的注解,多以宋代的义理为立论根据,甚至颠倒旧经次序、私补阙文,但其贡献是不可磨灭的。故朱升说"考亭继作,而道学大明于世"。

元代延祐年间复科举,诏定以朱熹的《四书集注》试士子,并规定《诗经》以朱熹的《诗集传》为主,《尚书》以蔡沈《书集传》为主,《周易》以朱熹的《周易本义》为主。

明太祖朱元璋于洪武二年(1369年)诏天下立学,命刊定条约十二款,首条曰:"国家明经取士,说经者以宋儒传注为宗,行文者以典实纯正为主。今后务须颁降《四书五经》、《性理》、《通鉴纲目》、《大学衍义》、《历年名臣奏议》、《文章正宗》及历代诰律典制等书。"②明科举沿元代之旧,"专取《四书》及《易》、《书》、《诗》、《春秋》、《礼记》五经命题"。③

从上可见程朱理学以及朱学关于儒家经典的传注在南宋

---

① 《汉书·儒林传》。
② 《松下杂抄》卷下,影印本,上海:商务印书馆,1927年。
③ 《明史·选举志》,北京:中华书局,1974年。

以后具有重要地位。由于朱学传注事关士子的科举利禄,"学者往往循途守辙,不复致思。已明者,既不求其真知;未明者,遂谓卒不可知","加以词华浮靡之习荡其中,科举利禄之心诱其外,是以圣学明而实晦"。士子们研习儒家经典以科举考试为目的,只知死记硬背传注,并不明了儒家思想的真谛。故朱升指出:"而近世举业,往往混诵经注。既不能体味乎传注,而反断裂其经文,使之血脉不通,首尾不应。"①

"先儒经解至矣,而犹未免云云者。先儒用圣贤功夫,故能因经文以得圣贤之意。学者用先儒功夫,而能因经解以得先儒之意几人哉!性质庸常,学力卤莽,父兄师友取经解而督之,读经与解离,不能以意相附。其弊也,断裂经文,使之血脉不通,首尾不应,欲求其知味乐学不可得也。"②

"经与解离,不能以意相附",而不能明了先儒之意,故"圣学明而实晦"。为了克服这种弊端,掌握元典儒学的真精神,朱升于"六经四书,皆欲旁而注之"。他的解经方法是"每于本文之旁,着字以明其意,有其不相连属者则益之于两间;苟有不明尽者,又益之于本行之外",这样能使"学者读本文而览旁注,不见其意不足也"。③ 朱升并指出这种"旁注"之益:

  盖以逐字顺附经文,实而不泛,离之则字各有训,贯之则篇章浑全,制作之体既殊,辞语各有宜也。④

  是书之体,融合先儒经解,以顺附于经文,可离可合,有纲有纪,使读者止就经文,考训诂以求旨趣而已。其先儒之说顺附经文,而或有不类、不妥者,择必再三玩索体

---

① 《朱枫林集》卷9《学士朱升传》,合肥:黄山书社,1992年。
② 《朱枫林集》卷3《大学中庸旁注序》,合肥:黄山书社,1992年。
③ 《朱枫林集》卷3《易经旁注前图序》,合肥:黄山书社,1992年。
④ 《朱枫林集》卷3《大学中庸旁注序》,合肥:黄山书社,1992年。

认,以求真是之归,此学者穷经最得力处,必身亲为之,然后历其难而知其味也。①

朱升关于儒家经典旁注,采用经典原文为大字,旁注为小字,旁注的解释简明易懂,既不割裂经文,又不冲淡原文。如《周易旁注》在解释乾卦爻题和爻辞"上九亢龙有悔"时,首先在大书"乾卦"下作小字注解:"上划为天际之极,龙之登杳冥而不能为雨者,悔其过高也。凡曰悔者宜从变,变卦为悔。"然后在大字"上九亢龙有悔"的"上"字旁注:"最上之第六划";在"九"字旁注:"蓍得九数刚变为柔,其象为(九)";在"亢龙"旁注:"居高亢之龙,其占为(龙)";在"有悔"旁注:"事过之追悔。"②

为"求真是之归",朱升花了大量的精力为《易》、《书》、《诗》、《周官》、《仪礼》、《礼记》、《论语》、《孟子》、《大学》、《中庸》、《孝经》、《小学》作旁注,并作《书传辑》、《书传补正》刻行之。

(三)从"脉理"、"纹理"到"至理"

宋明理学的一个重要、基础性的范畴就是"理"。无论是程朱理学还是陆九渊心学,都要表明对"理"的理解。二程认为,"理者,实也,本也";③"所谓万物一体者,皆有此理,只为从那里来";④"天下只有一个理"。⑤ 即理为客观存在,并且理产生万

---

① 《朱枫林集》卷3《论语孟子旁注序》,合肥:黄山书社,1992年。
② 《续修四库全书》第4册《周易旁注》,上海:上海古籍出版社,2003年。
③ 《二程遗书》卷十一。
④ 《二程遗书》卷二。
⑤ 《二程遗书》卷十八。

物是世界的本原。可见二程将理规定为实有而非象、本无而不空的精神绝对体。朱熹继承二程"理"的思想,认为"宇宙之间,一理而已。天得之以为天,地得之以为地"。"未有天地之先,毕竟也只是理。有此理,便有此天地;若无此理,便亦无天地,无人无物,都无该载了。有理,便有气流行,发育万物"。① 即理为本,理在气先。理为物之本、气之本,是天地的本原。

陆九渊认为,"塞宇宙一理耳"。"此理在宇宙间,未尝有所隐遁,天地之所以为天地者,顺此理而无私耳。人与天地并立为三极,安得自私而不顺此理哉?"②"理之所在,固不外乎人(心)也。"③"人皆有是心,心皆具是理,心即理也"。④ 即理在宇宙间,天、地、人"三极"归于一理。但"心即是理",心与理是合一的,明理就是明心。

朱升在总结前人思想资料基础上,提出了对理的见解。朱升认为"理者纹理之谓也。两间之物象,凡其自然生成者,莫不觉有文理存焉。交互者,谓之文,条达者,谓之理"。⑤ "理行乎事物之中,如身体之脉理,如枝干之纹理,彻上彻下,无不至到,所谓至理也。脉理、纹理皆不一也,而皆必有统会之处"。⑥ 即理是存在于事物之中的理,如人身中的神经与血脉,如树的纹理,此理不是抽象的精神实体,而是物质性的气自身所具有的规律性。存在于具体事物中的脉理、纹理是有差别的,但这种不同的脉理、纹理"有统会之处",即朱升所说的"至理",可见朱升关于脉理、纹理直至"至理"的说法是继承了朱熹的"理一分

---

① 《朱子语类》卷一。
② 《陆九渊集》卷 34,北京:中华书局,1980 年。
③ 《陆九渊集》卷 32,北京:中华书局,1980 年。
④ 《陆九渊集》卷 11,北京:中华书局,1980 年。
⑤ 《朱枫林集》卷 7《理斋铭》,合肥:黄山书社,1992 年。
⑥ 《朱枫林集》卷 3《跋性理字训后》,合肥:黄山书社,1992 年。

殊"思想,但作了唯物主义的改造。

"至理"是什么?朱升以《易》来说明之:

> 今以八卦观之,乾、兑二卦同生于太阳之象也;离震二卦同生于少阴之象也;巽、坎二卦同生于少阳之象也;艮、坤二卦同生于太阴之象也。又以四象观之,太阳、少阴同生于阳仪也,少阳、太阴同生于阴仪也。八卦、四象各有统会,既如此矣,则两仪岂无统会哉?故孔子指其统会者名曰"太极"。极者,屋之脊栋,中正高上,众材之所构合者也。太者,大大之谓也。太极者,大大高上统会之称而已。《易》书之仪之象之卦,两而生四,四而生八,以至于无穷,由本而末,由源而流,皆所谓至理也。太极者至理之浑然者也。浑然云者,如水之浑浊然,人之视之不见,其中之所有,盖理之统会,其胚胎融聚者,固如此也。①

朱升这段论述表述以下思想:

第一,系统思想,即每个事物都在其系统内都有其自身的系统,每个系统又都从属于更高一级层次的系统。如八卦系统从属于四象系统,四象系统从属于两仪系统,两仪系统又从属于最高一层的"太极"系统。整个世界可以说是一个"太极"的大系统。

第二,"至理"即太极。朱升认为,"太极者,至理之浑然者也",即天地万物之理皆包含在太极之中。太极是理之本,可以演化为脉理、纹理;太极是理之源,可以流而为两仪、四象、八卦,故"太极者,大大高上统会之称而已"。可见理的"统会之处"即是"至理",即是"太极"。

第三,"至理"具有抽象性。事物中的脉理、纹理是具体的、

---

① 《朱枫林集》卷3《跋性理字训后》,合肥:黄山书社,1992年。

实在的,然太极中的至理是浑然的,如水之浑浊视之不见的。"其中之所有,盖理之统会",就是说"至理"涵盖一切理,是自然界和人类社会的变化、运动、发展的内在规律,它不是靠感官去把握,而是通过对具体的脉理、纹理的认识,然后经理性思维去把握。

太极不仅是"至理",同时也是宇宙万物的本原。朱升认为:"太极判而为阴阳,阴阳变合而为五行。气之流行,质之位列,物莫不然也。地围天中,为物最巨,格物者于此而不察,可乎?"①即太极产生阴阳,阴阳变合为五行。充塞宇宙间为物质性的气,气的流行便产生金、木、水、火、土五种物质,继而产生天地世界。地存天中,为最大的物体,是我们首要的也是不可不加以认识的对象。虽然太极为天地的本原,但浑然之气在造化天地万物过程中的作用是极其重要的:"气一嘘而万物盈,所谓造也;气一吸而万物虚,所谓化也。气之造物化物,犹户之一阖一辟也。"②在这里,朱升认为气是物质性的,物质性的气造物化物,即世界造化万物的原因是气,气在嘘、吸的矛盾中产生万物。

气为什么能够"一阖一辟"造化万物?其背后的动因何在?朱升说:"究而言之,则阖辟在乎枢,枢必绾乎系枢之纽。易之仪象,卦者造化也。太极者其枢纽也。……所谓太极者,其根柢也。"③即事物发生、发展、运动、变化的原因在"枢纽"。"枢纽"是什么?是太极,即事物发生、发展、变化终极原因。可见,朱升用太极与物质性的气来解释宇宙生成,是对宋代理学思想尤其是对周敦颐、张载思想的继承、改造和发展。

---

① 《朱枫林集》卷3《地理阴阳五行书序》,合肥:黄山书社,1992年。
② 《朱枫林集》卷3《跋性理字训后》,合肥:黄山书社,1992年。
③ 《朱枫林集》卷3《跋性理字训后》,合肥:黄山书社,1992年。

朱升对朱、陆学术同异问题也作了辩证地分析。朱熹、陆九渊关于"道问学"与"尊德性"的争论以及其他分歧成为宋明学术的热门话题。"和会朱陆"构成宋明学术发展的一条主线。朱升作为新安理学家,不可能不投入到"和会朱陆"当中去。就"道问学"与"尊德性"之间的关系,朱升认为:

> 《大学》以修己治人为纲要,以致知力行为工程,然而知止能得之间,必有事焉。《经》所谓定静安,《论语》所谓仁能守之,《孟子》所谓居安资深者是也。《中庸》曰:"尊德性而道问学"。盖致知力行二者,皆道问学之事。动而道问学,静而尊德性,二者功夫如寒暑、昼夜之更迭而无间。尊德性即《大学》之正心也。《大学》诚意,是省察克治于将应物之际,正心是操存涵养于未应物之时,与既应物之后。然而八目于致知之后,即继以诚意而正心,但列于其后者,盖《大学》为入德者言,使之先于动处用动,禁其动之妄,然后可以全其静之真也。此圣贤之心法,为传学之本也。①

可见,朱升将"道问学"与"尊德性"的关系看成动、静关系,"动而道问学,静而尊德性",二者是相辅相成,"如寒暑、昼夜之更迭而无间",缺一不可。但在这里朱升更强调"尊德性"。如"正心"、"诚意"属"尊德性"范畴,"诚意"是"省察克治于将应物之际";正心是"操存涵养于应物之时,与既应物之后"。即"正心"、"诚意"贯穿于"格物、致知"的始终,"尊德性"贯穿于"道问学"的始终。从朱升对"道问学"和"尊德性"之间的关系的论述,可见是对朱、陆的超越。朱熹虽然尊德性与道问学并提,但更重视后者;陆九渊着重尊德性而轻视道问学。而朱升认为二者"如寒暑、昼夜之更迭而无间",相互贯通,互为其根,相辅相

---

① 《朱枫林集》卷3《跋大学旁注后》,合肥:黄山书社,1992年。

成。他将二者有机地融合在一起,可见其思想的辩证性。这种辩证地"和会朱陆",为新安理学"和会朱陆"开了先河。如郑玉认为朱陆之学各有优劣,应取长补短;赵汸认为朱、陆思想"合并于暮岁";程敏政提出朱、陆思想"早异晚同"等,都是和朱升思想一脉相承的。

综上所述,朱升在学术上的重要贡献之一是作诸经旁注,求真是之归。其意义就在于纠正由于科举造成"混诵经注"、"断裂其经文"、歪曲儒家经典原意等错误,通过作诸经旁注,凸显儒学真谛,返归元典儒学,求真是之归。

朱升的另一重要贡献是对二程、朱熹、陆九渊"理气观"的改造。朱升将理看作脉理、纹理,气为物质性的气,气之流行造化万物。可见,朱升理气观是对程、朱客观之理与陆九渊主观之理的改造和超越,抛弃他们关于理的神秘性和主观性,从而赋予理的客观规律性。特别是关于脉理、纹理思想,影响后继学者。如戴震认为:"理者,察之而几微必区以别之名也。是故谓之'分理';在物之质,曰肌理,曰文理。"[①]可见戴震将"理"解释为肌理、腠理、文理,与朱升将理解释为脉理、纹理是一致的。此外,朱升关于"太极即是至理"的思想,以及气的盈、虚、阖、辟思想,无不体现认识的辩证法以及物质矛盾运动发展观。

[①] 《孟子字义疏证》卷上。

慧可与僧璨：早期禅宗思想家

隋唐时期是中国佛教的创宗立派的时期，在这一时期形成的佛教宗派中，最具有民族特色且对中国传统文化影响最大的当推"中国的佛教"——禅宗。禅宗的实际创始者是六祖慧能，慧能之前有菩提达磨（"磨"一作"摩"）、慧可、僧璨、道信、弘忍，一花开五叶，禅宗自然成。当年，菩提达磨携四卷本《楞伽经》于北魏嵩洛一带传授"南天竺一乘宗"，只履西归之际，将佛法付与慧可，慧可传僧璨。慧可、僧璨师徒二人在北周灭佛的恶劣环境下，续佛慧命，分别被后世追尊为中土禅宗二祖与三祖，为禅宗"史前时期"的发展作出了极大贡献，地位不容低估。

（一）慧可与司空山禅宗道场

据《续高僧传》卷十六《僧可传》，慧可（或作"僧可"、"惠可"，唐以后多作"慧可"），又名神光，俗姓姬，虎牢（今河南荥阳）人，"少为儒，博闻，尤精《诗》《易》"，是一位有深厚的传统文化修养的知识分子。年40，遇少林寺禅修的达磨，在他的门下从学六年,"精究一乘,理事兼容",并声名渐起,从其受教的僧俗弟子渐多。达磨去世后,慧可也潜伏不出,并谨守师教,以"玄理"发挥《楞伽经》,"略说修道明心要法,直登佛果"。

北周武帝于建德三年(574年)下诏灭佛,慧可此时与林法师结伴,护持经像,隐藏民间,并南下。途中,慧可"遭贼斫臂,以法御心,不觉痛苦",后林法师也"遭贼斫臂",二人都成了"无臂和尚"。我们认为,这里的"贼"应理解为灭佛势力,"遭贼斫臂"反映了早期禅宗发展的困境。后到达司空山(在今安徽省岳西县西南店前镇)开辟禅宗道场,山上至今仍存有"二祖禅堂"、"三祖洞"、"传衣石"、"空观"等遗迹。

"二祖禅堂"是慧可禅修处,"三祖洞"则是僧璨住司空山时的禅修处,"传衣石"乃后人纪念慧可传法僧璨所立,"空观"所表示的应是慧可的禅学思想。

依僧传所说,慧可"发言入理,未加铅墨,时或缵之,乃成部类",应当是有著作被编成流行的,然今俱不存。僧传还说到,有向居士以偈颂的形式问法于慧可,慧可答偈曰:

> 说此真法皆如是,与真幽理竟不殊。本迷摩尼谓瓦砾,豁然自觉是真珠。无明智慧等无异,当知万法即皆如。愍此二见之徒辈,申笔措词作斯书。观身与佛无差别,何须更觅彼无余。①

这里,"摩尼"指佛性,"二见"指认为事物常在的"常见"与认为事物断灭的"断见"。偈的意思是说,众生与佛从根本上说是没有差别的,只是人们认识不到自身本有佛性,故而离开自身向外寻求解脱。实际上,"无明"就是智慧,万法即是真如,修行的关键不是向外寻求什么佛性,而是"豁然自觉"。这些思想

---

① 《续高僧传》卷十六《僧可传》。

与后世南禅所传相当吻合,是慧可以"玄理"入《楞伽经》的积极成果,预示着禅宗"革命"的方向。

慧可于司空山传法十余载之后,返回邺都成安(今河北临漳),继续阐扬禅宗正法,但还是遭到灭佛势力的迫害,"被毒药而终",圆寂于此地。

慧可门下弟子众多,《续高僧传》卷二十五《法冲传》说,慧可弟子中有粲禅师(即僧璨)、惠禅师、盛禅师、那老师、端禅师等不出文记的,有善老师(著抄四卷)、丰禅师(著疏五卷)、明禅师(著疏五卷)等对《楞伽经》进行注疏的。但只有慧可——僧璨——道信一系弘传了禅宗正脉。今日,司空山"二祖禅堂"有一楹联曰:"窥天柱而踞司空,山中狮子;继达摩以传僧璨,佛界神光。"形象而又精辟地道出了慧可在中国禅宗史上的地位与作用:其一,他在危难之中选择了护持佛法,在南下的过程中选择了正确的传法之所;其二,继承达磨宗旨,并传衣法于僧璨,禅宗统绪赖以不坠。

(二)僧璨与皖公山禅宗道场

僧璨,一作僧粲,即慧可的弟子粲禅师,被后世奉为中土禅宗三祖。姓氏、籍贯及生卒年均不详,生平事迹亦鲜见记载,《楞伽师资记》仅载他"隐思空山,萧然静坐,不出文记,秘不传法。唯僧道信,奉事粲十二载,写器传灯,一一成就。粲印道信了了见佛性处,语信曰:《法华经》云:唯此一事实,无二亦无三。故知圣道幽通,言诠之所不逮;法身空寂,见闻之所不及。即语言文字亦徒劳施设也"。《传法宝记》说僧璨于开皇初年隐皖公山(即天柱山,在今安徽省潜山县),这是可信的。

上面引文中的"思空山"即"司空山"。僧璨受法慧可于司空山道场,得慧可"宜处深山,未可行化"的叮嘱,于皖公山建道场过着隐居的禅修生活。1982年4月,杭州市出土一块铭文砖,左侧刻有铭文:"大隋开皇十二年(592年)七月,僧璨大士隐化于舒之皖公山岫,结塔供养,道信为记。"这里的"隐化"意思是"隐居教化",并不是说僧璨此时去世。[①] 据《景德传灯录》卷三《僧璨传》说:"既受度传法,隐于舒州之皖公山,属后周武帝破灭佛法,师往来太湖司空山,居无常处,积十余载,时人无能知者。"根据这些材料,僧璨是在北周武帝灭佛、慧可南下隐司空山时从慧可受法的,曾往来于司空山与皖公山之间,隐居和修行十余年。僧璨后南下罗浮山,二年后再返还皖公山,于隋大业二年(606年)立于一棵大树下圆寂,后人建有纪念僧璨圆寂的山谷寺。

随着禅宗的盛行,僧璨的地位也相应提高,朝廷赐号"镜智",赐塔"觉寂"之额。大历七年(772年),舒州刺史独孤及为撰《舒州山谷寺觉寂塔隋故镜智禅师碑铭》,说他的禅法思想是:

谓身相非真,故示有疮疾;谓法无我所,故居不择地。以众生病为病,故至必说法度人;以一相不在内外,不在其中间,故足言不以文字。其教大略以"寂照妙用"摄群品,"流注生灭"观四维上下,不见法,不见身,不见心,乃至离名字。身等空界,法同梦幻,亦无得无证,然后谓之解脱。[②]

大意是说,世界是空幻的,诸法是无常的,一切皆无相,身、法、心、名字乃至语言文字都是不可执着的。只有以《楞伽经》

---

① 参见杨曾文《唐五代禅宗史》,北京:中国社会科学出版社,1995年,第44页。
② 《全唐文》卷三百九十。

中"流注生灭"的观点看待一切,以"无证无得"作为最高境界,才能达到解脱。这些思想与他印证道信时所说的"唯此一事实"、"语言文字亦徒劳施设"是一致的,与达磨以来所主张的禅法思想也是一致的。

由于僧璨"不出文记",没留下什么资料,我们了解僧璨的思想也只有借助于上述所引的传记材料。《景德传灯录》卷三十载有《三祖璨大师信心铭》,公认为是8世纪后期假托僧璨之名写成的,这里不论。

总之,经过达磨、慧可、僧璨的努力,早期禅宗争取到了一定数量的民众,在佛教界占据了一席之地,但他们的力量仍相对较弱;加之北周灭佛的恶劣环境,僧璨隐迹山林数十年,他们的禅法思想注定无法广泛传播。到了道信时代,社会环境发生了明显的变化。道信入皖公山奉事僧璨时,隋已统一了大江南北;此后的二三十年间,也正是隋代帝王大兴佛法的时期。种种机缘,使得道信广开禅门,壮大队伍,使得达磨禅法声誉日隆,预示着禅宗一统丛林局面的来临。从达磨到道信,禅法也从北方向南方转移,进入安徽的山区。这里,政治相对平静,民风淳朴;这里饱受老庄无为思想的熏陶,文化氛围深厚。这样看来,慧可与僧璨对传法之地的选择是有必然性的;同时意味着,禅宗的发展必然地与道家发生不可分割的关联,事实也证明,最具中国化特色的临济一宗正是带有明显道家化特征的南宗正脉。在这种必然中,安徽之于禅宗早期的发展功莫大焉。

大慧宗杲的"看话禅"与"忠义之心"说

宗杲(1089—1163),号大慧,又号妙喜,俗姓奚,宣州宁国(今安徽省宁国市)人。12岁出家,17岁受具足戒,于宣和七年(1125年)参拜临济宗杨岐派门下圆悟克勤禅师,不久即豁然顿悟。一个月后克勤著《临济正宗记》付与宗杲,令其登坛说法。由于金兵入侵,宋室南移,宗杲也离京南下,住临安(今杭州)径山传法,创立"看话禅",号为临济再兴。绍兴十一年(1141年),因反对秦桧的议和主张,被剥夺衣牒,充军衡州(今湖南衡阳),二十六年遇赦,恢复僧服。次年再住径山,因此后世也称他为径山宗杲。绍兴二十五年,宋孝宗赐"大慧禅师"号,圆寂后,孝宗又赐"普觉禅师"号。有《大慧普觉禅师语录》三十卷行世。

宗杲所处的时代正是民族危亡之际,社会矛盾复杂,投降派与主战派的斗争也异常尖锐。士大夫阶层普遍感到茫然、疑惑,他们参禅学佛,企图以此逃避现实。宗杲提倡"看话禅"、反对"默照禅",提倡"忠义之心"、反对"奸邪之辈",就是为了树立士大夫的自信,使他们担当起天下兴亡的责任。

(一)反对"默照禅",主张"看话禅"

"默照禅"由曹洞宗的宏智正觉(1091—1157)提倡。"默",意为静坐守默;"照",意为般若智慧的观照。默照禅认为,默照的关键是坐禅,通过坐禅,泯灭主客观的分别,洞见真如体用,体验人生空幻的本质,以等同于佛。从上以来的禅宗祖师都反对"坐"禅,正觉为什么不遗余力地强调坐呢?这与当时文字禅的泛滥有极大关系,他看到了执着于文字的危害,认为成佛的根本在众生之心,心就是众生灵妙的觉性、成佛的根据;如能静坐默究,去掉妄缘妄习,就能显示清静圆明的妙灵本心,就能成佛。事实上,默照禅对于那些试图摆脱世事纷扰的士大夫来说十分适宜的,他们也在"默照"中获得了一定程度的清静。

但在宗杲看来,默照禅的拱手缄默形同枯木,在民族危亡的紧要关头,远离了时代的主题,与大乘佛教的菩萨精神相违背;默照禅的无所作为将参禅的士大夫引入歧途,是一种默认甚至鼓励士大夫放弃政治斗争的行为,无形中也是对投降派的鼓励。他说:

> 近年以来,有一种邪师说默照禅,教人十二时中是事莫管,休去歇去,不得做声,恐落今时。往往士大夫为聪明利根所使者,多是厌恶闹处,乍被邪师辈指令静坐,却见省力,便以为是,更不求妙悟,只以默然为极则。①

"是事莫管,休去歇去,不得做声"是宗杲对默照禅的总结。

---

① 《大慧普觉禅师语录》卷二十六。

宗杲的"看话禅"就是专门参究"话头"——禅宗祖师具有示范性的言语中含义深奥而不可解的一个字或一句话。宗杲教人参的话头是"狗子有佛性也无"中的"无"字,认为"无"字不能思量分别,也不能引证文字作解;只要咬住这个"无"不放,时时不离日用,时时于"无"字苦苦参究,就能"直指人心,见性成佛",达到顿悟的状态。可见,"看话禅"的实质是一种禅学实践,是对世界本质"无"的亲证。

宗杲指出了参"无"字的条件,那就是"疑"。他说:"千疑万疑,总是一疑。话头上疑破,则千疑万疑一时疑破;话头不破,则且就上面与之厮崖。若弃了话头,却去别文字上起疑,经教上起疑,古人公案上起疑……皆是邪魔眷属。"[①]"厮崖"与语录中"提撕"意思相近,指精神状态的高度集中,以培养人体的直觉能力。看话禅要求人们在"无"字上生"疑",不执着于任何文字经教,只有疑破"无"字,才是正道,其他各种方法都是邪道。疑正是"看话禅"的精神所在,疑中生信,疑中顿悟,这是对禅宗自力的强调,其意义在于恢复临济宗风,重建禅者的自信,鼓励禅者自悟。对士大夫而言,"疑"就意味着必须对现实生疑,由此而建立自信,从而肩担道义、忧国爱民。

(二)菩提心则忠义心

宗杲在丛林中大力宣说"忠义之心",使禅学与现实政治生活紧密结合,使具体的政治观念成为禅学的有机组成部分,也激发士大夫高昂的民族主义情怀。

---

① 《大慧普觉禅师语录》卷二十八。

宗杲认为，禅学与儒学应当是统一的，如果儒者真心学佛，儒与佛就可以有机地统一于个人身上，《大慧语录》卷四说："若知径山落处，禅状元即是儒状元，儒状元即是禅状元。"《大慧语录》卷二八又指出："若透得狗子无佛性话……儒即释，释即儒；僧即俗，俗即僧；凡即圣，圣即凡。"他适应了时代的要求，将"儒佛合一"的观念具体化；他还通过对社会现实的批判，指出学佛者应当像世俗中的忠义之士一样，具有忠君爱国的品格，他在《示成机宜》中说："菩提心则忠义心，名异而体同。但此心与义相遇，则世出世间一网打就，无少无剩矣。"他又说："予虽学佛者，然爱君忧国之心，与忠义士大夫等。但力所不能而年运往矣，喜正恶邪之志，与生俱生。"他还说：

> 三教圣人所说之法，无非劝善诫恶，正人心术。心术不正，则奸邪唯利是趋；心术正，则忠义唯理是从。……见义便为，逞非常之真勇，乃此理也。……未有忠于君而不孝于亲者，亦未有孝于亲而不忠于君者。①

儒就是释，儒状元就是禅状元，菩提之心就是忠义之心，儒家的核心理念与佛教的主旨精神是如此的一致。他适应了时代的要求，将"儒释合一"的传统理论具体落实，敦促士大夫担当起应负的社会责任，认为只要将佛教的菩提心与儒家的忠义心相结合，就能包融世间与出世间的一切学问，成就一切事业。显然，他的"菩提心则忠义心"观念具有极强的现实针对性。

宗杲常将"忠义"与"奸邪"相对立，指出忠义之心出自清净本性，如摩尼宝珠，奸邪之心出自浊秽本性，如淤泥，本性是不可改移的；忠义者处于奸邪者之中，如同摩尼宝珠置于淤泥中，是不会受到污染的；忠义之士见义，其清净本性就会发露，奸邪

---

① 《大慧普觉禅师语录》卷二十四。

之心见利也会发露其奸邪本性。两者是水火不相容的。宗杲自己就是"忠义之心"的践行者,据《大慧普觉禅师年谱》,绍兴十一年四月,宗杲对主战派张九成说法,偈中有"神臂弓一发,透过千重甲"之句,"神臂弓"是克敌利器的象征,他是要通过"神臂弓"表达自己的抗金主张。不久,张九成即因此除官归家,宗杲也就此踏上了长达12年的流放之旅。《年谱》又载,隆兴元年(1163)"三月,闻王师凯旋,作偈曰:氛埃一扫荡然空,百二山河在掌中,世出世间俱了了,当阳不昧主人公。"他并未因世事的羁绊而忘记自己的禅学精神。

在其流放期间,僧俗两界追随如初,"看话禅"影响逐渐扩大;经过长期发展,"看话禅"遂成为宋以后中国禅学的主流,在中国佛教发展史上有着非常重要的地位。

表面看来,宗杲提倡的"看话禅"以及身体力行的"忠义之心"说是丛林僧人的观念,是在批判总结各家禅学、融合理学家"忠君爱国"观念的基础上提出来的,是佛教的理论,但它是在宗杲与士大夫长期交往的过程中不断完善的,这表明,宗杲的"看话禅"与"忠义之心"说是针对士大夫而发的,本身就是士大夫禅学的主要内容,宗杲的佛教事业也始终与士大夫相进退。他对士大夫禅学热情支持、积极引导,在他的影响下,部分知识分子以积极的态度认识社会现实,充分发扬主观精神,严辨君子小人,厉节而行,弘扬正气。可以说,正是通过士大夫的参禅,"看话禅"的精神得以渗入士大夫的日常行为,成为知识分子美德的重要组成部分,对中华民族精神品格的形成产生了深远的影响。

憨山德清的"一心"与"三教"关系论

憨山德清(1546—1623),俗姓蔡,安徽全椒人。据《憨山自叙年谱》[①]说,他在7岁时就对死向何处去、生从何处来等终极性问题产生兴趣。12岁从南京报恩寺西林永宁出家,随后又与当时的禅学大师云谷法会习禅,从无极明信习华严与唯识,还从儒士学习经史子集。19岁受具足戒,正式成为僧人。因听《华严玄谈》,悟得华严无尽圆融之旨,慕清凉澄观之为人,故自号"澄印",并立志到五台山修道。26岁时离开报恩寺,一路访师问友;万历三年(1574年)到达五台山;万历十一年来到青岛牢山,在此时自号"憨山";后因私创寺院之罪被逮入狱,遣广东。在广东18年间,对曹溪的禅宗祖庭进行了整顿与改革,被誉为曹溪中兴祖师;后又游历了南岳、东吴,于76岁时重返曹溪。天启三年圆寂,肉身不化,世寿78岁。德清一生著作宏富,有《憨山老人梦游集》五十五卷及其他单行本著作流通。

憨山以华严宗与禅宗的思想为支撑,力主禅教一致、禅净双修,三教合一等说,在明末佛教史上具有很高的地位,和云栖

---

① 载于《憨山老人梦游集》。

袾宏、紫柏真可、蕅益智旭并称为明末"四大高僧"。

三教合一是明末佛教的主题之一。德清曾说:"不知《春秋》,不能经世;不知老庄,不能忘世;不参禅,不能出世。"①因此,他的三教合一思想的主旨就是以佛教的"一心"为依托,将儒家的经世、道家的忘世与佛教的出世统一起来。

(一)一心统三教

德清说:

> 余幼师孔而不知孔,师老而不知老,既壮,师佛而不知佛。退而入深山大泽中,习静以观心焉,由是而知:三界唯心,万法唯识。既唯心识观,则一切形,心之影也;一切声,心之响也;一切圣人,乃影之端也;一切言教,乃响之顺也。②

在德清看来,天下事物,一切形、一切声、一切圣人、一切言教,莫不是"一心"的产物,因此,从"三界唯心,万法唯识"的观念看,三教本来一理,没有高低贵贱之分,没有正道异端之别,凡治世、资生、修行之事,都是"一心"的妙用,都有其存在的合理性。

德清区分了"心"与"道",认为世间一切经教、技艺等都存在着精微的"道",这"道"不能自己告诉人们它是什么,人只能凭自己的"心"悟道,因为"道"是从妙悟的"心"中流出来的,比如说,由心中流出经教为道,对不同根机的人而言有深浅之异,但"心"是圆融的无差别的本体,从不亏欠;又因为三教皆从一

---

① 《学要》,《憨山老人梦游集》卷三十九。
② 《观老庄影响论》,《憨山老人梦游集》卷四十五。

心中出,从本质上来说,这是一种"三教同源"说。

在具体的功用上,三教的作用也是基本相同的,那就是"防心",类似于今天人们所说的"净化人心"。人有贪欲、利益等"坏心",防心就是要去掉坏心而归于明心与善心。如儒家以仁、义、礼、智教人,让人舍恶而从善,并明治乱,正人心,明上下,定人伦,使人恢复本性;道家则以清静、淡泊、无为教人,让人摆脱欲望的控制,更是具有明心见性的功效。

既然三教是同源的,功用也是相同的,那么何以有经世、忘世、出世之别呢?德清用华严宗的"圆融行布"理论解决了这一问题。"圆融"是从本体的角度说的,指一切事物都是一心所现,从本体上说是融通一致的,三教自然也是平等如一的;"行布"是从现象的角度说的,十界中有六凡四圣,修行的阶位有声闻、缘觉、菩萨,教则有渐教、顿教、圆教等。简单地说,一切都是一心,这是圆融;但一切又是有差别的,这是行布。在他看来,儒家相当于佛教中的"人乘",奉天以治人,人乘以修五戒为本,儒家的仁、义、礼、智、信相当于五戒;道家相当于佛教中的"天乘",清静无欲相当于佛教中的禅定,故道家之学教人离人而入于天;佛教则是最上乘。

但这并不意味儒家的孔子地位最低、佛家的释迦地位最高。在德清看来,孔子与老子的"教"(教化人的原则)都只是"迹",是现象,在本质上,孔子与老子之"心"则与释迦一样,三教圣人的地位是平等的。孔子虽主经世,但也是"无我"的,他的"克己"、"毋意、毋必、毋固、毋我"就是明证;老子则专以破执立言,也是"无我"的,但老子也是经世的,他"常善教人"、"无弃人"就是明证;同理,释迦"度尽众生,方成佛道"的菩萨精神也是利生为务,故而也是经世的。他甚至说,孔、老就是佛的应化之身,儒、道、佛三教正可以相资为用。

(二)人道是镃基

从理论上说,在人乘、天乘、佛乘中,佛乘最为究竟,从实践(修行)的角度看,人乘则是基础。他说:

> 趣菩提唯人道为能耳。由是观之,舍人道无以立佛法,非佛法无以尽一心。是则佛法以人道为镃基,人道以佛法为究竟。①

"镃基"语出《孟子·公孙丑上》"虽有镃基,不如等时",是战国时的一种大锄头,引申为工具,在这里有"用"的意思;相应地"究竟"则是"体"。根据佛教观点,体是本体,用是作用,体与用是一如的。德清所说的"人道"指"君臣、父子、夫妇之间,民生日用之常",就是儒家的纲常伦理与利用厚生之事。

"人道以佛法为究竟"就"以一心统三教"的圆融理论,上面已经分析过;作为一个佛教徒,以佛法为究竟,为指归,当然是从其信仰角度出发得出的结论,也无可厚非。"佛法以人道为镃基"就反映了他思想上的进步性,因为这是对儒家经世、利生的肯定。他认为,人道是三教的出发点,佛教当然也不例外。他分析说,如果世人都像道家所说的处于蒙昧状态,对君臣父子等不知不识,或像佛家那样超越了君臣父子之分,那么,就不会有争欲之心,人人都是"上善"之人,此世当下就是极乐世界了,也就没有佛出现于世的"一大事因缘"了。事实不是这样,人与生俱来地就有贪欲之心,常使得纲常大乱,导致君不君、臣不臣;先王无论施加怎样的赏或罚,都无济于事,其结果则是众

---

① 《观老庄影响论》,《憨山老人梦游集》卷四十五。

生以无厌之贪带来无量之苦。所以诸佛出世,开示众生,使人理解贪欲为众苦之本,只有离欲才能得解脱。

解脱也不是要求人离开"人道";相反,只有在人道中才解脱众苦。就佛教的创始人而言,释迦现身三界,与民同患,说离欲出苦之要;他的父母妻子姓名俱载于佛典,表明他不忘君臣夫妇父子等"人道";出家修道,并不是要弃绝人伦,相反,释迦修成正果后,为母说法,示子以正法,都表明佛道不离人道。

在获得了理论上的合理性之后,德清提出了现实的问题,那就是,当时的佛子(佛教徒)不了解佛之心,为人处世,又不知人伦之道,谈心论性,也不知佛性何在。因此他的要求是:佛子必须具人道之心,只有以此为"镃基",方能上证佛道、下化众生。这就是德清三教合一论的现实意义所在。实际上,德清就是这么做的。

可以这样总结一下,德清的三教合一论的大致内容是:从理论上说,"一心"是本体,三教都从中流出,故三教一源;从现实上说,因应对的机缘深浅不同,故三教有所差别,但功用都在于"防心";从修行实践的角度看,"人道"是成就佛法的工具与手段,是"不可须臾离也"的。这样,德清在理论与实践上都将儒学纳入了佛学的范围,比历史上曾经出现过的三教合一论更具直接的现实意义。并且,利生厚生即是佛事的思想具有20世纪初太虚等人提倡的人生佛教思想的萌芽。太虚指出:"佛教并不是脱离世间一切因果法则及物质环境,所以不单是精神的;也不是专为念经拜忏超度鬼灵的,所以不是死后的。在整个人类社会中,改善人生的生活行为,使之合理化、道德化,不断向上进步,这才是佛教的真相。"[①]这样看来,德清的三教合一论对中国佛教的影响是深远的。

---

① 太虚:《人生的佛教》,《太虚集》,北京:中国社会科学出版社,1995年,第248页。

杨文会与近代佛教的复兴

杨文会(1837—1911),字仁山,池州石埭(今安徽石台县)人。出生于仕宦之家,少颖悟,好奇书,凡历算、天文、老庄之书都有所涉猎。同治三年(1866年),因病中读《大乘起信论》而领悟佛法,从此矢志弘扬佛教事业,成立金陵刻经处,搜罗、刊刻佛教典籍;设立"祇洹精舍",发起佛学研究会,大力培养人才;以近代化的方法研究佛学,于中国佛教近代化贡献良多。

(一)刊刻佛典,培养僧才

杨文会在《支那佛教振兴策一》中说:"我国佛教衰坏久矣,若不及时整顿,不但贻笑邻邦,亦恐为本国权势所夺。"[①]这表明,杨文会学佛乃至振兴佛教,固然有着因病学佛的个人因素,但时代原因才是主因,他革新佛教的宏愿是在深刻反思"本国"和"邻邦"局势基础上形成的,是时代精神的体现。

---

① 《杨仁山全集》,周继旨校点,合肥:黄山书社,2000年,第332页。

在本国，鸦片战争之后，民众苦难日深；包括佛教在内的传统文化无法对抗西学的强大攻势；因太平天国的破坏，寺院、佛像等摧毁无遗；当政者如张之洞甚至在《劝学篇》中提出将寺庙道观改作学堂的主张；僧人也安于固陋，不学无术。在邻邦日本，明治维新之后，日本各宗派都致力于创办佛教学校，培养僧才，这些学校后大多升格为大学，他们还积极地派遣优秀人才赴欧美学习。在英法等国，由于殖民主义的需要，成立了一批机构（如英国的皇家亚洲学会、法国的法亚协会），学者们加强了对东方哲学尤其是印度佛学的研究，出版了一批标志性成果（如麦克斯·缪勒49册的《东方圣书》）。杨文会曾出使英法六七年之久，对此有清晰的认识，他指出，各国的振兴之路有二，一是通商，二是传教。他的职责就是"传教"。传教约有两端，一是经典，二是人才，故杨文会振兴佛教的具体举措就是刊刻经典，培养僧才。

同治五年（1866年），杨文会结识魏刚已、赵惠甫、刘开生、曹镜初等同道，共同发愿刊刻佛经。杨文会手拟章程，成立金陵刻经处，主持刻经事务40余载，志在刻成全藏。为了这一宏愿，他广泛搜集和整理各类亡佚经典。由于各种原因，他的计划虽未能实现，但也成果斐然，刻印出版的《大藏辑要》计3320卷，460部。这些经典，囊括了华严、法华、净土、禅宗、大小乘律、法相等21个部类，称其为"辑要"，可谓实至名归；同时选本精良、校勘精审、刊刻精致，是上乘的佛典版本，为保存优秀文化遗产作出了重要贡献，也为信仰者提供了方便诵读的经典，为研究者提供了足可信赖的版本。更值得一提的是，由于杨文会从日本寻回在中国久已佚亡的窥基《成唯识论述记》及《成唯识论枢要》等唯识经典，改变了自明代以来依赖《宗镜录》研究唯识的局面，并使唯识学研究蔚然而成一时风气。

杨文会的刻经业得到了日本南条文雄的帮助，他为杨文会在日本、朝鲜访得中国久佚的重要典籍约三百种;日本藏经院汇编《续藏经》时,杨文会也积极协助搜罗,先后提供典籍数百种之多。这是近代中日佛教文化交流史的一段佳话。

1895年,杨文会在上海遇到印度僧人摩诃波罗,得知他来中国是为了"乞法西行"、创办大菩提会以复兴印度佛教,引起杨文会的共鸣,"于是提倡僧学。手订课程,著《初学课本》,俾便诵读,一以振兴佛学,一以西行传教"。[①]

"手订课程"即杨氏所撰的《释氏学堂内班课程刍议》与《释氏学堂内班课程》,主张各省都应当选择"名胜大刹"开设释氏课堂,经费从寺院田产收入中提充,公开推举教师。并仿照小学、中学、大学的制度,设立三等课程:初等三年,先学习文理知识,再教以浅近的佛典,学成方授沙弥戒;中等三年,学习比较深的经、律、论,学成授比丘戒;高等则继续学习深奥的佛典,并专攻一派,能讲法,才可授菩萨戒。只有通过"高等教育"的才能做方丈,才能开堂说法,升座讲经。《释氏学堂内班课程》规定了具体的课目。

"著《初学课本》"指杨文会亲撰《佛教初学课本》及注。课本采用"三字经"的形式,简要介绍了佛教的基本教义与历史;注则以浅显易懂的语言解释有关内容,帮助初学者入门,是一部出色的佛教普及读物。

需要指出的是,杨文会的佛教教育并没有局限于"教内",他计划的教学内容中还包括了"教外"的"新学",主要是国文、地理、算法、梵文、英文、日文等。1907年秋,金陵刻经处设立"祇洹精舍"并招收僧俗学生20余人,聘请了一批名家担任讲席,如聘苏曼殊教英文和梵文。日后在佛教革新运动中作出杰

---

① 欧阳渐:《杨仁山居士事略》,《杨仁山全集》,周继旨校点,合肥:黄山书社,2000年,第583—584页。

出贡献的太虚法师即在此时入学。1910年,他又发起佛学研究会,四方来学者甚多,欧阳渐在此时归侍门下。

经杨文会的努力,一批龙象脱颖而出。太虚倡导"人生佛教",奔走国内外宣讲佛学。欧阳渐主持金陵刻经处,将唯识一宗发扬光大,并创办支那内学院,培养了吕澂、熊十力、王恩洋、汤用彤等。他们作为杨文会僧俗两界的法嗣代表,活跃在20世纪的国际国内佛教界,成为中国佛教20世纪发展的主脉。

(二)融摄儒道,会通西学

杨文会在佛学理论方面也颇有建树,他运用华严宗的圆融精神融通佛教各派的学说,对儒道经典多有发挥,同时还借助西方"新学"诠释佛教,表现出融摄儒道、会通西学的特色。

杨文会自称其佛学"教宗贤首,行在弥陀"。贤首即华严,该宗认为一切有差别的境界是圆融无碍的,宣扬普遍的和谐。他认为,中国佛教之所以衰落,主要原因在于门户之见太深,只有依华严无碍之旨加以融摄,才能破除门户之见。他以华严宗"五教十宗"的判教方法作《十宗略说》,对佛教加以判释。

杨文会之所以归心净心(即"行在弥陀"),一方面由于净土宗是佛教的方便法门,另一方面则由于净土宗很强的融摄功能,他认为,念诵阿弥陀佛名号,一念净信,便可顿超彼岸,可谓方便;净土普摄群机,其他九宗则是分摄群机,九宗皆可归入净土,净土可摄其他九宗,可谓融摄。在华严和净土的关系上,他认为,华严的《大乘起信论》是"入道之门",净土的三经一论(《无量寿经》、《十六观经》、《阿弥陀经》、《往生论》)则是学佛"津梁",由《起信论》入门,经过净土修行,才能证得佛果。

基于佛教的立场，杨文会对儒道两家也别有会心之处。他认为，《论语》中"克己复礼为仁"就是破除"我执"（己）、求取"平等性智"（礼），而归于"性净本性"（仁）的大乘修习之方。《老子》"出生入死"一章所说就是九世，加上不生不灭的清净一念，即为十世。《庄子·人间世》中"心斋"一段，就是说破除各种识、达到"本来无我"之意。

由于杨文会长期身处西方，对近代自然科学与人文科学了解颇多，故借以解释佛学。如佛经中有"大千世界无量无数"之说，他解释道，像地球一样的多个行星绕日而转，是为一"小千世界"；空中还有很多与太阳一样的恒星，也有多个行星绕之而转，是为"中千世界"；再推而广之，"大千世界"通过极大的天文镜在凡夫的肉眼里都能呈现出来。《列子·汤问》中有两小儿辩日的故事，杨文会除了援引佛教史上两僧论"风幡之动静"指出两小儿的认识皆是虚妄之外，还借助天文学知识进行解释，指出中午日近；又借光学原理指出，凡人见物，"平视大于仰视"，如风筝，放在很远处较大，放在很高处则较小。他认为，这些西学虽然是"俗谛"，与"大道"无关，但也足以破除两小儿的"愚迷"，使他们证得佛教的"真谛"。这其实也是对近代西方自然科学的一种承认态度。

从上可知，杨文会诠释儒道的基本思路仍然是传统佛教的，但由于引入西方自然科学，他的知识结构明显胜过同时代的其他佛学家，从而拓宽了佛教研究的思路，为佛教诠释带来了一股新风，对清末民初的佛教研究产生了很大影响。法相、唯识之学自不必说；省元、印光等法师继之而专力提倡净土，使得该宗声势大振；门下居士谭嗣同撰《仁学》援引西学与佛学以阐发"维新"思想；数年后，梁启超作《余之生死观》，借进化论发挥佛家因果思想；章太炎则接杨氏会通儒道的思路，致力于以佛学诠释诸家，在中国近代思想史上占据重要地位。杨文会身后,弟子欧阳渐、桂伯华等发起成立了"中国佛教会",是近代中国第一个全国性佛教组织。

  总之,杨文会倡导佛教入世救众以挽回国运的主张得到僧俗两界的共鸣,他们积极回应现实问题,或致力于革新佛教,或致力于学术研究,或致力于鼓吹新思潮,共同推进了中国的近代化进程。杨文会被誉为"中国近代佛教复兴之父",是恰如其分的。

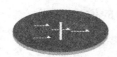

戴震的学术成就与治学方法

戴震是百科全书式的学者,是 18 世纪中国伟大的唯物主义哲学家,是乾嘉学派的朴学大师与皖学的创始人,是实事求是学术研究方法的提倡者与实践者,在充满曲折坎坷的 55 年生涯中,他对于经学、哲学以及天文学、地理学、算学等都做出了巨大的贡献。下面从三个方面讲述戴震的生平与学术成就:戴震的生平与时代;戴震的学术成就;戴震的治学方法与学术志向。

(一)戴震的生平与时代

戴震(1723—1777),字慎修,又字东原,安徽休宁隆阜(现属于屯溪区黎阳镇隆阜村)人。生于雍正元年十二月,卒于乾隆四十二年,享年 55 岁。

戴震的祖先在唐朝曾做过大官,但戴震的曾祖、祖父和父亲都没有做过官。祖父戴宁仁,被赠为文林郎。祖母程氏。父亲戴弁(1699—1779)被赠为文林郎。戴震妻朱氏,被赠为孺人。等到戴震的父亲戴弁继承家业时,家中已经十分贫寒。戴震生在隆冬腊月,可他出生那天竟雷声震天,所以他的父亲为他取名为震。据说这也符合《周易·说卦传》的说法:"震一索而得男,谓之长男。"据说戴震开悟较迟,十岁才能讲话,这就意味着十岁才能上学。又据说戴震开口讲话后聪明异常,过目成诵,日数千言不肯休。他自幼养成勤于思索、喜欢刨根问底的好习惯,曾经对朱熹的《大学章句》也加以怀疑。一日,塾师授《大学》章句,至"右经一章",戴震就充满怀疑地问道:怎么知道这是孔子之言而曾子加以叙述的呢?又怎么知道是曾子的意思而门人进行记录的呢?这问题有点出乎老师的意料,老师只是含糊地回答说这是朱文公说的。不料戴震又问,朱文公是何时人?老师说是宋朝人。戴震接着就连续发问,孔子、曾子是周朝人,朱熹是宋朝人,两朝相距两千年,朱文公是怎么知道的呢?老师听后,无法回答这样的问题了,叹曰:"此非常儿也!"意思是说这孩子不同寻常,也许以后有大出息。

戴震在十六七岁以前,凡读书,养成每一字必求其义的好习惯。塾师一般只举通常的传注训诂加以解释,戴震往往不满意,塾师不胜其烦,就把《说文解字》教授予他。戴震非常喜欢,经过对《说文解字》3年的刻苦研读,戴震掌握了全书九千余字的形体音义,这为他以后的学习打下了坚实的基础。他又接着学习《尔雅》、《方言》以及两汉儒家所著的传、注、笺等。戴震就这样逐渐形成了自己的研究方法,即一字之义,必本六书,贯群经以为定诂。戴震通过艰苦学习,能够背诵《十三经》及《十三经》的注。

戴震从18岁起跟随父亲戴弁在江西、福建、南京等地经商。明清时期的徽商善于经营,富甲一方,由经商致富、腰缠万贯者比比皆是。可戴震的父亲家贫,缺少资本,只能帮族中人往江西南丰卖布。据说年轻时戴弁随父宁仁卖过两次布,跑过两趟江西,受大族宗长房的欺压,领不到祠堂学米,从此不得入学,断送了考试前程。戴震跟随父亲客居江西南丰,布匹生意似乎不好做,戴震不得不前往离南丰不远的福建邵武教学童读书,就是当小学教师。但戴震一边教课,一边努力读书,勤奋钻研。经过几年在底层四方经商教书生涯,对民生隐曲疾苦有深切的了解与同情。这也许构成以后戴震哲学思想的人民性的社会根源。

20岁时戴震从南丰回到休宁,此时的他已经学问大进,气象不凡。同乡老先生程恂(字中允)一见大喜,对他欣赏有加,觉得戴震非池中之物,称他为"载道器",即有大抱负大学问,"魏科硕辅,诚不足言",就是说,以戴震的水平,中科举,做大官不在话下。戴弁希望儿子能走读书中举的道路,曾携戴震前往江宁拜见号称"时文(八股文)大家"的同族人戴瀚。戴瀚与戴震一接谈,就知道戴震的治学思路与学问根底,大为惊叹,"当世无此人",表示自己教不了戴震。戴震从南京回来的路上,又去淳安方楘如先生执教的紫阳书院。方楘如先生学问深厚,一见戴震的文章,也大为折服,并自叹不如。在紫阳书院,戴震还结识了前来讲学的婺源江永,江永精通三礼,旁通天文、地理、算学、声韵等。江永(1681—1762),字慎修,徽州婺源(今属江西)人,是清代皖派经学研究开风气人物,博综淹贯,岿然大师,戴震一见倾心,取平日所学就正。

戴震与江永在紫阳书院相聚的时间有限,二人更多的交往,全靠歙县富商汪梧凤的支持成全。汪梧凤(1726—1773),字在湘,歙县西溪人,以经商致富,其人识度非凡,喜欢扶持学术事业。江、戴二人不事产业,致力学术,为乡俗所怪,汪梧凤把二人接到自家的"不疏园"居住,免费提供食宿,并斥资千金购置图书,招引其他好学之士来此游学讲论,一时豪俊如程瑶田、方晞原、郑牧、汪肇龙、金榜等六七人,俱来向江永求学问难,与戴震成为"同学好友"。戴震后来还非常怀念这段生活经历。在师从江永的日子里,戴震的学问大进。其间,他作《筹算》一卷,《六书论》三卷,指出百家言六书者多谬说。在24岁时更写成《考工记图注》。25岁写成《转语》二十章,27岁写成《尔雅文字考》十卷。在江、戴的师友交往中,戴震也帮助江永解决一些疑难问题。有一天,江永列举天文历算中的一些问题试问戴震,并告诉他说:"这些问题我本人已积疑多年了,一直未能解决,你能试试看吗?"戴震仔细看过以后,便将这些题目一一剖析,详加演算,很快就把运算结果交给了江永。江永认为戴震解题的思路十分清晰,所得结论正确可靠。戴震和江永相识时,江永已63岁。共同的志趣和理想把他们紧密地联系在了一起,成了名副其实的忘年交。后来戴震著书立说叙述古音历史时,有两处引江永之说,称"同郡老儒江慎修"。有人据此称呼以为戴震是"背师盗名"。这是不合实际情形的无端指责。"老儒"一词没有贬义,意即"饱学宿儒"。胡适对此专写了《戴震对江永的始终敬礼》一文,为戴震辩诬,指出这不是大不敬,反而是格外尊重。因为在同一篇文章中,戴震对顾炎武等人都是直呼其名。江永去世时,戴震万分悲痛,随即写了《江慎修先生事略状》,评介先生的功业,将江永在学术上的成就公之于世。《江慎修先生事略状》成为后来研究江永的最重要的文献材料之一。

  戴震26岁(1748年)成婚,娶妻朱氏。29岁"补休宁县学生",算是考中了秀才。学问之大如戴震,到29岁才能考中秀才,可见当时考官的学识平庸与无能。30岁那年,休宁大旱,戴震生计艰难,几乎饿饭,闭户完成《屈原赋注》,同年还完成了《音义》三卷和《勾股割圜记》。

  32岁(乾隆十九年)那年,戴震因避仇而徒步入京师。事情原委大概是这样的:戴震这一支在家族中地位不高,颇受压制,但戴震祖坟所在地据说风水不错,在茅山桥南,遥望山势,如书架层叠,青乌家谓为万架书箱,主子孙著作等身,血食万代。戴氏家族中掌权的豪贵想侵占这块坟地来做自家祖坟。根据卢文弨给程致堂的调解信可知,戴姓族子想侵占这块坟地之后卖给程致堂的从兄弟。这说明戴震实际上受到欺压。戴震到县里提起诉讼,孰料县官接受族中豪贵的贿赂,欲加罪于戴震,于是戴震仓皇出走避难。随身只带了几本书,连行李都没有带。戴震到北京后住在歙县会馆,经常衣食不继,但坚持读书不辍,"歌声出金石",人们多把戴震看作狂人。当时刚考上进士、特改翰林院庶吉士的钱大昕听到房间里的读书声,就好奇地进来探问,与戴震对谈,大为惊奇,钦佩不已。据钱大昕说,一日戴震带着自己写的书稿前去拜访他,二人上下纵横谈论学问一整天,戴震离别时,钱大昕感叹道:"天下奇才也。"第二天,钱大昕就向礼部侍郎秦蕙田推荐戴震,秦蕙田欣然与钱大昕一起坐车到歙县会馆访问戴震。同时钱大昕又向同年进士纪昀、王鸣盛、王昶、朱筠、卢文弨等推荐戴震,一时间京师名人纷纷拜访戴震,折节与之交往,从此,海内皆知有戴先生,学富五车的戴震在京城名声大震。纪昀,即后来的四库全书总编纪晓岚,聘请戴震做家庭教师,盛赞戴震的学问,并为戴震仗义执言,为戴震的《考工记图》出资刊刻并作序。第二年(乾隆二十一年),戴震又接受礼部尚书王安国的邀请,到其府第教其子王念孙。后来王念孙与其子王引之都成为扬州学派的学术大师。乾隆二十二年,戴震35岁,离开北京,南下扬州,以后还曾多次游历扬州,到两淮盐运使卢见曾署衙任幕僚。卢见曾(1690—1768),字澹园,号雅雨,热心提倡学术文化事业,爱才好客,四方名士云集唱和。卢见曾与纪晓岚是儿女亲家,戴震游幕卢府,可能出于纪昀的推荐。在卢见曾幕府游历的著名的《儒林外史》的作者吴敬梓去世,戴震南下扬州到卢见曾幕府,也许是接替吴敬梓的职事。当时的扬州,书院众多,吴敬梓等名人汇集,扬州八怪各逞风采,文化氛围浓郁,对戴震肯定有较大影响,对戴震的学问与哲学思想的成型有相得益彰之妙。

在扬州卢雅雨署中,与惠栋相识是戴震生平中的重要事件。惠栋(1697—1758),字定宇,号松崖,江苏吴县人,是经学吴派的创始人和泰斗。吴派和皖派的两位大师相逢相识,切磋学问,值得大书特书。这年惠栋已经60岁,戴震35岁,第二年惠栋就去世了。惠栋尊崇汉学鄙视宋学的态度对戴震产生深远影响。

戴震40岁那年参加江南乡试,中了举人。第二年到北京参加会试不中,居新安会馆讲学,汪元亮、段玉裁等从之受教。这时戴震完成《原善》诸篇的写作,并出示给学生看,自觉乐不可言。43岁时,定《水经》一卷,校订《水经注》,使经、注分开不相乱,是戴震在进入四库馆以前9年就已大致完成的工作,后来戴震到四库馆校订《水经注》,只是在原来基础上作些文字润饰工作,但戴震后来却被包括钱穆在内的若干人等指责为是剽窃浙人赵东潜的《水经注》的校本。赵的校本在13年后才出版,有证据表明,在出版前已经参考了戴震的注本加以修订。胡适为了替戴震辩诬,据说抗日时期任驻美国大使期间只带了一本《水经注》尽心研究,想要澄清这一公案。可惜由于公务繁忙,没有了却心愿。

乾隆三十一年(1766),44岁的戴震从江南经苏州、扬州再次入京参加会试,还是没考中。段玉裁到新安会馆去看他,他告诉段玉裁说他最近完成讲理学的一部著作,一般认为这是三卷本《原善》。乾隆三十三年,应直隶总督方观承之聘,前往保定为校《直隶河渠书》,还未完成,方观承去世,继任的总督杨廷璋盛气凌人,戴震辞聘。第二年入都会试,不第。同年夏,应朱筠弟弟朱珪之聘,与段玉裁一起往山西,段玉裁主讲寿阳书院,戴震留朱珪署内。曾装病十余日，起而对朱珪说，我非真病，乃发狂打破宋儒家中《太极图》耳！段玉裁认为戴震装病的十多天，正在写《绪言》，即《孟子字义疏证》的初稿。同年秋，应汾州太守孙和相之聘，前往修《汾州府志》34 卷。乾隆三十四年，第三次入都会试，不第，回汾阳修《汾阳县志》。三十七年，自汾阳入京，第五次参加会试，不第。南还主讲浙江金华书院，忙于刊定《水经注》。

乾隆三十八年（1773），乾隆皇帝为了达到检查天下图书的目的，下令开四库全书馆，广校天下图书。纪昀担任总纂官。因纪昀、裘曰修的推荐，戴震以举人身份特召，入四库馆任纂修官。接到朝廷的聘任文书后，戴震回休宁老家接父母妻子全家坐船沿大运河北上，于中秋时节到达北京，住在崇文门西的范氏颖园。这年戴震 51 岁。在四库馆充纂修官的四年时间里，戴震主要负责天文地理算学书籍、语言文字学书籍以及部分古经的校勘纂修工作。戴震勤于职事，焚膏宵分不倦，眼镜换了好几副，并为同僚释疑解惑。四库馆的文人经常聚会，吃喝玩乐，根据这些文人对当时文酒之会参加人员的记载，戴震一次也不在其中。三十九年，《水经注》校成，受到皇上褒奖。四十年，第六次参加会试，不第，奉命与同年贡士一体参加殿试，赐同进士出身，授翰林院庶吉士。至此，戴震先后六次参加会试，现在总算获得了进士出身。晚年患足疾之后，仍辛勤工作，著《孟子字义疏证》。戴震认为《孟子字义疏证》是他平生最重要的著作，乃正人心之要。晚年准备南下定居金陵。由于患脚气病误服庸医所开的黑山栀，一代大师与世长辞，年仅 55 岁。戴震去世后，京师同志送给他的挽联写道："孟子之功不在禹下，明德之后必有达人。"上联的典故出自韩愈，韩愈推尊孟子，曾说孟子之功不在禹下，下联典故出自《左传·昭公七年》臧孙纥语："圣人有明德者，若不当世，其后必有达人"。上联比戴震于孟子,下联直接将戴震比作圣人。由此可见戴震其人其学在京城的影响以及人们对他的推崇。段玉裁认为戴震之学,无愧此语。

戴震修干轩伟,体貌厚重,强识锋辩,声如洪钟。平生无多嗜好,唯喜读书。有人认为戴震性格狷介偏执,故与人交往多与物忤,落落不自得。但也有人(洪榜)认为戴震接物待人以诚,不为矫激之行,热心为人办事,喜欢宣扬别人的优点。戴震认为自己虽然生不逢时,但长寿似乎没有大问题。他的同乡好友金榜说戴震身体坚强,穷困时能日行二百里。竟以积劳成疾患痿足而早逝。戴震病死于北京后,夫人朱氏率儿子中立匍匐扶柩南归。朱氏力克艰辛,完成了戴震晚年早定的"归山"之志,葬戴震于故乡休宁的几山。

戴震的著作在他去世不久由其亲家曲阜孔继涵(戴震的女儿嫁给孔继涵的长子孔广根)刻成《戴氏遗书》行世,计著作 15 种,校勘著作 11 种。1792 年段玉裁经韵楼刻《戴震文集》12 卷。1937 年《安徽丛书》出版《戴东原先生全集》36 册。由张岱年主编的《戴震全书》7 册在 1994 年至 1997 年黄山书社出版。由戴震研究会编纂的《戴震全书》6 册在 1991 年至 1999 年清华大学出版社出版。

(二)戴震的学术成就

戴震的学问文章冠绝一世,当时学者莫不赞羡称道。然而戴震的科举考试道路却崎岖坎坷。29 岁考上秀才,40 岁才中举人,其后六次参加进士考试都名落孙山,最后经特批参加殿试才获得同进士出身。这中间的悲苦辛酸、精神上的打击与折磨可想而知。旧时读书人只有通过科举考试,谋取一官半职,才能保证衣食无忧,否则就要长期忍受贫困清寒之苦。戴震就是长期处于贫困状态,为谋生而冲风冒雪南北奔波。戴震科举不中,不是因为不会写文章,恰恰是因为文章写得太好,学问太大,部分也是由于主考官平庸浅薄,有眼无珠,不能慧眼识人才。戴震年纪轻轻就满腹经纶,少年时学习古文,选取《史记》中《项羽本纪》等十篇,皆密密细字,评其结构、用意、用笔之妙。戴震文章风格淳朴高古。每写文章,下笔立成,洋洋洒洒,旁征博引,在戴震是自然而然,厚积薄发,但对才疏学浅之人则如读天书,往往不知所云。戴震年轻时学写科举文章,穷幽极渺,每有所作,意既奥曲,辞复超远,浅学读之茫如,或相与非笑之,读不懂戴震的文章,反过来却笑戴震不会写文章。只有深见卓识者可达其深妙之旨,同族戴长源戴瀚就是其中之一。他读了戴震的文章大加嗟赏,几乎推举为当世第一人。淳安方楘如先生也深识戴震,他一见戴震文,就大为折服,并自叹不如。有同学认为其中有几句文字不通(说明读书不多),方先生一一指出某句出于某经某史,因言其名其意之精,同学张口结舌,骇叹不已,由此知道戴震不是不能写文章,而是能写一手好文章。相传戴震参加秀才考试的题目是《乡人傩》三字,戴震旁征博引,考证详明,主考官虽然欣赏其文,但看到戴震引用材料故实幽眇难寻,怀疑是抄袭,但承蒙主考官网开一面,放戴震通过了。发榜后当面向戴震提出质疑。戴震历举所出,如数家珍,考官大为激赏,赠给戴震衣冠。由此可见,戴震参加科举考试屡屡落第,责任可能主要在考官。戴震为人耿介,不愿攀附权贵,37岁那年在北京参加乡试,考官想要戴震投在他门下,按说这是戴震进入官场人际关系网的好机会,但戴震不为所动,结果,尽管戴震已名重京师,但考官竟以戴震的考卷"不知避忌"将其弃置一边。戴震只能自认生不逢时。戴震虽然在考场屡屡受挫,为生计辗转奔波游幕,但始终寄心学术,勤奋著述,成为百科全书式的大学问家与思想家。

戴震继承明清之际崇实的学风,以实事求是的科学方法进一步整理总结中国古代文化,既分门别类,又融会贯通,力争建立完整的中国学术体系。戴震曾发愿撰写《七经小记》,许苏民先生认为戴震试图以七经总结概括中国古代学术体系。七经,就是《诗》、《书》、《易》、《礼》、《春秋》、《论语》、《孟子》,按七经所包含的内容分为五大部类,即《训诂篇》、《原象篇》、《学礼篇》、《水地篇》、《原善篇》。戴震认为圣人之学大体如此,他为完成这一体系倾注毕生精力,积劳成疾,死而后已。

关于治学的基本思路,戴震认为读书须先识字,"由字以通其词,由词以通其道",故以《训诂篇》作为《七经小记》五大部类的第一部分。训诂学在古代称为小学,即文字学,现在属于汉语语言文字学学科。在训诂学方面,戴震著有《六书论》三卷,《转语》二十卷,《尔雅文字考》十卷,《声韵考》四卷,《方言疏证》十三卷,《声类表》九卷,《尚书义考》二卷。戴震由《说文》以考究古圣人制书本始,以《尔雅》为承学津筏,殚心竭虑,旁推交勘,尽得古画古意古音声。由训诂而及中国古代文学,戴震著有《诗补传》、《毛郑诗考证》、《屈原赋注》七卷、《通释》二卷、《音义》三卷,以及《唐宋文知言集》二卷。

《原象篇》是戴震《七经小记》的第二部类,属于自然科学的范畴,包括天文学、数学、生物学和工程技术。《原象篇》紧接着《训诂篇》之后,就是表明人在识字之后就要学习各种自然科学知识。在天文学和数学方面,戴震著有《原象》一卷、《迎日推策记》三卷、《筹算》一卷、《勾股割圜记》三卷、《历问》一卷、《续天文历》(又名《古历考》)二卷,校《周髀算经》二卷、《九章算术》九卷、《五经算术》二卷、《海岛算经》一卷、《孙子算经》三卷、《张丘建算经》三卷、《夏侯阳算经》三卷。由数学而及工程技术,戴震著有《考工记图》三卷。在自然科学方面,戴震尽可能地接受了当时从西方传入的天文学与数学方面的新成就。在生物学方面,戴震对《诗经》中提到的各种各样的动物与植物作了详尽的考察。

《学礼篇》是戴震《七经小记》的第三部类,属于典章制度的范畴。在这方面,戴震有详尽的研究计划。但据段玉裁说,戴震这方面的研究计划没有完成。但戴震著有《春秋即位改元考》一卷、《礼仪考证》一卷,纂校《礼仪识误》。

《水地篇》是戴震《七经小记》的第四部类。属于地理学领域,包括自然地理和历史地理。《水地篇》告诉人们,治理天下必须通晓地理及其历史沿革,特别是要关注事关国计民生的水利事业。在这方面,戴震著有《水地记》一卷,校订《水经注》四十卷,撰《直隶河渠书》一百一十卷;同时,他在修撰地方志的时候,也特别注重各地人文历史地理的沿革,曾修撰《汾州府志》三十四卷,还修撰《汾阳县志》和《金山志》等。

《原善篇》是《七经小记》的第五部类,属于哲学范畴,是由词以通其道的"道"的内容。前面几个部类属于具体学科知识范畴,戴震认为,只有掌握各门具体知识,然后才能通往对大道的理解,即对哲学思想的掌握。《原善篇》与前面几篇的关系是"约"与"博"的关系,戴震把他的哲学思想建立在各门具体学科的丰厚的知识积累的基础上,从而使他的哲学形而上之道具备坚实的知识根底,而不会流入玄虚幽眇游谈无根之境。在哲学方面,戴震著有《法象论》、三篇本《原善》、三卷本《原善》、《读易系辞论性》、《读孟子论性》、《孟子私淑录》、《绪言》、《大学补注》、《中庸补注》、《孟子字义疏证》、《与某书》、《与彭进士允初书》、《丁酉正月与段玉裁书》等。其中,《法象论》和三篇本《原善》是他思想未成熟时期的著作,三卷本《原善》、《绪言》、《孟子字义疏证》等是他思想成熟时期的著作。

(三)戴震的治学方法与学术志向

以上谈的是戴震的学术成就,现在再来讨论戴震的研究方法与学术志向。考证学在清代中期(乾嘉)进入全盛期,有两大学派:一是以惠栋为代表的吴派,二是以戴震为代表的皖派。焦循说:"近世以来,在吴有惠氏之学,在徽有江氏之学、戴氏之学,精之又精。"梁启超认为戴学的精神超过惠栋之学。明确以地域名学派,是章太炎的发明。但惠戴二人主要的不同在于治学方法与学风的区别。

元和惠栋,其祖父周惕与父亲士奇皆有著作流传,惠栋受其家学,加以弘扬发展。惠家之学以博闻强记为入门,以尊古守家法为究竟。据说惠士奇曾对客背诵《史记·封禅书》一字不错。惠栋更善于记诵。他认为"古训不可改,经师不可废",专以古今为是非之标准。梁启超把惠派的治学方法用八个字概括为"凡古必真,凡汉皆好",认为凡学说出于汉儒者,皆当遵守,有敢于排斥者,则目为信道不笃,不问真不真,唯问汉不汉。其学是名副其实的"汉学"。戴震治学的基本方法是"实事求是"、"务求其真",不主一家。不论何人之言,绝不肯轻易相信,必求其所以然之故,反复参证,梁启超认为此种精神绝似实证科学的口吻,实近世科学所赖以成立者,具有思想解放的精神。

戴震曾说:"学者当不以人蔽己,不以己自蔽,不为一时之名,亦不期后世之名;有名之见其蔽二:非掊击前人以自表襮,即依傍昔儒以附骥尾。二者不同,而鄙陋之心同,是以君子务在闻道也。……私智穿凿者,或非尽掊击以自表襮,积非成是而无从知,先入为主而惑以终身;或非尽依傍以附骥尾,无鄙陋之心而失与之等,故学难言也。"①梁启超认为"不以人蔽己,不以己自蔽"是戴震一生求学最得力处。对于戴震来说,考据学乃是一种以古文献为研究对象、以恢复古文献的真实面目为治学宗旨的专门学问;从事这门学问的研究,需要具有为求知而求知的知性精神和以求真为目的的严谨学风,必须破除"人蔽"和"己蔽",使对古文献的理解建立在对字义的准确理解的基础上。"人蔽",主要是指汉宋学者对古文献的附会臆解,"志存闻道,必空所依傍,汉儒训诂,有师承,有时亦附会"。戴震指出汉儒的缺陷是有时亦附会,同时也就委婉地批评了惠栋一派的考据学有盲目崇信汉儒的"凡汉皆好"的缺失,"宋儒则恃胸臆以为断,故其袭取者多谬,而不谬者反在其所弃",戴震认为宋儒不重视考据,基本文献都没读懂,只是凭自己一己之见妄下结论,并把自己的一己之见硬说成是古圣贤立言之意,"而语言文字实未之知",他们连古文字字义都没搞懂,怎么能读懂古书、发挥义理呢?结果就是"事情源委隐曲实未能得,是以大道失而行事乖","自以为于心无愧,而天下受其咎"。所以戴震发愿要破除人蔽,以科学的考据来证明宋儒的悖谬,让天下人都知道什么才是真正的"古圣贤立言之意"。破除"人蔽",就是"传信不传疑",不以假说自欺欺人,不获得十分证据,就不自以为是。这就要区分"十分之见"与"未至十分之见"。梁启超认为,戴震这里对"十分之见"与"未至十分之见"的区分,就是科学上"定理"与"假说"的区分,"十分之见",就是建立在充分证据基础上的科学结论,"必征诸古而靡不条贯,合诸道而不留余议,巨细毕究,本末兼察"。"未至十分之见"就是依于传闻、择于众说、出于空言、据于孤证而草率得出的结论。戴震要破除的己蔽,就是要破除以"未至十分之见"为定论的弊端。戴震认为,

---

① 《戴震集·答郑用牧书》。

关键是要从"未至十分之见"到达"十分之见",即从假说达到定理,这就要下一番辛苦考证的真功夫,要"目睹渊泉所导"、"手披枝肆所歧"、"循根达杪",最终"深思自得"而得到确切的结论。如果不能达到"十分之见",则毅然割舍,宁愿放弃。余廷灿曾概括戴震的探索过程为"有一字不准六书,一字解不通贯群经,即无稽者不信,不信必反复参证而后即安。以故胸中所得,皆破出传注重围"。梁启超以为这最能表现科学研究之特点、思想解放之精神。

明清之际兴起实学思潮。"实学"含有实用、实际之学的意思,即注重研究探索有关社会民生实际的"经世致用"和"疾虚求实"的实学思潮,清初的顾炎武、黄宗羲、颜元、李塨为其代表。胡适在《戴东原的哲学》中把戴震看成颜李学派的南方传人,并把戴震思想与西方的"拒斥形而上学"的实用主义思潮相提并论。但"实学"二字在戴震那里同时包含另外一层意思,那就是实事求是的学风和求真、求实、求是的治学精神与方法。朴学的原意就是"质朴无华之学",自然是实学的一种。钱大昕就称赞戴震"实事求是,不偏主一家",凌廷堪更是推崇戴震治学的"实事求是"精神,说:"昔河间献王实事求是。夫实事在前,吾所谓是者,人不能强辞而非之;吾所谓非者,人不能强辞而是之也。如六书、九数及典章制度之学是也"。阮元也表示:"余之说经,推明古训,实事求是而已,非敢立异也。"这些都反映了皖派学者的实学精神和科学态度。

在皖派学者中,江永是戴震的师辈,程瑶田、金榜是戴震的同辈,其余的如歙人汪莱、凌廷堪、程恩泽、洪榜,绩溪人胡匡衷、胡秉虔、胡培翚(学界称"绩溪三胡"),黟县人俞正燮等都是戴震的学生辈。需要指出的是,皖派朴学的学者并非都是徽州人,从清代方东树到近代梁启超等人,又从"皖南学派"或"徽州学派"中分出"扬州学派",其领袖人物为焦循、阮元,主要人物有凌廷堪、段玉裁、王念孙、王引之、汪中、黄承吉、任大椿、孙星衍、孔广森等。其中焦循是扬州人,阮元是江苏仪征人,段玉裁是江苏金坛人,王念孙、王引之父子是江苏高邮人,孔广森是山东曲阜人、任大椿是江苏兴化人,孙星衍是江苏常州人,而凌廷堪、汪中、黄承吉虽然祖籍是徽州,但实际上却是江苏海州人和扬州人。正是这个不拘于徽籍的学术群体构成了戴震皖派朴学的强大阵容,故有人称之为"徽扬学派"。

焦循和凌廷堪是戴震的私淑弟子,阮元则问学于焦循和凌廷堪。皖派朴学源于江永,创成于戴震,其后传人不绝,段玉裁、王念孙则是戴震的及门高足,龚自珍是段玉裁的外孙,戴震之学一直延伸至近现代。

以戴震为代表的皖派朴学家们所倡导的"实事求是"学风实际上是一种科学精神,这种精神继承发展了明清实学传统中的"实事求是"精神,而且影响深远,"戴学所被,不徒由皖而苏而浙,且及于齐、鲁、燕、豫、岭、海之间矣"。皖派考据学的最大成果就是形成实事求是传统,一直延续到20世纪,对近代中国的启蒙运动和接引西方近代自然科学知识发挥了很好的铺垫作用,并与近代西方输入的唯物主义哲学相结合,形成具有唯物主义哲学基础的实事求是的认识与实践方法。

戴震与屈原一样,怀着"哀民生之多艰"的热肠,他在实证考据学方面取得举世公认的巨大成就,但绝不满足于为知识而知识的古文献整理,而是要通过文献考据厘清古圣贤立言之意,以此为基础重建大道。他怀经世之才,抱经世之志,希望他的学问能够匡济时艰,为生民百姓更好的生存生养提供合理性依据。戴震敢于冲破世俗的重重藩篱,挑战流行的霸权话语,提出令时人惊骇不已的哲学思想体系。当时学者大多公认戴震是治学严谨、成就卓著的朴学大师,而戴震却认为自己平生最重要的著作是《孟子字义疏证》,戴震的学术志向就是要为百姓的生养之道提供正当性与合理性。当时只有少数人能够理解与洞察戴震高远的学术志向。洪榜在《戴先生行状》中说："先生抱经世之才,其论治以富民为本。故常称《汉书》云:'王成、黄霸、朱邑、龚遂、召信臣等,所居民富,所去民思,生有荣号,死见奉祠,廪廪庶几德让君子之遗风。'先生未尝不三复斯言也。"

戴震17岁时就有志闻道,并悟出明道要从语言文字入手。利用语言文字学诠释古代经典,以寻求所谓"道",乃至对"道"作再创造,阐发自己的哲学思想。他在给段玉裁的一封信里说:"仆自十七岁时,有志闻道,谓非求之六经、孔孟不得,非从事于字义、制度、名物,无由以通其语言。"在《与是仲明论学书》中戴震表达了同样的意思:"经之至者道也,所以明道者其词也,所以成词者字也。由字以通其词,由词以通其道,必有渐。"戴震对群经小学穷搜研讨,就是要在广泛知识的基础上确立普遍之道。即使当时许多著名学者,也并不理解戴震的追求,只欣赏戴震在六书九数、名物制度方面的考核功夫。正如段玉裁在《戴东原集序》中说,称赞先生者,都说他考核超于前古,实际上,先生之治学,凡故训、音声、算数、天文、地理、制度、名物、人事之善恶是非,以及阴阳、气化、道德、性命,莫不究乎其实,目的就在于由考核通乎性与天道。"既通乎性与天道矣,而考核益精,文章益盛,用则施政利民,舍则垂世立教而不蔽"。戴震相信古圣贤之心志、古圣人之道的内容存在于六经之中,他说:"六经者,道义之宗,而神明之府也。古圣贤往矣。其心志与天地之心协而为斯民道义之心,是之谓道。"他要在经书中寻求义理,寻求治国安邦之道,"学成而民赖之以生"。他在《与某书》中说:"君子或出或处,可以不见用,用必措天下于治安。"又说:"古人之学在行事,在通民之欲,体民之情,故学成而民赖之以生。"他殷切希望他的学问学识能够为国家为造福于民做些贡献。他经常说,国之本莫重于民,有一念及其民,则民受一念之福。戴震的学术志向就是志在闻道,志在通古圣贤之志,重民爱民、为百姓谋福利就是戴震通过明经而要通达的大道。

戴震的学术成就与学术志向集中体现在《孟子字义疏证》中,他说:"仆生平论述最大者,为《孟子字义疏证》一书,此正人心之要。今人无论邪正,尽以意见误名之曰理,而祸斯民,故《疏证》不得不作。"是书以气本体论与生命本体论相结合,为往圣继绝学,为万世开太平,构建生存论哲学体系,在中国哲学本体论、人性论方面都实现了综合创新,开辟了中国哲学发展的新方向。

戴震对理学的解构与
中国哲学的近代转向

中国哲学具有源远流长的生存论传统。孔孟与《易传》开辟了生存论哲学的方向,以朱熹为代表的理学把孔孟仁学与《易传》"生生之德"结合起来,建立了以生命为本体的宇宙论。18世纪伟大的思想家戴震创造性地继承理学的合理价值,以"气化生生"的本体论重建天人合一之学,解构了程朱理学矛盾的体系结构,为人的生存与发展奠定了哲学人性论的基础,完成了中国生存论哲学传统的建构,开辟了中国哲学发展的新方向。

(一)《易传》确立生命本体论

中华民族文化以重视人民的生命生存而具有普适性的价值。《尚书》提出"正德利用厚生",《诗经》吟诵"民之质矣,日用饮食",《管子》认为百姓"衣食足而知荣辱",这些先哲的观点,都昭示先民对人的生命生存的重视。孔孟仁学作为人学,其重要内容就是关爱人民的生存生活。"仁"最初的含义就是生命力丰富的表现。《诗经·郑风·叔于田》的"叔于田,巷无居人。岂无居人?不如叔也,洵美且仁"以及《诗经·齐风·卢令》的"卢令令,其人美且仁"中提到的"仁",都是表征青年男子勇武矫健、生命力洋溢的精神气概。孔子说"刚毅木讷近仁",①就是以仁来表现人的刚勇旺盛的生命精神。从孔子开始,仁的内涵扩大到对人民的生存生活的关爱,即"仁者爱人",仁所包括的诸多美德,都涉及对人的同情理解与关心。孔子希望对人民"富之教之",提倡"安民安百姓"。孟子把"仁"提到"仁政"的高度,主张老者"衣帛食肉",认为"养生送死,王者之道"。

如果说孔孟尚未从本体意义上讨论生命生存问题,那么,与先秦儒学联系密切、相传为孔子所著的《易传》则从宇宙本体的高度讨论了生存论意义上的"生生之德"。《易传·系辞》开篇便展示了天地生人生物的宇宙创化过程:"在天成象,在地成形,变化见矣。是故刚柔相摩,八卦相荡。鼓之以雷霆,润之以风雨,日月运行,一寒一暑,乾道成男,坤道成女。乾知大始,坤作成物。"这种宇宙创化进程的描述虽多少带有自然目的论的倾向,但却奠定了中国即存有即活动的生命本体论的基本模式。《易传》宣称"天地之大德曰生","生生之谓易",显示生命本体论的初步确立。但在先秦时期,儒家关注民生的仁学还未与《易传》的生命本体论有机结合起来,儒学尚未能从本体意义上系统阐述生命生存的价值。以朱熹为代表的宋代儒学的积极价值,就在于把孔孟仁学与《周易》的"生生之德"结合起来,建立了生命本体论学说。

---

① 《论语·子路》。

(二)宋明理学的生命本体论

宋明理学提出了四种本体论学说,即以程朱为代表的理本体论、生命本体论,以张载、罗钦顺等为代表的气本体论,和陆王为代表的心本体论。其中,气本体论与生命本体论在中国哲学史上具有较高积极价值。程朱理学所具有的合理价值之一,就在于以《周易》的"天地之大德曰生"和"生生之谓易"为依据,以生释仁,以仁释理,提出生命本体论学说。

周敦颐正式提出"生,仁也;成,义也"[①]的命题,从宇宙论的观点解释了仁,为理学天人合一论奠定了理论基础。张载认为仁就是性,"仁通极其性",[②]"学者当须立人之性,仁者人也,当辨其人之所谓人,学者学所以为人"。[③] 天仁天德即是"生物"之心:"大抵言'天地之心'者,天地之大德曰生,则生物为本者,乃天地之心也。"[④]

二程用"生之理"释仁,在他们看来,仁源于天道生生之理而具于心,"生生之谓易,生则一时生,皆完此理"。[⑤] 这种仁者以天地万物为一体的思想,也是以自然界"生生之理"为其总根源。天地万物发育流行,便是生生之理的体现。故程颢以为体仁则"观天地生物气象","万物之生意最可观,此元者善之长

---

① 周敦颐:《通书·顺化》,《周敦颐集》,北京:中华书局,1985年。
② 《张载集·正蒙·至当》。
③ 《张载集·语录中》。
④ 《横渠易说·上经·复》。
⑤ 《二程遗书》卷二。

也,斯所谓仁也"。① 理学家们都喜欢观自然之生意。周茂叔窗前草不除,说与自家意思一般,张载观驴鸣,程颢喜鸡雏初生意思可爱,程颐说观游鱼欣然自得,体验生意。谷种、桃仁、杏仁之类之所以称为仁,盖因其中蕴涵生命洋溢,"种得便生,不是死物,所以名之曰'仁',见得都是生意"。② 人与万物一体,又高于贵于万物,人得其秀而最灵,能够自觉体认到万物生生之理,"心,生道也","心譬如谷种,生之性便是仁"。③ 中医"切脉搏最可体仁",脉络之仁岂不就是人的生命律动?程颐说"生之谓性","生生之理,自然不息"。他把生生之仁提升为本体。

朱熹对生生之理之仁作了总结提高,提出仁是天地生物之心,"天地以生物为心者也,而人物之生各得夫天地之心以为心者也。……盖仁之为道,乃天地生物之心即物而在"。④ "仁者天地生物之心,而人之所得以为心者也"。⑤ 朱熹反复说明的"天地生物之心"就是指天地之"生意"、"生理",天只有一个"生理",天地"别无所为,只是生物而已,亘古亘今,生生不穷"。⑥ 人也是天地所生之物,故人心便是天地生物之心,人是自然生生不息的担当者。"当来天地生我底意,我而今须要自体认得"。⑦ 人能自觉体认生生不息之天理流行,故人能弘道。

理学家把本来标志人的伦理性、精神性品格的仁范畴与大易的生生易道结合,把仁提升为本体范畴,把自然界的生理与人的性理结合起来,以生生不息之仁实现天人合一。这是理学家们的伟大创造,理学的全部积极价值也许就在于此。

---

① 转引自《朱子近思录》卷一。
② 《朱子语类》卷六。
③ 程伊川语,《朱子近思录》卷一。
④ 《仁说》。
⑤ 《孟子或问》卷一。
⑥ 《朱子语类》卷五十三。
⑦ 《朱子语类》卷六。

按照天人合一的基本原理,生生不息之仁既是天地之性,也是人的本性。如果把天地自然之原理称为自然观,那么,就应该把自然观方面的生生不息推广到人性论、价值观与社会历史中去,至少是把人的本性理解为生生不息,理学家也确实认为人的本性是仁,而且儒家提倡一切道理都能"推"。如果理学家真的把人性理解为生生,那么,穷理尽性就应该被解释为积极追求人的生存与发展,追求人的生命的强大与扩张。人的生命流行是自然界发育流行的继续,因此天意就是通过我的生生不已、自强不息来推进、实现和完成天命。无论如何,仁作为生生不息之理,至少是提倡积极有为的人生观,追求人的生存与发展的实现,人越是追求生存与发展价值的最大的实现,就越能保证天理天命的实现。

然而,理学家们并没有按照理论自身的逻辑发挥生命本体论的积极价值,反而在佛道哲学提倡的无欲、灭欲、去污染、破执去惑、灭情复性、拨云见日的理论思维的暗示和范导下,以"天理"本体论压制生命本体论,并通过存天理灭人欲、改造气质之性恢复天地之性、存公灭私、存义灭利的理论体系,把与生生之理有关联的人欲、人心、人的气质之性,个体之私、功利等遮蔽了,压抑了,扼杀了,最后导致自然生生之理与人的伦常之理的矛盾与冲突,使自然生生不息之理终未能贯彻到人生观、价值观和社会历史观中去。

理学体系自身的矛盾,经明清时期众多思想家的质疑批评,逐渐得到消解,到戴震这里终于被彻底解构。学术界一般的观点认为,"戴震的哲学,从历史上来看,可说是宋明理学的根本革命,也可以说是新理学的建设——哲学的中兴"。[①] 也就

---

① 胡适:《戴东原的哲学》,《胡适学术文集(中国哲学史卷)》,北京:中华书局,1991年,第1038—1039页。

是说,学术界一般注重研究或高度评价戴震对朱熹理学的批评,但对于戴震如何创造性地继承朱熹理学的合理价值,解构理学保守封闭的体系,重建天人合一之学,理顺中国哲学发展的逻辑进程,却研究甚少,而这正是理解中国哲学价值的近代转换的关键,有必要深入探讨。

(三)戴震的生命本体论

戴震继承朱熹理学之处,就在于救出理学生命本体论的合理内容,炸开理学保守的封闭体系,创造性地把气本体论与生命本体论结合起来,提出"气化流行,生生不息"的宇宙本体论,把人类看成气化生生的产物,把生生确立为人的本质,以生命为本体实现人性的重建、天人合一的重建,系统地提出了中国生存论哲学的基本原理,完成了中国哲学的近代转向。

以"气"为本体,为宇宙万事万物的本原,是中国哲学本体论的重大特色。最初把"气"作为哲学概念提出的,是道家学派,尤其是齐稷下的宋钘、尹文学派。他们从云气、地气、气息中提炼出气的概念,把气作为天地万物的本原,认为人的生命也是从这种气的精华中产生的。张载提出"太虚无形,气之本体",正式确立气本体论。程朱理学虽一般被认为是理本论,但朱熹也曾从形而下的角度提出气本体论,并且完全根据气化运行来推测宇宙的起源与发展:"天地初间,只是阴阳之气。这一个气运行,磨来磨去,磨得急了,便拶许多渣滓。里面无处出,便结成个地在中央。气之清者便为天,为日月,为星辰,只在外,常周环运转。地便只在中央不动,不是在下。"① 这是朱熹哲学中极有价值的思想,与朱熹哲学的理本论构成严重的矛盾。② 戴震把气本体论与生命本体论结合起来,提出"气化流行,生生不息"③的伟大命题,把物质一元论、宇宙发生论、过程演化论融为一体,是真正的"即存有、即活动"的本体论,是中国哲学本体论的综合创新。长期以来,学术界把西方形而上学所建构起来的静止抽象的一元论视为唯一"合法"的本体论,完全是一种错误的见解。"气化流行",指物质运动变化运行不已,"生生不息",指生人生物滋长、绵延、发展、扩张。戴震突出"生生不息"这一中国哲学的伟大原理:"天地之气化,流行不已,生生不息","一阴一阳,流行不已,生生不息"。④ 戴震尤其重视生命动力性的"生生"的意义:"生生者,化之原,生生而条理者,化之流",生生之谓仁,"生生,仁也!""生生之呈其条理,显诸仁也"。⑤ 对于人类来说,"饮食男女,养生之道也,天地之所以生生也"。⑥ 人类也是气化流行的产物,"气化曰阴阳,曰五行",阴阳五行杂糅万变而生人生物,"凡分形气于父母,即为分于阴阳五行,人物以类滋生,皆气化之自然"。⑦ 人的本性天性就是分于阴阳五行以为"血气心知","人之生也,血气心知而已","是故血气者,天地之化,心知者,天地之神";⑧ 血气心知要通过"欲"即物质需求的满足才得以生生发展,"凡有血气心知,于是

---

① 《朱子语类》卷一。
② 参见蒙培元《理学的演变》,福州:福建人民出版社,1998年,第23页。
③ 《孟子字义疏证》中。
④ 《绪言》上。
⑤ 《原善》上。
⑥ 《原善》下。
⑦ 《孟子字义疏证》中。
⑧ 《原善》上。

乎有欲","生养之道,存乎欲者也",人的物质欲求的满足既是人道也是天道,"人道之有生则有养也,耳目百体之欲,求其故,本天道以成性者也"。① 由此,戴震以无懈可击的逻辑论证了天、人、性、欲的统一,并以此为基础重建天人合一:"耳目百体之欲,血气资之以养,所谓性之欲也,原于天地之化者也,是故在天为天道;在人,咸根于性而见于日用事为,为人道;仁义之心,原于天地之德者也,是故在人为性之德。"②"人道,人伦日用、身之所行皆是也。在天地,则气化流行,生生不息,是谓道;在人物,则凡生生所有事,亦如气化之不可已,是谓道"。③ 人追求生活需求的满足,既合人道,也合天道;人致力于生存与发展,也就是尽天命。根据戴震提出的天人合一,程朱理学的"存天理,灭人欲"的内在矛盾就不攻自破了。

戴震从解决基础性的理气关系入手,来展开对程朱理欲矛盾关系的消解。"惟条理是以生生;条理苟失,则生生之道绝"。④ 理不是可以离开事物或在事物之上的,理就是事物本身,就是事物的本质属性,只能通过具体事物表现出来。"理者,察之而几微必区以别之名也,是故谓之分理;在物之质,曰肌理,曰腠理,曰文理,得其分则有条而不紊,谓之条理"。"天理云者,言乎自然之分理也"。⑤ 理又是事物自身具有的"必然",出于"自然"而归于"必然"。总之,理是通过具体事物而呈现出来的属性或原则。戴震对理气关系问题的解决,比罗钦顺、王夫之等人更为透彻。

理欲关系与理气关系相一致,"理者,存乎欲者也"。戴震

---

① 《原善》上。
② 《原善》上。
③ 《孟子字义疏证》下。
④ 《孟子字义疏证》上。
⑤ 《孟子字义疏证》上。

认为欲不可灭,"欲根于血气,故曰性也"。① 欲就是人性,欲出于"血气心知之自然",为人类的生命存在之不可无。人的本质就是生存与发展。"人之生也,莫病于无以遂其生。欲遂其生,亦遂人之生,仁也。欲遂其生,至于戕人之生而不顾者,不仁也"。"凡出于欲,无非以生以养之事"。"圣人治天下,体民之情,遂民之欲,而王道备"。②"仁者,生生之德也;'民之质矣,日用饮食',无非人道所以生生者。一人遂其生,推之而与天下共遂其生,仁也!"③

为了彻底转换天理、人欲之关系,使人欲上升到主导地位,戴震提出了一个惊人的新观念,即认为欲是推动人类生存发展的原动力。人对物质欲望满足的追求是人类生生不息、积极有为的根本基础,是自然界生生不息伟大原理的体现,"所谓性之欲也,原于天地之化者也"。故欲是人类活动的原动力,必有欲而后方能有为。他说:"天下必无舍生养之道而得存者,凡事为皆存于欲,无欲则无为矣。有欲而后有为,有为而归于至当不可易之谓理;无欲无为,又焉有理!"④只有肯定人欲的合理性,才能使人类有为,才能为生存与发展而奋斗。所谓理,就是人的感性物质欲望的充分满足,"至当不易"。"理者,存乎欲者也",理乃是人的血气自然之中的必然之则:"由血气之自然,而审察之以知其必然,是之谓理义。……就其自然,明之尽而无几微之失焉,是其必然也,如是而后无憾,如是而后安,是乃自然之极则。"⑤情欲的满足乃是自然原则,情欲的满足到达不缺失、无遗憾的地步,便是必然原则,便是理义。戴震的论证彻底

---

① 《孟子字义疏证》上。
② 《孟子字义疏证》上。
③ 《孟子字义疏证》下。
④ 《孟子字义疏证》下。
⑤ 《孟子字义疏证》上。

解构了"存天理,灭人欲"的价值观,转换了二者的关系,使人欲"理直气壮"地占据主导地位。戴震认为,主张"灭欲"之说否定了人类基本的生存需求,也就是使人类失去了历史创造活动的动力,而归于无为,殊不知无为者所咬的菜根也要通过有为的劳动才能生产出来!只有那些空手吃白饭的人,才会反对勤奋劳作,反对有为,提倡什么"无欲""无为"!

戴震进一步揭示程朱理学的无欲无为与老庄道家的无欲学说与佛家灭欲说的理论渊源关系。宋明理学家在互相批评反驳时,仿佛只要指出对方的学说是佛学、禅学,似乎对方的观点就不攻自破了。在这里,戴震把程朱的灭欲说与老释的无欲说相联系,其目的也是让理学的灭欲说不攻自破。他说:"自老氏贵于'抱一',贵于'无欲',庄周书则曰:'圣人之心静乎!夫虚静恬淡,寂寞无为者,天地之平,而道德之至'。周子《通书》曰:'圣可学乎?'曰:'可。''有要乎?'曰:'有。'请问焉。曰:'一为要。一者无欲也。无欲则静虚动直,明通公溥,庶矣哉!'此即老庄释氏之说。朱子亦屡言'人欲所蔽',以为无欲则无蔽。……老氏所以言'常使民无知无欲',彼自外其形骸,贵其真宰。后之释氏,其论说似异而实同。宋儒出入于老释,故杂乎老释以为言。"①老庄释氏讲"抱一"、"无欲",道学宗主周敦颐亦讲"一者,无欲也",程朱"出入于老释"的事实,证明程朱的理欲之辨来源于道家的"无欲"说和佛教禁欲主义的说教,而其区别只在于程朱将老庄释氏的所谓"一"规定为"理一"而已,"存理灭欲"则与老庄释氏一脉相通。程朱动辄就讲儒释之区别,而在天理、人欲关系问题上,则恰恰被释道同化了!

戴震还对与理欲关系相近的情理关系作了价值转换。佛道、程朱理学的共同特征之一是讲灭情复性,情为障,为孽,只

---

① 《孟子字义疏证》上。

有灭情才能存性。戴震指出,"理也者,情之不爽失者也",他反对宋儒"舍情而言理",得出"情之至于纤微无憾是谓理"的结论。"理也者,情之不爽失也,未有情不得而理得者也。"①"苟舍情求理,其所谓理,无非意见也"。如果以"一己之意见"为理来评断一切,就会造成"以理杀人"的后果,以仁义祸斯民。

戴震通过批判存理灭欲的禁欲主义,揭露伦理异化与宗教异化的共通本质,对理欲关系作出符合社会发展前进方向的解释,最后提出启蒙者的社会理想:"天下之事,使欲之得遂,情之得达,斯已矣!"②戴震的理欲观,以根于血气的欲为出发点,也以欲的实现为归宿。"仁者,生生之德也;'民之质矣,日用饮食',无非人道所以生生者。一人遂其生,推之而与天下共遂其生,仁也!"这表现出戴震思想具有光辉的人民性。

(四)人性即气质之性

天地之性(天命之性)与气质之性是程朱理学关于人性论的核心价值学说。天地之性来自天理,天理具有人为性,主要指人的道德理性;气质之性来自气,与人的身体相关,涉及人的欲望、情感、才质、性格诸方面。天地之性浑然至善,气质之性有善有恶。程朱理学认为人的气质之性会遮蔽天地之性,因此要"变化气质",以恢复天地之性。戴震则从气化生人生物出发,论证人性即是气质之性,对理学家提出的"天命之性"与"天地之性"的矛盾关系作了全面剖析,使程朱理学的天命人性论

---

① 《孟子字义疏证》下。
② 《孟子字义疏证》上。

彻底终结了。

戴震明确肯定气质即是性，此外更无性。所谓"天命之性"或"天地之性"，实际上只是气质之性。所谓天命之性，也只是落实在气质之性上。人之性即是气质之性，这本来是简单明白的道理，但程朱"截气质为一性，言君子不谓之性；截理义为一性，别而归之天"，①这种"借天为说"的说法，使人仿佛觉得义理之性是天赋予我，因而不再怀疑义理之性为我固有了。戴震进一步从思维方式上揭穿程朱天地之性与气质之性区分的奥秘，即理论思辨的奥秘。按照程朱的理论逻辑，天地之性是人的真正本性，那么人只要尽己之性就行了，何必读书，然后为学？故程朱必须把人的气质说成恶，天地之性"为气质所污坏"，因此要尽性就首先要去气质之蔽，结果尽性变成了永恒、终生去蔽的工夫，"以便于言本有者之转而如本无者"，即人本来就有的天地之性却变成了似乎从来也不存在的东西，性譬水之清，因地而污浊，永远也没有变清的机会，水如果想保持清，只有不流，从而"气化生人生物，适以病性"。②戴震说，这种思维方式"不过从老庄、释氏所谓真宰真空者之受形以后，昏昧于欲，而改变其说"，"以水之清喻性，以受污而浊喻性堕于形气中污坏，以澄之而清喻学。水静则能清，老庄、释氏之主于无欲，主于静寂是也"。程朱"因改变其说为主敬，为存理，依然释氏教人认本来面目、教人常惺惺之法"。③程朱的存性（天地之性）说与释氏的复性说在理论上并无二致，理学在人性论问题上与老庄释氏合流了！

戴震认为气化生人生物只是气质之性，即血气心知之性，

---

① 《孟子字义疏证》中。
② 《孟子字义疏证》中。
③ 《孟子字义疏证》中。

不存在什么天地之性"如有一物"。"人之为人,舍气禀气质,将以何者谓之人哉?"①他把人看作现实的活生生的感性的人,以人欲、人的感性物质需求作为人性的基础,是明清以来人性重建过程的结果,是人性的解放。

人性就是气质之性,就是追求人欲满足的过程,就是人的生存与发展,这就需要发挥人的才能。戴震对气质之性的讨论还有另一方面重要内容,即认为气质之性是才,是人的才质、才能,这也是对陈确、颜元、唐甄等人的气质论思想的继承与总结,把宋儒的道德本体人性论抛弃了。

戴震说:"才者,人与百物各如其性以为形质",人的形质即为才,才与命、性是同等层次的概念,"气化生人生物,据其限于所分而言谓之命,据其为人物之本始而言谓之性,据其体质而言谓之才。由成性各殊,故才质也殊。才质者,性之所呈现也;舍才质安睹所谓性哉!"②命,即是人之气禀气质得于自然界的规定,即自然界给予人的物质规定性,诸如男女、高矮等天生的差别。性即是气质之性,即人的特性,要通过才质来表现,没有才质也就没有性。才质,"性之所呈",故性就是才。尽才才能尽性。人若为不善,非才之罪,而是后天的社会环境影响所致。宋儒把不善归咎于才,把性与才分开,这是"二本"。实际情况应该是性善才美,二者一致。如果人人尽其才,就能使天下之人各遂其情,各遂所欲,推动人类的生存与发展。

戴震把性解释为人之才质,尽性即为尽才,尽才所以尽性,性即是血气心知气质之性,确立了气质之性的本体地位,把在理学中受压抑的人的欲望、情感、才能从天命之性中解放出来,天地之性、气质之性的争论到戴震这里结束了。从此以后,人

---

① 《孟子字义疏证》下。
② 《孟子字义疏证》下。

应该尽情尽性地发挥才能,为更好地生存与发展而奋斗。

戴震对中国生存哲学加以综合提升,在解构理学矛盾体系的基础上,建构起中国生存论哲学的系统原理,开辟了中国哲学发展的近代方向,这是他对中国哲学做出的伟大贡献。当然,戴震哲学与此前的许多进步哲学家的思想一样,受到时代条件的限制,重视生存有余,强调发展不够。而马克思主义哲学的特点之一是突出发展,能够弥补中国生存论哲学的缺陷。众所周知,马克思主义唯物史观的基本出发点就是,"人们为了能够'创造历史',必须能够生活。但是为了生活,首先就需要吃喝住穿以及其他一些东西"。① 这与戴震开辟的中国哲学发展的新方向完全一致。马克思主义哲学与中国哲学传统相结合,为人的生存与发展、为中华民族的伟大复兴提供了全新的哲学基础,并为中国哲学的未来发展开辟了新的航向。

---

① 《马克思恩格斯选集》第1卷,北京:人民出版社,1995年,第531页。

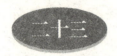

陈独秀与中国传统文化

陈独秀(1879—1942),字仲甫,安徽怀宁(今属安庆市)人,是我国近现代史上杰出的思想家,"五四"新文化运动的旗手和总司令,他高举"民主"和"科学"两大旗帜,推动了中国社会启蒙的发展。作为政治活动家的陈独秀,思想活跃,经历曲折,性格多面,是个颇受争议的人物。陈独秀研究是学术界经久不衰的常新课题。本文主要从哲学文化的视角探讨作为思想家的陈独秀在中国思想史上的作用与地位。通过对陈独秀文本的解读,我们认为陈独秀思想与中国传统文化资源有着割不断的联系。

(一)陈独秀对传统思想文化的扬弃

19世纪后半期以来,随着资本主义列强对中国侵略的加剧、中国封建统治阶级的日益腐朽,中国广大人民处在水深火热之中。为探索救国救民之路,许多仁人志士,提出各种救国方案,他们通过办报刊、设学堂、组织社团,宣传民主思想,从事革命活动。作为中国早期的启蒙思想家和积极行动者,陈独秀为唤起广大民众反对封建专制制度,获取自由、独立、民主做出了非常重大的贡献,其思想十分丰富,主要内容包括四个方面:(1)提倡民主政治,反对专制制度;(2)提倡新道德,反对旧道德;(3)提倡科学,反对迷信;(4)提倡新文学,反对旧文学。

1. 民主思想

陈独秀对民主思想的宣传在"五四"前期包括人权说、个人自由、社会平等、政党竞争、社会主义等许多方面。他说:"近世文明之特征,最足以变古之道,而使人心社会焕然一新者,厥有三事:一曰人权说,一曰进化论,一曰社会主义,是也。"[①]人权说反对把人当作奴隶,争取独立自由人格,这与中国传统伦理道德思想相对立。达尔文进化论的精华是"生存竞争,优胜劣败",在陈独秀看来,就是"人类争呼智灵,以人胜天","自造其福祸,自导其知行",无论是神权迷信还是纲常名教,这些束缚人类智慧、造成听天由命之惰性的东西,都要唾弃无遗。正如陈独秀在《新青年》中明确宣告的那样:我们现在认定只有"德先生"和"赛先生"可以救治中国政治上、道德上、学术上、思想上一切的黑暗。这在当时的中国,无疑是正确的,具有极为重大的意义。在中国近代历史上,"德先生"、"赛先生"不仅是革命的武器,也是自身建设的法宝。民主精神和科学精神对中国未来社会的进一步改造,同样具有现实的指导意义,民主和科学的精神必将成为中华民族自立自强于世界优秀民族之林的双翼和两轮。

陈独秀提出"惟民主义",并认识到民主要包括宪法、代议

---

① 陈独秀:《法兰西与近世文明》,《独秀文存》,合肥:安徽人民出版社,1987年,第10页。

制这些法律制度的内容,要包括思想言论出版信仰等自由权利,以及政治经济上的人人平等。这样,他从强烈反对专制的"惟民主义"思想发展到比较全面深刻的"民治主义"思想。他特别看重政治与经济两个方面的民主,要把政治和社会经济两方面的民治主义,当作达到社会生活向上的两大工具。他对政治的民治主义的解释是由人民直接议定宪法,用宪法规定权限,用代表制照宪法的规定执行民意。换一句话说,就是打破统治者与被统治者的阶级,人民自身同时是统治者又是被治者,只有到了这个地步,才算得真正民治。陈独秀的民治主义特别强调人民的直接作用,也就是社会上每一个人的作用。他主张,大规模的民治制度只有建立在小组织的民治基础之上,才会实现。没有坚固基础的民治,无论表面上装饰得如何堂皇,实质上毕竟是官治,是假民治,真正的民治绝不会实现,各种事业也不会充分发展。他比较欣赏英美国家的民主制度,认为我们现在要实行民治主义,应当拿英、美做榜样,要注意政治经济两方面,应当在民治的坚实基础上下工夫,应当由人民自己创造这基础,其基础就是人民直接的实际的自治与联合。这种联合自治的精神就是要人人直接的,不是用代表间接的;是要实际去做公共生活需要的事务,不是挂起招牌就完事。这种联合自治的形式有地方自治和同业联合两种组织。不过,陈独秀骨子里是激进的,他更为赞赏的是法兰西的革命精神。著名哲学家罗素将近代西方思潮分为自由主义与浪漫主义两派,陈独秀倾向于法俄的浪漫主义,在发展模式上倾向于激变型发展模式。

2. 对封建专制主义、封建伦理的批判

陈独秀在"五四"新文化运动中极力反封建专制主义。陈独秀在创办《青年杂志》时,袁世凯正积极进行复辟帝制。陈独秀宣布的编辑方针是改造青年的思想,辅导青年的修养,为杂志的天职,批评时政不是其宗旨。陈独秀虽不直接批评时政,但他是要谈论政治的,而且所谈论的是政治的根本问题。他在《青年杂志》上发表的《今日之教育方针》中,提出"惟民主义"的口号,主张"主权在民"。虽然他不"批评时政",没有具体指出中国革命的途径,但是"主权在民"的主张还是有重大积极意义的。中国经历了辛亥革命,建立了共和政体,但是"主权在民"并没有实现。资产阶级民主革命的任务还远没有完成,中国还是封建军阀官僚专政的国家。因此"主权在民"思想的提出具有反封建专制的作用。

陈独秀说:"封建时代,君主专制时代,人民唯统治者之命是从,无相互联络之机缘,团体思想,因以薄弱。此种散沙之国民,投诸国际生存竞争之旋涡,国家衰亡,不待蓍卜。"[①]他指出世界发展的趋势是"英法革命以还,惟民主义,已成为政治之原则"。[②] 所以中国只有实行惟民主义才能跟上时代的脚步。"惟国人欲采用此主义,不先了解此主义之内容。内容维何?欧美政治学者诠释近世国家之通义曰:'国家者,乃人民集合之团体,辑内御外,以拥护全体人民之福利,非执政之私产也。'易词言之,近世国家主义,乃民主的国家,非民奴的国家。民主国家,真国家也,国民之公产也,以人民为主人,以执政为公仆者也。民奴国家,伪国家也,执政之私产也,以执政为主人,以国民为奴隶者也。真国家者,牺牲个人一部分之权利,以保全体

[①] 陈独秀:《今日之教育方针》,《独秀文存》,合肥:安徽人民出版社,1987年,第18页。
[②] 陈独秀:《今日之教育方针》,《独秀文存》,合肥:安徽人民出版社,1987年,第18页。

国民之权利也。伪国家者,牺牲全体国民之权利,以奉一人也"。①

他对西方社会的"自由"、"平等"、"人权"十分欣赏。陈独秀像17、18世纪欧洲启蒙思想家一样,大声疾呼,要求"个性解放"。他在《敬告青年》中提出六条,第一条便是"自主的而非奴隶的"。他说:"我有手足,自谋温饱;我有口舌,自陈好恶;我有心思,自崇所信;决不任他人之越俎,亦不应主我而奴他人。"②他说西方的民族是彻头彻尾个人主义之民族,推崇思想言论的自由,谋个人的发展,法律面前人人平等,个人之自由权利都载在宪章。

民主自由与封建专制相比,前者是一种进步。中国要从封建专制走向民主自由,就必须前进。陈独秀把推动中国前进的希望寄托在青年一代身上。他在《敬告青年》中满怀热情地写道:"青年之于社会,犹新鲜活泼细胞之在人身,新陈代谢,陈腐朽败者无时不在天然淘汰之途,与新鲜活泼者以空间之位置及时间之生命。"③他要求青年是"进步的而非保守的"、"进取的而非退隐的",并要"有以自觉而奋斗"。陈独秀当时的思想还局限于进化论。他说:"以人类进化言之,笃古不变之族,日就衰亡,日新求进之民,方兴未艾。"他又说:"世界进化,骎骎未有已焉,其不能善变而与之俱进者,将见其不适应环境之争而归天然淘汰已尔,保守云乎哉!"④尽管进化论早就经严复等人介绍

---

① 陈独秀:《今日之教育方针》,《独秀文存》,合肥:安徽人民出版社,1987年,第18页。

② 陈独秀:《敬告青年》,《独秀文存》,合肥:安徽人民出版社,1987年,第4页。

③ 陈独秀:《敬告青年》,《独秀文存》,合肥:安徽人民出版社,1987年,第3页。

④ 陈独秀:《敬告青年》,《独秀文存》,合肥:安徽人民出版社,1987年,第5页、6页。

到中国,尽管进化论到陈独秀时已经显得陈旧,但经过陈独秀充满激情的文字,仍然给当时的青年极大的震撼,因为打破封建专制、追求时代进步正是时代的要求。

陈独秀把反对封建伦理道德看作至关重要的一次革命。他说:"伦理思想,影响于政治,各国皆然,吾华尤甚。儒者三纲之说,为吾伦理政治之大原,共贯同条,莫可偏废。三纲之根本义,阶级制度是也。所谓名教,所谓孔教,皆以拥护此别尊卑明贵贱制度者也。近世西洋之道德政治,乃以自由平等独立之说为大原,与阶级制度极端相反。此东西文明之一大分水岭也。"①他又说:"自西洋文明输入吾国,最初促吾人之觉悟为学术,相形见绌,举国所知矣;其次为政治,多年来政象所证明已有不可守缺抱残之势。继今以往,国人所怀疑莫觉者,当为伦理问题。此而不能觉悟,则前之所谓觉悟者,非彻底之觉悟,盖犹惝恍迷离之境。吾敢断言曰:伦理的觉悟,为吾人最后觉悟之最后觉悟。"②要完成这场最后的觉悟,就要破除旧的伦理思想。陈独秀在《新青年》创刊词中提出"中国更张"的主张,力主学习西方文化,旗帜鲜明地抨击中国传统旧思想,他说:"固有之伦理、法律、学术、礼俗,无一非封建制度之遗,持较此种之所为,以并世之人,而思想差迟,几及千载;尊重廿四朝之历史性,而不作改进之途,则驱吾于二十世纪之世界门外,纳之奴隶牛马黑暗沟中而已,复何说哉!"③把反封建伦理道德的意义提升到如此重要的地位,表明了"五四"新一代与传统决裂的决心。这一决裂也决定着中国的命运和前途。但是,陈独秀等人提出

---

① 陈独秀:《吾人最后之觉悟》,《独秀文存》,合肥:安徽人民出版社,1987年,第41页。
② 陈独秀:《吾人最后之觉悟》,《独秀文存》,合肥:安徽人民出版社,1987年,第41页。
③ 陈独秀:《新青年创刊词》。

这一任务,并不等于他们可以轻易在这一方面取得胜利,获得最后成功。伦理道德的进化是要经过一个相当长的时期才能完成的。

3. 提倡科学

新文化运动一开始,陈独秀举起科学旗帜,把科学确定为新文化运动的基本主题之一。积极倡导科学,多方阐发科学的价值,努力向国人展示发展科学、弘扬科学的必要性和紧迫性。陈独秀在《敬告青年》中指出:"科学者何?吾人对于事物之概念,综合客观之现象,诉之主观理性而不矛盾之谓也。"①陈独秀的科学观继承了培根和穆勒的依靠感觉经验的实证原则,是一种以经验归纳为基础的实证主义科学观。这种科学观坚持实证经验与主观理性的统一,既强调事事求诸证实,又要求尊重科学理性,尊重客观规律。因此陈独秀把实证原则和科学理性作为衡量一切、判断一切是否合理的尺度,认为无论什么事物和观念,如果经过实证和理性判断"无裨于现实生活",即使它是祖宗的遗留,圣贤的垂教,政府所提倡,社会所崇尚,都一文不值。他号召并鼓励人们解放思想,敢于怀疑那些被认为是"天经地义"的旧思想旧观念,要求人们破除迷信,抛弃"无知妄作"。凡是"一事之兴","一物之细",都要从之科学法则,以定其得失从违。旧道德、旧宗教、旧文学艺术、儒家学说等,都应该接受实证原则和科学理性的检验,以定其存留取舍。

陈独秀在《敬告青年》一文中指出:"近代欧洲之所以优越他族者,科学之兴其功不在人权之下,若舟车之有两轮焉","国人而欲脱蒙昧时代,羞为浅化之民也,即急起直追,当以科学与

---

① 陈独秀:《敬告青年》,《独秀文存》,合肥:安徽人民出版社,1987年,第8页。

民权并重。"①陈独秀所说的科学,既指科学知识,也指科学态度、科学精神和科学方法。陈独秀认为中国人向来缺乏科学常识,所以造成种种迷信和危害。他说到中国教育,若真要取法西洋,应该弃神而重人,弃神圣的经典与幻想而重自然科学的知识和日常生活的技能。他把增进科学常识确定为"益世觉民"的基础工作。但作为推动社会文化深刻变革的思想先驱和布道者,陈独秀更关注科学作为一种方法、一种态度、一种精神的方面。他提倡科学,在更广泛的意义上是要求人们掌握科学方法,确立科学态度,弘扬科学精神。

陈独秀所说的科学,除了指自然科学,还包括社会科学。1920年他曾明确指出:科学有广狭二义:狭义的是指自然科学而言,广义的是指社会科学而言,社会科学是拿自然科学的方法,用在一切社会人事的学问上。凡用自然科学方法来研究、说明的都是算是科学。后来他又进一步指出:科学略分为自然科学与社会科学二类。社会科学中最主要的是经济学、社会学、历史学、心理学、哲学。陈独秀认为社会人事也必须用自然科学的方法来分析与研究,固然它是不科学的。他明确认为广义的科学包括社会科学,而且逐渐把唯物史观作为社会科学的主要内容,这是很有见地的。

陈独秀把科学当作武器向封建传统文化发起进攻的同时,积极正面宣传科学和科学精神对物质进步和社会发展的巨大推动作用。人们所有的衣、食、住一切生活必需品,都是物质文明之赐,只有科学才能够增加物质文明。这是陈独秀的一个基本观点。他认为许多社会问题的解决,都需要依靠发达科学。针对第一次世界大战后国内出现的一些反科学思潮,陈独秀明

---

① 陈独秀:《敬告青年》,《独秀文存》,合肥:安徽人民出版社,1987年,第8页。

确指出:这些侵略掠夺之无限恼闷,都不是科学与物质文明本身的罪恶,而且只有全世界普遍地发展科学与物质文明及社会普遍地享受物质文明才能救济,这才真正是科学与物质文明在人生历程中所处的地位。陈独秀坚决肯定科学的价值,反对任何对科学的诋毁。

在陈独秀那里,科学是现代文明的基础,是人类进步的源泉,也是反传统的有力武器。他在一篇《随感录》中写道:"世界文明发源地有二:一是科学研究室,一是监狱。——从这两处发生的文明,才是真文明,才是有生命的价值的文明。"①这也就是说,只有以科学和民主为基础的文明才是真正有价值的文明。陈独秀认为,正是民主和科学才把西方"引到光明世界",中国只有实现民主和发展科学才能得救,只有"德先生"才可以救治中国政治上、道德上、学术上、思想上的一切黑暗。

4. 文学革命

"五四"新文化运动的一项重要运动就是反对旧文学,提倡新文学,反对文言文,提倡白话文,实行文学革命。

1915年,陈独秀在上海办了《通俗杂志》,他在杂志上发表文章,宣传民主。同年8月,《青年杂志》在上海出了创刊号,它的出现标志着中国新文化运动的开始。该杂志从1916年9月的第2卷第1号开始改名为《新青年》。1917年初,陈独秀被聘为北京大学的文科学长,《新青年》编辑部由上海迁到北京。北京大学校长蔡元培实行"兼容并包"方针,许多新文化人被请到北京大学,这批人成为《新青年》杂志的编委或撰稿人,形成了一个以《新青年》为中心的新文化阵营。

---

① 陈独秀:《研究室与监狱》,《独秀文存》,合肥:安徽人民出版社,1987年,第540页。

陈独秀在《新青年》上发表了《文学革命论》。《文学革命论》首先指出，"今日庄严灿烂之欧洲，乃革命之赐也"，①是经过政治革命、宗教革命、伦理道德革命、文学艺术革命而来的。中国虽经过辛亥革命等三次流血革命，但是政治革命不能收到效果，不能改变中国。因为"盘踞吾人精神界根深蒂固之伦理道德文学艺术诸端，莫不黑幕层张，垢污深积"，②却一直没有对之进行革命。因此，中国迫切需要进行伦理道德与文学艺术的革命。

陈独秀认为旧文学与旧道德有相依为命之势，旧文学、旧政治、旧伦理，本是一家眷属，固不得去此而取彼；谋求改革，畏惧阻力而迁就，这是东方人的思想，也是数十年改革毫无进步的最大原因。他认为"文学者，国民最高精神之表现也"，而旧文学，"盖与吾阿谀夸张虚伪迂阔之国民性，互为因果"，因而"今欲革新政治，势不得不革新盘踞于运用此政治者精神界之文学。使吾人不张目以观世界社会文学之趋势，及时代精神，日夜埋头故纸堆中，所目注心营者不越帝王、权贵、鬼怪、神仙，与夫个人之穷通利达，以此求革新文学、革新政治，是缚手足而敌孟贲也"。③

从整体上看，陈独秀提倡文学革命的文化背景包括推崇法兰西文明，呼唤科学民主；批判总结孔孟之道，反对文化专制主义，提出改造国民性，造就一代青年等。他在《东西民族根本思想之差异》中指出，西洋民族以战争为本位，东洋民族以安息为

---

① 陈独秀：《文学革命论》，《独秀文存》，合肥：安徽人民出版社，1987年，第95页。

② 陈独秀：《文学革命论》，《独秀文存》，合肥：安徽人民出版社，1987年，第95页。

③ 陈独秀：《文学革命论》，《独秀文存》，合肥：安徽人民出版社，1987年，第98页。

本位;西洋民族以个人为本位,东洋以家族为本位;西洋民族以法治为本位、以实利为本位,东洋民族以盛情为本位、以虚位为本位。在《敬告青年》中他提出"新青年"的六项标准:自主的而非奴隶的,进步的而非保守的,进取的而非退隐的,世界的而非锁国的,实利的而非虚文的,科学的而非想象的。

陈独秀高举"文学革命军"大旗,"旗上大书特书吾革命军三大主义:曰,推倒雕琢的阿谀的贵族文学,建设平易的抒情的国民文学;曰,推倒陈腐的铺张的古典文学,建立新鲜的立诚的写实文学;曰,推倒迂晦的艰涩的山林文学,建设明了的通俗的社会文学"。① 陈独秀一开始就从革命入手,把文学革命同政治革命紧紧联系起来,认定政治革命不能成功的主要原因在于没有进行伦理道德革命与文学艺术革命。他把文学形式上的革命同文学内容题材的革命相联系,既反对形式上的师古,也反对"抄袭孔孟以来极肤浅的极空泛之门面语"的所谓"代圣贤立言"的"文以载道"。他把文学革命同改造国民性、同政治革命联系起来。他指出,"贵族文学,藻饰依他,失独立自尊之气象也;古典文学,铺张堆砌,失抒情写实之旨也;山林文学,深晦艰涩,自以为名山著述,于其群之大多数无所裨益也"。② 三种文学的共同缺点是和社会文明进步无丝毫关系,倒是"与阿谀夸张虚伪迂阔之国民性,互为因果。今欲革新政治,势不得不革新盘踞于运用此政治者精神界之文学"。③

从上可见,陈独秀的文学革命是要以法兰西为主体的欧洲文明做榜样,来构建中国的新文学、新文化、新文明,也就是"三

---

① 陈独秀:《文学革命论》,《独秀文存》,合肥:安徽人民出版社,1987年,第95页。
② 陈独秀:《文学革命论》,《独秀文存》,合肥:安徽人民出版社,1987年,第98页。
③ 陈独秀:《文学革命论》,《独秀文存》,合肥:安徽人民出版社,1987年,第98页。

大主义"中的建设方向：平易、抒情的国民文学，新鲜、立诚的写实文学，明了、通俗的社会文学。简而言之，就是通俗文学或白话文学。

陈独秀把文学革命同政治革命联系起来考虑，以致李泽厚认为"与胡适相比，陈独秀在现代史（不止是现代思想史）上的地位要高得多，他的历史作用也大得多"。"与胡适一生基本上是学者不同，陈独秀一生是革命家和政治活动家。他的主要兴趣是在政治，是在'挽救祖国，唤起人民'"。"如果说胡适在五四新文化运动中企图以文字形式的革新来开新路的话，那么陈独秀则以思想内容的主题为大炮，猛烈轰炸着旧营垒。主要是他而不是胡适，以其勇猛坚决的态度和明确急进的思想，率领千军万马夺取了胜利"。[①] 陈独秀不是要进行学术商讨而是要强烈地不顾一切地要打倒旧的学术传统。

（二）陈独秀的中国传统文化观

一般而言，一个时代的思想、精神资源主要来自于自己的传统。对中国而言，中国具有其他国家所没有的数千年连续不断的文明传统。在世界文化的"轴心时代"，中国产生了老子、孔子、孟子、庄子等一批确定以后的文化路向的思想家。他们的思想成为中国文化大系的主要源头。而且，其中的儒家思想后来成为国家正统意识形态，通过封建制得以实现思想的政治化、世俗化。政治化主要表现为儒家思想与一人专制的政治体

[①] 李泽厚：《中国现代思想史论》，合肥：安徽文艺出版社，1994年，第95页。

制相结合,以儒家礼仪安排政治秩序与法律秩序,以儒家的仁、忠、义等观念安排君臣等角色关系。而世俗化则是儒家思想深入到民间社会,全面渗进宗法社会结构的秩序之中。世俗化依赖政治化得以确立。只有政治权力的承认与推崇,并从制度上加以鼓励,世俗化才能实现。

任何一种思想,一旦国家化、政治化、世俗化——这一过程往往由权力者启动——便成为一个复杂的思想—社会体系。要对这样的体系进行客观的评价,便不能仅从思想本身进行,而应同时注意其社会、历史效应。对这样的思想—社会体系进行整理,它至少可以分为三个层面:纯理论、被解释的理论、以被解释的理论为价值内核的行为结果。这三个层面之间存在着千丝万缕的联系,但往往同时也存在极大的矛盾冲突。"解释"的力量是强大的,甚至可以说,一种理论被推行的关键并不在于它本身如何,而更在于它如何被解释,如何被操作,特别是解释权力掌握在政治权力者手中的时候。两千多年前产生的儒家思想正是这样一种思想,当我们以历史的眼光进行考察的时候,它至少包括了三个层面:儒家原思想,被意识形态化而衍化为仁义道德各种义务信条的儒家教条,教条支配下的儒教社会。从汉武帝"罢黜百家,独尊儒术"开始,儒家思想正式从纯理论层面直接切入政治操作层面,在国家权力的支持下占据了思想中心的地位,并且逐渐被阐释、发挥为可操作性的"三纲五常"、"三从四德"等义务信条,造就了一套世俗化的儒家思维模式和社会习惯。这样,为世俗社会所接受,并构建其内在价值的,就不是原始的儒学精神,而是源于孔孟之道,又由权力者及其帮忙、帮闲、帮凶所解释形成的信条。同时,这些极具操作性的信条、道德规范又以儒学精神的面貌出现,使儒学与被解释的儒学之间的关系显得扑朔迷离。

现代以来,面对中国积贫积弱的现实,思想家们在审视传统的过程中对儒家的态度大致有两种价值取向,一是认为儒家是造成中国近代社会贫穷落后的思想根源与罪魁祸首,所以要加以批判和否定;一是认为儒家思想构成中国人思想的价值核心,要救亡最根本就是要挽救这样的价值核心,因此怀着"为天地立心,为生民立命,为往圣继绝学,为万世开太平"的道德使命感去弘扬儒学。倘若我们从儒家思想—社会体系的三个层面来分析,那么大致可以认为,对儒家乃至整个中国传统文化的不同态度,主要来源于立场角度的不同。大体上,扬儒尊孔的思想家总是立足于第一个层面,即儒家思想本身,强调其对人的情感的适意,发掘其符合人性的永恒价值,可称之为"哲学(道德)的研究法"。而反孔的思想家基本立足于第三个层面即儒教社会,他们的社会批判之锋芒直指其背后的价值支柱——儒教教条,强调这些教条所体现出来的观念与现代观念的冲突。我们称此为"历史的研究法"。"五四"启蒙思想家的立场,就是这种历史的立场,正是因为他们的思想批判直刺社会的沉疴与积疽,那种被今天的林毓生先生目为"只能产生在中国的怪论"的"全盘西化"口号,才会爆发出那样强大的摧枯拉朽的力量。

陈独秀发动新文化运动和对孔子之道的批判采取的是社会批判和思想批判相结合的方法,其目的是明确的,就是为了唤起人们的觉悟,启发人们的思想,使人们从封建主义思想的桎梏下解放出来。在陈独秀的身上,我们看到了盗火英雄普罗米修斯的影子——反叛,对俗世权威、思想权威、社会习惯的奋勇反抗。

1. 孔教的界定

首先,陈独秀认为孔教不是宗教。陈独秀认为中国历史上的宗教本质应该是重在灵魂救济的出世之法。阴阳家属于宗教,墨家明鬼,也近乎宗教。像以孔、孟为代表的儒者以道得民,以六艺为教,以正心、修身、齐家、治国、平天下,做一大道德家、大政治家,为人生最大的目的,不论生死,不语鬼神,立身行事皆持入世之法,无一言近于所谓宗教。

> 夫"孔教"二字,殊不成一名词。中国旧说中,惟阴阳家言,属于宗教。墨家明鬼,亦尚近之。儒以道得民,以六艺为教。孔子,儒者也。孔子以前之儒,孔子以后之儒,均以孔子为中心。其为教也,文行忠信,不论生死,不语鬼神。其称儒行于鲁君也,皆立身行己之事,无一言近于今世之所谓宗教者。①

同时陈独秀在考察中国的宗教状况时说道:"吾华宗教,本不隆重;况孔教绝无宗教之实质(宗教实质,重在灵魂之救济,出世之宗也。孔子不事鬼,不知死,文行忠信,皆入世之教也,所谓性与天道,乃哲学,非宗教)与仪式,是教化之教,非宗教之教。"②在这里暂不论陈独秀对宗教概念的定义科学与否,但对儒家的基本观点还是比较客观的,儒家具有入世济民、修身齐家、立国安邦的积极品格。

其次,陈独秀认为孔子不是教主,而属于哲学家行列。他在《人生真义》中写道:"像那孔、孟一流的人物,专以正心,修身,齐家,治国,平天下,做一大道德家,大政治家,为人生最大的目的。"从这里可以看出陈独秀将孔子看作道德家和政治家也是符合儒家的以道德来治国平天下的观念。

再次,陈独秀认为儒家经典也不合宗教经义。儒家经典涉

---

① 陈独秀:《再论孔教问题》,《独秀文存》,合肥:安徽人民出版社,1987年,第92页。
② 陈独秀:《驳康有为致总统总理书》,《独秀文存》,合肥:安徽人民出版社,1987年,第95页。

及人道举动,人伦日用,家国天下。他说:"孔子之经与佛、耶之经有别有异:佛经皆出世清静之谈,耶经只尊天养魂之说,其与人道举动云为,人伦日用,家国天下,多不涉及,故学校之不读经无损也。若孔子之经,则于人身之举动云为,人伦日用,家国天下,皆有德有礼,可持可循:故孔子之教,乃为人之道。"①

从以上陈独秀的论证中可以得出结论:孔教乃是以儒家经典学说为基准的涉及政治思想、伦理道德、日常生活习俗等各个方面的复合体,实质上是整个儒家思想—社会体系,尤其是指儒家的君臣大义、人伦日用、家国天下、等级观念、男尊女卑等一系列信条。

在20世纪初期民主和科学两大旗帜中,陈独秀主张以科学代宗教,他认为宗教和封建蒙昧愚昧无知迷信联系在一起的,应宣传科学,用科学大旗扫荡一切愚昧落后。

2. 孔子自孔子,宗教自宗教,国家自国家

陈独秀认为,自西洋文明输入中国以来,应该以自由、平等、人权为新信仰,反对强人同己、是己非人、操控思想、阻碍思想信仰自由的做法。孔教本来作为失灵的偶像,过去的化石,不能适用于民主国宪法,偏偏袁世凯在宪法中附以尊孔条文,按照思想自由平等的观点,在国宪中应该平等对待包括孔教在内的各种思想流派,绝不可优待孔教,厚此薄彼。"盖宪法者,全国人民权利之保证书也,决不可杂以优待一族、一教、一党、一派人之作用。……况挟堂堂国宪,强全国之从同,以阻思想信仰之自由,其无理取闹,宁非奇谈!"②作为全国人民权利保证

---

① 陈独秀:《孔子之道与现代生活》,《新青年》2卷4号,1916年12月1日。
② 陈独秀:《宪法与孔教》,《独秀文存》,合肥:安徽人民出版社,1987年,第75页。

书的宪法不应该阻碍思想信仰的自由,应为新思想的成长发展提供公平的空间,唯此才足以体现输入西洋文明以来的宪法精神,而不能挟权力以阻止思想信仰自由,所以孔子自孔子,不应该与权力瓜葛不分。

自近代西方思想传入中国,自由平等思想被国人所接受,所以在共和宪法中也应该贯彻这一理念。"今蔑视他宗,独尊一孔,岂非侵害宗教信仰之自由乎?(所谓宗教信仰自由者,任人信仰何教,自由选择,皆得享受国家同等之待遇,而无所歧视。)"①为此必须是宗教自宗教,与社会推行倡导应区分开来对待。

陈独秀的反孔,首先主要在于反传统的专制政治、专制文化,也就是在孔家思想专制的社会中争取百家争鸣的局面。而对儒家思想,陈独秀更倾向于把它还原为百家争鸣中的一家。只有百家争鸣的局面,才会有文化上的自由,人格上的独立,政治上的共和民主。正因为当时的习惯势力过于强大,陈独秀及其他启蒙思想家不得不把传统思想与他们所提倡的西方思想截然对立起来,以"非此即彼"的极端言论去震醒世人。"今再让一步言之。或云佛、耶二教,非吾人固有之精神,孔教乃中华之国粹。然旧教九流,儒居其一耳。阴阳家明历象,法家非人治,名家辨名实,墨家有兼爱、节葬、非命诸说,制器敢战之风,农家之并耕食力:此皆国粹之优于儒家孔子者也。今效汉武之术,罢黜百家,独尊孔氏,则学术思想之专制,其湮塞人智,为祸之烈,远在政界帝王之上"。②

其次,从功能上看,儒教具有化民善俗的伦理精神,这一点

---

① 陈独秀:《宪法与孔教》,《独秀文存》,合肥:安徽人民出版社,1987年,第74页。
② 陈独秀:《宪法与孔教》,《独秀文存》,合肥:安徽人民出版社,1987年,第74页。

是毫无疑义的,但是儒教应该与其他各教享有同等的自由,但以国家宪法号召四万万之众则是特权的表现,违背宗教信仰自由,是不足取的。"今再让一步言之。或谓儒教包举百家,独尊其说,乃足以化民善俗。使孔教会仅以私人团体,立教于社会,国家固应予以与各教同等之自由。仅以'孔学会'号召于国中,尤吾人所赞许。今乃专横跋扈,竟欲以四万万人各教信徒共有之国家,独尊祀孔氏,竟欲以四万万人各教信徒共有之宪法,独规定以孔子之道为修身大本。……去化民善俗之效也远矣。"①

再次,儒教的教义中往往强调片面的义务,别尊卑明贵贱的学术实质违背了法治精神。陈独秀认为"西洋所谓法治国者,其最大精神,乃在法律之前,人人平等,绝无尊卑贵贱之殊。……然则共和国民之教育,其应发挥人权平等之精神,毫无疑义"。② 而我国固有的孔教教义中要遵循"三纲五常",学以"四教"(文行忠信),修养以"四绝"(毋意、毋必、毋固、毋我)和"三慎"(齐、战、疾)。陈独秀认为其一贯精神是教忠、教孝、教从。这都是强调片面的义务,不平等的道德和阶级尊卑的制度恰为三纲的实质。

另外,儒教的精华是礼,礼即所谓的"所以章疑别微,以为民坊者也,故贵贱有等,衣服有别";"天无二日,士无二王,家无二主,尊无二上,示民有君臣之别也";"所以定亲疏,决嫌疑,别同异,明是非也";"君臣上下,父子兄弟,非礼不定"。③ 所以三纲之义,乃起于礼别尊卑,始于夫妇,终于君臣,共同条贯,不可

---

① 陈独秀:《宪法与孔教》,《独秀文存》,合肥:安徽人民出版社,1987年,第74—75页。
② 陈独秀:《宪法与孔教》,《独秀文存》,合肥:安徽人民出版社,1987年,第75页。
③ 陈独秀:《宪法与孔教》,《独秀文存》,合肥:安徽人民出版社,1987年,第78页。

偏废。此等别尊卑明贵贱的阶级制度,是宗法社会封建时代所同然。儒教经汉、宋两代的进化,明定纲常之条目,始成一完整统系的伦理学说。

这种别尊卑明贵贱的学说,在封建时代,无可厚非,但是当西洋独立平等人权学说传入中国之后,以输入西洋文明自励、以共和国民自居的中国人就应该抛弃别尊卑明贵贱的孔教。"以宪法而又尊孔条文,则其余条文,无不可废;盖今之宪法,无非采用欧制,而欧洲之法制之精神,无不以平等人权为基础。吾见民国宪法草案百余条,其不与孔子之道相抵触者,盖几稀矣,其将何以并存之?"①

因此,陈独秀认为在现代社会中,应将孔教视作百家中的一家,不应该有宗教信仰的霸权,还原孔子的本来身份,即孔子自孔子。纵将孔教视为化民善俗的组织,也应是百家纷起,应该与其他各教享有同等的自由,以四万万人各教信徒共有之国家,独尊祀孔氏,以四万万人各教信徒共有之宪法,独规定以孔子之道为修身大本,不仅距离化民善俗之效远,而且在实际中距离法治最大精神人人平等也是差别甚远。为此,陈独秀对于未来建设西洋式国家抱勇猛果决的心态,"万一不安本分,妄欲建设西洋式之新国家,组织西洋式之新社会,以求适今世之生存,则根本问题,不可不首先输入西洋式社会国家之基础,所谓平等人权之新信仰,对于与此新社会、新国家、新信仰不可相容之孔教,不可不有彻底之觉悟,勇猛之决心;否则不塞不流,不止不行!"②

---

① 陈独秀:《宪法与孔教》,《独秀文存》,合肥:安徽人民出版社,1987年,第78页。

② 陈独秀:《宪法与孔教》,《独秀文存》,合肥:安徽人民出版社,1987年,第79页。

3. 伦理觉悟为吾人最后觉悟之最后觉悟

陈独秀把反对封建伦理道德看作至关重要的一次革命。他在《吾人最后之觉悟》一文中说：西方文化进入中国，经过七个时期，第一期是明中叶，"西方教器"初入中国，几乎无人相信。第二期是清初，"火器历法"被皇帝接受，天下群儒反对。第三期是鸦片战争后，有人提倡"西洋制械练兵之术"。第四期是清末甲午海战之后，国内出现维新变法运动，新思想渐拓领土，遂由行政制度问题一折而入政治根本问题。第五期在民国初年，一部分优秀国民渐生政治根本问题之觉悟，进而为民主共和君主立宪之讨论。第六期就是新文化运动时期，"三年以来，吾人于共和政体之下，备受专制政治之痛苦。自经此次之实验，国中贤者，宝爱共和之心，因以勃发；厌弃专制之心，因以明确"，①出现"新旧思想大激战"。但是要在根本上解决中国问题，还需等待"第七期吾人之最后之觉悟"。"最后之觉悟"的第一步是破除专制思想，知道"国家为人民公产，人类为政治动物"。第二步是"弃数千年相传之官僚的专制的个人政治，而易以自由的自治的国民政治"。第三步是多数国民对于政治"自觉其居于主人的主动的地位"。以上各项觉悟都是政治觉悟，而最根本的觉悟则是伦理的觉悟。他说："伦理思想，影响于政治，各国皆然，吾华尤甚。儒者三纲之说，为吾伦理政治之大原，共贯同条，莫可偏废。三纲之根本义，阶级制度是也。所谓名教，所谓孔教，皆以拥护此别尊卑、明贵贱制度者也。近世西洋之道德政治，乃以自由平等独立之说为大原，与阶级制度极

---

① 陈独秀：《吾人最后之觉悟》，《独秀文存》，合肥：安徽人民出版社，1987年，第38—39页。

端相反。此东西文明之一大分水岭也。"①他又说:"自西洋文明输入吾国,最初促吾人之觉悟为学术,相形见绌,举国所知矣;其次为政治,年来政象所证明,已有不克守缺抱残之势。继今以往,国人所怀疑莫觉者,当为伦理问题。此而不能觉悟,则前之所谓觉悟者,非彻底之觉悟,盖犹在惝恍迷离之境。吾敢断言曰:伦理的觉悟,为吾人最后觉悟之最后觉悟。"②要完成这场最后的觉悟,就要破除旧的伦理思想。陈独秀在《新青年》创刊词中提出"中国更张"的主张,力主学习西方文化,旗帜鲜明地抨击中国传统旧思想,他说:"固有之伦理、法律、学术、礼俗,无一非封建制度之遗,持较此种之所为,以并世之人,而思想差迟,几及千载;尊重廿四朝之历史性,而不作改进之途,则驱吾于二十世纪之世界门外,纳之奴隶牛马黑暗沟中而已,复何说哉!"③他把反封建伦理道德的意义提升到如此重要的地位,表明了"五四"新一代与传统决裂的决心。这一决裂也决定着中国的命运和前途。但是,陈独秀等人提出这一任务,并不等于他们可以轻易在这一方面取得胜利,获得最后成功。伦理道德的进步与觉悟是要经过一个相当长的时期才能完成的。

从以上几个方面可以看出陈独秀对待传统文化尤其是儒学的复杂心态。从学术自由出发,陈独秀并不完全反对孔学本身,他说,如果孔教会只是作为私人团体,与其他宗教团体有同等之自由,他是赞同的。从历史的观点出发,他也肯定了孔学的地位,他说:"此等别尊卑明贵贱之阶级制度,乃宗法社会封建时代所同然,正不必以此为儒家之罪,更不必讳为原始宗教

---

① 陈独秀:《吾人最后之觉悟》,《独秀文存》,合肥:安徽人民出版社,1987年,第41页。
② 陈独秀:《吾人最后之觉悟》,《独秀文存》,合肥:安徽人民出版社,1987年,第41页。
③ 陈独秀:《新青年创刊词》。

之所无。愚且以为儒教经汉、宋两代之进化,明定纲常之条目,始成一有完全统系之伦理学说,斯乃孔教之特色,中国独有之文明也。"①但是他还指出:"使今犹在闭关时代,而无西洋独立平等之人权说以相比较,必无人能议孔教之非。"②可是现在已经是共和时代,"别尊卑明贵贱之孔教"是与共和政体西洋文明截然相反的东西,怎能继续推崇它呢?他明确而坚决地指出:"欲建设西洋式之新国家,组织西洋式之新社会,以求适今世之生存,则根本问题,不可不首先输入西洋式社会国家之基础,所谓平等人权之新信仰,对于与此新社会、新国家、新信仰不可相容之孔教,不可不有彻底之觉悟,猛勇之决心;否则不塞不流,不止不行!"③

他对孔子之道不是采取完全否定的态度。他在激烈批判孔子之道的前提下,又指出它非无优点,在封建时代诚属"名产"。不过因他不能支配现代人心,适合现代潮流,还有一班人硬要拿他来压迫现代人,抵抗现代潮流,成了我们社会进化的最大障碍。

陈独秀反孔不是反对孔子本人,而是反对那些借尊孔的名义要把中国拉回到封建时代的复古分子。中国必须从西方吸取先进的思想,建立新的精神文明。陈独秀对孔子之道的批判目的就是为了唤起人们的觉悟,启发人们的思想,使人们从封建主义思想的桎梏中解放出来。他总结辛亥革命失败的教训,并从实际的政治生活中清楚地看到,民主制度并没有在中国实

---

① 陈独秀:《宪法与孔教》,《独秀文存》,合肥:安徽人民出版社,1987年,第78页。

② 陈独秀:《宪法与孔教》,《独秀文存》,合肥:安徽人民出版社,1987年,第78页。

③ 陈独秀:《宪法与孔教》,《独秀文存》,合肥:安徽人民出版社,1987年,第79页。

现。革命失败的主要原因是没有唤起"多数国民之自觉"。他认为在中国实现真正的民主政治,必须使全体国民在思想上觉悟,并决心为促进"多数国民之自觉"而进行启蒙运动。从实际的政治生活中,陈独秀又看到,那些阴谋复辟帝制的人以民主为名而行专制之实的人,都热衷于宣传孔子之道主张尊孔读经,以便从思想上奴役和麻痹人民。他感到孔子之道对中国危害之深,流毒之广。孔子之道统治中国人民的精神生活达两千年,束缚着人们的思想,造成了人们的愚昧落后和盲从的状态,起着维护封建制度的作用,因此他认为要救国,要唤起"多数国民之自觉",就必须首先打破以孔子之道为代表的封建思想、封建礼教、封建伦理道德对人民的重重束缚,清除人们头脑中的封建流毒。

陈独秀反传统反孔教是以西学作为背景的。一方面,现代社会中传统文化影响世道人心的作用还是极大的,一部分旧社会势力的卫道士笃信不变的祖宗教条,不仅自己畏葸不前,顽固不化,而且成为新势力的绊脚石。而时代已经发生了巨大变化,裹挟着政治强势的西学日劲,民主和科学成为时代的强音,社会不发展、时代不变革,就会被浩浩荡荡世界大势所淘汰。陈独秀也正是在此基础上代表了那些有社会责任感、勇担大任的时杰对传统文化做出的毫不客气的批判,其立意之深、言之切,理论上的空疏和不足反倒在其次了。另一方面,陈独秀反孔思想的主要立足点是进化论思想,与时俱进。被时贤炒得火热的进化论思想固然有其缺陷,但是将其理解为中国由封建落后的旧社会向民主科学的新社会挺进,与时代同行、与世界共进,这一点肯定不会过时。那么陈独秀所言明的不破不立,即破中国传统上的旧、立代表时代发展的西学也就有了基础。我们对这种美好而急切的愿望应该作理性的分析,"为赋新词强说愁"还是要不得的。于此可以做一简单的评述,抱着救国救民之心的以陈独秀为代表的那一代人面临国事凌夷,有社会良知和良心的人不能不为之痛心疾首,奔走呼号,试图以粉身碎骨的烈士心态去感化民众,表达了与旧社会决裂的勇猛果决之心;但是在理论领域不能采取非此即彼的方法,思想要精熟,论证应妥当合理。

4. 释、道观

佛教自汉代传入中国以来,对中国文化有着非常深远的影响,以至在隋唐时期成为占主导地位的文化意识。宋、元、明、清时期,国力逐渐衰落,但清末民初,又呈复兴之势,不少文人学士对佛学深信不疑。其影响所及,虽有积极的一面,但消极因素也不少,对此陈独秀展开了抨击。他在回答李大槐的信中这样说道:"愚之非难佛法,有粗精之义。精者何?见所为《绛纱记叙》。……粗者何?略见《新青年》一卷二号文。"①陈独秀所说的"精者",指佛教教义本身。在佛教看来,人生现象的原动力和人生痛苦的最后根源就在于"无明",即对人生实相的盲目无知,如果能认识人生实相,了悟十二因缘,就能灭尽无明,解除痛苦,超脱生死,进入涅槃。陈独秀认为,对人生善恶悲欢,生死爱憎,佛教也无法说清,如果去盲目信仰,只能是迷信。对死和爱这些现实问题的解决,倒是耶稣比佛教妥帖而易施。

陈独秀所说的"粗者",在《今日之教育方针》一文中,他指斥佛教"以现实世界为妄觉,以梵天真如为本体","薄现实而趣空观,厌倦偷安",结果只能造成人治退化、民族衰微。在这里,陈独秀主要是针对佛教的社会作用而发,应该说他的目光是敏锐的。佛教所宣扬的一切皆空、超脱凡世、三世轮回、因果报

---

① 陈独秀:《答李大槐》,《独秀文存》,合肥:安徽人民出版社,1987年,第625页。

应、天堂地狱、容忍调和、恭顺柔驯等教义,就是要求人们不要执着于现实,而要把目光投向虚无缥缈的未来,这必然导致民族文明的衰败,阻碍社会的进步。尤其在19世纪末20世纪初,由于社会动乱不已,社会悲观厌世情绪和虚无主义思想弥漫一时。陈独秀认为,这种现象的产生和理论源头就在于佛教的"空观"学说和老庄的虚无思想。他分析说,当时有些青年因悲观厌世而自杀,心理上一个重要的原因是出于宗教上"空观"的暗示,以为人生百年,终究是死,死后社会便和"我"没有联系。人们为什么要维持它不让它破灭呢?陈独秀对这种虚无悲观的人生观批评说:"我想佛学所说的话未免太迂阔——我们个人虽是必死的,全民族是不容易死的,全人类更是不容易死的了,全民族全人类所创造的文明事业,留在世界上,写在历史上,传到后代,这不是我们死后连续的记忆和知觉吗?"[①]陈独秀在这里从人类和历史延续的角度对佛教展开批判,应该说是相当客观的。

对佛教徒那种为了奉佛弘法而不惜攀附权贵的做法,陈独秀也持批判的态度。他说:好言护法,不惜献媚贵人,以弘教大业,求诸天下万恶之魁,如尊武则天为菩萨化身之类,古今不乏其人。自佛法传入中国之后,便与封建政治结下了不解之缘。高僧参与政治,佛法为政权服务,成了佛教的社会功能之一。

陈独秀还一针见血地揭露说,虔诚信奉佛法,口念阿弥陀佛的人,往往是因为自己做了十恶不赦的坏事后,为了求得心理上的平衡而投奔佛门,这样似乎可以逃避世人的谴责。有的人则是口念着阿弥陀佛,心里想着坏主意,做着违背天良、有损他人的坏事。因而他深有所感地说:"虽有大师而不腐败堕落

---

① 陈独秀:《今日之教育方针》,《独秀文存》,合肥:安徽人民出版社,1987年,第17页。

者——兹世曾有几人？几乎可以说，凡受佛化的人都是恶人。"①虽言之过激，但也切中了佛教消极的社会作用。

陈独秀对佛教做了两点肯定，一是认为佛教作为一种哲学，不应否定其博大精深；二是佛教传入以后，使朝野士夫，略开异见，对打破中国闭户自大之局，荡涤一切学术政教悉自为之的风气起了一定的作用。

对于道家崇尚雌退的宿命论，陈独秀也持批判态度，在1916年以前，他甚至把"老尚雌退"视作危害中国之首。陈独秀认为，中国衰弱落后的病根在于抵抗力薄弱，而这种现象与老、庄倡导的宿命论息息相关。他说："人生一世，安命知足，事事听其自然，不去强求，自然是快活的很。但是这种快活的幸福，高等动物反不如下等动物，文明社会反不如野蛮社会，我们中国人受了老、庄的教训，所以退化到这等地步。"老庄学说教人无为而治，无知无欲，离形去知，在这种学说的熏陶之下，必然养成柔弱不争、安命知足、谦卑退守、消极忍让、不求进取的习惯。如此心死之民族，怎能立于世界民族之林？而西方民族则好战健斗、崇尚竞争，在竞争中求生存，在竞争中求发展。无论是宗教之战、政治之战，还是商业之战，全都反映了欧洲文明史是血与火造成的事实。所以他大声疾呼："国人须知，奋斗乃人生之职，苟安为召乱之媒。"号召国人只有奋起抗争，方能在列强争胜的国际环境中，处于不败之地。在与无政府主义的论战中，陈独秀认为，中国无政府主义思潮的兴起，固然有西方无政府主义思想的传入，但也有传统文化中的老庄思想的影响。他说："近来青年中颇流行的无政府主义，并不完全是西洋的安那其，我始终认定是固有的老、庄主义复活，是中国式的无政府主义。所以他们还不满于无政府主义，更进而虚无主义，而出

---

① 陈独秀：《佛化恶人》，《向导》第 80 期。

家,而发狂,而自杀;意志薄弱不能自杀的,恐怕还要一转而顺世堕落,所以我深恶痛绝老、庄底虚无思想放任主义,以为是青年底大毒。"辛亥革命后,刘师培组织"晦明学舍",出版《晦明录》。"五四"时期,无政府主义思想在小资产阶级知识分子中有了进一步的发展,许多青年人也受到这一思潮的影响。无政府主义团体、刊物也不断增多,《革命》《革命潮》《半月刊》、《闽星》《民风》等都是宣扬无政府主义的舆论阵地。中国无政府主义者把老、庄视作自己的始祖。刘师培夫妇在日本创办的《天义报》,在创刊的第一号上就把无政府主义与虚无主义等量齐观,把老、庄和李贽也视作无政府主义者,其理由是他们都崇尚自由。还把老子像刊于第五卷之首,并称之为"中国无政府主义的发明家"。无政府主义者之所以如此推崇老子,是因为老子思想与无政府主义的理论确有某些相通之处。老子宣扬"绝圣弃智"、"绝仁弃义"、"绝巧弃利"、"无为"、"自化"、"清静"、"不争",并认为由此可以进入无阶级、无强权、无礼法、无技巧、无征战、无智慧,生活安定,世道升平的理想社会。无政府主义者也宣称:无政府主义以反对强权为要义,故现社会凡含有强权性质之恶制度,吾党一切排斥之,扫除之,本自由平等博爱之真精神,以达于吾人理想之无地主、无资本家、无寄生者、无首领、无官吏、无代表、无家长、无军队、无监狱、无警察、无裁判所、无法律、无宗教、无婚姻制度之社会。斯时也,社会上唯有自由,唯有互助之大义,唯有工农之幸乐。在陈独秀看来,要反对中国式的无政府主义就不能不挖出其理论源头,抨击老、庄的虚无理论。但陈独秀同时又说过:"墨氏兼爱,庄子在宥,许行并耕,此三者诚人类最高之理想,而吾国之国粹也。"他还认为汉宋"独尊儒术","诸家皆废",是"败坏中国"的原因之一。可见他对道家学说并非彻底抛弃。陈独秀一方面要否定道家的自然无为,另一方面又把"庄子在宥"视作"国粹"之一,表明其理论失之粗浅。其实,庄子的"在宥"也是讲任其自然,无为而治。当然,陈独秀是从民主、自由的角度去解说"庄子在宥"的,但即使如此,也表明其受传统文化影响之深厚。余英时先生在《五四运动与传统》一文中这样写道:"当时思想界有影响力的人物,在他们反传统,反礼教之际首先便有意或无意地回到传统中非正统或反正统的源头上去寻找根据。因为这些正是他们比较最熟悉的东西,至于外来的新思想,由于他们接触不久,了解不深,只会附会于传统中某些已有的观念上,才能发生真实的意义,所以言平等则附会于墨子兼爱,言自由则附会于庄生逍遥……有时尽管他们笔下写的全是外国新名词,若细加分析则无法完全摆脱传统的旧格局。"余先生的这种看法是有一定道理的。

陈独秀引领的新文化运动没有全盘否定中国传统文化。古代文学艺术大部分都受到推崇,特别是小说、白话文学等更得到前所未有的很高的评价。诸子和佛学的研究在深化,恢复了它们应有的地位。就以儒学来说,陈独秀在指出其价值观念不适应现代社会生活的同时,也没有全盘否定其在历史上的作用。陈独秀等人严厉批判三纲,但对儒家道德观念仍有所肯定。早在1916年、1917年,陈独秀就曾一再申明:"记者之非孔,非谓其温良恭俭让信义廉耻诸德及忠恕之道不足取。"说他们"全盘性反传统"有过于武断之嫌。

胡适与中国传统文化

胡适是近代中国历史上一位具有划时代意义的人物,一位极富有影响力的思想家和学者,也是近代中国最负国际声望的学者之一,胡适的思想与学术,已经成为我们民族文化遗产的一部分。对曾经整理过"国故"和梦想"再造文明"的胡适进行深入研究,已经成为总结20世纪民族文化遗产,关怀21世纪中华文化走向的重要课题。

对胡适文化观的集中探讨,是20世纪90年代胡适研究的一个热门课题,也是胡适研究走向深入的一个突出标志。胡明在《胡适与中国传统文化》一文中指出:传统文化作为胡适文化思想系统不可分割的重要来源,对他一生的治学路径和文化取向都具有深远的影响。该文认为,一方面,胡适因其立定了深厚的朴学功底和旧学基础,而能吸收传统、承继传统、发扬传统;另一方面,由于他对传统文化的深切理解和对其内容的精华的清醒认识,又能扬弃传统、批判传统、超越传统。并认为"重新估定一切价值"是胡适对传统文化所持的根本态度;他对传统文化的批判始终是同建设新文化结合起来的,把文化批判看作振兴民族精神,"再造文明"的必要手段,这种批判本身就贯注着理性精神和建设意义。

(一)胡适早年的传统教育

胡适少年时期受过典型和严格的传统教育,其文化背景可以说是以传统旧学为底色。他早年所受传统文化的影响,可从他获得的教育内容、伦理规范、思想观念和治学方法等多方面得以印证。早年的教育对他的人生影响很大。

1."世代书香"与传统的启蒙教育

1891年12月,胡适出生于一个"世代书香"的家庭。他童年时代接受的是传统的蒙学教育。在家乡9年的私塾里,胡适阅读的古书大体可分为三类:一为传统经典,如《孝经》、《朱子小学》、"四书"、《诗经》、《尚书》、《易经》、《礼记》、《纲鉴易知录》、《资治通鉴》等;二为古典小说、弹词、传奇,如《水浒传》、《三国演义》、《正德皇帝下江南》、《七剑十三侠》、《双珠凰》、《琵琶记》、《聊斋志异》、《夜雨秋灯录》、《夜趣随录》、《兰苕馆外史》、《寄园寄所寄》、《虞初新志》、《薛仁贵征东》、《薛仁贵征西》、《五虎平西》、《粉妆楼》、《红楼梦》、《儒林外史》、《经国美谈》、《肉蒲团》等;三为杂学,如《律诗六钞》、《学为人诗》、《原学》、《幼学琼林》、《玉历钞传》、《姚庄王经》、《联语类编》等。① 这些书籍浸润着胡适幼小的心灵,使他终身受益。他从《资治通鉴》中得到破除鬼神迷信的知识,从《水浒传》、《三国演义》这些古典小说"得了不少白话散文的训练"。胡适后来标榜自己

---

① 以上参见胡适《四十自述·九年的家乡教育》,合肥:安徽教育出版社,2006年。

是一个"无神论者",在文学史上力主"白话文学是中国文学的正宗",与阅读这些书籍有着直接的关系。胡适在中国公学编辑《竞业旬报》,能写一手清爽、流畅、纯粹的白话文,与他早年喜爱阅读那些古典小说有很大的关系。

9年的家乡教育生活中,在伦理道德方面,母亲对胡适的要求甚严。胡适说:"究竟给了我一点做人的训练,在这一点上,我的恩师就是我的慈母。""如果我学得了一丝一毫的好脾气,如果我学得了一点点待人接物的和气,如果我能宽恕人、体谅人,我都得感谢我的慈母。"[①]父亲则告诫他做人的道理。胡适的父亲笃信宋儒的"理学",他为胡适编写的第一个课本《学为人诗》,主要是论述传统儒学忠孝仁义的伦理观念,"学为人"的道理,其中包括程朱理学讲"性命"、讲"伦理名分"的道德。胡适读此书时,并不懂它的意义,但他父亲留下的"程朱理学的遗风",对他发生了巨大的作用,胡适终身推崇朱熹,可以说是他父亲遗风的承传。

童年的胡适吸收了当时儒家传统的一切基本要义,就像他在其父的著作中以及他阅读的书籍所陈述的那些基本道理一样。后来,在新文化运动中他以反抗儒家传统的思想及对社会、人生的态度而名声大噪。不过,他确实受益于宋代理学家所具有的怀疑精神与人道精神的批评思想传统。1860年(咸丰十年),胡适的父亲胡传在上海龙门书院求学时,在他的笔记上印有宋儒的若干箴言,如张载的话:学者当首先能疑。如能在原先无疑处发现可疑之处,便是进益。50年后,胡适在传播他的思想时,多次表示与此类似的论调,说明他深受其父的影响。

后来他投身新文化运动,领导新文化运动,否定孔教,主张

---

① 胡适:《四十自述·九年的家乡教育》,合肥:安徽教育出版社,2006年。

"打倒孔家店",但他又乐于与废帝来往。清废帝溥仪闲得无聊,打电话给他,他居然"应召前往",不无得意地说:"他叫我先生,我叫他皇上。"有一次不能如约进宫,胡适递去一张名片请假,名片上写道:"今日有课,不能入宫,请恕罪。"

新时代提倡自由恋爱,婚姻自主,而包办婚姻却是传统文化的一项重要内容。在个人婚姻问题上,胡适把自己的"言"与"行"剥离了。他一方面大力提倡着新道德,另一方面做一个旧文化中的"孝子",屈从母意,娶了一个订婚13年却从未见过一面、未通过一信的小脚女子。就他的婚事,胡适曾这样说过:"吾之就此婚事,全为吾母起见。……若不为此,吾决不就此婚。"尽管胡适极力抨击传统人伦的孝道,但他本人还是做了一个孝子,因而也使他一生都未能抚平殉孝带给他的身心的烙痕。但婚后生活过得也很美满,可以说是白头偕老。江冬秀识字不多,胡适生病,她曾写信问候,胡适为此做诗:

病中得她书,不满八行字。

全无要紧话,颇使我欢喜。

诗中流露出对江冬秀一种恬适愉快的感情。

胡适谢世后,遗体上覆盖着一面北大校旗。台北的"北京大学同学会"的挽联上写道:"生为学术,死为学术,自古大儒能有几?乐以天下,忧以天下,至今国士已无双。"

在胡适逝世举行公祭时,蒋介石送了一副挽联:"新文化中旧道德的楷模,旧伦理中新思想的师表。"这副挽联倒是真切地描述了胡适思想的矛盾:新中有旧,旧中有新。有学者论胡适的旧与新的矛盾是"以本质上的存旧去新和形式上的除旧布新为归宿",不失为一种对胡适思想的把握。

2. 儒家人格之影响

胡适是新文化运动的主帅之一,他不仅发起了白话文运动,与此相表里,他对传统儒家文化也多有批判,但是胡适对孔子本人的态度却颇为推崇。他曾在多个场合表示过对孔子的景仰、礼赞之情。胡适说过:

> 生平自称为"多神信徒",我的神龛里,有三位大神,一位是孔仲尼,取其"知其不可而为之";一位是王介甫,取其"但能一切舍,管取佛欢喜";一位是张江陵,取其"愿以其身为蓐荐,使人寝处其上,溲溺垢秽之,吾无间焉,有欲割取吾耳鼻者,吾亦欢喜施与"。嗜好已深,明知老庄之旨亦自有道理,终不愿以彼易彼。①

胡适信仰的三位大神,第一位孔子是儒家的圣人,后两位王安石、张居正也是外法内儒的政治家。三人的共同特点是富于忧患意识、牺牲精神,本质是有为。胡适正是继承了以忧患意识和牺牲精神为内核的儒家文化,把孔子作为神龛里的第一位大神,说明胡适对儒家思想的合理价值有所继承。

《胡适文集》第九册也保留了类似的记载:

> 子路宿于石门。晨门曰:"奚自?"曰:"自孔氏。"曰:"是知其不可而为之者欤?"
>
> 叶公问孔子于子路,子路不对。子曰:"女奚不曰,其为人也,发愤忘食,乐以忘忧,不知老之将至云尔?"
>
> 这两段最可以写孔丘的为人。
>
> "知其不可而为之",亦"不知老之将至"。认得这个真孔丘,一部论语可都废。②

上引文字是1916年7月胡适在美国读书时所写,当时他

---

① 《胡适日记全编》第6册,合肥:安徽教育出版社,2001年,第586页。
② 胡适:《孔丘》,《胡适文集》第9册,欧阳哲生编,北京:北京大学出版社,1998年,第96页。

正与朋友酝酿发起白话文运动,引孔子为同道,并取孔子"知其不可而为之"的实践精神为自己加油鼓气。

胡适的人格修养更是多受孔儒的影响。据《胡适之先生晚年谈话录》记载:"今天谈起《论语》。颂平因在先生身边工作已有一年多,亲自体验到先生做人的道理,不觉脱口而出地说:'我读《论语》,我在先生的身上得到了印证。'先生听到这句话,先是愕然一愣,然后慢慢地说:'这大概是我多读《论语》的影响。'"从这句话里可以体味出,胡适对儒家文化的经典著作《论语》常读不懈,并且身体力行,自觉或不自觉地按照《论语》所主张的道德规范要求自己,以长者的风范感染着周围的人,力臻儒家所谓的圣贤的境界。

胡适虽正式受西方教育长达8年之久,西方科学文化的濡染伴随一生,但其骨子里还是儒家的人格气象。他是受旧学濡染极深的中国人,而传统旧学教育的精髓就是儒学教育,这种与生俱来的影响不会轻易被抹去。

儒家讲正心、诚意、修身、慎独。在生活中,胡适是一个孝子,一个慈父,一个标准丈夫,一个忠实朋友,一个诲人不倦的教师,这是和他有过来往的人所公认的。在朋辈眼里,他居处之恭,执事之敬,治学之勤,做学问之一丝不苟,"于人何所不容"之大度,都是少见的,他真能做到"视听言动,一秉于礼",纵是一人独处,也能"不愧屋漏"。他不特"出门如见大宾",就是闭户静坐,也是衣履整齐,威仪整饬,从来没有蓬头跣足的习惯和箕踞偃仰的姿态,他的书房、卧室收拾得净无纤尘,案头架上的图书文具、橱柜内的衣服、抽屉中的零碎,乃至于一张名片、一块纸片、一堆酒瓶烟罐,无不放得服服帖帖,整整齐齐。任何人写给他的信件,他都妥为收藏,亲笔回答。别人送给他的著作文章,他总是从头至尾地细加阅读,遇到疑问、不妥之处,随时做上记号,然后加以考证辨证,写给作者。他去世后,在夫人江冬秀整理胡适的遗物中,人们发现他只有一件新衬衫、一双好袜子。剩下一大堆袜子,每只都是补过的,好些衬衫大半破了。身无长物,一向如此。他对"非义之财,一介不取",安贫乐道,于生活细节中见"真精神"。一个人能够十年如一日做到"居处恭"、"执事敬"、"不苟且",足够称得上"圣人"了。

除了儒家思想,胡适还推崇古代的思想家老子和墨子。他晚年曾深有感触地谈及这两位思想家:"原来在我十几岁的时候,我就已经深受老子和墨子的影响。这两位中国古代的哲学家,对我的影响实在很大。墨子主'非攻'。他的'非攻'的理论实在是篇名著,尤其是三篇里的'非攻上'实在是最合乎逻辑的反战名著;反对那些人类理智上最矛盾、最无理、最违反逻辑的好战的人性。"老子对胡适的影响主要是"不争"。"夫惟不争,故天下莫能与之争!"老子以"天下莫能柔弱于水,而攻坚者,莫能先之"这个比喻来解释他的弱能胜强、柔能克刚的不抵抗哲学。胡适留美期间,面对第一次世界大战,坚定地站在反战立场上,成为一个"极端的和平主义者",老子的"不争"和墨子的"非攻"思想是促使他走向反战的内驱动力。在治学方法上,胡适于"朴学"钻研极深,染上了所谓的"考据癖"。这些传统文化作为文化养料,积淀在胡适的内心深处,对其早年的成长产生了重要作用。胡适本人的读书兴趣、心理特征、道德涵养和治学嗜好都深深地烙上了传统文化的痕迹。

其后的治学履历,从《中国哲学史大纲》到持续了几十年的《水经注》研究,胡适的为学方向大都趋向古代。他宣称以"重新估定一切价值"的方式来"整理国故",但若没有对传统文化的兴趣爱好,仅凭为了打倒它而去研究它,这样的理由实难令人信服。从胡适的主要学术著作都是"整理国故"的结果来看,他对传统文化是有浓厚兴趣的,而不是充满了反感,视若过时古董。

胡适是一位博览群书、通晓古今、学贯中西、"旧学邃密"、"新知深沉"的学者，正因为他博学多能，也许在某一专业领域，其"学"不及某一行的"专才"，他在考证学上的造诣，也许难比戴震、陈寅恪，但其"识"则往往是这些"专才"无法企及的。俗语说，见多方能识广。博学的胡适对中国思想史、文化史、哲学史的最大贡献，不仅仅在于"整理国故"，更重要的还体现在"再造文明"。在"整理国故"方面，一些国学大师的贡献或许与胡适相提并论或许超过胡适，但在"再造文明"方面，胡适却有独特的功绩，非一般人所能比拟。胡适"整理国故"的目的是"再造文明"，胡适对中国传统文化弘扬的贡献也体现于此。

（二）从传统文化中发掘民主资源

近代中国虽然经历了戊戌变法、辛亥革命和新文化运动，但民主思想对于大多数人来说仅仅是一个口号、一个抽象的名词而已。在现代启蒙学者中，胡适较为全面地论述了民主的概念、政治民主化的条件及实现民主政治的途径等问题。然而，长期以来学术界对胡适的民主思想研究的评价有失公允，或论者无几，或曲解其意而简单斥之。当我们重新审视胡适的民主思想，就不能否认胡适在近代中国民主思想启蒙中的地位，就更加深切地体会到他的民主观念不是照搬西方思想家的论述，而是结合中国传统文化的精华的民主思想。

"五四"运动以爱国运动开始，以新文化运动而持续深入，其要义可以由一个口号来概括："民主与科学"。这个口号不但在中国历史上而且也在世界历史上堪称为最响亮的口号，可以和18世纪西方美、法革命时期自由平等的口号相媲美，而其内涵之丰富和深刻则有过之。中国近代的一切落后和苦难全部可以归咎于吃了不民主和不科学的亏。"五四"时期新文化运动所倡导的民主与科学之风,实在是开一代之风气,树立百世之楷模,使我国的学术、文化、思想复苏觉醒,不可逆转而又义无反顾地大步踏上了现代化的征程。

胡适曾发愿:"要在思想、文艺上替中国政治建筑一个革新的基础。"决心20年"不谈政治",但腐败的现实政治逼迫人无路可走,胡适遂与一班朋友于1922年3月创办了《努力周报》对国内外政治形势发表看法。

胡适在《争自由的宣言》中认为:政治不由人民发动,不会有真共和实现。但如果想使政治由人民发动,就要养成国人自由思想、自由评判的真精神的空气。所以,必须力争言论自由、出版自由、集会结社、书信和秘密自由与人民身体的自由。由此可以窥见胡适民主自由思想之一斑。

1. 早年政治意识的培育

人们的社会存在决定人们的思想意识。我们讨论胡适的民主思想,离不开对其所受教育和所处社会环境的研究。

1882年,胡适的父亲胡传投笔从戎后,足迹踏遍云山千叠,辗转海域边疆。他管理过台湾盐政,业绩卓越;他署理过台东军政,内抚番,外防侮,求富足,开荒地,建树颇多;他考察过台东的地理,辑著《台东采访册》。直到《马关条约》签订后,"台湾民主国"成立,胡传一直在台东办理后山防务,"并成为东亚第一个民主国的牺牲者"。[①] 这样的家庭对胡适无疑有着很大的影响。据胡适自述,他念的第一部书就是其父编写的《学为人诗》。书中指出了教育做人的道理:"为人之道,在率其性。

---

① 《胡适自传》,合肥:黄山书社,1986年,第21—22页。

子臣弟友,循理之正;谨乎庸言,勉乎庸行。"而后,他又读了他父亲编写的富有哲理的著作《原学》。如果说家庭影响和父亲的教育对胡适幼小的心灵还仅仅是启蒙的话,那么,为胡适"开辟一个新天地"。为其"儿童生活史上打开了一个新鲜的世界"的,便是他阅读《水浒传》、《三国演义》、《红楼梦》、《儒林外史》、《经国美谈》等中外著名小说。这些散发着民主思想的作品对胡适民主思想的产生有一定的影响,胡适自己也承认"在几十年后于我很有用"。①

胡适民主思想的产生也与他早期接受无神论思想相关。"纷纷歌舞赛蛇虫,酒醴牲牢告洁丰。果有神灵来护佑,天寒何故不临工?"这是胡适的父亲1888年在郑州办河工时做的《郑工合龙纪事诗》,诗中指斥了过去国家的治河官吏向水蛇蛤蟆磕头乞怜保佑的荒诞可笑的迷信思想,对胡适影响至深。当然,真正使胡适成为一个无神论者的,还是司马光的《资治通鉴》。《资治通鉴》第136卷中有一段记载范缜反对鬼神的故事:"缜著《神灭论》,以为'形者神之质,神者形之用也。神之于形,犹利之于刀;形之于用,犹刀之于利。利之名非刀也,刀之名非利也。然而舍利无刀,舍刀无利。未闻刀没而利存,岂容形亡而神存在哉?'"胡适说,"司马光的话教我不信地狱,范缜的话使我更进一步,就走上了无鬼神的路","我只是读了这些个字,就换了一个人,他感悟了一个十一二岁的小孩子,竟影响了他一生的思想。"②

2. 无神论思想与科学的结合

胡适作为一个开放型的现代学者,几乎全盘接受了西方的

---

① 《胡适自传》,合肥:黄山书社,1986年,第27页。
② 《胡适自传》,合肥:黄山书社,1986年,第41页。

科学文明而唯独扬弃了它的宗教与上帝,成为一个彻底的无神论者。这个看似矛盾的文化态度值得注意。从胡适本人看,他那存疑主义思想训练和由之派生的宗教概念、积极入世的哲学立场以及对自由与容忍的理性服膺,最终构成了他独特的自由主义思想的认知结构和价值体系,这一点在《淮南王书》中亦有体现。

胡适从家学渊源中很早就接受了程朱理学的"疑"与"思"的思想习惯,这一思想习惯使少年的胡适怀疑进而排斥天堂地狱、灵魂不灭等东方传统的鬼神迷信观念。这个思想习惯铸就的理性精神又使青年胡适在留美期间与西方的科学文化一拍即合,并终身相契。胡适几乎全盘接受了西方的科学文化而独独扬弃了它的宗教与上帝,尽管他不曾专门探讨过宗教和上帝与西方的科学文化之间的关系。这正是他少年时代无神论思想与理性精神根深蒂固、潜入骨髓的缘故。这不仅导致了他后来成为一个彻底的、毫不妥协的无神论者,而且终身与"科学"结下了不解之缘,终其身为"科学"在中国的安身立命而呐喊呼号、顽强战斗。

新文化运动一开始即以其对封建专制文化的猛烈抨击而显示了它勃发向上的精神活力。陈独秀、胡适、李大钊、吴虞、鲁迅等人成为思想界的领袖人物。新文化运动触及了文化的最深层次,即意识形态领域和精神文化领域,这就把文化的反思扩展到包括儒家伦理道德在内的全部传统文化上。尽管这一时代的思想家们多少都带有感情激烈的色彩,但却无不是这一时代理性精神的反映。从文化反思的角度看,新文化已经具备了文化整体性意识即把物质文化、制度文化和精神文化作为整体看待,不过,时代的主旋律使思想家们注目的焦点更加集中在精神文化的层次上。

当时,民主和科学两面旗帜都有一种工具的性质,在很大程度上成了抨击封建专制文化的工具。这样,民主和科学还不足以从完整的意义上揭示新文化运动的本质。抨击封建专制文化是新文化运动前期(1919年以前)的一个主要倾向。因为新文化运动的总目标是对中国文化进行现代化的改造,创建中国现代文化。而以民主和科学作为批判封建专制的工具,就失去了民主和科学的正面意义。这里绝对没有否定"抨击封建文化这一思潮"的意思,因为这种做法在当时自有其本身的历史意义。但是激烈批判封建专制文化本身,就不可避免地对传统文化的改造问题注视不够,从而不能进一步提升到对包括儒家思想在内的传统文化再创造的问题上。重建中国现代文化,主要是正面的积极性的建设工作,进入这一层面,科学的真正意义就表现为一种精神,即科学的精神,它要求人们把包括儒家思想在内的全部传统文化都作为科学的认识对象来看待。在胡适之前没有人认识到这一问题的真正意义,因此,也就没有深入把握新文化运动的本质意义。

胡适在《新思潮的意义》中把新思潮即新文化运动的根本意义归结为一种"评判的态度"——"重新估定一切价值"。这种评判和价值重估有两个方面的意义:消极的意义,是打破孔子偶像、否定儒家独尊,这具有解放思想的作用;积极的方面,是把全部传统文化都作为科学研究的认识对象,重新审视传统,以图再造文明。简言之,新思潮的意义是"研究问题、输入学理、整理国故、再造文明"。这就从创新文化的高度把新文化运动的正面意义凸显出来。

3. 人权与民主意识

1929年,为了抗争当局对人权的任意践踏,以胡适、罗隆基为代表,以"反对摧残人权,要求保障自由"为口号,在《新月》等刊物上发表了一系列文章,揭露和抨击国民党政权的专制独裁。这次人权风波,犹如一次火线短路,胡适大胆玩火,挑起争论,结果引火烧身,焦头烂额,在国民党思想文化队伍的一片讨伐声中悄然举家搬回北平。《中国中古思想史长编》正是在败局已定、行色仓皇的日子里写成的。他满怀悲悯坐在上海沪西越界筑路的寓所里发奋著书,把潜伏下来的批判锋芒和政治理想藏进了学术著作里,借题发挥,"越界筑路"。《淮南王书》出版的第二年即1932年的11月,胡适在汉口把这册书送给蒋介石,意思十分清楚,要他好好想想这本书的主要思想,努力做到"无智无能"、"寂然尸位",自己带头摒弃人治,守宪守法。同时又劝他无为而治,与民休息,少做些"教猱升木"的宣传运动和"凿孔载须"的"有为"事业。民治法治、守宪守法的政治思想在胡适20世纪30年代的一系列政论文章中有十分执着的表述,《建国与专制》、《再论建国与专制》、《中国无独裁的必要与可能》、《一年来关于民治与独裁的讨论》、《从民主与独裁的讨论里求得一个共同的政治信仰》、《答丁在君先生论民主与独裁》、《制宪不如守法》、《从一党到无党的政治》等文章中都闪烁着《淮南王书》的思想火花,把"虚导尸位",尊重民意直接与摒弃独裁专权,推行政制改革的目标联系起来。就在1935年8月发表的著名政论文章《政制改革的大路》中,胡适还奉劝蒋介石:"自居于无知而以众人之所知为知;自处于无能而以众人之能为能;自安于无为而以众人之所为为为。"20多年后的1956年,胡适在台湾杂志上又发表文章,旧论重提,名为"祝寿",实则琵琶反弹,招致国民党当局的又一次大规模的思想围剿,代表当局舆论导向的批判小册子《向毒素思想总攻击》的第一号靶子就是胡适。我们说胡适是个"未能忘情于政治"的学者,指的正是他的学术,即使是国故整理、哲学研究等规范化作业里有时也隐藏着浓厚的政治意识形态色彩。《淮南王书》便是一个典型的例证。

胡适的政治主张充分体现了他的渐进主义思想：迟慢、平淡、无速效，纵然迟慢却是乐观的信仰。他理想的社会，只是凭大家共同遵守某些基本的原则而结合起来。其中支撑这种社会的最主要信念是"大德曰生"。在"大德曰生"社会呈现的是一片祥和的景象。人人当家作主，没有压迫、剥削。胡适憧憬的未来社会的鼓舞力量不仅仅是西方现代文明，也有中国古代的文化传统。与当时的马克思主义者不同，他的目光不仅是转向外面看世界，也转向内部心向神往的凝视。

（三）从传统人文中探寻自由资源

"一个知识分子的心灵必须有独立精神和原创能力，他必须为追求观念而追求观念；知识分子必须是他所在的社会之批评者，也是现行价值的反对者"。美国《时代》周刊如此定义"知识分子"。对于胡适，随便涉入他人生的哪一个阶段，都能看到他作为自由主义知识分子的角色显现，其中渗透着独立自由的精神以及对国家民族的强烈责任感。

浸润过传统文化，又沐浴过欧风美雨的胡适，作为新文化运动的积极倡导者，胡适把自由主义理解为一场"运动"。他说："自由主义就是人类历史上那个提倡自由，崇拜自由，争取自由，充实并推广自由的大运动。"[①]胡适认为，自由并非西方独有，在中国思想史上也存在绵延不绝的自由思想，"人类历史上那个自由主义大运动实在是一大串解放的努力。……在信仰

---

① 胡适：《自由主义》，《胡适文集》第12册，欧阳哲主编，北京：北京大学出版社，1998年，第805页。

与思想的方面,东方历史上也有很大胆的批评者与反抗者。从墨子、杨朱,到桓谭,王充,从范缜,傅奕,韩愈,到李贽,颜元,李塨,都可以说是为追求思想自由奋斗的东方豪杰之士,很可以同他们的许多西方同志齐名比美,我们中国历史上虽然没有抬出'争自由'的大旗帜来做宗教运动,思想运动,或政治运动,但中国思想史与社会政治史的每一个时代都可以说含有争取某种解放的意义"。① 将自由主义理解为一场思想解放运动,这与胡适作为新文化运动的旗手,极力倡扬自由、平等、科学、民主的宗旨是密切关联着的。

1. 宁鸣而死,不默而生

在胡适看来,自由主义首要的最基本的意义就是"自由"。"自由主义最浅显的意思是强调的尊重自由……自由主义里没有自由,那就好像长坂坡里没有赵子龙,空城计里没有诸葛亮",确实,"自由主义"如果不蕴含"自由"这一基本要义,那还叫什么自由主义!胡适认为"自由"在中国古文里的意思是:"在于自己"、"自己作主",但中国的自由观念也有一定缺陷,即中国人太看重自由的"自"字,所以往往看轻外面的束缚力量,而故意回到自己的内心去求安慰、求自由。在欧洲文字里,"自由"含有"解放"之意,主张只有从外力制裁之下解放出来,才能"自己作主"。因此胡适强调:"我们现在说的'自由',是不受外力拘束压迫的权利,是在某一方面的生活不受外力限制束缚的权利。"② 从这里我们可以看出他借助西方思想改造本土传统自由观念的努力。

20世纪30年代后,胡适对儒家文化的看法趋于平和,以

---

① 胡适:《自由主义》,《胡适文集》第12册,欧阳哲主编,第806页。
② 胡适:《自由主义》,《胡适文集》第12册,欧阳哲主编,第805页。

1934年12月发表的《说儒》为代表,"从一个亡国民族中后期的教士阶级,变到调和三代文化的师儒;从'吾从周'的博大精神,担起了'仁以为己任'的绝大使命——这是孔子的新儒教"。这篇《说儒》是重评原始儒家的力作。他从"五四"新文化运动中鼓吹自由始,至国民党离开大陆,在台湾被称为"男自由神"。在中国古代有没有相似的话,后来他在王应麟的《困学纪闻》查到:范文正《灵乌赋》曰:"宁鸣而死,不默而生。"其言可以立懦。胡适认为"宁鸣而死,不默而生",当时往往专指谏诤的自由,他说我们现在叫做言论自由。

范仲淹生在公元989年,死于1052年。他作《灵乌赋》答梅圣俞的《灵乌赋》,大概是在景祐年间(1036年)他同欧阳修、余靖、尹洙诸人因言事而被贬谪的时期。这比 Patrick henry 的"不自由,毋宁死"的话要早740年。这也可以特别记出,作为中国争自由史上的一段佳话。

梅圣俞名尧臣,生于公元1003年,死于1061年。他的集中有《灵乌赋》是寄给范仲淹的,大意是劝他的朋友们不要多说话。范仲淹答《灵乌赋》在序中说:"梅圣俞作是赋,曾不我鄙,而寄以为好。因勉而和之,庶几感物之意同归而殊途矣。"

胡适说这赋是中国古代哲人争自由的重要文献:

灵乌灵乌,
尔之为禽兮,何不高翔而远翥?
何为号呼于人兮,告吉凶而逢怒?
方将折尔翅而烹尔躯,徒悔焉而亡路。
彼哑哑兮如诉,请臆对而心谕:
"我有生兮,累阴阳之含育;
我有质兮,处天地之覆露。
长慈母之危巢,托主人之佳树。

……

母之鞠兮孔艰,主之仁兮则安。

度春风兮,既成我以羽翰;

眷庭柯兮,欲去君而盘桓。

思报之意,厥声或异。

警于未形,恐于未炽。

知我者谓吉之先,

不知我者谓凶之类。

故告之则反灾于身,

不告之者则稔祸于人。

主恩或忘,我怀靡臧。

虽死而告,为凶之防。

亦由桑妖于庭,惧而修德,俾王之兴;

雉怪于鼎,惧而修德,俾王之盛。

天听甚逊,人言曷病。

彼希声之凤凰,亦见讥于楚狂;

彼不世之麒麟,亦见伤于鲁人。

凤岂以讥而不灵,麟岂以伤而不仁?

故割而可卷,孰为神兵?

焚而可变,孰为英琼?

宁鸣而死,不默而生。

胡不学太仓之鼠兮,

何必仁为,丰食而肥?

仓苟竭兮,吾将安归?

又不学荒城之狐兮,

何必义为,深穴而威。

城苟圮兮,吾将畴依?

……

我乌也勤于母兮自天，

　　爱于主兮自天；

　　人有言兮是然。

　　人无言兮是然。"

胡适说这是900年前一个中国政治家争取言论自由的宣言。

赋中"忧于未形，恐于未炽"两句，范公在10年后（1046年）在他最后被贬谪之后1年，作《岳阳楼记》，充分发挥成他最有名的一段文字："嗟夫，予尝求古仁人之心……不以物喜，不以己悲，居庙堂之高则忧其民，处江湖之远则忧其君。是进亦忧，退亦忧。然则何时而乐耶？其必曰'先天下之忧而忧，后天下之乐而乐'乎？噫，微斯人，吾谁与归？"

在1043年他同韩琦、富弼同在朝廷时，宋仁宗要他们"尽心为国家诸事建明，不得顾忌"。范仲淹在《答手诏条陈十事》中说："我国家革五代之乱，富有四海，垂八十年。纲纪制度，日削月侵，官壅于下，民困于外，夷狄骄盛，寇盗横炽，不可不更张以救之。"这是他在所谓"庆历盛世"的警告。那10事之中，有"精贡举"一事，他说："国家乃专以辞赋取进士，以墨义取诸科。士皆舍大方而趋小道。虽济济盈庭，求有才有识者，十无一二。况天下危困，乏人如此，将何以救？在乎教以经济之业，取以经济之才，庶可救其不逮。或谓救弊之术无乃后时？臣谓四海尚完，朝谋而夕行，庶乎可济。安得晏然不救，坐俟其乱哉？"

这是在中原沦陷之前83年时提出的警告。这就是范仲淹说的"忧于未形，恐于未炽"和"先天下之忧而忧"。胡适说：

　　从国家与政府的立场看，言论的自由可以鼓励人人肯说"忧于未形，恐于未炽"的正论危言，来替代小人们天天歌功颂德，鼓吹升平的滥调。

胡适的这篇文章发表在1955年4月1日的《自由中国》。那正是《自由中国》的言论自由遭到台湾当局压迫的年代。

1949年3月27日在台湾文化团体发起的一次公开讲演会上，胡适作了题为《中国文化里的自由传统》的演讲。他说这个题目也可以改做《中国文化传统的自由主义》，他认为"自由"这个意义、这个思想、这个名词并不是外来的洋货，是中国古代就有的。"自由"可把他倒转过来为"由自"，就是"由于自己"，就是"由自己做主"，不受外来压迫。他引宋朝王安石的一首白话诗：

> 风吹瓦堕屋，
> 正打破我头。
> 瓦亦自破碎，
> 岂但我血流。
> 我终不嗔渠，
> 此瓦不自由。

他说，这表达了古代人对于自由的理解，就是"自己做主"的意思。两千多年来有记载的历史对于自由这种权利、这种意义的诠释，也可以说明中国人对于自由的崇拜，与这种意义的推动。中国对于言论、宗教的自由，批评政府的自由在历史上都有记载。

胡适讲中国古代的谏官制度，是自由主义的一种传统，就是批评政府的自由。《孝经》中有《谏诤章》，孔子反对愚忠愚孝，也有自由的意义。另外，古代的史官记载君王的作为留给后世，他们以生命为代价书写真实的历史，批评政治，使为政者有所畏惧，也表现了言论的自由。

胡适认为中国思想的先锋老子与孔子是自由主义者。老子的"民不畏死，奈何以死惧之？"，从侧面表达了"无为"政治让人民自然发展的愿望。孔子的"三军可以夺帅也,匹夫不可夺志也"、"有教无类"等观点都表示了一种自由主义者的思想。

孟子提出的"民为贵,君为轻"是一个重要的自由主义的传统。孟子的"富贵不能淫,贫贱不能移,威武不能屈"是给中国读书人的宝贵的自由主义的精神。

春秋时代,礼乐崩溃,"自由"的思想与精神比较发达。秦朝统一后,思想一尊,焚书坑儒,使自由受到限制,但依然有人在万难中不断追求。东汉时,王充著《论衡》八十篇,其主题是"疾虚妄"。全书以实事求是的态度对当时儒教"灾异迷信"的严厉批判,包括对孔、孟思想的批评,这可以说是从帝国时代中开辟了自由批评的传统。东汉至南北朝是佛教极盛时期,范缜著《神灭论》驳灵魂不灭,当时君王命七十位大学士反驳,他都不屈服,高官厚禄也不能诱惑他放弃言论思想自由。

唐朝的韩愈作《谏迎佛骨表》痛骂举国为佛骨而疯狂的事,被充军到岭南边区,又作《原道》依然反佛,这种持之不懈也体现了自由主义的精神;明代王阳明批评政治,受过许多苦难;清朝"颜李学派"反对当时皇帝提倡的"朱子学派",这些都是在一种极不自由的时代而争取思想自由的例子。易卜生主义的主张,在早期儒家中也有相似的例子。易卜生所说的"救取自己"的"为我主义",胡适比为孟轲说的"穷则独善其身",认为后者是最有价值的利人主义。儒家"士不可以不弘毅"的思想,在提倡读书人的责任方面是坚强的。这可看出胡适对传统的几分维护。又如他在 1915 年回忆说:"幼时在里,观族人祭祀,习闻赞礼者唱:'执事者各司其事',此七字救国金丹也。"[①]他评论道,一个人的才能有限,与社会最大的贡献只限于自己做好自己所能及的事。这样可以找到与"易卜生主义"的契合点。人

---

① 《胡适留学日记》,合肥:安徽教育出版社,2006 年,第 567 页。

的解放作为新文化运动的中心内容,是走出中世纪建立现代社会最基本的课题。胡适作为新文化运动的领袖之一,其根本目的也在于建立一种新的价值观,而价值观最核心的问题就是"个人的发现"。于是,胡适在阐述新文化运动宗旨时,明确提出要在重新估定一切价值的基础上,重新确立个人的价值。他还将个人的解放与现代社会、现代国家的确立联系起来,明确地把个人的独立、自由、尊严的获得作为现代社会、现代国家建立的前提条件。在同时代人中没有比胡适更清晰、更确切地将个人解放的重要性予以如此的重视和提升的了。当然,他这种提倡个性解放是与他的科学人生观紧密相连的。

对于个性解放的人生观,胡适是不断从传统文化中汲取精华而发展、成熟的。胡适在《中国哲学史大纲》(卷上)中讨论儒家思想的进程时,指出孔子时期的儒家是"极端伦常主义的儒家",是"重君权的儒家",后来导致了杨朱、墨翟的反动,儒家才不得不变换自身的伦理观念,于是便有了《大学》、《中庸》等"儒书"中重视个人的理念,随之出现了尊重个人、鼓吹"民权"的孟子。

在讨论先秦儒家思想的发展时,胡适指出:孔子虽注重伦理关系,但他同时又提出一个"仁"字,要人尽人道,做一个成人。但孔门正传弟子子游、子夏、曾子等人,却又提出两大观念,即"孝"与"礼",后来逐渐发展成为中国社会的两大势力。由曾子大力发挥的"孝"的哲学,后来在《礼记·祭义》以及《孝经》中达到了极致。在胡适看来,这种孝的人生哲学的根本宗旨是不承认个人的存在,"我并不是我",我只不过是我父母的儿子,于是孔子的成人之教变成了成儿之教,个人完全屈服在孝的伦理之下,这是孔门人生哲学的一大变化。孔子的"仁的人生哲学",要人尽"仁"道,要人做一个"人"。孔子以后的"孝的人生哲学"要人尽"孝"道,要人做一个"儿子"。这种人生哲学,固然也有道理,但未免太不注重个人,将个人埋没在家庭伦理里面了。胡适宣扬"易卜生主义",认为人的第一要务是"个人须要充分发达自己的天才性,要充分发展自己的个性"。对独立的个人的重视,使胡适在中国哲学中特别重视"修身"的观念。在阐述《大学》时,他使用了"个人之注重"这一标题,将修身之"身"与"个人"等同起来,认为《大学》把"修身"作一切的根本。格物、致知、正心、诚意都是修身的工夫。齐家、治国、平天下都是修身的效果。因此,这个"身",这个"个人"便是一切伦理的中心点,主张不取"孝"的人生哲学,而另立"修身"的人生哲学。

传统并不意味着是僵凝的过去,它就存在于活生生的现实之中。传统也不是想丢弃就能够丢弃、想保留就能够保留的东西。它往往集精华与糟粕于一身,并呈难解难分之势。这就使得对传统的理解,无论是片面的评判、笼统的反对还是全盘的肯定都难以奏效。人们对传统的任何理解都离不开理解者自身的历史因素,质而言之,历史离不开历史理解者的历史性。胡适力图站在当时的基础上,用怀疑精神、评判态度去突破旧传统的束缚,建构起一套新的语言和词汇、新的思维方式和表达方法去批判地继承传统,使传统发生创造性的发展。

2. 容忍与自由

1959 年胡适以《容忍与自由》为题,道出了自己晚年对自由与容忍之间关系的态度:"年纪越大,越觉得容忍比自由还更重要"。有人曾将胡适关于"容忍"的思想与孔子的"忠"、"恕"观念相比较;张君劢在他的《悼念适之先生》中又将胡适的《容忍与自由》与伏尔泰的《容忍论》相比,认为胡适与伏尔泰在思想和作风上"最为相似",蕴含着容忍与抗争两种精神。胡适早年对中国传统文化的态度,对中国封建专制的审视,对传统学术权威的挑战,都是具有"容忍"性的"抗争"。自1922至1937年间,虽其容忍的态度多了些,但他仍在向极"左"派和极右派抗议。同时还对有些作者贬低西洋文明进行驳斥。1938至1948年间,胡适大部分时间都在担任政府或教育行政工作,这一期间为了抗战,其反抗精神突出,虽然在思想方面大多采取容忍和缄默的态度,但在学术上为了替同乡戴东原"辨冤白谤"而作的《水经注》考证等,仍具有抗争精神。1951年胡适对国民党政府干涉言论自由也曾提出过抗议。他的容忍态度到1959年也就是写《容忍与自由》时似乎达到了极致,也许与他的现实处境、身体状况、心理状态等密切相关。然而,终身挚爱自由、追求自由的胡适,会放弃对自由的追求吗?他认为"容忍比自由更重要",不能理解为仅靠容忍就能够实现自由,容忍对自由不可或缺,但"抗争"也不失为追求自由的手段之一。胡适的"容忍"是蕴涵着"抗争"的"容忍",其"抗争"又是包含着"容忍"的"抗争"。他之所以说"容忍比自由还重要",其中有着更为深层的中国文化之内涵。

胡适为《吴虞文录》写序文时提出"打倒孔家店"这一口号,但"孔家店"与"儒家"、"孔子"并不全同,打倒孔家店并不等于打倒儒家,打倒孔子。所谓"孔家店"是指打着孔子和儒家的"招牌"却贩卖、兜售私货的店家,无论是"老店",还是"冒牌"。在三四十年代的著作里,在对许多朋友和后辈的谈话中,胡适曾多次明确地表示,他从来就没有要打倒孔子和真正的儒家。1934年,他在一篇长达5万字的文章《说儒》中,称儒家思想的开展是殷王国后五六百年的一个大趋势,孔子则是这一趋势的"最伟大的代表者",对于孔子的德行,胡适引用了诸多与孔子同时代或稍后一些人的话来加以称颂:

  仲尼日月也。……人虽欲自绝,其何伤于日月乎?多见其不知量也。

夫子不可及也,犹天之不可阶而升也。夫子之得邦家者,所谓立之斯立,道之斯行,绥之斯来,动之斯和;其生也荣,其死也哀——如之何其及也!

见其礼而知其政,闻其乐而知其德,由百世之后,等百世之王,莫之能为也。自生民以来,未有夫子也。①

有若说:"岂惟民哉?麒麟之于走兽,凤凰之于飞鸟,太山之于丘垤,河海之于行潦,类也。圣人之于民,亦类也。出乎其类,拔乎其萃,自生民以来,未有盛于夫子也。"②

孟子说:"自生民以来,未有孔子也。"③

在晚年,胡适更多次在文章和讲演中说到他很敬重孔子、孟子和朱熹,更偏向儒家而很少批驳。胡适对其儒教观曾作如下的自我表白:

有许多人认为我是反孔非儒的。在许多方面,我对那经过长期发展的儒教的批判是很严厉的,但是,就全体来说,我在我的一切著述上,对孔子和早期的"仲尼之徒"如孟子,都是相当尊崇的。我对十二世纪新儒家(neoconfucianism)(理学)的开山宗师朱熹,也是十分崇敬的。④

"不自由,毋宁死"。看来,有的时候,自由与非自由的选择,是生与死的选择。中国古代传统中,孟子讲:"鱼我所欲也,

---

① 以上引子贡说,见《胡适文存》四集,合肥:黄山书社,1996年,第33页。
② 《胡适文存》四集,合肥:黄山书社,1996年,第33页。
③ 《胡适文存》四集,合肥:黄山书社,1996年,第34页。
④ 唐德刚译注:《胡适口述自传》,台北:传记文学出版社,1986年,第258页。

熊掌亦我所欲也,二者不可得兼,舍鱼而取熊掌者也;生我所欲也,义亦我所欲也,二者不可得兼,舍生而取义者也。"生命和追求真理之间发生了对立、冲突,可以为真理而死,这是很了不起的人格力量。中国文化中还有"士可杀,不可辱"、"三军可夺帅,匹夫不可夺志"等传统,都是强调对个体人格的尊重。个体人格如果遭到侵犯,可以冲冠一怒,拼将一死。

作为一个自由主义知识分子,胡适的身上有"不自由,毋宁死"和东方传统士大夫人格中的"宁鸣而死,不默而生"的精神素质。在他平和、儒雅的外表下,有时也会因为时世的"不平"而爆发火山般的巨响。1946年,国民党召开"治宪国大"期间,发生了北大女生沈崇被美国兵强奸事件,激起了全国人民的抗议怒潮,北大学生罢课游行,要求惩办罪犯,并发出美军撤出中国的呼声。胡适知之后被激怒了,"这还得了,真是岂有此理!"边说边敲桌子。其后,胡适置蒋介石的授意于不顾,顶住国民党当局的压力,毅然为受伤害的女生出庭作证,表现了一个有正义感的知识分子"威武不能屈"的大丈夫精神。

胡适晚年特别提出自由主义所应包含的含义——容忍。近代中国社会斗争之风盛长,容忍之势薄弱,所以胡适特别强调:"容忍是一切自由的根本,没有容忍,就没有自由。"他批评"五四"时期陈独秀那种"必以吾辈所主张者为绝对之是"的偏执态度是不容忍的态度,最容易引起别人的恶感,最容易引起他人的反对,追究产生这种不容忍的心理原因,是基于"我的信念不会错"的心理习惯。因此,"容忍'异己'是很难的,最不容易养成的雅量"。① 胡适非常欣赏伏尔泰的一句名言:"你说的话我一个字都不赞成,但我要拼命维护你说话的权利。"

胡适晚年特别喜欢援引中国传统文化中的自由思想来阐

---

① 胡适:《容忍与自由》,北京:时事出版社,1999年,第775页。

释当今,鉴照当今,从中西两个方面开发更多的思想资源,继承文化中的精髓遗产,以促进自由民主与社会进步。

1960年9月4日《自由中国》杂志主持人雷震受台湾当局的迫害。在狱中度过65岁生日时,胡适写下南宋诗人杨万里的绝句《桂源铺》送给雷震。词曰:

万山不许一溪奔,挡得溪声日夜喧。

到得前头山脚尽,堂堂溪水出前村。

这是胡适最喜欢的一首诗,早在1937他选注这首诗的时候,就说它"象征权威与自由的斗争"。

(四)对传统治学方法的整合

综观胡适一生的学术活动,他用力最深、影响最大的还是所谓的"科学方法",重视方法也是胡适实验主义的最大特点。余英时在《中国近代思想史上的胡适》中说:"胡适思想中有一种非常明显的化约论倾向,他把一切学术思想以至整个文化都化约为方法,他所重视的永远是一家或一派学术思想背后的方法、态度和精神,而不是其实际内容。"胡适认为一切学说的具体内容都包括了"论主"本人的背景、时势以至个性,因此不可能具有永久的、普遍的有效性。但是,方法特别是经过长期应用而获得证验的科学方法,则具有客观的独立性,能够长久地显示它们的价值。胡适对杜威哲学的真正兴趣,也是在方法论上,而不是纯粹的学理。他的目的是要用杜威的哲学方法来"点石成金",解决人类正在改变世界的活动中遇到的各种问题。

1. 朴学考据即科学

胡适极其重视方法问题。他整理国故的一个重要意义是给人提供启示做学问的方法。他曾说过:"我治中国思想与中国历史的各种著作,都是围绕'方法'这一观念打转的。'方法'实在主宰了我四十多年来所有著述。"①

胡适的方法是实验主义哲学与中国传统考证学相结合的产物。他最早在《清代学者的治学方法》一文提及这一方法。这个方法可以简化成"大胆的假设,小心的求证"。其中有两个最主要的因素:(1)历史的态度。任何人、任何事物、任何问题作为研究对象,必须弄清他的历史,它的来龙去脉,弄清它在形成、发展变化过程中的诸形态。(2)实验的态度。对前人或他人的判断不可轻信,必须求证实。如果被否定了,就要提出新的假设,然后去证实。只有被大量的事实证明了的假设,才可视为可信的判断,才可认为是真理。胡适实验主义方法论蕴含着两个特点:一是假设性;二是历史性。假设性意味着一切必须值得验证;历史性则意味着任何事物都与其所发生的具体时空相关联。前者构成一种实验的态度,后者形成一种历史的态度。实验的态度是不承认永恒不变的天理,只认其为一种假设,假设真不真,全靠它能不能发生它所应该发生的效果。历史的态度就是"凡对于一种事物的态度,总想寻出它的前因后果,不把它当作一种来无踪去无影的东西"。即先把事物的来龙去脉摸清楚,然后用历史眼光分析和评估一切历史问题,不苛责历史。

杜威将思想运作过程分成五个步骤:"(一)疑难的境地;

---

① 唐德刚译注:《胡适口述自传》,台北:传记文学出版社,1986年,第44页。

(二)指定疑难一点究竟在什么地方;(三)假定各种解决疑难的方法;(四)把每种假设所含的结果一一想出来,看哪一个假设能够解决这个困难;(五)证实这种解决使人信用,或证明这种解决的谬误,使人不信用。"胡适强调这五步最重要的是第三步的种种假设。他在讲"科学方法"或"治学方法"时,反复重申这一问题,只是有时把五步并作四步、三步或干脆概括成两步,即"大胆的假设,小心的求证"。胡适将实验主义及其方法论贯穿于文学改良、整理国故、倡导科学方法和社会改造的实验,思想界产生了极大的影响。胡适强调科学发现中提出假设和运用实验手段检验假设这两个环节的重要性,在一定程度上鼓励、支持了思想自由和探讨精神,反对了千百年来绝对服从"圣训"的心理。

传统学术对胡适的影响很大,有人认为胡适的成就是传统文化特别是徽州文化史继朱子、戴震之后的一次新的崛起,开辟了20世纪中国现代学术的先河,并设定了值得许多人遵从、发展的学术范式。他的学术成就有西方文明带给的现代的、开放的一面,也有传统文化的影响。我们着重从朱熹、戴震的学术脉络来分析其传统学术的渊源、精神,以及胡适的认同和改造。

胡适看重思想方法,使他的方法论意识比同时代的许多学者都显得清醒。他认为:"事实上治学方法,东西双方原是一致的。双方之所以有其基本上相同之点,就是因为彼此都是从人类的常识出发的。"在传统学术发展的历史上,到了宋代,"新儒学"崛起,也是学术史上的"宋学"。这一学派在胡适故乡徽州源远流长,至清代江永、戴震出,及戴震之后,这一学派一跃而成为清学的砥柱。从"宋学"到"清学"(又称"汉学"、"朴学"),虽然精神文化的内涵不一,但都具有一个基本的治学精神:怀疑、辨伪求是。二者的不同则是:"宋学"在探索事事物物之理时,由于受禅学"向内"、"心性"、"顿悟"的影响,把他们的学术研究局限于伦理与政治哲学的旧题之中,对自然客体的研究提不出科学的方法;"清学"之所以在学术上有重大建树,是因为他们用了"不自觉的方法",并且暗合科学精神。胡适在传统学术向现代学术这一转折关节上所起的作用便是把汉学家所用的"不自觉的方法"变为"自觉的"。①

朱熹的学术精神是与他的哲学思想上的"格物"、"穷理"相通的。他的格物、穷理的思想,不仅容纳了认识的辨证过程,也体现了鲜明的理性主义精神。他在学术上给胡适的较大影响是怀疑、辨伪。

读书穷理是程颐建构的学术理性,朱子极力提倡并发扬光大,朱熹认为:"穷理者,欲知事物之所以然与其所当然。"②同时又说:"所谓穷理者,事事物物,各自有个事物底道理,穷之须要周尽。"在这种思想指导下,他提出读书、为学要专心,要思考:"读者,须是穷究道理彻底。如人之食物,嚼的烂,方可咽下,然后有补……看文字,须要入在里面,猛滚一番。要透彻,方能得脱离。若只略略地看过,恐终究不能得脱离,此心又自不能放下也。"③朱熹到了60多岁,还告诉叶贺孙说:"学者读书,须是于无味处当致思焉。至于群疑并兴,寝食俱废,乃能骤进。"④

在此基础上,朱熹认为治学应先存怀疑、辨伪之心,然后立说:"循序而渐进,熟读而精思。……字求其训,句索其旨。……虚心静虑,勿遽取舍于其间。先使一说自为一说……

---

① 胡适:《论国故学》,《胡适作品集》第4册《问题与主义》,台北:远流出版社,1986年,第217页。
② 《朱文公文集》卷六十四。
③ 《朱子语类》卷十。
④ 《朱子语类》卷十。

复与众说互相诘难。……有所不通,则姑置而徐理之。"①

胡适将此消化后改造为"做学问要在不疑处有疑,待人要在有疑处不疑",并把它作为自己的为学做人的座右铭,甚至还题写给友人、后学以互勉。

同时,朱熹把这种怀疑精神与学者自身的独立人格相提并论。受此影响,胡适接受戴震为学的经验方法并加以改造所提出的"大胆的假设",就是在熟读、怀疑基础上,提出自己的观点,而不是有先入之见,或先立论,再去读书。

实际上,学者的怀疑精神、独立人格以及由此产生的新的立论,才是学术进步、学者个性得以体现的一个重要标志。胡适也正是靠对朱子的这些言论的借鉴和精神的继承,并加以学术实践上的创造而立身学界的。

胡适在回忆、总结自己的治学方法时曾说到宋儒朱熹对他的影响:

> 我想比较妥当点的说法,是我从考据学方面着手逐渐地学会了校勘学和训诂学。由于长时间钻研中国古代的典籍,而逐渐的学会了这种治学方法。所以我要总结我的经验的话,我最早的资本或者就是由于我有怀疑的能力。我另一个灵感的来源,也可以说是由于我早期对宋学中朱注的认识和训练。朱熹的宋学为我后来治汉学开拓了道路。②

从朱熹为学的思想方法看胡适,可以发现,胡适从朱熹那里实际上继承了两种东西:归纳的方法,怀疑的精神。他认为程朱一派"新儒学"的治学门径在于"他们把'格'字作'至'字

---

① 《朱文公文集》卷六十四。
② 唐德刚译注:《胡适口述自传》,台北:传记文学出版社,1986年,第129页。

解,朱子用的'即'字,也是'到'的意思。'即物而穷其理'是自己去到事物上寻出物的道理来。这便是归纳的精神"。① 而怀疑的精神则是由于"宋学是从中古宗教里滚出来的,程颐、朱熹一派认定格物致知的基本方法。大胆的疑古,小心的考证,十分明显的表示一种'严格的理智态度,走科学的路'。这个风气一开,中间虽有陆王的反科学的有力运动,终不能阻止这个科学的路重现而大盛于最近的三百年"。②

胡适最初的治学方法是感悟,是从朱熹那里得到的。由于从小一直读朱子注的《四书》,并且觉得朱注"比较近情入理",所以他说:"当我接触到毛公、郑玄一派的注释时,我为他们'汉、宋'两派之间明显的差异炫惑了;所以才引起我自己企图来写点批判性的文章。这些文章也显示出我年幼期以批判法则治学的精神;我把它叫做考订文字真义的'归纳法'。"这些最初的尝试性文章就是《诗三百篇言字解》、《尔汝篇》、《吾我篇》、《论"校勘"、"训诂"之学》。胡适说写这些文章时,"首要兴趣便是归纳法,也就是把相同的不同的例子归纳起来加以比较研究,以求其概括性的结论"。③ 事实上这也是胡适第一次企图在对宋学继承的基础上,发展他自己的治学方法。对此,胡适十分清醒,并且自豪地说:

> 在那个时候,很少人(甚至没有人)曾想到现代的科学法则和我国古代的考据学、考证学,在方法上有相通之处。

---

① 胡适:《清代学者的治学方法》,《胡适作品集》第4册《问题与主义》,台北:远流出版社,1986年,第157—158页。
② 胡适:《读梁漱溟先生的〈东西文化及其哲学〉》,《胡适作品集》第8册《五十年来中国之文学》,台北:远流出版社,1986年,第57页。
③ 唐德刚译注:《胡适口述自传》,台北:传记文学出版社,1986年,第126页。

我是第一个说这句话的人。①

当然,胡适对中国固有学术思想方法的继承不单停留在"宋学"的怀疑精神和归纳法上。他在观察研究中发现,作为陆九渊、王阳明一派的学说,相对程朱学派理学而言,因其提倡个人良知的自由,使得这种独立自由的精神便成了学问革新的动机。他们的学说在反对程、朱一派控制思想这一层上发挥了作用,但由于"他们偏重主观的见解,不重视物观的研究,所以不能得到社会上一般人的信用"。胡适进一步考察了宋以下至清代学术史,并指出:

> 程朱的格物论注重"即物而穷其理",是很有归纳精神的,可惜他们存在一种被动的态度,要想"不役其知",以求那豁然贯通的最后一步。那一方面,陆、王的学说主张真理即在心中,抬高个人的思想,用良知的标准来解脱"传注"的束缚。这种自动的精神很可以补救程朱一派被动的格物法。程朱的归纳手续,经过陆、王一派的解放,是中国学术史的一大转机。解放后的思想,重新又采取程、朱的归纳精神,重新经过一番"朴学"的训练,于是有清代学者的科学方法的出现,这又是中国学术史的一大转机。②

由上述可知,胡适很尊崇朱熹,朱熹说的"看文字须如法官深刻,方穷究得尽"这句话,对胡适的影响很大。我们从胡适的著作里可以看出,他决不像陶渊明那样"好读书不求甚解",而是真像法官审判案件那样,字字句句,辨疑解惑,发微抉隐,务求明白无疑。诸如"尔汝"、"吾我"、"言字解"等等,都被他钻研

---

① 唐德刚译注:《胡适口述自传》,台北:传记文学出版社,1986年,第96页。
② 胡适:《清代学者的治学方法》,《胡适作品集》第4册《问题与主义》,台北:远流出版社,1986年,第163页。

到无可再钻的地步。他举例证明"文字与语言"是何时分家的,"古文字是何时死的"等等,无不使人心悦诚服。他能够如此,很大缘故是服膺朱子之教。

2. 对戴震的继承与"新皖学派"

戴震也是对胡适有重大影响的清代大家。戴震的"志存闻道,必空所依傍"而唯求其是的大胆怀疑、独立思考的精神,对胡适有终身影响。后来,胡适以居高临下"一览众山小"的眼光,指出清学运动的不足,说"清朝的二百七十年中,只有学者而没有哲学家,只有理解而没有组织大哲学系统的野心,只能做一些'襞绩补苴'的零碎工作,如同某一种蚕一样,只能吃桑叶而不能吐丝;有时吐丝,也只能作茧而不能织成锦绣文章"。① 并感叹戴震的哲学及身而绝,后继无人。

胡适对戴震这位传统文化史上的先哲、乡贤更推崇,并为戴震写传,讨论他的思想、学术。胡适在《清代学者的治学方法》一文中也指出:"中国旧有的学术,只有清代的'朴学'确有'科学'的精神。"戴震的"'但宜推求,勿为株守'八个字是清学的真精神"。胡适的"大胆假设,小心求证",便是从戴震的 8 个字发展而来。胡适在《几个反理学的思想家》中,还进一步阐明戴震的方法论源于朱熹的"格物致知"。朱熹不肯放弃"静坐主敬"的宗教态度,故他们始终不能彻底地走那格物致知的路。② 从朱熹到戴震又到胡适,在治学方法论上有相承关系。只是胡适在继承传统文化的科学精神的同时,又接受了杜威的实验主义方法论,从而把戴震的治学方法论大大推进了一步。

---

① 胡适:《戴东原的哲学》,台北:远流出版社,1986 年,第 61 页。
② 胡适:《几个反理学的思想家》,《胡适文存》三集,合肥:黄山书社,1996 年。

清末学者梁启超也认为胡适的方法是从清代汉学家那里继承下来的。只是因为胡适这个出生于皖南绩溪的自由主义思想家是皖学的集大成者,他受皖学影响之深远远超出一般人所知的程度。皖学是他早年接受杜威实用主义的思想基础,是他终身倡导治学方法的根源。他一生的学术道路在很大程度上是由皖学决定的,他一生的学术成就和思想局限性都与皖学相关。

皖派汉学的创立者和主要代表人物是皖南休宁人戴震。皖学主体是清代考据学,即汉学的一派。汉学与被称为"宋学",即专谈道德性命的理学相对立,鄙弃玄学,反对空谈义理,主张考证求实,通过字句训诂和名物考据来确定经书的原意,其学风严谨、质朴。

胡适早年于"朴学"钻研极深,染上了他所谓的"考据癖"。清代朴学以推崇汉儒朴实的学风,反对宋儒空谈义理著称。其学术思潮的特征是"以厌倦主观的冥想而倾向客观的考察"。它的内容主要是从文字音韵、名物训诂、校勘辑佚等方面从事经史古义的考证。清代朴学自明末顾炎武肇始,到乾嘉年间戴震、惠栋、段玉裁、王念孙、王引之等汉学大师将其推向高潮,直到晚清末年,依然在学术界具有重要地位。胡适与同时代的许多学子一样,也受过严格的朴学训练,与周氏兄弟、钱玄同拜业于经学大师章太炎门下不同,胡适的汉学造诣基本上是自修苦学而成。1910年,为了通过留美考试,胡适"闭门读了两个月的书",他二哥的好友杨景苏先生指点他读传统经籍,从《十三经注疏》用功起,胡适认为他系统地"读汉儒的经学,是从这个时候起"。[①] 从此,他与朴学考据结下了不解之缘。出国后,胡适继续留意考据学。他读了清代朴学大师王氏父子、段、孙、

---

① 胡适:《四十自述·我怎样到外国去》,合肥:安徽教育出版社,2006年。

章诸人的著作,还撰写了《诗经言字解》、《尔汝篇》、《吾我篇》、《论汉宋说诗之家及今日治诗之法》、《论校勘之学》、《论训诂之学》、《诸子不出于王官论》等考证文字。胡适的"暴得大名"虽是出于文学革命,但他能进北京大学任教主要是因为蔡元培先生看到他发表的考证文字,对他的朴学功底十分赞赏。其中《诸子不出于王官论》成文于1917年4月,它是为驳章太炎而作,也是胡适向汉学界最高权威正面挑战的第一声。1918年2月,胡适推出《中国哲学史大纲》(上卷),是以西方哲学史、历史学和校勘学的方法论为基本骨架,对清代考证学的各种实际方法作了一次系统的整理。故蔡元培在该书的序言中说:"现在治'汉学'的人虽不少,但总是没有治过西洋哲学史的,留学西洋的学生治哲学的本没有几人。这几人中,能兼治'汉学'更少了。适之先生生于世传'汉学'的绩溪胡氏,禀有'汉学'遗传性,虽自幼进新式的学校,还能自修'汉学',至今不辍。又在美国留学的时候,兼治文学、哲学。"

胡适中年以后谈治学方法,更加谨慎。他借用古代老吏断狱的经验,以"勤、谨、和、缓"四字来概括严谨的治学态度。他解释道:勤就是眼勤手勤,勤于搜索。谨,就是谨慎不苟且,一笔一点也不放过,一丝一毫不潦草。和,就是心平气和,不武断,不盛气凌人,虚心体察,平心考察一切不中意的主张,乃至反对自己、不利于自己的事实和证据。服从证据,舍己从人,和之至也。缓,就是从容研究,不急于下结论。证据不足,悬而不断,继续寻求证据,直到证据充分再作结论。胡适重勘"水经注案",历20年,比较数十种水经注本子,阅读数百万字材料,写了上百万的草稿,而终未写出全部定稿,可谓实践"勤、谨、和、缓"四字的典型范例。

到了晚年作为领袖群伦的学术人物,胡适更多的是提倡治学的方法,这种方法就是"大胆的假设,小心的求证"和"拿证据来",就是实证主义的考据学方法。综观胡适的一生,他以考据为中心的"科学方法"没有任何的变化,这既是胡适治学方法的严谨与始终如一,又是胡适身为学者坚持传统治学道路的写照。

3. 科学方法的成果

在"五四"运动中,陈独秀以"必不容反对者有讨论之余地",表现出勇猛果敢与某种独断,胡适的信条有所不同,他认为"文明是一点一滴的造成的"。他主张新文化思潮对于旧文化的态度"一方面是反对盲从,是反对调和;在积极方面,用科学的方法来做整理的工夫"。进而说"什么是国粹,什么是国渣,先须用批判的态度,科学的精神,去做一番整理国故的工夫","整理国故"是"再造文明"的途径。

从形式上看,胡适的文化思想隐藏着一个逻辑矛盾——反传统的价值取向与"整理国故",其实不然,这恰是鲁迅所提示的胡适的"韬略"。胡适曾"披肝沥胆"地奉告人们:我钻到烂纸堆里去"只为了我十分相信'烂纸堆'里有无数无数的老鬼,能吃人,能迷人,害人的厉害胜过柏斯德(Pasteur)发现的种种病菌。只为了我自己相信,虽然不能杀菌,却颇能'捉妖'、'打鬼'。""这是整理国故的目的与功用。这是整理国故的好结果"。正是在这种对传统价值的重新估定中,新文化运动对传统,特别是传统文化进行了重新评判。与此同时,也对传统进一步进行研究和挖掘。

在白话文运动取得巨大胜利之时,胡适就清醒地知道,要在中国上层文化学术界谋得声望与影响绝不是靠倡导一个白话文运动所能办到的,上层学术文化界的芸芸耆旧、传统国学的老权威们反认为胡适"以白话藏拙",只能靠通俗文化上的创新来遮其短,这就关系到胡适能否在中国正统的学坛站住脚跟的问题。本来蔡元培将胡适引上北京大学的讲台也主要看重他的学术与新知,而他想要在中国正统学术坛取得真正的地位和领导权也必须靠学术,尤其是在国学上的出色表现,这也正是当时北京大学以及国中文化学术领域的各色新旧人物拭目以待的。在国学的领域里,近300年来,尤其是在乾嘉学风熏染下,考据、辨伪的真功夫铸就了一大批令胡适心悦诚服的大学问家:顾炎武、戴东原、阎若璩、段玉裁、钱大昕、王念孙、王引之、崔东壁、章实斋、孙诒让……胡适自己的禀赋才性恰恰也使他一开始便是由考据、辨伪的真功夫走上学问之路的。胡适考上留美官费主要靠的是那篇"不以规矩不能成方圆"的考证文字,而这个关键的胜利又反过来刺激他一生以考据为主体的治学道路。胡适留美期间写成的《诗三百篇言字解》、《尔汝篇》、《吾我篇》、《诸子不出于王官论》等正是他考据治学的奠基之作,这些作品已经流露出向国中国学旧权威挑战的咄咄逼人的气势,而他善学殚思的读书习惯,精审缜密的逻辑训练,"不疑处有疑"的怀疑精神和"行文颇大胆、苦思欲到底"的现代治学态度——尤其是这一切又经过了留美7年西学新知的陶冶与融合,使他一开始走上这条大路便境界大开。

(1)哲学方面:《中国哲学史大纲》

胡适运用其方法在"整理国故"方面做了大量开拓性工作,成为一代学人的典范,从而奠定了其在中国现代国学研究中的历史地位。

他"整理国故"的成就表现在哲学方面:于1919年2月出版了《中国哲学史大纲》(以下简称《大纲》),这是一部应用近代西方哲学观点和方法写成的中国哲学史的开山之作。冯友兰说它是"一部具有划时代意义的书",①"对于当时中国哲学史的研究有扫除障碍、开辟道路的作用"。② 蔡元培为之作序,指出此书的特别长处:一是"证明的方法",包括考订时代,辨别真伪和揭示各家方法论的立场;二是"扼要的手段",也就是"截断众流,从老子、孔子讲起";三是"平等的眼光",对儒、墨、孟、荀一律以平等的眼光看待;四是"系统的研究",即排比时代,以见思想演进的脉络。胡适本人对此书的历史地位也很自负,他说:"我自信治中国哲学史,我是开山的人,这一件事要算是中国的一件大幸事,这部书的功用能使中国哲学史变色。以后无论国内国外的研究这一门学科的人都躲不过这一部书的影响。凡不能用这种方法和态度的,我可以断言,休想站得住。"③

《大纲》依据西方哲学的条理系统整理中国古代哲学,它的第一步工作便是借鉴西方哲学的知识体系来厘定哲学与哲学史的对象和范围。《大纲》的导言为哲学下了一个定义:"凡研究人生切要的问题,从根本上着想,要寻一个根本的解决,这种学问叫哲学。"而哲学史是"若有人把种种哲学问题的种种研究方法和种种解决方法,都依着年代的先后和学派的系统,一一记叙下来,便成了中国哲学史"。④ 这样就把各种非哲学问题全部剔除了哲学史的范围,具有非常重大的意义。在此之前的中国哲学史视无所不包的"道术"为哲学。"六艺九流"无不入其中,经学、史学、文学都是研究的对象。《大纲》把种种非哲学问题排除,就使中国哲学史从传统学术中分化、独立出来。《大纲》采用历史进化的方法和实验的方法,建立了以"明变"、"求因"和"评批"为中心环节的中国哲学史方法论体系,开创了中

---

① 冯友兰:《三松堂自序》,北京:人民出版社,1984年,第213页。
② 冯友兰:《三松堂自序》,北京:人民出版社,1984年,第215页。
③ 胡适:《国故与打鬼》,《胡适文存》三集,合肥:黄山书社,1996年。
④ 胡适:《中国哲学史大纲》,上海:上海古籍出版社,2000年,第2页。

国哲学史的新学科,是中国哲学史学科成立的标志;《大纲》问世于新文化运动的高潮时期,以其建设性的纲领,将新文化运动的根本意义扭转到了开创新文化的轨道。

胡适和他的同人们开拓了一个新的学术时代,这个时代也造就了胡适。胡适喜欢说:社会给予一个人的报酬,远大于他对社会的贡献。一代宗师大抵都有非凡的使命,他们志于为天地立心,为生民立命,为往圣继绝学,为万世开太平。胡适的《大纲》即是开启了中国现代哲学先河的划时代著作。

(2)古小说的考证与《白话文学史》

在文学方面,胡适最引人注目的是古小说考证。在中国传统文学观念中,小说历来属于"闲书",即所谓"小说家者流,盖出于稗官、街谈巷语、道听途说之所造也"。① 小说不是文学的"正宗",不能登大雅之堂,那些醉心于经书考证的朴学大师自然也不可能对它感兴趣。胡适则终生乐此不疲,从1917年5月的《再寄陈独秀答钱玄同》到1962年2月逝世前夕发出的《红楼梦问题最后一信》,他一生写的中国古典小说考证文字达40余万,内容几乎遍及所有的古典小说名著,其中以对《红楼梦》的考证影响最大。胡适一反以往索隐派、附会派等"旧红学"的观点,创立了以其自叙说为其特点的"新红学"。对于胡适的古典小说考证的某些具体结论,学术界仍存有异议,但胡适本人将小说提高到与传统经学史学同等的地位,从而开创了中国现代古典小说研究的先河。此外,胡适还根据自己的古典文学研究,写作了一部《白话文学史》,这部较早系统探索中国文学历史的著作,"供给了一种根据于历史事实的中国白话文学演变论,使人明了国语是古文的进化,使人明了白话文学在

---

① 鲁迅:《鲁迅全集》第9卷,北京:人民文学出版社,1981年,第236页。

中国文学史上占什么地位"。① 对传统的白话文学进行了一次全面的、初步的总结,为蓬勃发展的白话文运动提供了历史依据。

(3)疑古精神与后世的影响

在史学方面,胡适提倡"宁疑古而失之,不可信而失之"的怀疑精神,讲究"实事求是,莫作调人"。他专就一些中国历史典籍和史事进行了考订,对中国古代思想史进行整理。其中以《说儒》、禅宗源流考和《水经注》研究影响最大,受到史学界同行的重视。在他的历史观的影响和推动下,出现了顾颉刚、钱玄同等人的"古史辨"讨论,洋洋七大册《古史辨》,成绩斐然。

胡适对待传统的态度,并不是要丢弃传统,而是要对传统作某种创造性的转换。真正意义上的传统,是已经积淀在人们的思维方式、行为模式、情感意识、道德情操,即文化心理结构中。传统文化的重要性正是在于它已经不仅仅是一种思想理论和学说,而是浸透在人们的现实生活和日常心理之中,并影响国民性格、民族心理的重要因素。比如,即使生活在社会底层的普通百姓并不知晓孔子的思想理论,但是孔子开创并由儒家后学们系统化了的那一套宗法等级制度、长幼尊卑秩序,却早已浸透在他们的生活方式、风俗习惯之中了。

胡适对中国传统义理之学的改造,是深受实验主义所具有的科学精神和实验主义方法影响的反映。胡适将实验主义方法与中国古代的考据学相结合,把哲学史研究的终极目标确定为通过对史料的有一定原则的取舍和整理分析,"求出各位哲学家的一生行事、思想渊源沿革和学说的真面目"。这种历史

---

① 胡适:《介绍我自己的思想》,《胡适作品集》第 2 册,台北:远流出版社,1986 年,第 17 页。

主义的态度是中国史学所固有的(中国史学具有悠久的"信以传信,疑以传疑"的传统)。他为中国哲学史的研究,为中国哲学从传统转向现代的转换奠定了现实基础。

(五) 结　语

近代中国处在一个中西冲突、新旧交替的文化转型过程中,任何文化人对传统文化的态度不可能是绝对判然可辨的,他们往往呈现含糊、矛盾的态度,有时会表现出激烈反对传统的倾向,有时会产生延续传统的余绪,胡适是这个时代的缩影。他本人既受到传统文化的熏陶和塑造,在情感上对传统文化有所依恋;又受到西方近代文化的浸染和牵引,在理智上要求对传统文化加以改造。在制度、风俗、习惯等层面,胡适对传统有所否定,这与他对现实的关怀,对彼岸的关注有密切的关系。在学术、知识、思想层面,胡适对传统有所犹豫和困惑。关于胡适与传统文化的关系在很大程度上是研究主体根据自身的文化倾向去评判胡适与传统文化的关系,现代新儒家视之为背弃中国传统文化的"全盘西化"代表,激进的自由主义者则称其为"折中调和派",这种以价值判断代替历史判断的做法,使得胡适与传统文化之间所存在的复杂关系变得更为含糊不清。

应当看到,胡适在"五四"时期及其后来虽发表过不少批判传统的激越之词,但我们却没有丝毫理由认定他是一个民族文化的虚无主义者。他对传统文化的批判始终是同建设新文化结合起来的,把它看作振兴民族精神、"再造文明"的必要手段。这种批判本身就贯注着理性精神和建设意义,并非非理性的否定和虚无主义的全部扔弃。而他对清代朴学"无征不信"科学态度的提倡,对传统下层的白话文学的倡导,对范仲淹、方孝孺传统人士"宁鸣而死,不默而生"抗争精神的颂扬,对孔子思想、事业所作的客观的历史评价,对"整理国故"的倡言,身体力行地清理中国文化历史遗产,把新文化运动纳入宋代以来中国文艺复兴运动的一部分,以及他晚年对中国人文传统内涵的人文主义和理智主义因素的挖掘,都证明了他是中国人文传统的深切关怀者。在传统文化秩序崩溃后,胡适一直谋求复兴中国文化,将无序的旧文化带向有序的新文化,最终实现传统向现代的创造性转换。所以他对传统文化的态度只能用他自己最明白无误的语言来表述——价值重估。我们站在今天的历史高度,回顾胡适的传统文化观,不能再简单地给他贴上一二标签,或者轻浮地作出某种价值判断了事,应该就胡适在处理这一问题时所面临的困境,做实事求是的历史分析和文化阐释,理解他的时代困惑。应该了解,胡适的传统文化观反映了他及其所处时代不成熟的一面,胡适对传统文化的态度始终摆脱不了感性对理性的情结纠葛,致使他在批判传统时,又对传统文化进行了深度思考和学术挖掘,并对传统文化进行了继承、融合与创新。

　　胡适在中国近代文化学术上,影响大而方面多,其得失功过,国内学者之评论甚多。国外学者论胡适堪称允当者,笔者窃以为当推唐德刚及夏志清两先生。两人皆肯定胡适为中国现代化方面的启蒙式人物。只是开风气而已,其学术主张可堪疵议者甚多。唐德刚先生为胡适晚年之入室弟子,青出于蓝。唐德刚对于1917年新文化运动以后由美返国之留学生,曾以8字评论之曰:"目高于项,思过于学",对恩师则以两句七言联评之:"治学有门户之见,处世无害人之心"。真知之中富有忠厚之道。

　　在古今之争上,胡适虽然对传统思想有很多激烈的言辞,但从根本上说,他并没有抹杀中国传统思想的价值。这在他晚年的回忆和自传中表现得非常明显。胡适认为,传统文化的意义就在于使我们在当今的世界上感到自在。

纵观胡适的一生,他不仅为追求自由民主、倡导世界和平贡献了毕生的精力,而且为传统文化的继承和发展作出了不可磨灭的贡献。

  名既大,谤亦随焉;学术之争,犹有待千秋论定

  健则行,倦则睡矣;哲人遽萎,究难消一代沉哀

这是梁寒操挽胡适对联,也是胡适一生的写照。

后记

本书为王国良主持的安徽省哲学社会科学规划办项目(项目批准号:AHSK03－04D03)最终成果。

本书写作分工如下:

孙以楷:《老子的哲学思想》。

陆建华:《存在与超越:老子的生命论》、《庄子的哲学思想》。

王国良:前言、《老庄道家自然主义思想及其价值》、《从清静无为到奋发进取——〈淮南子〉》、《朱熹与新安理学的现代价值》、《朱熹的理学体系》、《戴震的学术成就与治学方法》、《戴震对理学的解构与中国哲学的近代转向》、后记。

解光宇:《郑玉的理学思想》、《朱升的理学思想及其价值》。

史向前:《刘安的身世与道学》、《嵇康的生平与玄学》、《陈抟的道教活动》。

郭振香:《朱熹对艮卦的阐释》、《程大昌的易学思想》、《胡炳文对朱熹〈周易本义〉的推明与发挥》。

杨国平:《慧可与僧璨:早期禅宗思想家》、《大慧宗杲的"看话禅"与"忠义之心"说》、《憨山德清的"一心"与"三教"关系论》、《杨文会与近代佛教的复兴》。

郭蕾:《程若庸的理学思想》。

肖家脉:《陈独秀与中国传统文化》。

张利明:《胡适与中国传统文化》。

需要说明的是:按照本书体例,我们对收入本书的已公开发表的部分论文进行了一些修改,以求体例之统一。